Jean Chrétien

déc 84

LA NATION DANS TOUS SES ÉTATS
LE QUÉBEC EN COMPARAISON

LA NATION DANS TOUS SES ÉTATS
SES ÉTATS
LE QUÉBEC EN COMPARAISON

Sous la direction de

YVAN LAMONDE ET GÉRARD BOUCHARD

Harmattan inc.
55, rue St-Jacques Montréal
Canada H2Y 1K9

L'Harmattan
5-7, rue de l'École Polytechnique
75005 Paris France

La Nation dans tous ses États
Le Québec en comparaison

Sous la direction de
Yvan Lamonde et Gérard Bouchard

Diffusion Europe, Asie et Afrique :
L'Harmattan
5-7, rue de l'École Polytechnique
75005 Paris
FRANCE
33 (1) 40.46.79.10

Diffusion Amériques :
Harmattan Inc.
55, rue St-Jacques
Montréal
CANADA
H2Y lK9
1 (514) 286-9048

Mise en pages : Trait d'union
Impression : Veilleux impression à demande inc.

© Harmattan Inc., 1997
ISBN : 2-89489-030-3

Bibliothèque nationale du Québec
Bibliothèque nationale du Canada

TABLE DES MATIÈRES

INTRODUCTION

Yvan Lamonde, Gérard Bouchard

La notion de collectivité neuve (ou de culture fondatrice) constitue un axe principal de travail au sein de l'Institut interuniversitaire de recherches sur les populations (IREP). Elle fait référence à toutes les collectivités créées dans les Nouveaux Mondes entre le XVIᵉ et le XXᵉ siècle à même des courants d'émigration à partir de l'Europe. Dans chaque cas, une population transplantée se trouvait dans la situation de pouvoir reconstruire à neuf et de s'inventer une identité nouvelle en mettant à profit les ressources du territoire d'adoption. Mais si toutes les collectivités neuves partageaient cette donnée initiale, elles n'en ont pas moins connu des destins fort différents, dont il faut rendre compte. Au Québec comme ailleurs, on a eu l'habitude de comparer ces collectivités à leur métropole respective ; mais il appert que la comparaison des sociétés coloniales entre elles ouvre un champ tout aussi prometteur.

Un premier colloque de l'IREP tenu en 1993 a exploré cette notion de collectivité neuve appliquée au Québec, en scrutant les modalités d'intégration et d'appartenance de cette société au continent américain, au double sens étatsunien et continental[1]. L'identité nord-américaine du Québec, ainsi mise au jour, a fait voir l'intérêt d'une comparaison encore plus étendue, ouvrant sur l'Amérique latine, sur des collectivités neuves non américaines, telle l'Australie ou l'Afrique du Sud, et sur quelques sociétés européennes.

---

[1] Les *Actes* de ce colloque ont été publiés sous la direction de Gérard Bouchard et Yvan Lamonde, *Québécois et américains. La culture québécoise aux XIXᵉ et XXᵉ siècles*, Montréal, Fides, 1995, 418 pages. Sur le même sujet, voir également Yvan Lamonde, *Ni avec eux ni sans eux. Le Québec et les États-Unis*, Québec, Nuit blanche éditeur, 1996, 120 pages. Signalons qu'au terme de ce premier colloque, l'IREP a mis sur pied un FORUM ayant comme objectif général l'étude comparée des imaginaires collectifs. Une première journée d'étude a eu lieu le 14 mars 1997 sur le thème : « L'essor de l'idée nationale dans les collectivités des Nouveaux Mondes ».

Un deuxième colloque organisé par l'IREP en novembre 1996 avait pour thème : « Mythes fondateurs nationaux et citoyenneté. Perspectives comparées ». La notion de mythes fondateurs nationaux faisait référence aux représentations collectives, anciennes ou récentes, élaborées par l'historiographie, les idéologies politiques ou les œuvres littéraires, et qui véhiculent une définition des fondements de la communauté nationale, de sa légitimité, de sa destinée. Par ailleurs, comme les processus identitaires demeurent bien vivants dans les composantes actuelles de la citoyenneté, l'étude de ce dernier thème articulait la problématique des mythes nationaux aux défis du présent. La citoyenneté s'alimente en effet aux mythes fondateurs, en même temps qu'elle les adapte et leur confère une valeur nouvelle, tantôt surdéterminée, tantôt désinvestie. Elle formalise aussi dans ses critères les prémisses de la nation, établissant du même coup les conditions auxquelles on peut y accéder.

L'originalité de cette recherche consistait dans la démarche comparative dont elle était assortie et dans la possibilité ainsi offerte de mettre en perspective l'expérience québécoise en la soumettant à un examen largement inédit. Cet exercice promettait, notamment, d'identifier des similitudes et des différences là où on ne s'y attendait peut-être pas, de relativiser ou même invalider un certain nombre d'énoncés identitaires et d'ouvrir à des perspectives nouvelles la réflexion sur des problèmes devenus (trop ?) familiers.

On trouvera les résultats de cette démarche dans les textes du présent collectif, auquel ont contribué des auteurs venant d'Argentine, de Belgique, de l'Espagne catalane, des États-Unis et du Québec. Les textes explorent différents aspects de l'expérience nationale de plusieurs collectivités d'Europe et d'Amérique. Le thème de l'identité collective, comme on s'en doute, est présent presque partout. Deux textes scrutent la relation entre l'émergence des littératures coloniales et le projet de nommer l'identité politique et culturelle nouvelle. La comparaison porte aussi sur la relation du Québec à la France et à l'Angleterre, sur les similitudes et les différences entre le Québec et l'Irlande à l'occasion de la commémoration d'événements historiques, entre le Québec et l'Amérique latine, la Pologne et la Catalogne, et enfin sur les visions des destins canadiens-français et canadien depuis l'époque d'Henri Bourassa. Par ailleurs, l'expérience canadienne est le sujet de deux études sur l'évolution de la citoyenneté dans cette ex-colonie britannique, de la Deuxième Guerre mondiale jusqu'au rapatriement de la Constitution et à l'adoption de la Charte des droits et libertés en 1982. Le collectif se clôt sur une analyse des transformations de l'idée de nation depuis les XVIIIe et XIXe siècles, en rapport avec les grands courants démographiques, économiques, sociaux et politiques qui ont agité les pays de l'Occident durant cette époque.

Nous remercions le Conseil de recherches en sciences humaines du Canada ainsi que l'Institut interuniversitaire de recherches sur les populations (IREP) qui, grâce à leur appui financier, ont permis la tenue de ce colloque ainsi que la présente publication. Nous exprimons également toute notre gratitude à l'endroit de Judith Goulet, Jeannette Larouche et Anne Vigneault pour leur contribution à la préparation du manuscrit.

Première partie

DES NATIONS-TÉMOINS

POPULATIONS NEUVES, CULTURES FONDATRICES ET CONSCIENCE NATIONALE EN AMÉRIQUE LATINE ET AU QUÉBEC

Gérard Bouchard

INTRODUCTION

Cet essai vise à éclairer les processus et les modalités de ce que nous appelons ici la reproduction culturelle à distance, c'est-à-dire la formation de nouvelles populations et cultures fondatrices au gré de transferts migratoires intercontinentaux ou interrégionaux vers des espaces neufs — ou considérés et traités comme tels[1]. Deux grands modèles se proposent pour rendre compte

1   Notre recherche a pu être réalisée grâce à l'appui financier du Fonds FCAR (Québec), du ministère québécois de l'Éducation et de l'Université du Québec à Chicoutimi. Nous remercions Judith Goulet, Carole Roy et Jeannette Larouche pour le traitement et la vérification du texte. Maria-Térésa Perez-Hudon a fourni une assistance bibliographique très précieuse. Nous avons aussi tiré un grand profit de nombreuses discussions avec des collègues historiens, politologues et anthropologues (tout particulièrement : Diana Quattrocchi-Woisson, Henri Favre, François-Xavier Guerra et divers groupes de chercheurs rencontrés au Collège de Mexico, à l'Institut national d'anthropologie et d'histoire du Mexique, à l'Académie nationale d'histoire du Venezuela, à l'Institut international d'études avancées de Caracas, aux Universités de Buenos Aeros et de Tandil, à l'Université de Paris-I (Centre de recherches sur l'histoire de l'Amérique latine et du monde ibérique) et à l'occasion du colloque international organisé par l'IREP à l'Université de Montréal en novembre 1996). Enfin, Yvan Lamonde, Claude Morin, Walter Moser, Jean Morisset et Maria-Teresa Perez-Hudon ont bien voulu commenter une version antérieure du texte, ce qui a permis de l'améliorer sur divers points.

de ces évolutions complexes, faites d'avances et de reculs, ordinairement traversées de nombreuses tensions et courants opposés. Le premier modèle (A) est celui de la reproduction à l'identique, ou de la continuité. La nouvelle collectivité s'aligne sur la mère patrie ou sur la région mère, dont elle essaie de prolonger la tradition. Son destin se veut en parfaite continuité avec l'autre ; la fidélité à ses racines lui sert de programme, et parfois d'utopie. Le second modèle (B) est celui de la rupture, de la reproduction dans la différence. Tournant le dos à la mère patrie, dont elle rejette les idéologies et les institutions, la jeune collectivité entend tirer profit des nouveaux espaces pour se constituer en toute autonomie, se vouer à un destin et à des idéaux qui lui sont spécifiques. Il est entendu que ces deux modèles peuvent faire place à un grand nombre de positions ou figures intermédiaires. Il est peu probable en effet de retrouver l'un ou l'autre pôle à l'état pur ; on s'attend plutôt à ce que toute forme de prévalence dans un sens ou dans l'autre s'accompagne d'une part d'interaction. Il sera donc avisé d'inscrire l'analyse de ces deux modèles dans une perspective dialectique.

Dans des textes antérieurs (G. BOUCHARD, 1993, 1995a, 1996a), nous avons essayé de montrer que, dans l'ensemble, l'évolution du Québec a emprunté une dynamique conforme au modèle B à partir du XVIIᵉ siècle jusqu'à la Rébellion de 1837-1838, puis au modèle A pendant un siècle environ, puis à nouveau au modèle B durant le dernier demi-siècle. En regard, la société étatsunienne paraît avoir suivi, tout au long de son histoire, une trajectoire beaucoup plus linéaire, dans le sens de la rupture. Quant au Canada anglophone (en gros : le Canada actuel sauf le Québec), son histoire semble offrir une troisième figure, longtemps caractérisée par la continuité mais doublée d'un décrochage progressif, presque discret, dans la politique, et assortie d'une lente dérive continentale dans la civilisation matérielle, dans la langue, dans les modèles coutumiers. De l'Amérique du Nord, le regard se porte tout naturellement vers les pays de l'Amérique latine[2], qui sont nés, eux aussi, d'un transfert migratoire d'origine européenne : quel modèle a présidé à l'évolution de ces autres cultures fondatrices ? en quoi se distingue-t-il de ceux qui viennent d'être évoqués ? Ce sont ces questions que nous abordons en référence avec l'ensemble de ce continent, et plus particulièrement avec le Mexique, dans un cadre chronologique large qui va du XVIᵉ siècle au milieu du XXᵉ. Il s'agit ici, on le devine, de proposer une simple ébauche et, bien évidemment, l'exposé s'en tiendra aux très grandes lignes. Les perspectives d'analyse à mettre en œuvre sont en effet immenses et très complexes, et elles ont déjà donné lieu à de nombreux ouvrages érudits en rapport avec l'un ou l'autre aspect. Nous visons seulement à y tracer un itinéraire assez libre, guidé par une

---

2 Nous disons Amérique latine, tout en sachant que ce vocable paraît occulter toute la réalité indienne et noire, ce qui est un grave inconvénient. Mais il est difficile d'y échapper, la notion d'Amérique du Sud étant ordinairement réservée pour désigner les collectivités les plus méridionales que sont le Chili, l'Argentine, l'Uruguay et autres (les pays de la Plata), pour les opposer, par exemple, à l'Amérique dite centrale (on parle, dans le même sens, des nations méso-américaines). L'ensemble humain auquel nous nous référons est celui qui sert de cadre à la monumentale (The) Cambridge History of Latin America (L. BETHELL, 1984-1991), à savoir les populations dont la langue principale est l'espagnol, le portugais ou le français. Cette acception exclut les anciennes possessions espagnoles au nord du Mexique ainsi que les anciennes colonies d'Europe du nord dans les Caraïbes et dans leur voisinage. L'exposé est ainsi centré sur la vingtaine de nations qui composent aujourd'hui la très grand partie de l'Amérique latine.

réflexion comparative, avec la conviction qu'il peut y avoir un grand profit à en retirer pour une meilleure compréhension du passé et du présent de ces sociétés : il y a gros à parier en effet qu'elles se sont constituées très différemment selon qu'elles ont choisi de s'inscrire dans la trame de la continuité ou dans celle de la rupture.

Pour mieux baliser cette incursion, il nous faut d'abord introduire quelques concepts[3]. Nous nous demandons dans quelle mesure, à quelle vitesse et selon quel cheminement les populations d'Amérique latine ont opéré un démarquage, une émancipation par rapport à leurs origines métropolitaines, pour se poser comme collectivités neuves, de fait et de droit, selon le modèle B. Cette interrogation invite en premier lieu à rechercher les expressions d'une *rupture* proprement dite, d'abord dans la critique de la société mère, de ses valeurs, de ses institutions, puis dans les croyances et les idéologies de remplacement, et enfin, sur un plan ethnographique, dans les nouveaux rituels et coutumes mis en place. Nous rechercherons en deuxième lieu les signes d'une *appropriation*, d'un aménagement symbolique des nouveaux espaces dans le vocabulaire, la toponymie, la mise en forme d'un légendaire, la création artistique et littéraire, la naissance d'une appartenance, de régionalismes, la construction d'une identité, d'une conscience collective. Un troisième volet de cette reproduction culturelle dans la différence s'exprime dans un discours de *recommencement ;* sont visés ici les rêves, les utopies de reconstruction collective, auxquelles font écho les mythes fondateurs et les représentations de l'historiographie. Un quatrième et dernier volet relève de l'évolution politique, plus précisément de mouvements *d'émancipation* conduisant à l'édification d'un État indépendant (G. BOUCHARD, 1996b).

Nous verrons qu'en se conjuguant, ces processus en viennent à faire jouer à l'idée nationale des rôles tout aussi indispensables qu'ambigus, dans un contexte d'extrême diversité biologique, sociale et culturelle. C'est, en réalité, le lieu d'intéressantes contradictions ou impasses : si elle servait bien les intérêts politiques et sociaux des élites créoles, l'idée nationale se voyait par ailleurs infliger un vigoureux démenti par l'état très fragmenté de ces collectivités. Plusieurs voies ont été préconisées par les élites pour sortir de l'impasse : l'élimination radicale de l'Autre, la réduction des inégalités, l'acculturation, la recherche d'un syncrétisme religieux, l'idéologie du métissage, la construction d'un passé partagé. Pour les élites créoles en quête de cohésion et de légitimité, c'étaient là autant de façons d'instaurer une communauté ; pour l'essentiel, en fait, il s'agissait soit de supprimer l'indianité, soit de se l'approprier symboliquement. En nous appuyant sur ces reconstitutions, nous dresserons en terminant un bref parallèle avec certaines données québécoises du XIXe et du XXe siècle.

Compte tenu de la diversité qui caractérise le continent latino-américain, on pourra s'étonner de l'orientation de cet essai qui entend traiter de l'évolution de l'Amérique latine dans son ensemble. Nous croyons en effet que, par delà les importantes spécificités qui les singularisent, les collectivités de ce continent partagent des rêves, des problèmes et des expériences historiques

---

3   Pour un aperçu plus détaillé sur ce qui suit, voir G. BOUCHARD (1996b).

qui rendent notre démarche légitime. En outre, la reconnaissance des ces éléments d'une trame commune peut en retour éclairer les destins particuliers. Par ailleurs, pour désigner le processus d'appropriation culturelle du continent par les Européens entre le XVIᵉ et le XXᵉ siècle, nous emploierons le concept d'américanisation ou de construction d'une américanité. Mais on aurait tort d'y voir une connotation normative quelconque (comme dans le projet d'une grande formation latino-américaine, par exemple). Nous nous intéressons simplement aux processus objectifs qui contribuaient à créer des représentations, des identités, des appartenances nouvelles.

I
DES POPULATIONS NEUVES, DES CIVILISATIONS ANCIENNES

Déjà bien connues, les péripéties de la Conquête espagnole ont fait l'objet de nombreux rappels à l'occasion du 500ᵉ anniversaire du premier voyage de Colomb en terre américaine. Ce dernier événement inaugurait un processus historique original de reproduction culturelle à distance, à partir d'une souche européenne ; à diverses échelles, il allait connaître plusieurs rééditions dans les siècles suivants (en Amérique du Nord, en Afrique du Sud, en Australie, en Nouvelle-Zélande...). Trois éléments en composent la trame de fond : a) un important transfert migratoire à partir d'un habitat ancien convaincu de sa valeur et de sa vocation civilisatrice, b) un territoire mal connu, relativement peu occupé, qui se prête à des projets de peuplement et à diverses formes d'exploitation, c) l'existence, dans ces « nouveaux » espaces, d'un habitat autochtone dont la culture, les genres de vie et l'organisation matérielle sont ordinairement jugés inférieurs par les nouveaux occupants. Dans le cas qui nous concerne, l'Espagne et le Portugal allaient prendre pied sur un immense territoire et, sur quatre siècles, y diriger un courant migratoire bientôt nourri, comme on sait, de bien d'autres apports (européens, africains, asiatiques). À la longue, une nouvelle société, une nouvelle civilisation prenait forme. Très tôt cependant, son destin se trouva partagé entre ses allégeances ibériques et les sollicitations incessantes du nouveau continent. D'un côté, le prestige de la culture européenne et son héritage institutionnel invitaient à la continuité. De l'autre, les contraintes de l'adaptation au nouvel environnement et la nécessité de composer avec l'omniprésence envahissante de l'autochtone entraînaient une dérive porteuse de ruptures. Dans l'ensemble, et dans la longue durée — mais avec bien des nuances — il appert que cette seconde tendance a prévalu. La figure la plus spectaculaire et la moins contestable de cette rupture avec les mères patries est offerte par la trame politique qui a caractérisé le devenir des collectivités latino-américaines entre le XVIᵉ et le XIXᵉ siècle. Cette période s'est en effet soldée, comme on sait, par la naissance, à la fin du XVIIIᵉ siècle et au début du XIXe, d'une vingtaine d'États-nations qui ont coupé leurs liens avec leur métropole européenne (Espagne, Portugal, France)[4].

Il n'existe pas de mesure précise de l'émigration espagnole vers le nouveau continent durant l'ère coloniale. Selon M. MÖRNER et H. SIMS (1985, Tableau 1), les effectifs n'auraient pas atteint 11 000 durant la période 1500-1650. Aucun estimé vraiment fiable n'est disponible pour le reste de la période coloniale. S'appuyant sur l'ensemble des sources connues, C. MORIN et R. McCAA (1996) rapportent que la population du Mexique comprenait 62 000 habitants d'origine espagnole en 1570 et 200 000 « non-indiens » en 1650. Vers la fin du XVIIIe siècle, le nombre de Blancs de souche européenne était évalué à 350 000 environ. On voit que ces repères sont très lâches, mais il faut convenir que le métissage, entre autres, fait sérieusement obstacle à ce genre de statistique. Les données sur l'émigration portugaise aux XVIe et XVIIe siècles sont encore plus pauvres, une grande partie des archives ayant été détruites en 1755 par le tremblement de terre de Lisbonne[5]. Nous sommes en terrain plus sûr pour les XIXe et XXe siècles. Entre 1824 et 1924, 11 millions d'Européens auraient gagné l'Amérique latine (jusqu'à 250 000 par année entre 1890 et 1914), l'Argentine étant le plus gros receveur (46 %), suivie du Brésil (33 %). Dans l'ensemble cependant, il appert que l'immigration espagnole a été relativement faible et que, tout en étant proportionnellement plus élevée, l'ensemble de l'immigration européenne s'est répartie très inégalement, certains pays étant littéralement submergés. En Argentine par exemple, les habitants nés à l'étranger représentaient 30 % de la population en 1914, comparativement à 14 % aux États-Unis en 1910 (F. B. PIKE, 1969). Le Brésil, de son côté, accueillait 4,6 millions d'immigrants entre 1820 et 1935 (M.-R. REINHARD et alii, 1968).

Pour ce qui est des Indiens, leur géographie ethnique et politique a beaucoup bougé au cours de leur longue histoire, et il est impossible d'en rendre compte en quelques lignes (au Mexique seulement, on compte une bonne douzaine de cultures ou de civilisations indiennes à l'époque précolombienne et coloniale). Pour les fins de cet essai, on se contentera d'une représentation très simplifiée des trois plus grands empires ou civilisations : les Aztèques, qui ont occupé presque tout le territoire actuel du Mexique ; les Mayas, dont la péninsule du Yucatan a été le berceau mais qui ont largement débordé vers le Guatemala et le Honduras ; les Incas, au Pérou, en Bolivie et en Équateur. Partout sur le continent, les populations indiennes ont connu un déclin spectaculaire après la Conquête. En Haïti, comme dans toutes les Caraïbes, on peut parler d'une extinction presque totale. Même chose pour l'Uruguay, l'Argentine et le Costa Rica (J. WALKER, 1979). Au Honduras, les effectifs se sont effondrés de 50 % à 95 % en un demi-siècle seulement, selon les régions (L. NEWSON, 1986). Dans le cas du Mexique, on a proposé des estimés assez contradictoires de la population autochtone avant la Conquête (de 11 à

---

4   Il est assez remarquable toutefois qu'en général, les mouvements d'indépendance politique ne s'y sont pas immédiatement accompagnés de révolutions économiques et sociales. Ces changements sont survenus plus tard au XIXe siècle, et même au XXe siècle (infra).

5   Nous ne rapportons pas ici certains estimés étonnamment élevés qui ont néanmoins été proposés. Sur ce sujet, voir M. MÖRNER et H. SIMS (1985, p. 10 et suiv.).

30 millions). Le nombre des Indiens aurait chuté à un million environ vers la fin du XVIe siècle, pour amorcer ensuite un lent mouvement à la hausse (au moins 3 millions à la fin du XVIIIe siècle). On trouve un mouvement analogue, quelque peu atténué, dans les Andes : 10 millions en 1530, 2,5 en 1560, 1,5 en 1590, avec une reprise aux XVIIe et XVIIIe siècles. Cela dit, en dépit de toutes les pertes encourues à cause des guerres et des épidémies, les Indiens demeurèrent le groupe ethnique majoritaire jusqu'au XIXe siècle dans l'ensemble de l'Amérique latine. Rappelons qu'à la fin du XVIe siècle, par exemple, les habitants de souche espagnole ne se chiffraient guère qu'à 150 000 environ dans tout l'hémisphère. Au début du XIXe siècle, les Blancs étaient au nombre de 4 millions, soit un cinquième seulement de la population[6].

Dans la plupart des pays concernés, aux Blancs d'origine européenne et aux Indiens, s'ajoutaient, selon des proportions variables, des Noirs et des Asiatiques. Ces derniers n'ont toujours représenté qu'une petite minorité. Il n'en est pas ainsi des Noirs, importés d'Afrique pour nourrir le système d'esclavage. Cet apport démographique fut très supérieur à l'immigration blanche : environ 900 000 entrées pour le XVIe siècle et 2,75 millions pour le XVIIIe siècle (M.-R. REINHARD et alii, 1968). Selon M. MÖRNER (1971), il faut sans doute chiffrer par millions les effectifs d'esclaves importés au Brésil seulement depuis la Conquête, ce qui donnerait un total de 7 millions d'entrées pour l'ensemble du continent (d'autres estimés vont jusqu'à 15 millions pour la période allant du XVIe au XIXe siècle). Conjugués à une fécondité élevée, tous ces apports se sont traduits par une croissance rapide de la population totale du continent, surtout à partir du XVIIIe siècle. Les effectifs atteignaient 30 millions en 1850 et 60 millions en 1900. Cette augmentation spectaculaire allait se poursuivre au XXe siècle, grâce au maintien de la fécondité et à une baisse de la mortalité : 104 millions en 1930, 160 en 1950 et près de 280 en 1970. En ce qui concerne plus particulièrement le Mexique, d'un peu plus d'un million au début du XVIIe siècle, la population totale est passée à 5 millions à la fin du siècle suivant, à près de 13 millions en 1900 et à 48 millions en 1970.

De toutes ces données démographiques, il faut surtout retenir l'importante diversité qui caractérise presque tous les pays d'Amérique latine. On le voit par la variété des origines : Indiens, Africains, Européens, Asiatiques ; à quoi il faut ajouter l'action paradoxale de vieilles pratiques de métissage qui, si elles ont fait fondre certaines différences, ont aussi créé des types nouveaux : croisements Blancs/Indiens, Blancs/Noirs, Indiens/Noirs et autres « sang-mêlé[7] ». Cette diversité biologique a fait place également à un impressionnant quadrillage ethnique, chaque continent (l'Europe en particulier) fournissant son lot de spécificités linguistiques et religieuses. La population indienne elle-

---

6 Voir à ce propos et sur ce qui précède : A. ROSENBLAT (1954, I, p. 36, 88), S.F. COOK, W. BORAH (1971, 1974a, 1974b), N. SANCHEZ-ALBORNOZ (1974), P. ARMILLAS (1962), C. GIBSON (1969), N. WACHTEL (1984), L. BETHELL (1984, Vol. I, Chap. 2-5 ; Vol. II, Chap. 1-2).

7 Dans le contexte latino-américain, on évoque surtout les « mulatos » (croisements entre Noirs et Blancs ou Indiens) et les « mestizos » (entre Blancs et Indiens). Mais cette typologie s'enrichit de divers vocables : « zambos » (Noirs/Indiens), « pardos » (Blancs/Indiens, Noirs ou autres), etc. A. ROSENBLAT (1954) a cru pouvoir recenser jusqu'à 14 types de métis au Pérou et 16 au Mexique. Voir aussi la nomenclature élaborée au XVIIIe siècle par José de Páez qui identifiait quinze types raciaux (P. BERROETA, 1994).

même présentait une très grande hétérogénéité biologique et culturelle (on a pu y recenser quelques centaines de langues). Il faut compter, enfin, les inévitables clivages sociaux qui se sont creusés à la faveur de l'économie coloniale : l'aristocratie des administrateurs royaux, la bourgeoisie créole[8], les « castas »[9], et le reste. Il n'est guère possible de produire une statistique qui tienne compte de tous ces raffinements. Rappelons seulement qu'à la fin du XVIIIe siècle, les populations d'Amérique latine comprenaient 20 % de Blancs, 26 % de métis, 8 % de Noirs et 46 % d'Indiens[10]. Au Brésil, où les Noirs furent longtemps majoritaires, on trouvait aussi des Turcs, des Japonais, des Syriens et des Russes, tout comme en Argentine. Au Pérou, au milieu du XXe siècle, les Blancs ne représentaient que 1 % de la population. Ils étaient très minoritaires aussi au Venezuela où, à la même époque, les « pardos » comptaient pour 70 % des effectifs (J. V. LOMBARDI, 1976, 1982). Même chose en Bolivie, le plus « indien » des pays du continent (H.S. KLEIN, 1982), avec le Guatemala, l'Équateur et le Pérou, et l'un des plus multi-ethniques aussi, avec le Surinam (E. DEW, 1978). Le Mexique, enfin, n'était pas en reste avec ses 60 % d'Indiens et 20 % de Blancs à la fin du XVIIIe siècle. La part des Indiens descendait à 33 % environ, un siècle plus tard, et à 10 %-15 % au cours de la première moitié du XXe siècle, ce déclin étant surtout réalisé au profit des diverses variantes de métis.

C'est dans ce contexte de peuplement de très grande diversité et de double dépendance économique, à l'endroit des autochtones (qui fournissaient le gros de la main-d'œuvre dans l'agriculture, dans l'industrie, dans les mines) et des métropoles, que la minorité blanche d'origine européenne — les créoles principalement — a entrepris de se constituer en élite, en porte-parole autorisée à élaborer des représentations globales de la collectivité, à lui forger une identité, à lui définir des orientations et à présider à son destin.

II
LA CRÉATION DU NOUVEAU MONDE

C'est une tâche difficile que de récapituler en quelques pages les processus complexes qui ont peu à peu aménagé une rupture politique dans la relation entre les élites latino-américaines et leurs mères patries, cette rupture survenant parallèlement à une appropriation culturelle du continent, dans le sens qui a été précisé au début de cet essai. Il faudra de toute évidence user de

---

8   Au sens strict, le vocable « créole » désigne les descendants des conquérants espagnols ayant fait souche en Amérique et plus ou moins marginalisés ensuite par la métropole. Au sens large, il s'étend à tous les habitants d'origine européenne nés sur le nouveau continent. À cela s'ajoutent aujourd'hui d'autres acceptions, selon les pays. Au Venezuela et en Argentine, par exemple, être « criollo », c'est être un peu foncé, métissé. Le créole est aussi opposé à l'étranger, etc.

9   En gros : les « sang-mêlé » des classes défavorisées, à l'exclusion des Indiens.

10   Chiffres rapportés par J. J. URIBE (1992). À ce sujet, voir aussi F. CHEVALIER (1977, Fig. 8).

raccourcis, en essayant de ne pas trahir la configuration de cette immense dérive culturelle.

A/ L'ÉMANCIPATION POLITIQUE

Les frustrations puis les ambitions conçues et poursuivies sur quelques siècles par l'élite créole (la forme plurielle conviendrait ici tout autant) constituent le vecteur principal du processus de rupture politique, économique et culturelle avec les capitales péninsulaires. La notion de créolisme, qui serait apparue pour la première fois en 1567 au Pérou (de l'espagnol « criollo »), est associée au mécontentement des descendants de Conquérants qui se voyaient privés de l'héritage économique de la Conquête ainsi que des faveurs de l'administration royale et de l'Église (fonction publique, commandement militaire, hiérarchie ecclésiastique, etc). Par définition, le créole était un être ambigu. Pour reprendre les mots de Bolivar (cité par J. LYNCH, 1973, p. 24-25), il n'était ni européen ni indien, mais à mi-chemin entre les deux. Américain par la naissance mais Espagnol en vertu de la loi, il était installé dans une dualité inconfortable qui, d'un côté, le poussait à disputer aux Indiens la propriété de la terre et, de l'autre, le forçait à défendre constamment sa position contre l'ingérence des représentants métropolitains. Dans les territoires contrôlés par Madrid, les nouveaux immigrants espagnols, eux, contrôlaient le commerce tout en monopolisant les honneurs et les charges. Le coup le plus dur porté aux créoles fut peut-être le retrait des *encomiendas,* institution assez analogue à la seigneurie européenne, dont les titulaires bénéficiaient du travail forcé des indigènes en retour d'une assistance matérielle et religieuse. Au début du XVIIe siècle, les créoles obtinrent la reconduction de ce privilège — ils en avaient demandé la perpétuité — auquel la monarchie mit cependant fin un siècle plus tard. En 1549, Charles Quint avait déjà décrété que les métis ne pouvaient exercer de charges publiques sans une licence royale. Le roi avait aussi institué la règle de la pureté du sang comme condition d'accès à la noblesse. Durant toute la période coloniale, sur 170 vice-rois, quatre seulement furent d'extraction créole. Cette proportion était de 14 sur 602 pour les capitaines-généraux, gouverneurs et présidents, et de 105 sur 706 pour les évêques et archevêques (R.M. MORSE, 1964, p. 136).

Ce contexte favorisa dès le XVIe siècle la naissance d'un esprit, d'une conscience créole, nourrie par les humiliations répétées, par une condition commune de marginalité, et fortifiée par la réaction contre le népotisme monarchique. B. LAVALLÉ (1980) explique que la population coloniale comprenait deux types d'Espagnols : ceux dont la fortune ou les affaires étaient soudées au continent (les titulaires d'*encomiendas,* par exemple) et qui étaient en quelque sorte voués à l'enracinement, et les autres, les nouveaux venus, dont le but était de rentrer au plus vite au pays natal, une fois fortune faite, ou pour continuer leur ascension dans l'échelle de l'administration métropolitaine. La logique des intérêts poussaient les uns à se solidariser avec le continent, les autres à s'en distancer à court ou moyen terme. Au cours de la seconde moitié du XVIIIe siècle, cette dualité s'est accentuée alors que Madrid amorçait sa seconde Conquête de l'Amérique latine, réagissant ainsi à la menace commerciale que faisait peser la concurrence des autres puissances européennes, l'Angleterre tout spécialement. Le resserrement des contrôles et la politique protectionniste imposée par la bureaucratie espagnole, en particulier durant le règne de Charles III (1759-1788), eurent pour effet d'affaiblir le pouvoir économique créole et d'attiser le ressentiment contre la mère patrie. On a donc pu parler, pour les XVIIe et XVIIIe siècles, d'un patriotisme et d'un sentiment « national » (serait-il plus prudent de dire « proto-national » ?) proprement créole[11], qui n'aboutirent pas à un projet formel de rupture mais qui s'exprimèrent dans une longue séquence de protestations et de requêtes[12]. Nous y reviendrons.

Ce n'est qu'au début du XIXe siècle — plus précisément entre 1810 et 1830 — que les pays d'Amérique latine connurent, presque tous en même temps, l'émancipation politique[13]. Les événements, les évolutions qui y ont conduit sont complexes ; nous en rappelons seulement les coordonnées principales, pour les fins de notre démonstration. On relève une composante populaire presque partout, mais elle prit des proportions beaucoup plus importantes dans certains pays qui furent le théâtre de véritables soulèvements. C'est le cas du Mexique, avec les insurrections de 1810-1811 et 1813-1815, dirigées par les deux curés populistes Miguel Hidalgo et José Maria Morelos ; elles visaient à protéger les intérêts des petits propriétaires créoles. Au Venezuela, les soulèvements se succédèrent pendant une quinzaine d'années (en fait jusqu'en 1830, alors que le pays se dissocia de la Colombie). Dans l'ensemble toutefois, l'action du peuple fut un facteur plutôt secondaire dans l'émancipation politique du continent. On sait que, pour l'essentiel, les mouvements d'indépendance ont été animés par les élites, qui ont su profiter de la chute de l'Espagne et du Portugal envahis par les armées de Napoléon en 1807-1808[14]. Le cas est particulièrement frappant en ce qui concerne le Portugal, la cour et le gouvernement ayant eux-mêmes quitté Lisbonne pour s'installer à Rio de Janeiro ; le Brésil devenait en quelque sorte le nouveau territoire national, légitime, du Portugal. Il déclara son indépendance, sans traumatisme, en 1822, lorsque le roi retourna dans sa capitale. Pour ce qui est de l'Espagne, le régime y fut fortement compromis par l'abdication forcée du roi.

En somme, ces mouvements d'indépendance se soldèrent par d'importants réaménagements politiques, mais sans véritables changements sociaux dans l'immédiat. Presque partout, les Révolutions (abolition de l'esclavage, réforme agraire, démocratisation de l'éducation...) étaient encore à venir, selon des modalités, des itinéraires parallèles. L'obtention de la souveraineté politique avait été le fait des éléments conservateurs de la population créole,

---

11 Voir à ce sujet D.A. BRADING (1985, 1991), B. ANDERSON (1991), B. LAVALLÉ (1984), J. LYNCH (1973).

12 Un exemple parmi de nombreux autres : les revendications en faveur de la prélation, ce droit que les créoles prétendaient posséder lorsqu'un poste administratif était à pourvoir dans la colonie.

13 On note deux exceptions. Haïti avait déjà obtenu son indépendance de la France en 1804, à la suite d'une révolte des Noirs. Cuba ne devint une république qu'en 1901, à la suite de la guerre Espagne/États-Unis. La plupart des nouveaux pays avaient été des divisions administratives dans l'empire colonial.

14 À ce propos, parmi de nombreux auteurs, voir N.H. VALLENILLA (1991), J. LYNCH (1973).

alliés aux intellectuels et à une bonne partie de l'armée. Les grands propriétaires fonciers avaient mis fin à l'emprise ibérique et à ses exactions ; en accédant au pouvoir politique, ils s'étaient en outre donné les moyens de maintenir la domination qu'ils exerçaient sur leur main-d'œuvre formée d'Indiens et d'esclaves noirs. Les idées et les politiques libérales ne triomphèrent que plus tard[15]. Dès la seconde moitié du XVIIIe siècle toutefois, l'élite créole avait été influencée par les Lumières et y avait trouvé l'argumentaire de sa pensée politique (J. LAFAYE, 1984 ; K. SCHNELLE, 1980 ; J.F. WILHITE, 1980, et autres). Enfin, il appert que le sentiment national a inspiré une partie de l'agitation des années 1810-1830, surtout dans sa composante la plus populaire. Ce sentiment a été incarné et stimulé par les grands leaders que furent José de San Martin en Argentine, Francisco Miranda et Simon Bolivar dans la « Grande Colombie » (qui donna en fait le Venezuela, l'Équateur et la Colombie), Servando Mier, Miguel Hidalgo et José Maria Morelos au Mexique[16]. À cet égard, il faut souligner les cas de Haïti et de Cuba où une forme de nationalisme semble avoir fondé les luttes anti-impérialistes. Au Venezuela aussi, selon J.-V. LOMBARDI (1982), le soulèvement de la fin des années 1820 (le quatrième depuis 1810) était d'inspiration explicitement nationaliste. De même, il paraît assez bien établi qu'au Mexique, l'aspiration nationale a été l'un des ressorts du mouvement d'indépendance (D.-A. BRADING, 1985, 1991). Cela dit, il est également vrai que les luttes pour l'émancipation politique ont surtout servi de ferment aux idéologies nationalistes proprement dites, qui allaient gagner en intensité et en popularité au cours des XIXe et XXe siècles. La plupart des auteurs s'accordent en effet à constater que l'affranchissement politique des pays d'Amérique latine dans le premier quart du XIXe siècle a été, pour une bonne part, le fruit d'une conjoncture européenne ; il serait inexact d'en faire le point d'aboutissement d'une longue dynamique collective interne[17]. En ce sens, et comme le dit H. FAVRE (1996), en Amérique latine, l'État a en quelque sorte précédé la nation politique.

Quoi qu'il en soit, à partir de 1830, l'indépendance politique était un fait acquis, irréversible (personne n'a jamais songé à la remettre en question), qui allait susciter d'importants effets d'entraînement dans le sens d'une reproduction dans la différence (notre modèle B). Par ailleurs, ce serait une erreur aussi de laisser dans l'ombre le long travail socioculturel en cours depuis le XVIe siècle et qui a puissamment contribué à mettre en place une américanité créole. On peut donc parler, à propos de l'Amérique latine, d'une rupture étalée, à plusieurs voies.

---

15 Dans ses grandes lignes, ce modèle vaut pour la plupart des pays de l'Amérique latine. Sur ce sujet, outre les ouvrages de synthèse déjà cités, voir G.-P.-C. THOMPSON (1991), G.-R. ANDREWS (1985).

16 Pour un échantillon de textes de ces leaders : G. ARCINIEGAS (1967).

17 À ce propos, et parmi d'autres : F.-X. GUERRA (1992, 1995), M. CANESSA de SANGUINETTI (1991), G. MASUR (1967), N. SHUMWAY (1991). La référence à la conjoncture européenne fait d'abord allusion à la déstabilisation de l'Espagne et du Portugal sous l'effet de l'invasion napoléonienne, mais aussi au travail de sape effectué par l'Angleterre, intéressée à démanteler à son profit les réseaux commerciaux ibériques en Amérique latine.

B/ UNE AMÉRICANITÉ CRÉOLE

L'américanité évoquée ici est celle qui s'est peu à peu élaborée durant toute la période coloniale, d'abord et surtout à l'initiative des créoles, à même des pratiques culturelles de rupture, de recommencement et d'appropriation. Ici, comme dans la suite de l'exposé, nous donnerons priorité au cas mexicain parce qu'il est l'un des plus anciens et le mieux documenté. Mais, par-delà la diversité interne du continent, nous chercherons également à l'extérieur du Mexique des éléments convergents, attestant l'existence d'un commun dénominateur et de divers éléments d'une trame culturelle pan-américaine. Cela dit, nous verrons à apporter en conclusion de cette partie toutes les nuances qu'appelle la thèse de la différenciation (notre modèle B) en relation avec l'Amérique latine.

Aux toutes premières années de l'ère colombienne, on vit d'abord s'exprimer une culture de la continuité portée par les Conquistadors et les premiers administrateurs coloniaux. Comme en témoigne la toponymie originelle, les Espagnols voulaient créer en Amérique une nouvelle Espagne : on sait que ce fut le premier nom donné au Mexique ; l'actuelle Colombie faisait partie de ce qu'on appela la Nouvelle-Grenade ; le Venezuela était la Nouvelle-Andalousie et Saint-Domingue l'Hispaniola. De même, on rêvait certes de l'El Dorado, du Bon Sauvage, de la Fontaine de Jouvence, de la Sierra de la Plata, de la Cité des Césars, des Amazones, de la Rio de la Plata, etc ; mais c'étaient là rêves d'Européens qui étendaient outre-atlantique leurs phantasmes, leurs vieilles obsessions, leurs idéaux déçus : rêves de prédateurs donc, qui créaient un lien colonial, et non rêves de fondateurs qui auraient pu donner naissance à un pays[18]. Il s'en trouva plusieurs aussi, parmi les premiers Hispano-Américains, pour célébrer la Conquête comme un acte providentiel destiné à répandre outre-mer le modèle de l'Europe catholique (J. LAFAYE, 1984). Mais cet épisode fut de courte durée ; l'américanisation de l'utopie n'allait pas tarder. Car en Europe même, le désenchantement et la critique du vieux continent gagnait du terrain (Thomas More, Erasme, Montaigne, et plus tard, Rousseau). À sa naissance, la pensée créole se nourrit de ce discours pour mettre en forme sa propre critique de la civilisation espagnole, des institutions, de l'absolutisme royal, de l'intolérance religieuse, de l'impérialisme. On s'en prenait tout particulièrement à la violence des Conquistadors à l'endroit des Indiens (thème de la Légende noire dont Bartolomé de Las Casas fut l'initiateur au Mexique au milieu du XVIe siècle[19].

---

18 À ce sujet : F. AINSA (1989). Plus au nord, on retrouvait un phénomène semblable avec Jacques-Cartier, Champlain et les autres découvreurs de la Nouvelle-France. F. DUMONT (1993, chapitre I) a rappelé comment leur quête prolongeait des espérances européennes multiséculaires, nées au cœur du Moyen Âge.

19 La *Brevisima relación de la destrucción de las Indias* fut publiée à Séville en 1552. Voir à ce sujet C. GIBSON (1971), G. ARCINIEGAS (1969), J. LISCANO (1987). Un peu dans la même veine, le chapitre de A.-J. BÉLANGER dans le présent ouvrage rappelle le discours critique sur la culture et la société espagnoles chez les intellectuels vénézuéliens du début du XIXe siècle.

25

Ce discours critique à l'endroit de la métropole se doublait, assez logiquement, d'un parti pris en faveur du continent et de ses racines profondes. Mais là encore, il s'agissait, pour une part, d'une réaction à des courants de pensée européens qui dénigraient le nouveau continent et ses habitants[20]. Les représentants de l'administration espagnole se refusaient à considérer les Indiens comme des être humains, les tenant pour inférieurs. Au XVIIIe siècle, cette perception fut mise en forme par des historiens, des scientifiques et des philosophes européens comme Georges Buffon, Cornélius de Pauw, l'abbé Guillaume Raynal, William Robertson, Wilhelm Humboldt. Selon eux, les caractères physiques du continent américain auraient entraîné une déchéance de toutes les espèces vivantes. Chez l'Indien et le métis en particulier, ces tares physiques se seraient doublées d'une dégénérescence intellectuelle et morale[21]. Cette tradition de pensée se prolongea au XIXe et même au XXe siècle en Amérique latine, sous la forme du clivage civilisation/barbarie, à l'aide duquel plusieurs auteurs caractérisaient la dynamique culturelle du nouveau continent : une opposition sans cesse renouvelée entre, d'un côté, les forces du progrès et des Lumières, venues d'Europe, et de l'autre, la résistance de la culture populaire issue de l'américanité (par exemple : Sarmiento en Argentine, Espinosa au Pérou, etc.)[22].

Les toutes premières initiatives intellectuelles en faveur des Indiens furent celles des missionnaires qui, à partir des années 1520[23], s'implantèrent au Mexique avec l'intention de convertir les autochtones, jugeant qu'ils appartenaient eux aussi au plan divin. Sous ce rapport, Vasco de Quiroga, Pedro de Gante, Bartolomé de Las Casas et Bernardino de Sahagún font figure de pionniers. Sahagún, avec Diego de Landa et Bernabé Cobo, ont été au XVIe siècle les auteurs des trois premiers ouvrages ethnographiques sur les principales civilisations indiennes d'Amérique (Aztèques, Mayas, Incas). Las Casas a également laissé plusieurs écrits à la défense des Indiens. Avec le temps, de nombreux noms vinrent se joindre à ce courant de pensée : F.J. Clavijero (qui célébra le passé précolombien au même titre que l'Antiquité gréco-latine), S.-T. de Mier, Benito Feijóo, don Fernando de Alva, et d'autres (M. PICON-SALAS, 1971 ; D.-A. BRADING, 1991, etc.). Plus important encore, au gré des contacts et des actions missionnaires, le catholicisme s'est inséré dans l'indianité, d'où il a résulté diverses formes de syncrétisme. Ainsi, la religion officielle se continentalisait : lorsqu'en 1711, la Vierge apparaissait dans des villages mayas du Chiapas, on assurait qu'elle prenait le parti des Indiens contre le système colonial, qu'elle les enjoignait à se soulever...

Les créoles épousèrent ces représentations qui furent à l'origine du premier indigénisme. Au Mexique, comme ailleurs en Amérique latine, il est

---

20 On pourrait dire, tout aussi bien, qu'elle prolongeait d'autres courants de pensée nés en Europe même (le rousseauisme, le « primitivisme » de Chateaubriand, et le reste).

21 Sur ce thème : C. QUESADA (1982, 1983), B. LAVALLÉ (1984), D.-A. BRADING (1985, p. 17 et sq.).

22 Domingo Faustino SARMIENTO, *Civilización y barbarie. Vida de Juan Facundo Quiroga* (1845) ; Juan ESPINOSA, *Diccionario para el pueblo : republicario, democrático, moral, polética, y filosóphico* (1855) ; E.E. FITZ (1991, Chap. 10) a montré que ce clivage a envahi les littératures des Amériques.

23 Il s'agit principalement des Franciscains (1523-1524), des Dominicains (1526), des Augustins (1533) et des Jésuites (1572).

remarquable que les plus anciennes expressions du sentiment ou de l'idée nationale incluaient l'indianité comme composante essentielle (H. FAVRE, 1990, 1994, 1996 ; D.A. BRADING, 1985 ; J.-M. LEMOGODEUC, 1982...). Il faut voir là les racines des identités nationales qui s'épanouirent aux XIXe et XXe siècles en s'appuyant sur l'État[24]. La notion d'appropriation convient tout à fait pour désigner les processus d'emprunt, de métissage et d'acculturation auxquels se livrèrent les créoles. Dans la vie quotidienne, ils incorporaient de nombreux éléments indiens et, parfois, africains. Au plan biologique, ils se réclamaient du mélange des races ; peu à peu, le métis devint la figure authentique de l'américanité et prit le pas sur le créole, qu'il finit par englober. Dans l'ordre du sacré, on cherchait à jeter des ponts entre catholicisme et religions autochtones, en leur trouvant de lointaines origines communes. Enfin, pour ce qui est de la mémoire, on s'identifiait carrément à l'indianité et à ses racines millénaires, qui donnaient ainsi corps à une tradition, à une continuité imaginée[25]. Comme le rappelle dans plusieurs de ses écrits le vénézuélien Arturo Uslar Pietri, le modèle (on pourrait dire le paradigme) de l'amalgame est au cœur de la recherche identitaire latino-américaine[26]. Tous ces thèmes ressortent clairement de l'histoire mexicaine, mais le passé de la plupart des pays latino-américains en est imprégné[27].

Nous aurons à revenir plus longuement sur ce sujet dans une prochaine partie. À ce stade-ci, rappelons seulement qu'en dépit de son essor au cours des XVIe, XVIIe et XVIIIe siècles, ce premier sentiment national (sorte de proto-nationalisme) ne fut pas vraiment le terreau qui a alimenté en priorité les mouvements d'indépendance du début du XIXe siècle. Certes, dès l'époque coloniale, la nation (culturelle) avait pris ça et là un certain relief. Ainsi, selon A. USLAR PIETRI (1992, p. 313-321), c'est au cours du XVIIIe siècle que la nation vénézuélienne se serait forgée. À propos du Mexique, D.A. BRADING (1985) parle d'un nationalisme créole dès les XVIe et XVIIe siècles. Selon G.K. LEWIS (1983), la lutte anti-impérialiste menée par les créoles à Cuba et à Haïti au XVIIIe siècle a été elle aussi l'expression d'une nationalité, soutenue par une culture en émergence qui incorporait des éléments africains, blancs, indiens. On connaît par ailleurs la thèse de B. ANDERSON (1991), selon laquelle le nationalisme aurait touché l'Amérique latine avant l'Europe. Mais il paraît sans doute plus avisé de voir là les racines de la nation culturelle plutôt que l'institution de la nation politique. Dans cet esprit, on pense alors aux insurgés de Caracas à la fin du XVIIIe siècle, qui échouèrent dans leur tentative pour instituer une première forme de république ; ou au combat — victorieux

---

24 À ce propos, voir en particulier, pour le Mexique, J. LAFAYE (1974) ; pour le Pérou, B. LAVALLÉ (1978, 1983) ; pour la Colombie, J. OCAMPO LOPEZ (1983).

25 Sur ce dernier point, en rapport avec les XIXe et XXe siècles mexicains, voir H. FAVRE (1990). La doctrine indo-américaniste, de V.R. Haya de la Torre, est à cet égard particulièrement éloquente.

26 Sur un autre plan, un exposé plus détaillé montrerait que cette évolution culturelle a bien servi l'essor d'une élite créole qui n'a cessé d'étendre ses rangs au gré du métissage. Par son seul poids économique et démographique, l'indianité s'imposait en quelque sorte à la nation qui avait bien besoin de main-d'œuvre et, plus tard, de consommateurs (E. O'GORMAN, 1961, p. 141-142 et sq.).

27 Le cas du Pérou, par exemple, n'est pas le moins intéressant. On peut le résumer, au XVIe siècle, à travers le destin de Francisco de Aguirre, d'abord serviteur de Madrid, puis guerrier et administrateur de plus en plus attaché au continent, favorable au métissage, s'éveillant, enfin, à une nouvelle identité (M. BIRCKEL, 1980).

celui-là — des Argentins de Buenos Aires contre les invasions anglaises de 1806-1807 ; ou encore, comme nous l'avons indiqué, aux insurrections de Hidalgo et de Morelos au Mexique en 1810-1813, et le reste. C'est surtout après la naissance des républiques que le nationalisme prit vraiment forme comme matrice, principe organisateur de la pensée et de l'action collective. C'étaient souvent des conflits contre des pays voisins, des réactions à des insurrections indiennes ou même des guerres civiles qui servaient de mécanismes déclencheurs. D'une façon plus générale, le nationalisme se donnait aussi comme un cadre rassembleur qui allait contrer l'instabilité sociale et politique née des mouvements d'indépendance, en mettant fin aux divisions internes (G. MASUR, 1967 ; M. CANESSA de SANGUINETTI, 1991 ; etc). Et plus important encore, du point de vue qui est le nôtre, ces nationalismes accentuaient l'appartenance au continent et enfonçaient encore davantage la rupture identitaire avec les métropoles[28]. En résumé, on pourrait dire que, durant la période coloniale, la référence nationale s'était forgée surtout dans la culture, et en particulier dans la religion ; avec le XIXe siècle, elle acquit une pleine consistance politique et sociale. Relevons au passage le paradoxe de ces collectivités politiques qui ont assuré leur affranchissement et leur édification en s'appuyant sur le modèle de l'État-nation, lui-même emprunté à l'Europe.

Dès après la Conquête, et en rapport étroit avec ce qui précède, l'enracinement dans le continent inspira une forte pensée utopique chez les créoles. Mais il s'agissait cette fois d'utopies de rupture et d'appropriation, et non de rêves péninsulaires ou européens. Les entreprises millénaristes et missionnaires ont constitué une sorte de transition des unes aux autres. Des figures comme Bartolomé de Las Casas, Vasco de Quiroga et d'autres illustrent la tentative pionnière pour créer sur le continent un ordre nouveau fondé sur la justice, l'égalité et l'espoir de la Parousie, l'attente du Millénium (D.A. BRADING, 1991, Chap. 5 ; F. AINSA, 1989 ; J. LAFAYE, 1974 et 1985 ; A. REYES, 1960)[29]. Mais les petites républiques chrétiennes (« reducciones ») établies à partir du début du XVIIe siècle au Paraguay par les jésuites (et dont le modèle, là encore, est d'origine européenne) relèvent d'une authentique américanité : en font foi leur longévité, leur contenu social, leur souci d'adaptation au milieu (A. CIORANESCU, 1971). Parmi d'autres exemples, on peut ranger dans la même veine la vision messianiste qui s'est déployée au Pérou au XVIIe siècle, selon laquelle l'américanité allait donner une nouvelle vigueur au catholicisme et lui servir de tremplin pour se lancer à la Conquête du monde (B. LAVALLÉ, 1983). Sur un mode nettement plus laïc, mentionnons aussi la mythologie urbaine qui a fleuri au Mexique pendant toute la période coloniale (Y. AGUILA, 1983), un peu comme au Pérou et au Chili ; ou encore, ces créoles péruviens qui, au XVIIe siècle, représentaient leur terre natale sous les traits du Paradis terrestre (M.-D. DEMELAS, 1982).

---

28 Énoncé qui souffre toutefois d'importantes exceptions, comme en témoignent, par exemple, les leaders libéraux en Argentine au XIXe siècle, tout particulièrement Domingo F. Sarmiento (1811-1888). Au contraire des précédents, ce nationalisme entendait modeler la jeune nation sur les valeurs européennes et se méfiait de l'américanité (S.L. BAILY, 1971, Chap. 3 ; D. QUATTROCCHI-WOISSON (1992).

29 On observe alors une résurgence de millénarismes italiens et espagnols (Joachim de Flore, Savonarole, Bartoloméo de Pise, Antonio de Aranda...).

Les mouvements d'indépendance relancèrent les rêveries du continent. L'idéal d'une grande alliance latino-américaine en fut la première et la principale expression, ses porte-parole les plus célèbres étant Miranda (la Grande Colombie) et Bolivar. L'idée leur a survécu dans la seconde moitié du XIXᵉ siècle et elle n'est pas complètement disparue même aujourd'hui. Des mythes proprement nationaux prirent forme également, qui affirmaient, chacun à sa façon, l'essor d'une altérité américaine. Ici, un déterminisme géographique (les ressources inouïes, le climat bénéfique...) promettait un destin supérieur. Là, une métaphore organiciste fondait la nation pure, innocente, libre et vigoureuse. Ailleurs encore, le nouvel homme américain allait affirmer sa supériorité spirituelle sur son ancêtre de la mère patrie[30]. Le mythe de la Grande Argentine, qui entendait se donner en modèle au monde entier, est ici exemplaire également. Tout comme le cas du Mexique qui, selon O. PAZ (1959), n'a vraiment consommé sa rupture avec son ancienne métropole qu'au milieu du XIXᵉ siècle, en adhérant à une autre tradition européenne, celle du rationalisme, de la démocratie et du progrès, à laquelle l'Espagne, après la Renaissance, avait tourné le dos avec l'Inquisition. Cette autre tradition aurait été concrétisée pour la première fois au Mexique dans la Constitution libérale de 1857 et dans les Lois de Réforme[31]. On aura noté toutefois que la rupture culturelle s'effectuait ici au prix d'un autre emprunt, d'une autre dépendance, cette fois envers l'ensemble de l'Europe.

Enfin, dans la plupart des pays d'Amérique latine, on trouve des formulations du grand projet de métissage des races, de fusion des cultures et des traditions[32]. Cette grande idée a reçu, jusqu'à l'époque actuelle, de très nombreuses formulations. Pour ce qui est de sa version biologique, on pense bien sûr à la thèse de la Race cosmique, du Mexicain José Vasconcelos (1881-1957), ou à l'idée de la démocratie raciale au Brésil (Gilbert Freyre), au Venezuela (Rafael Castro) et ailleurs. Nous y reviendrons. Il faut évoquer enfin, pour le XXᵉ siècle, l'utopie ariéliste, fortement anti-étatsunienne, qui affirmait comme au XIXᵉ siècle l'orientation spirituelle de la civilisation latino-américaine et sa supériorité morale[33].

Dans deux autres directions encore, on peut observer la marche de l'appropriation culturelle du continent. C'est d'abord dans le déploiement de nouvelles formes coutumières et rituelles, issues de diverses pratiques d'emprunt, d'invention et d'adaptation. La langue se différencie, s'éloigne du castillan (en particulier dans la prononciation), ce qui donne prise aux affirmations identitaires de l'élite créole. Des débats ont lieu, certes, quant à l'opportunité de ce décrochage linguistique (au Mexique par exemple, au début du XIXᵉ siècle : Y. AGUILA, 1980) ; mais dans l'ensemble, l'affaire est assez vite tranchée

---

30 Voir à ce sujet, parmi d'autres : M.-D. DEMALAS (1982), N. SHUMWAY (1991).

31 À partir de ce moment, selon Paz (p. 113), le Mexique n'est plus tant « une tradition à perpétuer » qu'un avenir à réaliser ». On ne saurait exprimer plus clairement la référence à nos deux modèles, A et B (continuité/différenciation).

32 Pour la seconde moitié du XIXᵉ siècle, on pense, par exemple, au Venezuela : (W.R. WRIGHT (1990, Chap. 3).

33 L'expression tire son origine du roman (Ariel, 1900) de l'Uruguayen José Enrigue Rodo, qui eut un grand succès dans tout l'hémisphère, prenant à un certain moment l'allure d'un (autre) manifeste continental (C. RANGEL, 1987, p. 94-99).

et la langue du continent ne devient pas une source lancinante de malaise ou d'humiliation par rapport à celles de Madrid ou de Lisbonne. Depuis le XVIe siècle aussi, on n'en finit plus d'explorer les nouveaux espaces, de reconnaître ses particularités, de les nommer, de consigner par écrit les gestes, les faits et choses mémorables, de les tremper dans la légende, d'en nourrir l'imaginaire pour en tirer une tradition[34]. Et puis, il y avait tous les emprunts à la civilisation indienne : ceux que pratiquaient délibérément les créoles, désireux de se distinguer des Espagnols de la péninsule, et ceux qui imprégnaient la vie quotidienne, qu'il s'agisse de nourriture, de vêtement, d'habitat, et le reste. Encore là, la langue fut un puissant vecteur d'arrimage, les noms de lieux, de fruits, d'oiseaux et autres animaux sauvages s'incorporant dans l'outillage mental des Blancs puis des métis de toute extraction.

Il semble que la langue et, de façon plus générale, la culture des classes populaires, tout spécialement dans les campagnes, furent particulièrement touchées par ce phénomène. Loin des grandes villes, la population était moins en contact avec ce qui subsistait de l'esprit et des institutions des métropoles européennes. Il s'ensuivit, un peu partout en Amérique latine, un clivage grandissant entre le monde des capitales et celui des provinces, où fleurissait une américanité sauvage en prise directe avec la respiration du continent et avec l'indianité. C'est dans les pays de la Plata que ce trait paraît avoir été le plus accusé. De ce point de vue, le gaucho et le caudillo prennent valeur de symbole, comme figures d'américanité. Au sens originel, le premier désignait les habitants nomades et marginaux, souvent hors-la-loi, des grandes plaines de l'Argentine, du Brésil (le « vaqueiro ») et de l'Uruguay. Au sens large, il en est venu à englober tous les travailleurs ruraux. Issu d'un métissage espagnol, indien et africain, le gaucho habitait les étendues sauvages de la pampa, y vivant d'industrie, dans la plus grande liberté d'esprit et de manières. Sa nature rude, fantasque et rebelle alimenta bien des légendes et imprégna fortement la culture populaire. Le caudillo représentait une autre figure identitaire, aux antipodes de l'européanité. Le nom était réservé à ces leaders locaux informels, sorte de parrains qui tiraient leur pouvoir des liens de dépendance personnelle tissés avec leur entourage. Ce pouvoir, qui pouvait s'étendre à des régions entières et même au-delà[35], était exercé d'une façon discrétionnaire, dans un esprit et un style qui ne sont pas sans rappeler le féodalisme primitif. On en trouve des racines à l'époque même de la Conquête ; mais il est certain que le régime des caudillos a connu un essor sans précédent au XIXe siècle, à la faveur de l'instabilité politique et sociale consécutive aux mouvements d'indépendance. Retenons aussi qu'en comblant un vacuum institutionnel dans des régions peu développées, délestées par les capitales, ce régime durcissait le clivage socioculturel (l'antinomie ?) entre les élites et le peuple.

---

34 B. CHENOT (1980), par exemple, a montré comment, dans l'Argentine du XIXe siècle, une littérature du voyage a contribué à fixer les représentations du paysage national et même les racines historiques d'une identité.

35 En Argentine, le dictateur Juan Manuel de Rosas (1793-1877) fut lui-même un *supercaudillo*, comme quelques autres qui réussirent à transposer à l'échelle de la nation le même régime charismatique et despotique.

Dans la direction contraire, une américanité se construisait aussi dans la culture savante, en particulier dans la littérature. En réalité, dès le XVIIᵉ siècle, au Mexique, au Brésil et au Pérou, des œuvres littéraires affichèrent une exaltation utopique et constituèrent une première forme d'appropriation symbolique[36]. Au XVIIIᵉ siècle, alors même que les emprunts européens étaient encore de règle, on vit se répandre un peu partout une littérature à saveur nativiste (par exemple, la *Rusticatio Mexicana* de Rafael Landivar — 1731-1793). Mais la véritable émancipation allait venir au siècle suivant, malgré l'influence encore très forte des courants européens. Le romantisme, par exemple, avec José Maria de Heredia à Cuba, Esteban Etcheverria en Argentine, Ricardo Palma au Pérou, et d'autres, fut l'occasion d'une appréhension des paysages et d'une représentation des tempéraments nationaux. Andrés Bello au Venezuela, Altamirano au Mexique, José Victorino Lastarria au Chili furent des pionniers de la littérature nationale. La fin du XIXᵉ siècle, avec la génération d'écrivains modernistes[37], consacra le décrochage hispanique et prépara le terrain au roman typiquement latino-américain qui allait éclore à partir des années 1920 et 1930, pénétré de populisme, d'indianisme, de naturalisme[38]. À ce propos et pour la même époque, il faut attirer l'attention sur l'influence du mythe cannibaliste au Brésil. On y retrouve l'idée originelle de l'ingestion de l'autre afin d'en acquérir les vertus et de s'en venger en réalisant son indépendance. Appliquée à la littérature, cette idée a conduit des écrivains brésiliens du XIXᵉ et du XXᵉ siècle à s'identifier avec les Indiens anthropophages Tupinambas, ennemis traditionnels des Portugais impérialistes. Cette thématique a d'abord produit au XIXᵉ siècle une imagerie assez inoffensive, très européenne, dans la veine des *Natchez* de Chateaubriand. À partir des années 1920 (la Semaine d'art moderne de Sao Paulo en 1922, la *Revista de Antropofagia* de 1928-1929 et le Manifeste anthropophage d'Oswald de Andrade), une symbolique beaucoup plus agressive allait prendre forme, d'esprit carrément anti-européen cette fois. Cette métaphore, par laquelle on voulait mettre en forme la brésilianité en littérature, est encore vivante aujourd'hui : tout ce qui a été imposé comme « autre » devrait être mangé, dévoré, c'est-à-dire nié, surmonté (L. STEGAGNO PICCHIO, 1988 ; W. MOSER, 1992, 1994). Ainsi, encore une fois, l'indianité (mais, en l'occurrence, sous les traits du mauvais Sauvage) servait de vecteur à l'émancipation américaine. Notons enfin au passage que, par le procédé anthropophagique, l'écrivain brésilien se libérait aussi de sa dépendance à l'endroit du portugais comme langue métropolitaine.

On pourrait montrer que, selon des périodisations et des voies assez analogues, ce travail d'appropriation (ou de ré-appropriation) est visible aussi dans les autres domaines de la création comme le théâtre, la musique, la

---

36 Mentionnons Gregorio de Matos ou Juana Inés de la Cruz (E.E. FITZ, Chap. 6-7).

37 José Marti à Cuba, Manuel Gutierrez Najera et Salvador Diaz Miron au Mexique, Ruben Dario au Nicaragua, etc.

38 Sur ce qui précède, voir notamment C. DUMAS (1982), J.-L. MARTINEZ (1972). Soulignons aussi l'importance du roman régionaliste (E.E. FITZ, 1991, Chap. 8).

peinture, la sculpture ou l'architecture[39]. Le cadre du présent essai ne permet pas de poursuivre l'exercice plus avant.

C/ L'AMÉRICANITÉ INACHEVÉE

Tout ce qui précède illustre et confirme que, dans l'ensemble, l'évolution des pays d'Amérique latine depuis le XVIe siècle relève bien du modèle de la reproduction dans la différenciation plutôt que du modèle de la continuité. Mais il est non moins assuré que ce parcours général apparaît désuni en divers points, qu'il a connu bien des ratés et qu'il a été accompagné de doutes, d'ambiguïtés et même de contradictions qui n'ont pas toutes été surmontées encore aujourd'hui. Cet autre versant du passé — et du présent — latino-américain donne à penser que l'américanité qui s'est construite depuis cinq siècles sur ce continent demeure fragile, pleine de tensions et, dirons-nous, inachevée.

D'abord, certains éléments de continuité survivent très évidemment dans l'héritage péninsulaire. On pense tout de suite à la langue, à la religion, mais aussi à de nombreux emprunts qui n'ont pas cessé de nourrir la culture savante latino-américaine, comme l'ont signalé E. O'GORMAN (1961) et d'autres. À partir d'une étude de 63 historiens du XIXe siècle, E. BRADFORD BURNS (1978) a aussi montré que la référence européenne et le rejet de l'indianité constituaient des traits dominants de l'historiographie latino-américaine de cette époque. Sous une forme atténuée, ces traits seraient encore visibles à l'époque actuelle. Une opinion assez répandue veut que l'Amérique latine ait effectivement rompu avec les sociétés mères mais qu'elle ait éprouvé de grandes difficultés à mettre en place un modèle de remplacement (parmi les causes les plus souvent invoquées : l'extrême diversité de sa population, son instabilité politique et sociale, la violence qui a toujours imprégné la vie collective, son incapacité à instituer des démocraties durables, les assauts de l'impérialisme américain...). Il en aurait résulté un vide culturel et une crise d'identité ; cette Amérique serait donc encore en train de se faire. C'est la conclusion à laquelle en sont arrivés des auteurs comme G. MASUR (1967), S. CLISSOLD (1966) et C. RANGEL (1987). Pour ce dernier, l'histoire de l'Amérique latine jusqu'à l'époque récente est marquée par l'échec ; elle n'a pas su se donner des épopées. Comme d'autres, Rangel fait grand cas des propos désabusés de Bolivar, vers la fin de sa vie (« Tous ceux qui ont travaillé à libérer l'Amérique n'ont fait que labourer l'océan... », etc.).

Deux témoins contemporains illustrent éloquemment cet état d'esprit. Le premier est le Mexicain Octavio PAZ (1959, surtout le chapitre VI), prix Nobel

---

39 Au Mexique, par exemple, les styles baroque et rococo sont plus que de simples transpositions des formes espagnoles ; ils portent la marque des inventions locales et, notamment, de l'influence indienne. L'art religieux en est une bonne illustration : le baroque des voûtes des églises a été manifestement altéré par le contact avec l'art indigène (témoin, la voûte de l'église Santa Maria, à Tomanzitla, État de Puebla, reproduite dans M.-S. ABBAT, F. MAURO, 1971, p. 136). Sur le même sujet, voir P. KELEMEN (1951), G. KUBLER, M. SORIA (1959). Selon W. MOSER (1996), l'évolution du baroque en Amérique latine (son américanisation, en quelque sorte) relèverait de ce qu'il appelle un processus de « recyclage » culturel.

de littérature, qui a offert une réflexion plutôt pessimiste sur l'incertitude, les masques, la solitude de l'identité latino-américaine, mexicaine en particulier. En se référant à son pays, Paz déplore l'échec des grands projets sociaux du XIXᵉ siècle et la pauvreté de la culture nationale qui n'a pas su innover à partir des nombreux emprunts européens[40]. Le second est le Vénézuélien Arturo USLAR PIETRI (1992), qui reprend le thème de l'inconsistance culturelle (notamment dans la littérature) et de l'angoisse identitaire (par exemple : un continent qui a plusieurs noms, et par conséquent n'en a pas...), affirme que l'Amérique latine a bel et bien effectué sa rupture avec l'Europe mais s'est avérée incapable d'élaborer sa propre civilisation, que son histoire est une longue quête d'identité toujours relancée. Pietri voit le cœur du problème dans le conflit entre les idéaux élitistes et les résistances « caudillistes » de la culture populaire. Mais il y aurait deux raisons d'espérer : une nouvelle littérature serait en émergence, portée par des préoccupations sociales et susceptible de jeter des ponts entre les deux cultures ; et, plus profondément, la vieille dynamique de confluence et de métissage qui est la véritable caractéristique de l'américanité latine finira bien par réduire tous ces contraires qui ont jusqu'ici compromis les promesses du continent.

On trouve des accents semblables chez Z. BERND (1986) et surtout chez J. LISCANO (1987), qui évoque la confusion de l'être latino-américain et le triste sort d'une culture vouée à l'imitation, encore malade de sa rupture. Plusieurs auteurs ont en effet relevé — en se référant en particulier au XIXᵉ siècle — un mélange complexe de continuités et de ruptures et une incapacité à aligner les collectivités sur une orientation durable. Au Venezuela, les élites sont difficilement parvenues à s'accorder sur des mythes fondateurs (J.V. LOMBARDI, 1976). En Argentine, plus qu'ailleurs peut-être, les élites et les classes populaires n'ont jamais pu se rallier durablement autour d'un plan de reconstruction collective (infra). Au Brésil, T.E. SKIDMORE (1974, 1990) a montré que les équilibres culturels étaient toujours fragiles. Au Pérou, comme ailleurs, les intellectuels ont été longtemps tiraillés entre la volonté d'un décrochage européen et la crainte de la « barbarie », du « primitivisme » indien (B. LAVALLÉ, 1983). Et en Colombie, selon P. WADE (1993), la rupture n'aurait jamais été vraiment consommée ; à cause de la très grande diversité ethnique, une partie des élites désespérerait de construire une vraie nation à partir des seules données continentales, d'où la tentation toujours présente de bâtir autour du vieil héritage hispanique.

Dans plusieurs pays, il est vrai que la distanciation culturelle par rapport aux métropoles coloniales a donné lieu à d'autres emprunts, d'autres dépendances européennes, en particulier au XIXᵉ siècle. L'exemple le plus spectaculaire en est donné par les élites culturelles brésiliennes, qui ont littéralement changé de mère patrie dans la seconde moitié du XIXᵉ siècle, substituant la France au Portugal. Mais il y a également l'Argentine, qui s'est en partie ré-européanisée elle aussi à compter du milieu du XIXᵉ siècle, tout comme le Mexique sous le règne de Porfirio Diaz. On pense ici au Modernisme en littérature (les Parnassiens, les Symbolistes), au libéralisme dans la pensée et,

---

40 D'autres voix mexicaines s'ajoutent à Octavio Paz : Leopoldo Zea, Samuel Ramos, etc. (voir ici même le chapitre de A.-J. BÉLANGER).

surtout, au positivisme dans les sciences sociales (Comte, mais aussi Darwin et Spencer). Au Mexique, par exemple, l'emprise de ce courant de pensée appliqué à la construction d'une société nouvelle, autonome, confine au paradoxe. Après tant de bouleversements sociaux et politiques, le positivisme offrait un espoir de restauration sous la forme d'une architecture, d'une ingénierie de l'ordre social. Mais il y avait un prix à payer : la nouvelle religion de la science enseignait aussi le triomphe de la raison et de la civilisation sur la barbarie ; du coup se trouvait accentué le clivage culturel entre les élites et les classes populaires.

Ces importantes réserves ne suffisent pas à remettre en cause le modèle de la différenciation. Dans un grand nombre de cas, les idées européennes (la démocratie, par exemple) ne réussirent pas à prendre racine en terre latino-américaine (F.-M. QUESADA, 1991). Dans d'autres cas, seules les élites — ou une partie d'entre elles — s'en sont nourries ; le reste de la « nation » n'a pas suivi. Inachevée, incertaine, l'américanité n'en est pas moins acquise dans la politique et dans la culture. Une tradition a été instaurée, qui célèbre ses actes fondateurs, et le poids de l'indianité continue de peser sur les définitions collectives. Un peu partout, le XXe siècle a consolidé les appartenances continentales et restauré (dans tous les sens du mot) le passé précolombien. À Mexico, les monuments célèbrent plus volontiers la mémoire de Cuauhtémoc que de Cortés. Même les anciens vecteurs de continuité, comme la religion et la langue, ont subi la dérive du continent[41]. Enfin, les constats d'échecs se rapportent surtout aux utopies, aux grands projets sociaux et culturels dans lesquels les constructions identitaires auraient pu trouver des matériaux. Et ils ne sont le fait que d'une partie des élites. L'autre partie, tout comme la masse de la population, se perçoit comme le produit original d'un long processus de métissage et de confluence culturelle qui a fait de l'Amérique latine le creuset d'une civilisation originale, dont l'envol est imminent[42].

III
DES OBSTACLES À L'IDENTITÉ : L'IMAGINAIRE AU SECOURS DE LA NATION

Nous avons vu comment, chez des littéraires brésiliens du XXe siècle, la métaphore anthropophage a permis de sublimer le sentiment de dépendance à l'endroit du Portugal. Ce cas illustre l'étonnante capacité des collectivités neuves à surmonter par des aménagements symboliques des situations

41 Comme le rappelle R.M. MORSE (1964, p. 127).

42 Pour une illustration de ce nouvel optimisme, peut-être artificiellement stimulé par l'effervescence du 500e anniversaire : C. FUENTES (1992).

apparemment sans issue. Nous nous attardons ici à deux exemples de contradictions où se trouvèrent enfermées les cultures nationales latino-américaines et qui furent résolues par des stratégies de l'imaginaire, sanctionnées par l'autorité du mythe. On verra aussi que la science et l'idéologie — aidées de l'imaginaire — s'y font volontiers complices pour apprêter la réalité empirique au goût de la nation. Par dessus tout, les deux exemples montrent les impasses auxquelles peuvent être confrontées les collectivités neuves en quête d'une identité. Ils ont trait à la construction, l'un de la nation, l'autre de sa mémoire.

A/ LA DIVERSITÉ CONTRE LA NATION

Tout au long de l'histoire latino-américaine, et en particulier à partir des mouvements d'indépendance, l'idée de nation, dans ce qu'elle suppose fondamentalement d'unité et de cohésion, sinon d'uniformité, s'est heurtée à son contraire : une énorme diversité de races, d'ethnies, de classes (supra, fin de la partie I). Ajoutons à cela : le caractère parfois irréconciliable d'idéologies et de visions du monde. La pensée créole s'est difficilement accommodée de cette réalité qui, en quelques pays, a carrément fait échec aux projets d'identité nationale. On pense ici à l'Argentine de la seconde moitié du XIXe et de la première moitié du XXe siècle, irrémédiablement divisée entre deux modèles nationalitaires : la vision populiste des gauchos et l'élitisme très européanisé des libéraux[43]. À propos de la Grande Colombie, on sait aussi le sentiment d'échec éprouvé par Bolivar à la fin de sa vie. D'autres pays se sont signalés depuis le XIXe siècle par la fragilité de leur consensus national : le Pérou, où le vrai citoyen était tantôt l'Inca, tantôt le métis et tantôt le Blanc (F.B. PIKE, 1969) ; le Brésil, aux prises avec des forces centrifuges de toutes sortes (A.C. STEPAN, 1969) ; le Mexique, où l'indianité fait toujours problème (H. FAVRE, 1971). Cette question a sans cesse sollicité les élites, qui ont imaginé divers recours pour la résoudre. Il est remarquable que chacune des solutions mises de l'avant consistait à supprimer la diversité, d'une manière ou d'une autre.

Parmi les moyens les plus radicaux, on note les génocides pratiqués contre certaines tribus indiennes, notamment au Brésil, et toutes les formes de violence physique dirigées contre les marginaux. On serait tenté de ranger ici les tentations d'exclusion et même d'élimination qu'éprouvaient des libéraux (ou soi-disant tels) comme Sarmiento en Argentine (N. SHUMWAY, 1991, Chap. 4) à l'égard des Indiens, des métis, des gauchos. Une deuxième voie préconisait l'attrition démographique au moyen de programmes de réduction obligatoire de la fécondité indienne. Une troisième, radicale elle aussi mais mieux inspirée sans doute, menait à la suppression des inégalités par la révo-

---

43 Cette dualité est bien illustrée dans les ouvrages de Domingo Faustino Sarmiento (*Facundo. Civilización y Barbarie*, 1845) et d'Ernesto Quesada (*La época de Rosas*, 1898). À ce sujet, voir aussi N. SHUMWAY (1991) et D. QUATTROCCHI-WOISSON (1992). Enfin, dans le présent ouvrage, on consultera les chapitres de A.-J. BÉLANGER et de D. QUATTROCCHI-WOISSON. Il y a lieu toutefois de s'étonner d'une telle division, dans la mesure où le « melting-pot » argentin s'est finalement avéré très efficace, les minorités ethniques y étant aujourd'hui peu visibles.

lution. Le Péruvien Gonzáles Prada (1848-1918) semble en avoir été le pionnier ; les marxistes de toutes tendances s'y engagèrent par la suite. Participant du même idéal, l'idéologie libérale en proposait une version beaucoup plus modérée : la proclamation de l'égalité des citoyens devait conduire un jour à une égalisation de leur condition sociale. L'acculturation par l'action missionnaire et par l'éducation représentait une quatrième avenue. Elle fut empruntée dès le XVIe siècle au Mexique, les premiers missionnaires s'efforçant de christianiser et de « latiniser » les autochtones au moyen de la prédication et de l'encadrement scolaire (J. LAFAYE, 1984). Mais à partir de la fin du XVIe siècle, le système colonial fit prévaloir sa conception selon laquelle l'Indien devait être exclu de la culture européenne et maintenu dans son infériorité naturelle. Ce n'est qu'au XIXe siècle que les tentatives d'assimilation reprirent pour de bon. À partir du milieu du siècle, la presse mexicaine diffusa l'idée que l'infériorité indienne n'était pas innée mais acquise, que l'instruction pouvait y remédier (H. FAVRE, 1994). Cette conception refleurit dans le contexte de la Révolution, au début du XXe siècle, et plus tard encore, après 1940, dans le discours des anthropologues qui proposaient une pleine intégration des Indiens à la société blanche et métisse.

C'est dans deux autres directions que les cultures latino-américaines ont fait montre d'originalité dans leur quête pour réduire la *différence* en s'appropriant l'altérité. La première est apparue sur le terrain de la religion. D'abord, dès le XVIe siècle, des missionnaires catholiques établirent une filiation historique entre le christianisme primitif et les religions indiennes. Selon ces théories, les Indiens auraient été des descendants des Hébreux (les dix tribus égarées d'Israël), leurs religions auraient représenté des formes dégradées du catholicisme et le continent latino-américain aurait été le lieu du Paradis terrestre. Créoles et Indiens étaient donc en réalité des frères, unis dans la lutte contre la péninsule impérialiste[44]. Ces conceptions furent relancées avec vigueur par le dominicain Servando Teresa de Mier à partir de la fin du XVIIIe siècle. On assista aussi à de nombreux efforts, de la part des missionnaires, soit pour faire ressortir, soit pour instituer des pratiques, des traits communs aux deux univers religieux. Au début, l'Église s'employa à effacer les signes des religions indiennes (destruction d'objets de culte, de temples). Mais on s'aperçut vite que le paganisme était indéracinable. On pratiqua alors la substitution par syncrétisme. Les moines plantaient des croix, érigeaient des temples sur d'anciens sites religieux indiens. Ils diffusaient des images des saints, exploitaient l'historiographie des miracles et des apparitions, sacrifiaient au goût des néophytes pour les peintures, les tableaux, les représentations théâtrales, les célébrations en plein air (on pense ici aux fameux atriums : les Indiens n'avaient pas l'habitude de pénétrer à l'intérieur des églises). Les prédicateurs misaient aussi sur les idées messianiques du rachat, de la libération spirituelle et sociale auxquelles ces indigènes miséreux se montraient réceptifs[45].

---

44 Sur ce sujet : J. LAFAYE (1974), D.A. BRADING (1985, 1991).

45 Sur ce qui précède : G. ARCINIEGAS (1967), E. MATOS MOCTEZUMA (1992), J. LAFAYE (1974).

À l'inverse, ceux-ci assimilèrent plusieurs traits du catholicisme. Ils étaient friands de visions millénaristes, qui rappelaient leurs mythes de l'attente ; ils adoptaient Dieu, la Trinité et ses saints mais en les insérant dans leur panthéon ; ils étaient sensibles à la crucifixion du Christ, car ils y voyaient une autre forme de sacrifice humain ; ils s'accommodaient bien des églises, où ils allaient cacher leurs amulettes[46]. Le syncrétisme qui résulta de toutes ces pratiques rendit encore plus séduisante la thèse des origines communes. Du reste, les troublantes ressemblances relevées entre les religions chrétienne et indiennes ne pouvaient mentir : comment pouvait-on expliquer autrement l'existence, chez les autochtones, de rites et symboles comme la croix, la confession, le jeûne, le baptême, le mariage, la circoncision ? ou de croyances comme la vie éternelle (séparation de l'âme et du corps)[47] ?

Il est remarquable que ces rapprochements sur le terrain religieux, en plus de procurer au créole un sentiment de commune appartenance avec l'Indien, remplissaient une autre fonction tout aussi importante : en situant l'Indien dans l'héritage de la vieille tradition chrétienne, on établissait qu'il avait été évangélisé bien avant la Conquête ; du coup, son histoire, comme celle de toute l'Amérique, acquérait sa propre légitimité et, comme par ricochet, le créole se trouvait lui aussi affranchi de la préséance morale revendiquée par la péninsule. Il pouvait dès lors s'adonner à son destin sur le continent, sans crainte de déchéance. Il est permis de voir là une grande idée fondatrice de la civilisation latino-américaine.

Deux épisodes, en particulier, illustrent cette quête de soi à travers l'autre, cette création de l'unité dans la diversité, par l'imaginaire. C'est d'abord la fusion qui fut opérée entre la déesse indienne Tonantzin et la Vierge de la Guadalupe. En 1531, la sainte Vierge serait apparue à un pâtre aztèque sur la colline de Tepeyac, là même où se trouvait un sanctuaire voué au culte de Tonantzin. L'emplacement aurait ensuite été le lieu de nombreux miracles et de pèlerinages. Sahagún en fit état dans ses écrits vers la fin du XVIe siècle. Les apparitions de la Vierge chez les Indiens se multiplièrent par la suite. Le culte de la Vierge de la Guadalupe s'étendit. Au fil des temps, grâce à la prédication de l'Église, la Vierge se substitua à Tonantzin, mais sans vraiment la supplanter puisqu'en réalité, celle-ci n'était que le vestige paganisé de la Vierge primitive. De Mier, en 1794, et Carlos Maria de Bustamante, au début du XIXe siècle, relancèrent au Mexique le mythe de Tonantzin/Guadalupe qui, dès cette époque, s'était diffusé un peu partout en Amérique latine. Les apparitions de la Vierge se poursuivaient, suscitant autant de lieux de pèlerinages dans plusieurs pays et fortifiant un culte qui rayonnait au-delà des tribus, des races, des ethnies, des classes. Partout, mais au Mexique plus particulièrement, ce symbole agissait comme un ciment national, ou même un « paradigme continental » (D. Irarrazaval).

Le tandem Tonantzin/Guadalupe eut son double, sous la forme d'une association entre l'apôtre Thomas et le dieu aztèque Quetzalcoatl. Ces deux

---

46 Voir N. WACHTEL (1984), C. GIBSON (1984), T. GOMEZ (1992), S. GRUZINSKI (1989), M.F. BROWN, E. FERNANDEZ (1991).

47 R. RICARD (1933), H. SUDHOFF (1994), C. BERNAND, S. GRUZINSKI (1993).

épisodes, qui procédaient de la même source, ont du reste suivi un cours parallèle, le second beaucoup plus modeste que le premier toutefois. L'idée prit forme chez les missionnaires franciscains et dominicains aux XVIe et XVIIe siècles. Le dieu dont les Aztèques attendaient le retour, après qu'il les eut quittés vers l'an 900, était bel et bien, assurait-on, l'apôtre Thomas, venu jadis évangéliser les Indiens. Ceux-ci le représentaient comme un homme à la peau blanche, portant la barbe. Selon d'autres versions, l'évangélisateur était plutôt un missionnaire venu au Moyen Âge — peut-être un Viking, au Xe siècle. Ces divergences importent peu, en définitive. Jusqu'au XIXe siècle, cette croyance fournit une puissante assise au sentiment national et convainquit les créoles de leur autonomie spirituelle à l'égard de l'Espagne[48].

Pour contrer l'hétérogénéité des populations, la pensée créole fit preuve d'une grande imagination sur un autre terrain, celui de la race. L'idée est née vers le milieu du XIXe siècle au Mexique et s'est progressivement diffusée au cours des sept ou huit décennies qui ont suivi : le seul moyen de réduire à coup sûr l'écart entre l'Indien et le Blanc serait de faire disparaître biologiquement le premier, en le fondant dans l'autre par le biais du métissage[49]. Il s'agissait, en somme, de supprimer l'Indien dans sa culture et dans sa nature. Dès lors, on exalta le mélange des races, qui devint un thème national et même un mythe fondateur. Le métis s'imposa comme le symbole de l'être mexicain original et supérieur, riche de tous les apports qui le constituaient. Ce programme, qui se voulait éclairé par la science, s'en écartait toutefois assez librement sur deux points. D'abord, on prêchait les vertus de la fusion des races alors même qu'à cette époque, la Science européenne — dont les élites porfiriennes étaient pourtant si respectueuses — n'en avait que pour la pureté du sang et la ségrégation[50]. En outre, il était expliqué, avec la plus grande candeur, que la nouvelle race forgée dans la fusion serait blanche (le « caractère » indien était donc récessif ?...). On prévoyait une période de transition d'un siècle ou deux, après quoi le travail serait fait : le Mexicain aurait parfaitement assimilé l'indianité mais sans en montrer le phénotype. Concrètement, il restait à recruter la masse des artisans prêts à se dévouer pour cette grande œuvre nationale du métissage (ou du « blanchiment » — « blanqueamento »). Il ne s'en trouva pas autant que souhaité. On conçut alors un vaste programme d'immigration blanche (qui n'eut pas vraiment de suite), mais en ayant soin de marquer des préférences, d'instituer une sorte de hiérarchie au sein des races à pressentir. L'Allemand y venait au premier rang et l'Espagnol, sans surprise, au dernier[51].

---

48 Sur Quetzalcoatl et saint Thomas, voir surtout J. LAFAYE (1974), B.C. BRUNDAGE (1982), D. CARRASCO (1982).

49 L'ensemble de ce dossier est présenté dans H. FAVRE (1994, 1996). Notons que, dès le XVIIIe siècle, un auteur comme F.J. Clavijero (*Historia Antigua de México*, 1780-1781) avait déjà émis une opinion semblable (J. LYNCH, 1973, p. 31). Soulignons aussi que ces tentatives pour faire disparaître l'Indien étaient plus le fait des libéraux que des conservateurs qui, eux, en avaient besoin comme main-d'œuvre agricole.

50 À partir de 1578 (interdit décrété par Philippe II) jusqu'à la fin du XVIIIe siècle, l'administration coloniale avait interdit elle aussi le mélange avec l'Indien, source de dégradation, d'appauvrissement de la race blanche.

51 Sur ce qui précède, en plus de l'article déjà cité de H. Favre, voir aussi M.S. STABB (1959), R. GRAHAM (1990).

Le mythe survécut au régime de Diaz et reçut une sorte de consécration au début du XXe siècle, en pleine conjoncture révolutionnaire, avec la publication en 1925 de *La Raza Cósmica*, de José Vasconcelos. La fusion des peuples et des races y était donnée comme l'authentique héritage espagnol en Amérique et elle était proposée comme idéal à tout le continent (C.M. MACLACHLAN, J.E. RODRIGUEZ, 1980; A. KNIGHT, 1990). Le mythe gagna le Brésil, où il s'implanta fermement, inspirant l'idéologie de la démocratie raciale : en plus de supprimer les barrières biologiques, le métissage éliminerait aussi les distances sociales et culturelles. Mais là encore, le Blanc étant tenu pour supérieur, le métissage était identifié au blanchiment de la population[52]. Ces idées furent très populaires au Venezuela, où elles commandèrent une politique d'immigration privilégiant les ressortissants de race blanche[53]. Ceci vaut aussi pour la Colombie (P. WADE, 1993), Cuba (A. HELG, 1990; J. LAMORE, 1980), le Pérou (F.B. PIKE, 1969), la Bolivie, etc.

Au fil des siècles, le métissage a effectivement beaucoup progressé dans plusieurs pays d'Amérique latine. Mais le vœu des élites y était sans doute pour peu et il convient d'invoquer à ce propos des causes plus empiriques. Au début de la colonisation, par exemple, la rareté des femmes blanches fut un puissant facteur d'intermariage. Plus tard, la proximité créée par une pauvreté commune en fut un autre, de même que, d'une façon tout aussi durable, le simple poids démographique de l'indianité. En fait, au-delà des objectifs immédiats qui semblaient les susciter, ce qu'exprimaient surtout les inventions — tantôt innocentes, tantôt très intéressées — de l'imaginaire idéologique, c'était le besoin d'une appartenance, d'une intégration, d'une communauté à laquelle on essayait de donner forme en l'attachant d'un côté à des origines communes, de l'autre à un avenir plein de promesses. Dans cette dernière direction, on sait ce qu'il advint des grandes utopies fondatrices : à la différence des États-Unis, l'Amérique latine a été incapable de concrétiser vraiment ses rêves de développement ; elle en est restée, pour une large part, à une exaltation du paradigme de l'amalgame biologique, social et culturel[54]. Nous avons vu qu'elle a eu beaucoup de mal aussi à se faire une identité. On pourrait dire, sans risque, qu'elle a mieux réussi son décrochage ibérique que son arrimage américain.

Quand à la construction du passé, nous allons voir qu'elle a, elle aussi, connu bien des infortunes malgré, là encore, un grand déploiement d'ingéniosité.

---

52 À ce propos, voir G. FREYRE (1974), S. CLISSOLD (1966), T.E. SKIDMORE (1990), W.R. WRIGHT (1990). En 1944, le gouvernement brésilien envisageait de régler une fois pour toutes le « problème » noir en offrant une prime aux Blancs qui épouseraient un(e) Noir(e). Dans un roman relativement récent de J. AMADO (1976), le métissage était encore présenté comme le grand remède contre le racisme au Brésil et ailleurs dans le monde.

53 En 1944, le poète-politicien Andrés Eloy Blanco reprochait aux Américains de ne pas savoir y faire ni avec le café, ni avec les Noirs : ils font le premier trop pâle, assurait-il, et laissent les seconds trop foncés (cité par W.R. WRIGHT, 1990, p. 1).

54 N'y a-t-il pas au fond un peu de défaitisme dans cet énoncé de A. USLAR PIETRI (1992, p. 314), qui se veut pourtant un cri de ralliement : « Nous, hommes et peuples, sommes ce que nous croyons que nous sommes » ?

B/ LA MÉMOIRE EMPRUNTÉE

D'une façon générale, le recours historiographique en Amérique latine a obéi aux mêmes ressorts que dans toute autre collectivité d'Occident confrontée à des situations de changement qui étaient sources d'instabilité et d'incertitude : mettre en scène une expérience commune, faite de solidarité et de cohésion ; en nourrir un sentiment d'identité ; mettre en place des mythes fondateurs qui lui servent de référence ; se donner des racines aussi anciennes que possible, une légitimité qui se moule dans une tradition en vertu de laquelle la nation transcende les individus et les générations. Mais dans le cas des collectivités neuves d'Amérique, la recherche d'origines lointaines achoppait à un obstacle de taille : la profondeur chronologique faisait précisément défaut, par définition. Comment en quelque sorte construire une mémoire longue avec une histoire courte ? On peut imaginer quatre façons de sortir de l'impasse. Selon la première, on suppose tout simplement que le passé débute avec l'arrivée du premier immigrant[55]. La deuxième consiste à se projeter résolument dans des visions de l'avenir qui brouillent les arrières. Une troisième invite à perpétuer la mémoire de la mère patrie, comme s'il n'y avait pas eu solution de continuité mais seulement un déplacement, une ramification spatiale. Enfin, selon une quatrième option, il s'agit d'emprunter la filiation, la mémoire originale de l'occupant primitif. C'est cette voie qui a prévalu dans la plupart des collectivités de l'Amérique latine.

Un mot d'abord pour souligner l'importance et l'intensité qu'ont prises les débats historiographiques dans plusieurs de ces pays, notamment après les mouvements d'indépendance (pensons tout particulièrement au Mexique, à l'Argentine, au Venezuela, au Pérou). Ceux-ci avaient inauguré une nouvelle ère en créant des espaces nationaux ; mais les plans d'aménagement restaient à concevoir. Ou plus exactement : de tels plans existaient mais en diverses versions qui se contredisaient et divisaient les nations. L'historiographie se donnait pour tâche de les réconcilier et, comme cette fonction était éminemment politique, on ne s'étonne pas que la grande majorité des historiens se soient recrutés au sein de la classe politique elle-même et des commis de l'État (N.H. VALLENILLA, 1991). Pour ce qui est de la recherche d'une légitimité proprement dite, rappelons aussi que ces collectivités en avaient d'autant plus besoin qu'elles devaient se justifier constamment, comme entités autonomes, en regard d'une Espagne arrogante, forte de sa riche et vénérable tradition culturelle.

Au Mexique, ce sont les travaux de Servando Mier et de Carlos María de Bustamante qui incarnent le mieux cette démarche historiographique ayant conduit à s'approprier carrément le passé indien. Écrivant dans la première moitié du XIXe siècle, tous deux condamnaient la Conquête, cet acte barbare qui avait failli détruire les grandes civilisations précolombiennes : la nation mexicaine existait depuis plusieurs siècles, elle avait été brimée par l'Espagne

---

55 A. USLAR PIETRI (1992, p. 313) : « Le continent devient histoire à partir du moment où l'homme y met le pied ».

et le régime colonial, mais elle avait enfin retrouvé sa liberté[56]. On voit que cette ligne de pensée prolongeait la pensée créole de l'époque coloniale. Depuis le XVIe siècle, les religieux, notamment, s'étaient employés à réduire la distance entre le catholicisme et les religions indiennes en leur trouvant des origines communes, comme nous l'avons vu. Ainsi la conscience créole se coulait dans la longue continuité autochtone et la Conquête s'en trouvait abolie, en même temps que les prétentions péninsulaires à une sorte de magistère culturel sur le continent. Le franciscain Juan de Torquemada (*Monarquía indiana*, 1615) n'avait-il pas démontré que les véritables fondateurs de la Nouvelle-Espagne étaient non pas les Conquistadors mais les Frères missionnaires ? À cet égard, Mier était un peu plus hésitant, parlant de « nos mères qu'étaient les Indiens... [et] nos pères, les Conquérants ». Ce réaménagement de la conscience historique comportait un autre profit : en s'inscrivant dans la filiation de l'indianité, les créoles se dédouanaient de l'opprobre de la Conquête qui, du coup, devenait le fait exclusif de la métropole.

La tradition indigéniste en historiographie s'est poursuivie au XXe siècle avec les théories indo-américanistes des péruviens Victor Raúl Haya de la Torre et José Carlos Mariátegui. Elle avait eu de nombreux précurseurs au XIXe siècle dans les pays andins : vengeurs des Indiens vaincus par les Espagnols, les créoles s'y donnaient comme les héritiers des Incas (J. OCAMPO LOPEZ, 1983 ; M.-D. DEMELAS, 1982). Il y eut des exceptions, le Brésil par exemple, où l'image historique de l'Indien est demeurée controversée[57]. Dans l'ensemble, l'Indien fut non seulement réhabilité, il fut l'objet d'une véritable apologie. Pour Torquemada, l'empire aztèque était au Mexique ce que Rome était à l'Italie. On évoquait aussi Athènes et l'Égypte des pharaons. On devine que de telles prémisses inspiraient des reconstitutions anthropologiques assez libres de la vie indigène ; mais l'essentiel était sauf[58].

À long terme, ces stratégies de l'imaginaire historiographique au service du social et du politique ne rencontrèrent sans doute pas tout le succès escompté. Même, selon les observateurs les plus pessimistes (par exemple : R.M. MORSE, 1964), elles se soldèrent par un échec : l'Amérique latine aurait été incapable de conjuguer d'une façon dialectique les deux composantes — ibérique et indigène — de son héritage et elle n'en aurait jamais surmonté les contradictions[59]. Et cette maladie, ce tiraillement de la mémoire, serait la traduction, au plan culturel, des incessants conflits sociaux et politiques. Sans adhérer nécessairement à ce constat global d'échec, il est assuré que des pays comme le Brésil, la Colombie, la Bolivie (plus de 150 soulèvements depuis l'indépendance), le Pérou (F.B. PIKE, 1969), le Chili (A. WOLL, 1982) et surtout l'Argentine ont échoué dans leurs tentatives pour établir des consensus durables autour de mythes fondateurs nourriciers. À propos du Pérou, Pike fait remarquer que l'écriture de l'histoire y est une perpétuelle guerre civile.

---

56 Voir à ce sujet D.A. BRADING (1985, 1991).

57 Encore que l'indianisme s'y est manifesté ; en littérature, par exemple, les travaux de Jose de Alencar représentent assez bien ce courant (communication personnelle de Walter Moser).

58 Voir, par exemple, L. REYES GARCIA (1994).

59 Il en résulte une ambiguïté identitaire dont on pourrait voir la trace également dans la philosophie (J.J.E. GRACIA, I. JAKSIC, 1984).

Enfin, dans le cas — déjà évoqué — de l'Argentine, la situation a sans doute été rendue plus difficile du fait de la grande diversité et de l'exceptionnelle ampleur de l'immigration depuis la seconde moitié du XIXe siècle[60].

IV
QUÉBEC / AMÉRIQUE LATINE

Quelles conclusions autorise ce survol latino-américain dans la perspective de la comparaison avec l'histoire du Québec ? Précisons qu'en ce qui concerne cette dernière collectivité, nous nous appuierons sur nos travaux antérieurs (surtout : G.BOUCHARD, 1993, 1995a, 1995b, 1996a), qu'il n'est évidemment pas possible de résumer ici ; seulement les idées principales en seront commentées. Il faut dire d'abord que notre tâche se complique du fait que l'objet même de la comparaison est en quelque sorte mobile. Il est assez clair que, prise dans son ensemble, l'histoire du peuplement *européen* en Amérique latine a suivi un cours relativement linéaire (marqué, bien sûr, de revers, de divisions, d'hésitations) qui, globalement, relève du modèle de la différenciation et de la rupture, tant au plan culturel que politique. En regard, la trame québécoise a plutôt suivi un cours brisé. Entre les débuts du peuplement durant le premier tiers du XVIIe siècle jusque dans la décennie 1830, l'évolution sociale et culturelle du Québec a fait place à des processus de distanciation par rapport à la France[61], d'appropriation de l'espace laurentien et même de rupture politique, puisque la Rébellion de 1837-1838 visait à instaurer un État dans ce qui était alors le Bas-Canada. Cette insurrection, animée par le parti des Patriotes, marquait le point culminant d'un mouvement de protestation et d'affirmation nationale ayant pris naissance vers la fin du siècle précédent. Certes, depuis la défaite militaire de 1760 sur les plaines d'Abraham, l'ancienne colonie française avait été intégrée à l'empire britannique et il est donc vrai que la Rébellion était d'abord dirigée contre Londres. Elle n'en représentait pas moins une volonté collective d'affranchissement largement inspirée du modèle étatsunien. Cette tentative a échoué et fut suivie, en 1840, d'une réprimande constitutionnelle qui eut pour effet de briser le mouvement patriote et l'élan en faveur de l'indépendance politique. Les générations qui ont suivi 1840 en prirent acte et conçurent pour le Québec un nouveau projet socioculturel qui, lui, s'inscrivait nettement dans le paradigme de la continuité. Désormais, on proposait à la nation une mission historique qui parlait beaucoup du passé, échangeant le rêve américain contre la nostalgie et le culte des vieilles racines françaises, dont le souvenir devait mettre en forme la culture nationale. Cette nouvelle vision du monde, qui visait à perpétuer un

---

60 On connaît l'aphorisme, maintes fois répété, selon lequel les Argentins descendent, non pas des Espagnols ou d'une nation en particulier, mais d'un bateau.

61 D'où étaient venus la plupart des immigrants jusqu'en 1760, soit de 25 000 à 30 000.

modèle français en Amérique, allait se maintenir tant bien que mal pendant un siècle environ. Puis, à partir de 1940-1950, elle s'est défaite pour faire place à nouveau à une dynamique de la rupture et de l'américanisation, au sens large du terme, suivant les quatre volets du modèle de la différenciation. En conséquence, selon qu'on se réfère à une phase ou à une autre de l'histoire québécoise, on est frappé tantôt par les différences, tantôt par les ressemblances avec l'Amérique latine.

De ce point de vue, c'est durant sa période continuiste que le Québec accusa les plus importants contrastes. Pendant un siècle, il n'a plus guère cherché à accéder à la souveraineté politique. Il n'a plus formulé de véritables utopies de rupture et de recommencement américain nourri par un acte fondateur (Y. LAMONDE, 1996). Ses élites ont réussi à imposer une représentation qui faisait du colon un être humilié, résigné, courbé par le destin, sublimé uniquement par son attachement à la religion catholique, à sa langue et à ses traditions françaises — un stéréotype tout en contraste avec le conquérant étatsunien de la « frontière », ou avec le gaucho libre et arrogant de la pampa. Doutant d'elles-mêmes, elles ont aussi cherché à s'éloigner du parler distinctif qui prenait forme au sein des classes populaires pour s'aligner sur la langue classique de la mère patrie. Une autre différence vient de ce qu'au Québec, les autochtones étaient relativement peu nombreux (vraisemblablement entre 20 000 et 25 000 au XVIIe siècle, environ 80 000 en 1990). Répartis sur des territoires plus ou moins enclavés, ils vivaient très majoritairement en marge de la société et, une fois la menace militaire écartée, ils ne pouvaient guère influer directement sur le destin de la société blanche. Dans l'ensemble de l'histoire du Québec, et sans nier l'importance des nombreux transferts culturels, on ne voit pas que l'indianité ait été un facteur d'américanisation aussi puissant qu'au Mexique par exemple. Du reste, jusqu'au milieu du XXe siècle, il n'étaient guère présents dans les reconstitutions du passé national, sauf pour y tenir des rôles de faire-valoir. Souvent considérés avec mépris, ils étaient carrément exclus de la nationalité. Il en était ainsi de toutes les ethnies non francophones présentes sur le sol québécois ; la nation était canadienne-française et on pouvait difficilement s'y intégrer. Loin d'être recherchés, l'immigration et le métissage étaient plutôt des sources d'inquiétude. Cette préoccupation quant à la survie collective, doublée d'une crispation sur l'ethnie homogène, a toutefois favorisé l'institution d'une identité collective vigoureuse, forte de son homogénéité.

Les ouvrages historiques rédigés durant cette phase continuiste ont résolu à leur façon le problème des origines posé aux collectivités neuves. Parmi les quatre options dont nous avons fait état plus haut, c'est la troisième qui a prévalu : la nation canadienne-française plongeait ses racines dans la glorieuse histoire millénaire de la France et dans les batailles épiques menées pour y rester fidèle. Le nationalisme qui s'affirma alors se nourrit de ces représentations, qu'il contribua à consolider, et se mit donc au service du paradigme continuiste. Tout au long de cette période, il inspira un discours anti-étatsunien qui s'en prenait à la civilisation matérialiste, irréligieuse et décadente de la grande république. Encore là, le Québec se distingue de l'Amérique latine, du

43

Mexique surtout, où le discours anti-étatsunien dénonce plutôt l'impérialisme économique[62].

Quant aux ressemblances, et toujours en référence à la période 1840-1940, elles se marquent d'abord dans les processus d'appropriation qui, en dépit et un peu à l'insu des élites, avaient cours dans les milieux populaires. Une différenciation était à l'œuvre dans la langue, dans les expressions de l'imaginaire (les légendes, les contes...), dans les rituels, dans les formes architecturales, vestimentaires et autres. Elles se marquent aussi dans les stratégies de l'imaginaire destinées à réduire la diversité. Si homogène qu'ait été la nationalité canadienne-française (surtout lorsqu'on la compare à la diversité latino-américaine), les élites du XIXᵉ siècle s'accommodaient mal de la déchirure que pratiquait au sein de la culture nationale l'écart entre leur culture savante et celle du peuple. Mais, tout comme les religions du Mexique trouvaient leur unité dans une origine commune, ainsi la culture des élites et celle du peuple étaient supposées se fondre dans leurs racines françaises. D'autres traits trouvent leurs correspondants en Amérique latine, mais seulement à titre un peu exceptionnel. C'est le cas des rapports antinomiques entre la culture savante et la culture populaire, qui amenaient la première à réprimander et à redresser la seconde, jugée indifférente au piètre état de la culture nationale et à l'urgence de sa construction. Cette distance illustre l'incompatibilité entre l'univers des élites et celui du peuple ; l'un se nourrissait de références européennes, l'autre de son face-à-face avec le continent. Mais à part certains pays comme l'Argentine où il a pris des formes assez exacerbées, et aussi le Venezuela[63], ce trait ne peut pas être donné comme vraiment caractéristique de l'Amérique latine dans son ensemble.

À tout prendre, les similitudes sont bien plus frappantes lorsqu'on compare l'Amérique latine avec le Québec dans sa seconde phase de différenciation et de rupture, soit depuis les années 1940. Il faut toutefois ne pas porter attention aux deux chronologies : très longue dans un cas, très précipitée dans l'autre. À cette condition, on est frappé par le parallélisme entre les deux trames, l'histoire récente du Québec reproduisant à sa manière, dans une sorte de raccourci, les grandes mouvances du passé latino-américain. On le voit dans le décrochage européen qui a affecté la littérature (Z. BERND, 1986) et les arts — bien que selon des vitesses inégales, d'un domaine à l'autre de la pensée ou de la création[64]. On le voit aussi dans la réconciliation des élites avec l'américanité, dans le nouvel apprentissage de la diversité désormais intégrée à la nation « territoriale », dans la réorientation du néonationalisme

---

62 Mais dans quelques pays indiens, le discours anti-US a pris souvent des accents spiritualistes, un peu comme dans le nationalisme traditionnel québécois.

63 Selon A. USLAR PIETRI (1992), toute l'histoire du Venezuela au XIXᵉ siècle aurait mis en scène le conflit entre les idéaux européens et la vision du monde américaine. La littérature, par exemple, se serait entêtée à plaquer sur la vie continentale une symbolique qui lui était étrangère, dans laquelle elle ne pouvait se reconnaître. Comme l'avait dit le poète Octave Crémazie au XIXᵉ siècle à propos du Québec, le Venezuela, selon Pietri, aurait eu besoin d'un Fenimore Cooper... (p. 321, 342). On notera aussi avec intérêt que Pietri est souvent revenu sur l'état (selon lui) anémique de la littérature latino-américaine et la nécessité de lui donner consistance — on sait que c'est là un thème récurrent dans l'histoire de la pensée québécoise jusqu'aux années récentes.

64 Voir à ce propos G. BOUCHARD, Y. LAMONDE (1995).

devenu, lui, un vecteur de rupture, d'affirmation et de recommencement collectif. Mais l'échec ou le demi-échec des grandes utopies du passé a aussi semé le doute. On relève en outre, en Amérique latine comme au Québec, que la prise de distance par rapport à l'Europe a créé un vide culturel que les promesses de l'américanité n'ont pas encore comblé ; en témoignent tous les appels en faveur de la création d'une véritable tradition, d'une culture nationale plus riche, d'une identité devenue plus assurée[65]. Sous cet éclairage, il est particulièrement intéressant d'observer l'évolution présente du Québec : en pleine transition, nouvellement engagée sur la voie de la rupture, cette collectivité cherche à se construire un discours américain et à se donner de nouvelles utopies pour relancer sa course vers la souveraineté politique[66]. Mais ce travail de réinvention n'efface pas le sentiment d'une grande fragilité culturelle et il se paie au prix d'une identité devenue incertaine qui redéfinit elle aussi ses repères entre l'ancien et le nouveau continent.

Tout cela étant dit, une grande interrogation émerge de cette comparaison entre le Québec et l'Amérique latine : comment expliquer que, de toutes les collectivités considérées ici, le Québec soit la seule à ne pas avoir su accéder à l'indépendance politique[67] ? La réponse à cette question invite à réexaminer avec un regard neuf les grands événements dépresseurs (étant entendu que, pour d'autres, ils ont pu être des actes fondateurs) que furent la Défaite de 1760 et l'échec de la Rébellion de 1837-1838 — ajoutons-y : le long épisode continuiste qui a suivi. Certains facteurs attirent tout de suite l'attention ; ainsi, les pays latino-américains ont réalisé leur indépendance en tirant parti de métropoles affaiblies, sinon décadentes. En regard, le Québec est devenu après 1760 partie d'un empire en pleine croissance[68]. Mais avant de procéder à ce réexamen tel qu'il est préconisé ici, il sera prudent d'enrichir et d'affiner le regard de l'historien au gré d'un parcours comparatif qui doit se poursuivre au sein d'autres collectivités neuves d'Amérique et d'ailleurs.

V
CONCLUSION

Cet exposé trop long se terminera sur une conclusion trop brève. Nous sommes, on l'a bien vu, en plein cœur d'un chantier dont l'architecture se laisse encore à peine entrevoir. Nous nous contenterons donc pour le moment

---

65 N'est-il pas remarquable que, des deux côtés, on rencontre assez souvent l'idée que cette inquiétude persistante à l'égard de soi serait justement un élément constitutif de l'identité ?

66 Comme par hasard, celle qui semble prévaloir parle d'intégration et de métissage culturel..., de construction d'une culture commune, d'une culture de convergence qui prendrait la forme d'une francophonie originale de type nord-américain.

67 Rappelons que Porto-Rico a été exclue de notre étude, cette collectivité des Caraïbes ayant l'anglais comme langue officielle (supra : note 1). Elle offre cependant un parallélisme saisissant avec le Québec sur les plans à la fois culturel et politique, en particulier dans sa relation avec les États-Unis (merci à José Igartua pour avoir attiré mon attention sur ce point).

68 Sur ce dernier point, voir le texte d'Yvan Lamonde dans le présent ouvrage.

de situer quelques repères. Nous posons d'abord une immense question : selon quels modèles les populations neuves ont-elles choisi de se constituer comme collectivité ? Ceci conduit à examiner de quelles façons elles ont construit des représentations de leur naissance, de leur évolution, de leur identité. Dans l'éventail des réponses possibles, les pays d'Amérique latine offrent des figures qui, compte tenu de bien des variantes, peuvent être ramenées à une large trame commune, particulière à ce continent. À partir de là, il est encore tôt pour prétendre tirer tout le profit d'une réflexion comparative avec le Québec ; ce dialogue a besoin d'être élargi.

Cela dit, les enseignements de ce premier exercice ne sont pas négligeables. D'abord, il se confirme qu'il existe bien plus d'un modèle de reproduction à distance. L'histoire du Québec nous apprend en outre qu'une même collectivité peut en changer au cours de son histoire. Une autre donnée fondamentale nous est fournie par la comparaison : les angoisses traditionnelles du Québec ne lui sont pas spécifiques, loin de là. Après cinq siècles, l'Amérique latine s'interroge encore sur son identité, son appartenance continentale ; assez étrangement, ces vieilles américanités paraissent encore aujourd'hui inachevées, hésitantes. Est-ce là un trait des cultures fondatrices que de renaître difficilement même lorsqu'elles ont réussi leur décrochage métropolitain[69] ? Nous avons vu aussi, de part et d'autre, l'importance du fractionnement social (élites/classes populaires) comme obstacle à la construction de l'identité nationale. L'indianité, enfin, est également apparue comme un facteur décisif, bien qu'ambivalent. En Amérique latine, elle a été un fondement essentiel, un ferment de l'américanité créole ; au Québec, elle a joué un rôle moins important à cet égard, à cause de son faible poids démographique et parce qu'elle a été exclue (au propre comme au figuré) de la nation. Mais d'un côté comme de l'autre, elle n'a pas cessé de la tourmenter : soit parce que, de l'intérieur, elle faisait obstacle à sa cohésion ; soit parce que, de l'extérieur, elle lui donnait mauvaise conscience.

À signaler également, bien illustrés par les pays d'Amérique latine, ces processus remarquables d'affranchissement par emprunts, en vertu desquels une culture nationale décroche de ses référents métropolitains et accède à une identité originale, soit en retravaillant et en se réappropriant certains éléments de son héritage, soit au moyen d'autres emprunts. Notre survol nous a fait voir de nombreux exemples de ce phénomène un peu paradoxal, apparenté à ce que W. Moser appelle le recyclage culturel (supra). On peut mentionner à ce titre : les langues castillane et portugaise, les mythes judéochrétiens et la religion catholique, les idées des Lumières (rationalisme, démocratie, progrès...), le modèle de l'État-nation, le romantisme, le baroque, le positivisme, le modernisme (Parnasse, Symbolisme, et le reste)[70]. Ces exemples font ressortir la complexité des processus de différenciation, qui peuvent allier subtilement rupture et continuité.

---

69 Le Canada anglophone, avec sa tradition continuiste, est lui aussi aux prises actuellement avec un malaise identitaire. Les États-Unis, grâce à leur tradition assimilationniste, semblent témoigner du contraire ; mais attendons de voir ce qui résultera des tendances actuelles qui remettent en cause le modèle du melting-pot et, du même coup, révèlent que les appartenances ethniques lui ont résisté beaucoup plus qu'on ne croyait.

Deux autres traits sont dignes de mention. D'abord, il est remarquable que les processus de décrochage et d'appropriation paraissent assez indifférents aux orientations (conservatrices ou libérales) des idéologies qui leur servent de vecteurs. On a vu, par exemple, la nation (et le nationalisme) associée aussi bien à la continuité qu'à la rupture. On a vu aussi (en Argentine, notamment) le parti des Lumières — à l'européenne — faire bon marché des valeurs démocratiques. Par ailleurs, il s'est avéré que le discours collectif sur soi ou sur l'autre ne s'embarrasse pas toujours des contradictions qu'il suscite. Ainsi, l'appropriation du passé indien et l'indigénisme en général, s'ils donnaient une crédibilité à la culture créole face à l'Espagne, posaient aussi tout le problème de l'exploitation des Indiens par les Blancs : le principe de la parité culturelle avec l'autochtone n'entraînait nullement une révision de son infériorité économique[71]. Du reste, on incluait l'Indien dans la nation mais il arrivait qu'on lui interdise même de parler espagnol. On tenait aussi que la fusion des races produirait un être nouveau, supérieur, qui serait la synthèse parfaite de chacune, mais à la peau blanche ; etc.

Toujours au sujet des processus de décrochage, un autre phénomène attire l'attention, c'est celui des déplacements latéraux qui semblent devoir précéder la rupture, comme s'ils marquaient une étape vers cette échéance. C'est le cas du Mexique, qui a délaissé ses références espagnoles au profit de la France, de l'Angleterre et de l'Allemagne avant de se replier sur son américanité. C'est aussi le cas du Brésil qui, dans un premier temps, a substitué la France au Portugal. Dans le cas du Québec, on verra au moins une analogie dans le remplacement (forcé) de Paris par Londres, après 1760, et dans les nouvelles expressions de loyalisme suscitées parmi les Canadiens français à l'endroit des nouveaux maîtres (voir ici même le chapitre de Yvan Lamonde).

Sur un autre plan, notre essai aura peut-être convaincu le lecteur que l'histoire des collectivités de l'Amérique latine offre suffisamment de trames communes pour justifier une appréhension d'ensemble. Une appréhension qui reste partielle, bien sûr, mais qui n'en est pas moins accréditée par des problèmes, des situations, des imaginaires partagés. À ce chapitre, parmi les thèmes communs qui ont jalonné notre parcours, mentionnons : l'évolution des rapports avec les métropoles (rupture/continuité), l'appropriation des nouveaux territoires (les grandes utopies), les modalités d'accès à l'indépendance politique, la difficulté à instaurer la démocratie et à l'asseoir sur des sociétés civiles stables, la relation difficile avec l'indianité et ses échappatoires idéologiques (syncrétisme religieux, fusion des races), l'émergence de l'idée nationale comme représentation des nouvelles communautés politiques, le rôle déterminant des élites créoles à cet égard, le rapport culturel antinomique entre des élites européanisantes et des classes populaires immergées dans le continent, etc.

En terminant, et en dépit du caractère assez sommaire de cette dernière partie, il nous semble que le parcours comparatif a tenu sa promesse qui était

---

70 Dans cet esprit, nous avons vu qu'au Brésil, le mythe anthropophage peut être considéré comme un cas de « recyclage » radical.

71 On se défendait parfois en invoquant la survie du plus apte et, plus généralement, ce qu'on appelait (bien à tort, on le sait maintenant) le darwinisme social.

de fournir des perspectives plus larges à la lecture du passé québécois, en relativisant d'apparentes singularités, en élargissant le registre des possibles et des interprétations. Toute cette démarche est finalement fondée sur le pari un peu paradoxal, voulant qu'on puisse découvrir dans le miroir des autres collectivités une image plus fidèle de soi.

REPÈRES BIBLIOGRAPHIQUES

ABBAT Mireille-Simoni, MAURO Frédéric (1971). *Amérique latine*. Horizons de France, 286 pages.

AGUILA Yves (1980). « Sur les prémices d'un sentiment national en Nouvelle Espagne 1805-1810 », dans Joseph Pérez (dir.), *Esprit créole et conscience nationale*, Paris, Éditions du CNRS, p. 69-96. (Coll. de la Maison des pays ibériques).

AGUILA Yves (1983). « Représentations de la ville de Mexico et évolution de la conscience créole », dans M. Birckel et alii (dirs.), *Villes et nations en Amérique latine*, Paris, Éditions du Centre National de la Recherche Scientifique (CNRS), p. 63-81.

AINSA Fernando (1989). « L'invention de l'Amérique : signes imaginaires de la découverte et construction de l'utopie », *Diogène*, n° 145 (janv.-mars), p. 104-117.

AMADO Jorge (1976). *La boutique aux Miracles*. Paris, Stock, 393 pages (traduit du brésilien).

ANDERSON Benedict (1991). *Imagined Communities. Reflections on the Origin and Spread of Nationalism*. London/New York, Verso, 224 pages.

ANDREWS George Reid (1985). « Spanish American independence : a structural analysis », *Latin American Perspectives*, Vol. 12, n° 1, p. 105-132.

ARCINIEGAS Germán (dir.) (1967). *The Green Continent : A Comprehensive View of Latin America by Its Leading Writers*. New York, Alfred A. Knopf, 533 pages.

ARCINIEGAS Germán (1969). *Latin America : A Cultural History*. London, Barrie & Rockliff : The Cresset Press, 602 pages.

ARMILLAS Pedro (1962). *Program of the History of American Indians. Studies and Monographs, IV*. Washington, Pan American Union, 142 pages.

BAILY Samuel L. (dir.) (1971). *Nationalism in Latin America*. New York, Alfred A. Knopf, 207 pages.

BERNARD Carmen, GRUZINSKI Serge (1993). *Histoire du Nouveau Monde : Les métissages*. Paris, Fayard, 791 pages.

BERND Zila (1986). « La quête d'identité : une aventure ambiguë », *Voix & Images*, 34 (automne), p. 21-26.

BERROETA Pedro (1994). *Tarot del amor mestizo*. Caracas, Fundacion Polar, 20 pages.

BETHEL Leslie (dir.) (1984-1991). *The Cambridge History of Latin America*. New York, Cambridge University Press, 8 volumes.

BIRCKEL Maurice (1980). « Sur un procès d'inquisition : particularisme, liberté, métissage et sentiment national », dans Joseph Pérez (dir.), *Esprit créole et conscience nationale*, Paris, Éditions du CNRS, p. 37-67. (Coll. de la Maison des pays ibériques).

BOUCHARD Gérard (1993). « Une nation, deux cultures. Continuités et ruptures dans la pensée québécoise traditionnelle (1840-1960) », dans Gérard Bouchard (dir.), avec la collaboration de Serge Courville, *La construction d'une culture. Le Québec et l'Amérique française*, Sainte-Foy (Québec), Les Presses de l'Université Laval, p. 3-47.

BOUCHARD Gérard (1995a). « Le Québec comme collectivité neuve. Le refus de l'américanité dans le discours de la survivance », dans Gérard Bouchard, Yvan Lamonde (dirs.), *Québécois et Américains : La culture québécoise aux XIXe et XXe siècles*, Montréal, Fides, p. 15-60.

BOUCHARD Gérard (1995b). « L'ethnographie au secours de la nation. Mobilisation de la culture populaire par les lettrés canadiens-français (1850-1900) », dans Simon Langlois (dir.), *Identité et cultures nationales. L'Amérique française en mutation*, Sainte-Foy (Québec), Les Presses de l'Université Laval, p. 17-47.

BOUCHARD Gérard (1996a). *Le Québec entre l'Ancien et le Nouveau Monde. Le Québec comme population neuve et culture fondatrice*. Ottawa, Conférences C.R. Bronfman, Presses de l'Université d'Ottawa, 56 pages.

BOUCHARD Gérard (1996b). *Grille d'analyse comparative des populations neuves et cultures fondatrices*. Chicoutimi, Document de l'IREP n° IV-C-24 (septembre), 6 pages.

BOUCHARD Gérard, LAMONDE Yvan (dirs.) (1995). *Québécois et Américains : La culture québécoise aux XIXe et XXe siècles*. Montréal, Fides, 418 pages.

BRADFORD BURNS E. (1978). « Ideology in nineteenth-century latin American historiography », *Hispanic American Historical Review*, Vol. 58, n° 3, p. 409-431.

BRADING David A. (1985). *The Origins of Mexican Nationalism*. Cambridge, Cambridge University Press, 119 pages.

BRADING David A. (1991). *The First America. The Spanish Monarchy, Creole Patriots, and the Liberal State, 1492-1867*. Cambridge, Cambridge University Press, 761 pages.

BROWN Michael F., Eduardo FERNANDEZ (1991). *War of Shadows : The Struggle for Utopia in the Peruvian Amazon*. Berkeley/Los Angeles, University of California Press, 280 pages.

BRUNDAGE Burr Cartwright (1982). *The Phœnix of the Western World : Quetzalcoatl and the Sky Religion*. Norman, University of Oklahoma Press, 349 pages. (Civilization of the American Indiana, number 160).

CANESSA DE SANGUINETTI Marta (1991). « Las historias nacionales ante su pasado Iberico », *Revista de Historia de América* (Mexico), Vol. 111, p. 99-112. (National histories and their Iberian past).

CARRASCO David (1982). *Quetzalcoatl and the Irony of Empire : Myths and Prophecies in the Aztec Tradition*. Chicago, University of Chicago Press, 233 pages.

CHENOT Béatrice (1980). « Récits de voyage et vision de l'Argentine — 1850-1870", dans Joseph Pérez (dir.), *Esprit créole et conscience nationale*, Paris, Éditions du CNRS, p. 123-151. (Coll. de la Maison des pays ibériques).

CHEVALIER François (1977). *L'Amérique latine de l'Indépendance à nos jours*. Paris, Presses Universitaires de France, 548 pages.

CIORANESCU Alexandre (1971). « Utopie : Cogagne et Age d'or », *Diogène*, n° 75, p. 86-123.

CLISSOLD Stephen (1966). *Latin America. A Cultural Outline*. New York, Harper & Row, 160 pages.

COOK Sherburne F., BORAH Woodrow (1971). *Essays in Population History : Mexico and the Caribbean*. Berkeley, University of California Press, Vol. 1, 455 pages.

COOK Sherburne F., BORAH Woodrow (1974a). *Essays in Population History : Mexico and California*. Berkeley/Los Angeles/London, University of California Press, Vol. 3, 333 pages.

COOK Sherburne F., BORAH Woodrow (1974b). *Essays in Population History : Mexico and the Caribbean*. Berkeley/Los Angeles/London, University of California Press, Vol. 2, 472 pages.

DEMELAS Marie-Danielle (1982). « Une réponse du berger à la bergère : les Créoles andins entre l'Amérique et l'Europe au XIXᵉ siècle », dans J.-P. Clément et alii (dirs.), *Études sur l'impact culturel du nouveau monde*, Tome 2, Paris, Éditions l'Harmattan, p. 111-129.

DEW Edward (1978). *The Difficult Flowering of Surinam : Ethnicity and Politics in a Plural Society*. The Hague, Martinus Nijhoff, 234 pages.

DUMAS Claude (1982). « Essai sur le prurit d'identité dans les Amériques Latines depuis l'indépendance : repères et tendances », *Actes du XVIIIᵉ congrès de la Société des hispanistes français* (tenu à Perpignan du 20-22 mars 1982), p. 79-94.

DUMONT Fernand (1993). *Genèse de la société québécoise*. Montréal, Les Éditions du Boréal, 393 pages.

FAVRE Henri (1971). *Changement et continuité chez les mayas du Mexique*. Paris, Éditions Anthropos, 353 pages.

FAVRE Henri (1990). *L'indigénisme*. Paris, Encyclopedia Universalis, p. 123-129.

FAVRE Henri (1994). « Race et nation au Mexique. De l'indépendance à la révolution », *Annales, Histoire, Sciences Sociales*, 49e année, nº 4 (juillet-août), p. 951-976.

FAVRE Henri (1996). *L'indigénisme*. Paris. Presses Universitaires de France, 127 pages. (Coll. Que sais-je ?)

FITZ, Earl E. (1991). *Rediscovering the New World : Inter-American Literature in a Comparative Context*. Iowa City, University of Iowa Press, 275 pages.

FREYRE Gilberto (1974). *Maîtres et esclaves : la formation de la société brésilienne*. Paris, Gallimard, 550 pages. (Coll. Bibliothèque des histoires).

FUENTES Carlos (1992). « Imaginer l'Amérique », *Diogène*, nº 160 (oct.-déc.), p. 8-24.

GIBSON Charles (1969). « The problem of the impact of spanish culture on the indigenous american population », dans Fredrick B. Pike (dir.), *Latin American History : Select Problems. Identity, Integration, and Nationhood*, New York/Chicago/San Francisco/Atlanta, Hartcourt, Brace & World, Inc., p. 65-72.

GIBSON Charles (dir.) (1971). *The Black Legend. Anti-Spanish Attitudes in the Old World and the New*. New York, Alfred A. Knopf, 222 pages.

GIBSON Charles (1984). « Indian societies under Spanish rule », dans Leslie Bethell (dir.), *The Cambridge History of Latin America*, Vol. II, Cambridge, Cambridge University Press, p. 381-419.

GOMEZ Thomas (1992). *L'invention de l'Amérique. Rêve et réalités de la Conquête*. Paris, Aubier, 331 pages. (Coll. Histoires).

GRACIA Jorge J.E., JAKSIC Iván (1984). « The problem of philosophical identity in Latin America », *Inter-American Review of Bibliography*, Vol. 34, nº 1, p. 53-71.

GRAHAM Richard (dir.) (1990). *The Idea of Race in Latin America, 1870-1940*. Austin, University of Texas Press, 135 pages.

GRUZINSKI Serge (1989). *Man-Gods in the Mexican Highlands : Indian Power and Colo-*

nial Society, 1520-1800. Stanford, Stanford University Press, 223 pages.

GUERRA François-Xavier (1992). *Moderninad E Independencias. Ensayos sobre las revoluciones hispánicas*. Madrid, Editorial Mapfre, 406 pages. (Colección Relaciones entre España y América).

GUERRA François-Xavier (1995). « La nation en Amérique espagnole. Le problème des origines », dans Jean Baechler et alii, *La Nation*, Paris, Gallimard/Le Seuil, p. 85-106.

HELG Aline (1990). « Race in Argentina and Cuba, 1880-1930 : theory, policies, and popular reaction », dans Richard Graham (dir.), *The Idea of Race in Latin America, 1870-1940*, Austin, University of Texas Press, p. 37-69.

KELEMEN Pal (1951). *Baroque and Rococo in Latin America*. New York, MacMillan, 302 pages.

KLEIN Herbert S. (1982). *Bolivia. The Evolution of a Multi-Ethnic Society*. New York, Oxford University Press, 318 pages.

KNIGHT Alan (1990). « Racism, Revolution, and *Indigenismo* : Mexico, 1910-1940 », dans Richard Graham (dir.), *The Idea of Race in Latin America, 1870-1940*, Austin, University of Texas Press, p. 71-113.

KUBLER George, SORIA Martin (1959). *Art and Architecture in Spain and Portugal and Their American Dominions, 1500-1800*. Harmondsworth (Baltimore), Penguin Books, 445 pages.

LAFAYE Jacques (1974). *Quetzalcóatl et Guadalupe. La formation de la conscience nationale au Mexique*. Paris, Gallimard, 481 pages.

LAFAYE Jacques (1984). « Literature and intellectual life in colonial Spanish America », dans Leslie Bethell (dir.), *The Cambridge History of Latin America*, Vol. II, Cambridge, Cambridge University Press, p. 663-707.

LAFAYE Jacques (1985). « L'Amérique latine : terre d'utopie, du XVIe siècle à nos jours », *Cahiers de l'Amérique latine*, n° 4, p. 92-102.

LAMONDE Yvan (1996). *Ni avec eux, ni sans eux. Le Québec et les États-Unis*. Québec, Nuit blanche, 123 pages.

LAMORE Jean (1980). « 'Criollismo Blanco' et conscience nationale à Cuba (1820-1868) », dans Joseph Pérez (dir.), *Esprit créole et conscience nationale*, Paris, Éditions du CNRS, p. 97-122. (Coll. de la Maison des pays ibériques).

LAVALLÉ Bernard (1978). *Recherches sur l'apparition de la conscience créole dans la vice-royauté du Pérou : l'antagonisme hispano-créole dans les ordres religieux XVIe-XVIIe siècle*. Thèse de doctorat, Talence.

LAVALLÉ Bernard (1980). « De 'l'esprit colon' à la revendication créole : les origines du créolisme dans la vice-royauté du Pérou », dans Joseph Pérez (dir.), *Esprit créole et conscience nationale*, Paris, Éditions du CNRS, p. 9-36. (Coll. de la Maison des pays ibériques).

LAVALLÉ Bernard (1983). « Hispanité ou américanité ? Les ambiguïtés de l'identité créole dans le Pérou colonial », *Actes du XVIIIe congrès de la Société des hispanistes français* (tenu à perpignan du 20-22 mars 1982), p. 95-107.

LAVALLÉ Bernard (1984). « Pour un bilan du créolisme (XVIe-XVIIe siècles) », *Cahiers des Amériques latines*, nos. 29-30, p. 75-83.

LEMOGODEUC Jean-Marie (1982). « L'indigénisme péruvien, ou la quête d'une identité dans la littérature », *Actes du XVIIIe congrès de la Société des hispanistes français* (tenu à Perpignan du 20-22 mars 1982), p. 19-28.

LEWIS Gordon K. (1983). *Main Currents in Carribbean Thought : The Historical Evolution of Carribbean Society in Its Ideological Aspects, 1492-1900*. Baltimore, Johns Hopkins University Press, 375 pages.

LISCANO Juan (1987). « L'identité nationale dans la littérature latino-américaine », *Diogène*, n° 138, p. 45-65.

LOMBARDI John V. (1976). *People and Place in Colonial Venezuela*. Bloomington and London, 484 pages.

LOMBARDI John V. (1982). *Venezuela : The Search for Order, The Dream of Progress*. New York/Oxford, Oxford University Press, 348 pages.

LYNCH John (1973). *The Spanish American Revolutions, 1808-1826*. New York, W.W. Norton Company Inc., 433 pages.

MACLACHLAN Colin M., RODRIGUEZ Jaime E. (1980). *The Forging of the Cosmic Race : A Reinterpretation of Colonial Mexico*. Berkeley/Los Angeles, University of California Press, 362 pages.

MARTINEZ José-Luis (1972). *Universidad y diversidad de la literatura latinoamericana, suivi de La emancipacion literaria de Hispanoamerica*. Mexico, J. Mortiz, 134 pages.

MASUR Gerhard (1967). *Nationalism in Latin America. Diversity and Unity*. New York/London, The Macmillan Company/Collier-Macmillan Limited, 278 pages.

MATOS MOCTEZUMA Eduardo (1992). « La Conquête spirituelle du Mexique : contrainte et résistance », dans *Destins croisés. Cinq siècles de rencontres avec les Amérindiens*, Paris, UNESCO/Albin Michel, p. 85-94.

MORIN Claude, McCAA Robert (1996). *Population History of Mexico*. (Texte non publié, aimablement mis à la disposition de l'auteur).

MÖRNER Magnus (1971). *Le métissage dans l'histoire de l'Amérique française*. Paris, Fayard, (Coll. L'Histoire sans frontières), 209 pages.

MÖRNER Magnus (1985) (avec la collaboration de Harold Sims). *Adventurers and Proletarians. The Story of Migrants in Latin America*. Paris/Pittsburgh, UNESCO/University of Pittsburgh Press, 178 pages.

MORSE Richard M. (1964). « The heritage of Latin America », dans Louis Hartz, *The Founding of New Societies : Studies in the History of the United States, Latin America, South Africa, Canada, and Australia*, New York, Harcourt, Brace & World, Inc. p. 123-177.

MOSER Walter (1992). « L'anthropophagie du Nord au Sud », dans Michel Peterson et Zilá Bernd (dirs.), *Confluences littéraires Brésil-Québec : les bases d'une comparaison*, Candiac, (Québec), Les Éditions Balzac, p. 113-151. (Coll. L'Univers des discours).

MOSER Walter (1994). « L'anthropophage et le héros sans caractère : deux figures de la critique de l'identité », dans Jocelyn Létourneau (dir.) et Roger Bernard (collaborateur), *La question identitaire au Canada francophone : Récits, parcours, enjeux, hors-lieux*, Sainte-Foy (Québec), Les Presses de l'Université Laval, p. 241-264.

MOSER Walter (1996). « Du baroque européen et colonial au baroque américain et postcolonial ». Texte soumis pour publication.

NEWSON Linda (1986). *The Cost of Conquest : Indian Decline in Honduras under Spanish Rule*. Boulder (Colorado), Westview, 375 pages. (Coll. Dellplain Latin American Studies, n° 20).

OCAMPO LÓPEZ Javier (1983). « Historia de la idea de la Americanidad en los pensadores Colombianos », *Boletin de Historia y Antigüedades*, (Colombia), Vol. 70, n° 740, p. 130-151.

O'GORMAN Edmundo (1961). *The Invention of America*. Westport (Connecticut), Greenwood Press, Publishers, 177 pages.

PAZ Octavio (1959). *Le labyrinthe de la solitude (suivi de) Critique de la pyramide*. Paris, Gallimard, 254 pages. (Coll. Les Essais CLXXII).

PICON-SALAS Mariano (1971). *A Cultural History of Spanish America. From Conquest to Independence*. Berkeley, University of California Press, 192 pages.

PIKE Fredrick B. (1969). « The problem of identity and national destiny in Peru and Argentina », dans Fredrick B. Pike (dir.) *Latin American History : Select Problems. Identity, Integration, and Nationhood*. New York/Chicago/San Francisco/Atlanta, Hartcourt, Brace & World, Inc., p. 174-188.

QUATTROCCHI-WOISSON Diana (1992). *Un nationalisme de déracinés. L'Argentine pays malade de sa mémoire*. Paris/Toulouse, Éditions du Centre National de la Recherche Scientifique/Centre Régional de Publication de Toulouse, 420 pages.

QUESADA Carlos (1982). « Histoire hypothétique et idéologie anti-indienne au XVIIIe siècle », dans J.-P. Clément et alii (dirs.), *Études sur l'impact culturel du nouveau monde*, Tome 2, Paris, Éditions l'Harmattan, p. 97-109.

QUESADA Carlos (1983). « Sur la prétendue infériorité intellectuelle du créole américain (le P. Feijóo et Cornélius de Pauw) », dans M. Bouyer, C. Foin, A. Milhou, M. Miquel, C. Quesada, A. Saint-Lu (dirs.), *Études sur l'impact culturel du nouveau monde*, Tome 3, Paris, Éditions l'Harmattan, p. 81-98. (Séminaire interuniversitaire sur l'Amérique espagnole coloniale).

QUESADA Francisco-Miro (1991). « La philosophie et la naissance de l'Amérique latine », *Diogène*, n° 154 (avril-juin), p. 45-68.

RANGEL Carlos (1987). *The Latin Americans. Their Love-Hate Relationship with the United States*. New Brunswick (U.S.A.) et Oxford (U.K.), Transaction Inc., 312 pages.

REINHARD Marcel R., ARMENGAUD André, DUPAQUIER Jacques (1968). *Histoire générale de la population mondiale*. Paris, Éditions Montchrestien, 708 pages.

REYES A. (1960). « Utopias americanas », *Obras*, Vol. XI, Mexico, p. 95-102.

REYES GARCIA Luis (1994). « La colonisation et l'histoire des Indiens mexicains », dans J. Lintvelt, R. Ouellet et H. Hermans (dirs.), *Culture et colonisation en Amérique du Nord : Canada, États-Unis, Mexique*, Québec, Les Éditions du Septentrion, p. 151-161.

RICARD Robert (1933). *La « Conquête spirituelle » du Mexique*. Paris, Institut d'Ethonologie, 404 pages.

ROSENBLAT Angel (1954). *La población indigena y el mestizaje en America*. 2 Tomes, Édition Nova, Buenos Aires (324 et 188 pages).

SANCHEZ-ALBORNOZ Nicolás (1974). *The Population of Latin America*. Berkeley, University of California Press, 299 pages.

SCHNELLE Kurt (1980). « El siglo XVIII E hispanoamerica », *Islas* (Cuba), Vol. 65, p. 129-139.

SHUMWAY Nicolas (1991). *The Invention of Argentina*. Berkeley/Los Angeles/Oxford, University of California Press, 325 pages.

SKIDMORE Thomas E. (1974). *Black into White. Race and Nationality in Brazilian Thought.* New York, Oxford University Press, 299 pages.

SKIDMORE Thomas E. (1990). « Racial ideas and social policy in Brazil, 1870-1940 », dans R. Graham (dir.), *The Idea of Race in Latin America, 1870-1940*, Austin, University of Texas Press, p. 7-36.

STABB Martin S. (1959). « Indigenism and racism in Mexican thought, 1857-1911 », *Journal of Inter-American Studies* (octobre), p. 405-423.

STEGAGNO PICCHIO Luciana (1988). « L'anthropophagie brésilienne : mythe et littérature », *Diogène*, n° 144 (octobre-décembre), p. 115-138.

STEPAN Alfred C. (1969). « The continuing problem of brazilian integration : the monarchical and republican periods », dans Fredrick B. Pike (dir.), *Latin American History : Select Problems. Identity, Integration and Nationhood*, New York/Chicago/San Francisco/Atlanta, Harcourt, Brace & World, Inc., p. 259-296.

SUDHOFF Heinke (1994). *La découverte de l'Amérique aux temps bibliques.* Monaco, Éditions du Rocher, 250 pages.

THOMPSON Guy-P.-C. (1991). « Popular aspects of liberalism in Mexico, 1848-1888 », *Bulletin of Latin American Research* (Great Britain), Vol. 10, n° 3, p. 265-292.

URIBE Jaime Jaramillo (1992). « La cause perdue des conquérants : la 'pureté' du sang », dans Anne Remiche-Martynow, Graciela Schneier-Madanes (dirs.), *Notre Amérique métisse. Cinq cents ans après, les Latino-Américains parlent aux Européens*, Paris, Éditions La Découverte, p. 167-172.

USLAR PIETRI Arturo (1992). *Half a Millenium of Venezuela.* Caracas, Langoven Booklets, 431 pages.

VALLENILLA Nikita Harwich (1991). « National identities and national projects : spanish american historiography in the 19th and 20th centuries », *Storia della Storiografia*, Vol. 19, p. 147-156.

WACHTEL Nathan (1984). « The Indian and the Spanish Conquest », dans Leslie Bethell (dir.), *The Cambridge History of Latin America*, Vol. I, Cambridge, Cambridge University Press, p. 207-248.

WADE Peter (1993). *Blackness and Race Mixture. The Dynamics of Racial Identity in Colombia.* Baltimore/London, The John Hopkins University Press, 415 pages.

WALKER John (1979). « Condemned to civilization. Latin american culture : the struggle for identity », *Humanities Association Review*, Vol. 30, n° 4, p. 302-321.

WILHITE John F. (1980). « The Inter-American enlightenment », *Inter-American Review of Biblio*, Vol. 30, n° 3, p. 254-261.

WOLL Allen (1982). *A Functional Past : The Uses of History in Nineteenth-Century Chile.* Baton Rouge, Louisiana State University Press, 211 pages.

WRIGHT Winthrop R. (1990). *Café con leche. Race, Class, and National Image in Venezuela.* Austin, University of Texas Press, 167 pages.

CHAPITRE II

LE RÔLE DE L'HISTOIRE ET DE LA LITTÉRATURE DANS LA CONSTRUCTION DES MYTHES FONDATEURS DE LA NATIONALITÉ ARGENTINE

DIANA QUATTROCCHI-WOISSON

« ... desarraigada y cosmopolita, la literatura
latinoamericana es reflejo y búsqueda
de una tradición. Al buscarla la inventa »

OCTAVIO PAZ

« Une des fonctions de l'art est de léguer
à la mémoire des hommes un passé illusoire,
de toutes les histoires qu'a rêvées
l'imagination argentine, celle de Martín Fierro est
la plus pathétique et la plus convaincante »

Jorge Luis Borges

L'Histoire et la Littérature, apparaissent en Argentine intimement liées à la construction de l'identité nationale au point que nous pouvons appliquer de façon indistincte à l'une et à l'autre de ces deux constructions intellectuelles la définition d'Octavio Paz citée en exergue. Histoire et Littérature, deux champs complémentaires pour mieux détecter, dans une chronologie signifiante la constitution d'une identité nationale dont la principale caractéristique est précisément son aspect brisé.

Le déchirement entre la mémoire des vainqueurs et celle des vaincus à l'intérieur d'un espace national est signalé à juste titre comme le phénomène constitutif de toutes les nations modernes (K. POMIAN, 1992). Bien entendu, l'intensité, le rythme, la durée et la répercussion publique de ce déchirement présentent des modalités différentes dans les divers pays. Le rôle des élites dans ce processus et leur capacité ou incapacité à sublimer les luttes du passé donneront un aperçu fondamental des différents degrés de succès ou de défaite d'une identification nationale consensuelle.

Les élaborations mythiques concernant les origines des nations offrent de ce point de vue un corpus d'analyse irremplaçable pour mieux cerner les caractéristiques communes et les différences que la construction nationale présente en Europe et en Amérique.

L'objectif de cette communication est d'illustrer la mémoire des vainqueurs et des vaincus en ce qui concerne le triomphe de la modernité en Argentine. Nous suivrons les traces de ce conflit à travers les remémorations et les commémorations qui nous semblent les plus significatives pour leur contribution au modelage historique d'une identité argentine dont le trait le plus significatif est précisément son aspect divisé. Pour ce faire, nous évoquerons ici — très schématiquement et très succinctement — l'itinéraire social et chronologique des discours littéraires et des discours historiques les plus révélateurs de cette rupture.

Il n'est pas inutile de préciser ici que, dans notre approche, le discours historique n'est pas pris dans sa version traditionnellement « historiographique » (un corpus constitué par la seule bibliographie historique) mais dans un sens plus large « d'ensemble de représentations et de préoccupations d'une société sur son passé »[1].

---

1 Nous nous sommes longuement expliquée sur cette approche dans la publication de notre thèse de doctorat consacrée à la querelle historiographique argentine (D. QUATTROCCHI-WOISSON, 1992).

I
L'ACTE DE NAISSANCE D'UNE DICHOTOMIE PERDURABLE : « CIVILISATION » CONTRE « BARBARIE »

La dichotomie dans la constitution de la mémoire historique argentine trouve un moment majeur dans la rupture de l'Indépendance. Si, dans la ville de Buenos Aires, la précocité politique de l'élite adepte des idées du gouvernement autonome ne laisse pas de doute, la première confrontation avec l'arrière-pays se solde par un échec. La rupture entre la ville-port de Buenos Aires et les provinces intérieures s'exprime dès les premières expéditions militaires envoyées par Buenos Aires. Ni dans la région située dans la rive gauche du Río de la Plata (l'actuel Uruguay), ni dans les provinces du nord du pays (particulièrement l'actuel Paraguay), la junte indépendante de Buenos Aires n'arrive à s'imposer. La guerre de l'Indépendance contre les Espagnols, mais aussi contre le Brésil impérial, se double d'un conflit interne. Cette première rupture restera tenace et prendra la forme d'une guerre civile qui aura pour emblème l'opposition unitaires/fédéraux. Cette rupture fut déjà perçue par ses premiers acteurs, témoins et analystes, comme une rupture entre deux pays[2]. Cette théorie d'une dualité incompatible, due à l'existence de deux pays sous la couverture de l'actuel territoire argentin demeure dans la mémoire argentine. Sous différentes formulations, « L'Argentine c'est nous et non pas vous » sera une constante que nous pouvons retrouver dans les périodes les plus significatives du XIXe et du XXe siècles. Cette dualité concerne aussi bien l'espace géographique que l'espace humain censés délimiter l'appartenance nationale[3].

Même dans les célébrations fondatrices de l'Argentine indépendante, nous pouvons trouver cette dualité. Deux dates se juxtaposent : celle du 25 mai 1810, jour où les notables créoles délogent le Vice-Roi espagnol et constituent la « Première Junte de Gouvernement » dans la ville de Buenos Aires, et celle de la déclaration solennelle de l'Indépendance le 9 juillet 1816, dans la province du Nord, Tucumán. Bien que les deux dates soient célébrées sans défaut,

---

2   L'analyse la plus lucide du phénomène reste celle de Juan Bautista Alberdi : « La division argentine n'est pas politique mais géographique. Ce sont deux pays différents. Buenos Aires se prétend un état différent à l'intérieur de l'État argentin, un état avec une existence séparée du reste, et en réalité c'est bien ainsi à cause de sa situation de port unique. La conséquence de cette lutte est la création de deux pays sous l'apparence d'un seul : l'État-métropole, Buenos Aires, et le pays vassal, les provinces de l'intérieur » (J.B. ALBERDI, 1895-1901, 1912). Cette idée qui parcourt toute l'œuvre d'Alberdi est plus particulièrement développée dans le volume V.

3   Ville/Campagne, Civilisation/Barbarie, Province/Capitale, Créoles/Espagnols, Blancs/Indiens, Gens décents/populace, Peuple/Gauchaje, Argentins/Immigrés, Criollos/Gringos, Citoyens/Étrangers. La carte politique du XXe siècle conserve l'antinomie Unitaires/Fédéraux, adaptée aux nouveaux temps, Radicaux/Conservateurs, Yrigoyenistes/Alvéaristes, Civils/Militaires, Peuple/Oligarchie, Péronistes/Antipéronistes.

tout au long du XIXe et du XXe siècles, la première garde une nette primauté à Buenos Aires, la deuxième une nette préférence dans les provinces.

Cette rupture trouvera son point culminant sous le gouvernement de Rosas et les quelque 25 ans durant lesquels le pays fut dirigé par sa main ferme, toute puissante et autoritaire. L'historiographie libérale a fait du gouvernement de Rosas une légende sanglante. Homme de la campagne, gaucho par ses goûts et son style de vie, grand propriétaire terrien, n'appartenant pas à l'élite éclairée, Rosas réussit à discipliner les secteurs populaires et les factions dissidentes de l'élite, mais en perdant l'appui des jeunes intellectuels dynamiques dont la vocation était au départ d'être les conseillers du prince. Les jeunes de la « jeune Argentine » ou « la génération de 37 », une fois leur projet échoué, se retrouvent dans les pays limitrophes ou en Europe et jouent un rôle capital dans la campagne politique anti-rosiste[4].

L'identité argentine trouvera à cette époque un moment privilégié pour exprimer sa conscience divisée. Toute une littérature nationale à fort contenu historique se fonde à l'époque de Rosas. C'est une littérature née en exil et destinée à combattre son régime. L'œuvre majeure de cette production est, en 1845, celle de Sarmiento, dont le titre était déjà tout un programme[5]. Sous le prétexte d'une biographie du caudillo argentin Facundo Quiroga, c'est une histoire fascinante et tragiquement polarisée, un formidable tableau sociologique de la première moitié du XIXe siècle argentin et surtout un magnifique pamphlet anti-rosiste. Les derniers chapitres sont aussi une proposition de programme pour l'organisation de l'Argentine après la « tyrannie ». La rupture entre la « civilisation » et la « barbarie » s'accroît encore avec les deux conflits militaires qui opposent les troupes du « gaucho sauvage de la Pampa » aux armées de la « civilisation européenne »[6]. Dans le vocabulaire de l'époque rosiste, cette division s'exprime par les interminables litanies « *Viva la Santa Federación, Mueran los salvajes unitarios* ». Inutile de dire que les deux factions rivalisaient à s'accuser mutuellement de « sauvage » ou « barbare ».

En ce qui concerne les célébrations patriotiques de l'Indépendance, Rosas adopte une modalité plus plébéienne en incorporant aux festivités les caciques indiens « amis », Catriel, Cachul, Blanguelen et les gauchos de la campagne[7]. On doit aussi à son initiative une interprétation moins anti-espagnole des événements liés à l'installation de la première junte de gouvernement en

---

4   Les hommes les plus représentatifs de cette « génération » sont Esteban Echeverría (1805-1851), Juan Bautista Alberdi (1810-1884), José Mármol (1817-1871), Juan María Gutiérrez (1809-1878), Vicente Fidel López (1815-1903).

5   *Civilización y barbarie. Vida de Juan Facundo Quiroga*, d'abord publié en plusieurs volets dans le journal chilien *El Progreso*, en 1845, puis réédité en livre. Quatre éditions virent le jour du vivant de Sarmiento : 1845, 1851, 1868, et 1874.

6   Il s'agit de deux longs conflits internationaux : contre la France (1838-1840) et contre la France et l'Angleterre unies (1845-1850). Ce conflit sera caractérisé par les historiens révisionnistes du XXe siècle comme une « guerre colonialiste » et Rosas considéré comme le premier représentant de l'anti-impérialisme argentin et américain. Une intéressante version française du premier conflit est « Affaires de Buenos Ayres/ expéditions de la France contre la République Argentine », *La Revue de Deux Mondes*, 1er février 1841. Les historiens argentins ont attribué cet article signé « Un officier de la Flotte » à Theogène François Page (1807-1867).

7   Sur les célébrations à Buenos Aires pendant l'époque de Rosas, voir l'intéressant témoignage reconstitué à partir des notes du journal anglais *The British Packet*, sélectionnées, traduites et préfacées par G. LAPIDO (1976).

1810 et à la déclaration de l'indépendance six ans plus tard. Celle-ci ne s'explique que comme la « conséquence inévitable de l'aveuglement espagnol »[8].

La défaite de Rosas lors de la bataille de Caseros, le 3 février 1852, et l'adoption de la constitution républicaine de 1853, ne marquent pas pour autant la fin du conflit. Si, à partir de 1862, les présidents parviennent à la fin de leur mandat de six ans et n'oublient pas de négocier le nom de leur successeur, ce n'est qu'en 1880 que le conflit politique et institutionnel entre Buenos Aires et les provinces trouve une solution avec la fédéralisation de la ville-port devenue désormais la capitale de la Nation Argentine. C'est à ce même moment que l'armée nationale pourra livrer les batailles finales contre les farouches populations indigènes de La Pampa et de la Patagonie. Le problème de l'Autre indien fut résolu avec les attributs du progrès : les fusils Remington, le télégraphe et le chemin de fer. Cette victoire fut naturellement présentée comme le triomphe de la civilisation et du progrès contre la barbarie du « désert » argentin[9].

II
AUTOUR D'UN MYTHE FONDATEUR LITTÉRAIRE : LE GAUCHO MARTÍN FIERRO

Les conflits de ces 60 années de vie politique indépendante, factieuse et tourmentée laisseront des souvenirs ineffaçables dans la mémoire des Argentins. Ces souvenirs n'étaient pas encore totalement sublimés par l'histoire devenue discipline intellectuelle à l'intérieur d'une corporation instituée[10] que la plus vigoureuse protestation contre l'Argentine triomphante se fît sentir. Le « j'accuse » argentin se présente sous la forme littéraire d'un roman en vers octosyllabes : le célèbre poème *El gaucho Martín Fierro* dont la première partie fut publié à Buenos Aires, en 1872, dans une très modeste édition d'auteur[11].

La mémoire nationale argentine continue ainsi à exprimer sa division par des monuments littéraires : le *Martín Fierro* de Hernández sera inévitablement

---

8   Les rosistes du XXᵉ siècle et leur farouche entreprise de révision de l'historiographie libérale ont attiré l'attention sur cet aspect important de l'imaginaire historique de Juan Manuel de Rosas. Le « serment de fidélité à Fernando VII » des patriotes de Buenos Aires devient pour lui une expression de sincérité politique et non pas un stratagème hypocrite d'indépendantistes qui n'osent pas avouer publiquement leurs intentions (J. IRAZUSTA (1941-1961).

9   Le terme « désert » désignait la région non désertique de la Patagonie, au sud de la Pampa, habitée par différentes tribus indigènes (Pampas, Tehuelches, Araucanos, Ranqueles, etc). La conquête du « désert » se termine avec la reddition du dernier cacique guerrier, Namuncurá, en 1883.

10 C'est en 1893 que s'organise l'actuelle Académie Nationale d'Histoire sous la direction de Bartolomé Mitre. Son premier nom fut *Junta de Numismática Americana*. Pour l'histoire de cette institution, voir l'ouvrage collectif *LA JUNTA DE HISTORIA Y NUMISMÁTICA AMERICANA Y EL MOVIMIENTO HISTORIOGRÁFICO EN LA ARGENTINA* (1995), et notre article (D. QUATTROCCHI-WOISSON, 1995).

11 Sur la biographie de José Hernández et sur les conditions historiques de la naissance de son poème, la lecture la plus stimulante est celle de T. HALPERIN (1985).

perçu comme l'antithèse du *Facundo* écrit par Sarmiento. Si dans l'œuvre de Sarmiento le malheur argentin trouve ses racines dans la campagne, dans le *Martín Fierro* toutes les injustices viennent de la ville. Les deux ouvrages seront opposés par leurs admirateurs et leurs détracteurs du XXe siècle. Ceux qui voient dans l'œuvre de Sarmiento un programme de civilisation et de progrès lisent dans l'œuvre d'Hernández une dangereuse apologie des pires scories de la société argentine. Inversement, le *Martín Fierro* pourra être présenté comme le plus authentique condensé des valeurs et des racines argentines et le *Facundo* l'expression d'une classe dirigeante voulant civiliser coûte que coûte, sans aucune considération pour le prix humain que ce progrès imposait. Et l'on ne finit pas de citer à l'appui la phrase de Sarmiento à Mitre « il ne faut pas économiser le sang des gauchos, c'est la seule chose humaine qu'ils ont ».

Il serait inutile de vouloir faire ici la part de choses et de s'attarder à souligner le parallèle et les similitudes indéniables de ces deux ouvrages. Pour notre objet, il est plus important de s'attarder sur leur différence majeure : la réception et l'itinéraire social de ces deux monuments mémoriaux. Le succès populaire du *Martín Fierro* dès ses premières éditions est fort connu à présent, le mépris de la classe lettrée pour l'ouvrage aussi. Cette dichotomie entre une culture d'élite et une culture populaire nous permet de mieux comprendre une autre forme tenace d'alimentation de la dualité identitaire argentine.

Le poème *Martín Fierro*, apparaît en 1872 pendant la présidence de Sarmiento. Si la poésie du gaucho avait déjà une longue tradition dans le Río de la Plata, ce poème vient rompre toutes les règles du genre. D'abord parce que le personnage principal est une victime du progrès matérialiste et pervers. C'est un gaucho chanteur et poète qui est arrêté et brutalisé à cause des directives du Ministère de la Justice. Il est contraint par la force à s'intégrer à un bataillon qui doit aller se battre contre les Indiens de la Patagonie. Le succès populaire de ce roman en octosyllabes est immédiat, mais l'élite lettrée l'ignore pendant quarante ans. Cependant, le poème n'est pas uniquement un pamphlet contre un abus. La valeur littéraire de cette heureuse création artistique peut difficilement être contestée ou oubliée quand nous parlons du *Martín Fierro* et de sa longue permanence dans la mémoire nationale :

« …Par chance [le personnage s'est imposé à son auteur] le gaucho maltraité et mécontent […] a été peu à peu remplacé par l'un des hommes les plus vigoureux, les plus brutaux et les plus convaincants qu'ait enregistré l'histoire de la littérature. [Hernández] a laissé un livre que les générations futures ne se résigneront pas à oublier. Si Hernández voulait faire un pamphlet populaire contre le ministre de la Guerre […] au lieu de la victime dolente que requérait la fable, surgit l'homme endurant que nous connaissons, fugitif, déserteur, chanteur, bagarreur et pour certains paladin » (BORGES, 1980, p. 119-121).

Le *Martín Fierro* consacre un modèle d'identité argentine où l'Autre est méprisé, aussi bien l'Autre subalterne, l'Indien et l'immigrant[12], que l'Autre supérieur, le juge, le commandant. La philosophie et l'éthique du poème, dans

---

12 C'est à partir de la consolidation de cette civilisation républicaine, connue dans l'historiographie argentine sous les termes de « république oligarchique » ou « ordre conservateur » que la devise d'Alberdi « gouverner est peupler » devient réalité. L'incorporation massive d'immigrants européens, produit une nouvelle fissure dans la conscience nationale, l'élite créole libérale vient à peine de triompher sur la barbarie native qu'une autre « barbarie » commence à inquiéter les esprits les plus avertis.

son pragmatisme, dans sa *picardía* (malice, coquinerie), est loin de proposer une éthique où le bien est supérieur au mal. Si le manichéisme perdure, c'est pour le mettre au service d'un projet aussi individualiste que contestataire. *Martín Fierro* n'est pas un héros victime d'une injustice dans une version chrétienne du monde. Même si les références aux saints et à la vierge existent. La méchanceté du gaucho Martín Fierro n'est que le résultat de la méchanceté des autres, et en tout cas elle est plus « sympathique » que la méchanceté des autres. Le *Martín Fierro* fait aussi allusion à un âge d'or, où la pampa argentine serait une sorte d'arcadie américaine. Cette idéalisation du passé, que certains ont voulu situer dans l'Argentine rosiste, est plus destinée à montrer le malheur du présent que l'apologie d'un quelconque régime politique[13]. Le présent argentin de 1873 est décrit comme plus barbare que la barbarie de la misère ou de l'ignorance. L'opposition civilisation de la ville/barbarie de la campagne de la version de Sarmiento est ici inversée. Cette apologie de la vie rurale se produit au moment où l'essor du phénomène urbain devient inéluctable ; dans ce sens, le poème d'Hernández est bel et bien un requiem. Si des gauchos comme *Martín Fierro* pouvaient encore habiter la campagne de Buenos Aires en 1872, ce paysan à cheval, libre et indépendant, sera vite absorbé par le besoin de main-d'œuvre. Comment et pourquoi ce « malheureux paladin » ignoré par l'élite et acclamé par les secteurs populaires sera-t-il par la suite réinvesti comme objet d'identité nationale par une élite nationaliste, pour en faire un archétype ? Et plus important encore, à travers quelles médiations ce gaucho exercera-t-il dans les milieux des immigrés une attraction et une fascination irrésistible ?

Le *Martín Fierro* inaugure une période très spécifique de la littérature populaire à contenu *gaucho*. La modeste brochure de 76 pages de la première édition atteint en six ans le chiffre de 48 000 exemplaires vendus majoritairement au sein de la population rurale (A. PRIETO, 1988, p. 52-53). Ce véritable record d'édition sera suivi par un développement sans précédent d'une littérature de feuilleton destinée aux secteurs populaires urbains. Les feuilletons d'Eduardo Gutiérrez sur *Juan Moreira*, personnage d'actualité tué par la police, ainsi que ses feuilletons sur *Santos Vegas*, légende plus ancienne qui concerne un gaucho chanteur, un *payador* de la première époque indépendante (1810-1820), sont considérés par l'élite culturelle comme « la littérature la plus pernicieuse et la plus malsaine qui se soit produite dans le pays »[14]. Le succès de cette littérature auprès des secteurs populaires urbains et dans les milieux de l'immigration n'est pas attesté par les registres bibliographiques argentins mais par la curiosité de l'anthropologue allemand, Roberto Lehmann-Nitsche, professeur sous contrat à l'Université de La Plata entre 1897 et 1930[15]. En étudiant la légende de Santos Vega, l'anthropologue

---

13 Les positions politiques de l'auteur étant d'ailleurs fort bien connues : admirateur d'Alberdi dont il se proclame le disciple (discours parlementaires), homme appartenant à la tradition fédérale post-rosiste, c'est à dire urquiciste, adversaire de Mitre et de Sarmiento.

14 Compte rendu de l'*Anuario Bibliográfico* de 1881, dans A. PRIETO, 1988, p. 56.

15 Sa collection intitulée « Biblioteca Criolla » comprend un millier d'imprimés du genre qui se trouvent à l'Institut Ibéroaméricain de Berlin. L'index de la collection élaboré par A. PRIETO (1988) se trouve en annexe à son ouvrage.

allemand recueille aussi un matériel informatif de grande importance pour comprendre l'itinéraire social de cette littérature du *gaucho* en Argentine : par exemple, l'existence et le fonctionnement des 268 *Centros Criollos* relevés pour la période 1899-1914 et l'attestation d'une vigoureuse identification populaire à ces personnages si peu « recommandables » considérés dangereux pour l'ordre social. Les exemples ne manquent pas : depuis le déguisement en gaucho des hommes de l'immigration lors des fêtes du carnaval, en passant par les premières représentations théâtrales de *Juan Moreira* et la façon intensément dramatique dont les gens s'identifiaient à cet anti-héros et participaient à l'élimination des acteurs-policiers ; songeons aussi à la rentable commercialisation de tous les attributs vestimentaires du gaucho et de la plus fameuse marque d'allumettes de l'époque, remarquablement appelée de ce nom « incendiaire » : *Martín Fierro*. Nous sommes en présence d'un dispositif non contrôlé et non souhaité d'identification populaire à un modèle d'argentinité considéré non seulement de mauvais goût mais surtout de mauvais augure.

C'est de toute évidence cet état de choses qui orientera une tentative très nette de récupération du phénomène de la part de l'élite lettrée pour l'orienter vers des objectifs plus « acceptables » de discipline sociale et d'intégration aux valeurs plus « civilisées » de la nationalité argentine. L'élite prendra date de cette figure emblématique pour en faire un produit d'intégration nationale et non pas de désagrégation ou d'opposition[16]. C'est le poète Leopoldo Lugones qui exprime le plus clairement le rôle de l'intellectuel dans cette activité, sa fonction de pont entre le peuple et l'élite et sa mission de constructeur de mythes dans lesquels une communauté nationale puisse s'identifier. Au moment de publier ses conférences sur *Martín Fierro* prononcées devant le gotha de la société portègne en 1913, son bilan est clair :

« Je me félicite d'avoir été l'agent d'une intime communication nationale entre la poésie du peuple et la mentalité cultivée de la classe supérieure parce que c'est ainsi que l'on forme l'esprit de la patrie. Ma parole ne fut que l'abeille butineuse qui porta le message de la fleur sylvestre à la noble rose du jardin » (L. LUGONES, 1979, p. 201-202).

Si l'Argentine du progrès et de la civilisation ne se trompait pas en choisissant ses héros et ses statues[17], l'Argentine du centenaire commençait à avoir quelques difficultés à imposer son calendrier. Une ironie de l'histoire voudra qu'au moment des grandes célébrations du centenaire de l'Indépendance, la fête du 25 mai 1910 ne puisse pas avoir lieu de la façon prévue et qu'elle se

---

16 Plusieurs éléments confluent vers cet objectif : la version nettement plus stylisée du *Santos Vega* de Rafael Obligado, l'apparition de la revue du même nom, les textes d'Ernesto Quesada (*El « criollismo » en la literatura argentina*), la discussion sur la langue argentine autour de l'ouvrage de Luciano Abeille (*El problema del idioma nacional*), les publications de Leopoldo Lugones et sa façon d'ennoblir *Martín Fierro* lors de ses conférences au théâtre de l'Odéon en 1913, l'enquête de la revue *Nosotros* sur l'existence ou non d'un poème national argentin.

17 C'est à l'occasion de la célébration du 25 mai 1900, sous la deuxième présidence du héros du désert, le général Roca, que la statue de Sarmiento (commandée à Rodin) trouve une place d'honneur dans la géographie de la ville-capitale, à Palermo, au centre du parc maintenant appelé « Parc du 3 de février », dans les lieux qui furent autrefois propriété, résidence et centre d'opérations et de pouvoir de Rosas.

déroule sous l'État de Siège[18]. La grande célébration sera donc reportée de deux mois et le 9 juillet se voit ainsi investi d'une signification centenaire anticipée. Pendant que des voix se lèvent pour réclamer l'instauration du suffrage universel destiné à obtenir l'intégration politique des nouveaux citoyens (les fils de l'immigration), d'autres commencent aussi à s'inquiéter de l'absence de sentiment national et de valeurs spécifiques qui puissent assurer l'« argentinisation » des couches d'immigrants. La tâche nationaliste et « argentiniste » apparaît comme une priorité pour des intellectuels sincèrement alarmés[19].

Si, du point de vue culturel, cette argentinisation trouvait un contenu et un programme dans l'instauration du culte patriotique à l'école[20], elle pourra s'exprimer, au niveau politique, grâce à l'instauration du suffrage universel, dans le triomphe du radicalisme. Le gouvernement d'Yrigoyen est ainsi bien placé pour accomplir la tâche d'intégration argentiniste réclamée lors du Centenaire. Si, dans la littérature, cette intégration peut être exprimée par le roman *Don Segundo Sombra* de Ricardo Güiraldes (le gaucho s'enrichit et devient patron), et par la place donnée à la littérature du *gaucho* dans la fondation d'une littérature nationale argentine (Ricardo Rojas, *Los gauchescos*, premier volume en 1917 de son histoire de la littérature argentine, la première du genre), dans la discipline historique, l'heure semble arrivée d'une incorporation de Rosas au panthéon national. Les travaux de Ravignani et de la première école de professionnels de l'histoire œuvrent dans ce sens. Cette même intégration concerne la réconciliation avec la « Mère Patrie » et le retour aux sources hispaniques[21].

La crise de 1930 ouvre une période où tous les efforts de réconciliation de la mémoire nationale argentine échoueront tandis que de nouvelles divisions viendront s'affirmer. La mémoire historique deviendra de plus en plus une affaire d'État laissant un vide que les révisionnistes-rosistes rempliront avec ardeur et la mémoire littéraire ne manquera pas de mobiliser à chaque nouvelle occasion la polarité entre le *Facundo* de Sarmiento et le *Martín Fierro* de Hernández.

---

18 En réponse à une grève générale déclenchée par les fédérations anarchistes demandant l'abrogation de la « Loi de Résidence » de 1902 en vertu de laquelle les étrangers grévistes étaient expulsés.

19 Ce qui fut appelé « réaction nationaliste du Centenaire », C. PAYA, E. CARDENAS (1978) et C. ALATAMIRANO, B. SARLO, (1983).

20 Les voix de ceux qui avaient su détecter et dénoncer les dangers d'une sacralisation des héros de la patrie sont déjà éteintes (nous faisons bien sûr allusion aux écrits d'Alberdi et à son virulent réquisitoire contre les travaux historiques de Mitre et de Sarmiento). En 1911, c'est un socialiste français, Jean Jaurès, qui évoque Alberdi lors de ses conférences au théâtre Odéon de Buenos Aires. La mise en garde d'Alberdi, reprise par Jaurès, pouvait difficilement être entendue par l'Argentine du centenaire. Nous avons développé cette question dans D. QUATTROCCHI-WOISSON (1996).

21 Décret d'Yrigoyen du 4 octobre 1917 imposant le 12 d'octobre comme fête nationale avec des arguments tels que : « el descubrimiento de América es el acontecimiento de más trascendencia que haya realizado la humanidad », « la España descubridora y conquistadora volcó sobre el continente enigmático el valor de sus guerreros, el denuedo de sus exploradores, la fé de sus sacerdotes [...] y obró el milagro de conquistar para la civilización la inmensa heredad en que hoy florecen las naciones a las cuales ha dado, con la levadura de su sangre y con la armonía de su lengua, un herencia inmortal que debemos de afirmar y mantener con jubiloso reconocimiento ». En 1900, el poder ejecutivo había ya decidido de suprimir de l'hymne national toutes les strophes pouvant offenser l'image de l'Espagne et des Espagnols », *Boletín Oficial*, 1917.

On me permettra de faire un saut chronologique en rappelant que le péronisme et Perón lui-même ont fait du *Martín Fierro*, de ses conseils et de ses contenus un véritable catéchisme de la nationalité. Perón, qui passa son enfance et son adolescence à la campagne, dans une ferme de la province de Buenos Aires, a déclaré sa fascination pour cette littérature du gaucho et pour les valeurs qu'elle transmet. Il propose un gouvernement de modernisation économique et sociale mais déclare vouloir concilier modernité et tradition. La tradition sera représentée sur le terrain littéraire par le *Martín Fierro*[22], et sur le terrain historique — malgré les réticences du chef — par la version révisionniste du passé national. La mémoire nationale qui se cristallise lors de l'expérience péroniste opère certes une inversion des termes mais perpétue aussi une dichotomie qui résiste à tous les efforts de compréhension les moins manichéens concernant le passé argentin, au point même que Borges, écrivain fort capable par ailleurs des subtilités et des raffinements intellectuels les plus riches en nuances, affirmait encore en 1974 : « Sarmiento continue de poser l'alternative : civilisation ou barbarie. On sait le choix des Argentins. Je ne dirai pas que *Facundo* est le premier livre argentin [...]. Je dirai que si nous avions pris ce livre pour Bible — au lieu de prendre pour Bible *Martín Fierro* — notre histoire aurait été autre, et meilleure » (J.L. BORGES, 1980, p. 180).

Cet itinéraire chronologique et social d'un mythe fondateur littéraire est clairement dessiné dans l'inversion sémantique suivie par l'acception du mot *gaucho*. Étymologiquement, ce fut d'abord un terme qui désignait un être abandonné, un orphelin, un individu sans origine. Ensuite le mot a évoqué un soldat barbare suivant un caudillo pendant les guerres civiles, et puis un cavalier travaillant de façon irrégulière dans les activités agricoles qui n'accepte pas de devenir un salarié, bref, une main-d'œuvre indomptable. Postérieurement : un modèle d'intégrité morale contre les abus du pouvoir et de l'autorité, un hors la loi, malgré lui, parce qu'une loi injuste l'oblige à s'échapper ; puis peu à peu, le représentant de toutes les valeurs de l'argentinité : fierté, autonomie, fidélité, amitié, intégrité morale... Au point que l'expression « faire une *gauchada* », est devenue aujourd'hui dans la langue argentine, synonyme de « rendre service ».

---

22 C'est pendant le gouvernement de Perón, en 1948, que fut inauguré à Buenos Aires le musée *José Hernández*.

III
LES ENJEUX POLITIQUES D'UN MYTHE FONDATEUR HISTORIQUE : ROSISME/ANTIROSISME

Rien de mieux pour introduire cette partie que d'évoquer une affiche électorale péroniste utilisée lors des élections législatives de septembre 1987. Le résultat de ces élections fut nettement favorable aux péronistes, ce qui laissait déjà prévoir leur triomphe avec l'élection présidentielle de Carlos Menem, en 1989. Les visages des trois hommes qui apparaissent sur cette affiche sont très familiers en Argentine, mais ils appartiennent à un passé apparemment révolu : José de San Martín, le Bolivar des Argentins, le héros de la guerre de l'indépendance qui s'est battu contre l'armée espagnole, Juan Manuel de Rosas qui gouverna l'Argentine dans la première moitié du XIXe siècle, et Juan Domingo Perón. Ces trois hommes portent l'uniforme militaire et sont unis par un sabre en position horizontale (le sabre de l'Indépendance qui appartenait au Général San Martín et fut légué par celui-ci à Rosas). Au bas de l'affiche, on peut lire à titre d'explication de cette triade : « Paladins de la Libération » et, à la fin, une signature en guise d'auteur : Mouvement National Justicialiste (Nom officiel du parti péroniste).

Qu'une affiche électorale péroniste utilise la figure charismatique de Perón, quoi de plus naturel dans un parti hyper-personnaliste qui se réfère constamment au chef admiré (même s'il est mort en 1974) ? Mais pourquoi fait-on appel à San Martín et Rosas, deux hommes du XIXe siècle, pour accompagner le leader des sans-chemises du XXe siècle ? Qu'ont-ils donc en commun ces trois hommes ? Et pourquoi recourt-on à cette étrange pratique qui consiste à ressusciter des personnages du passé et à les intégrer à la bataille électorale du présent ? Les auteurs de cette affiche, visant un point particulièrement sensible de l'imaginaire historique argentin, présentent ces trois hommes comme « les champions de la libération nationale », « les paladins de la libération ». Or, imposer cette triade ne fut pas chose facile dans la société argentine, notamment en ce qui concerne Rosas qui avait été spécifiquement accusé d'avoir régné en despote, d'avoir exercé une véritable tyrannie. Cet usage politique du passé argentin a donc une histoire qui est elle-même un puissant mouvement de « contre-histoire ».

Rosas gouverna l'Argentine pendant presque un quart de siècle (1829-1852). Il était un grand propriétaire terrien, l'un des hommes les plus riches de la Pampa. Brillant cavalier, champion de dressage et de rodéo, autodidacte, il fut aimé, admiré, craint et haï par ses contemporains. Rosas était arrivé au pouvoir en tant que sauveur d'un pays qui depuis sa séparation de la couronne d'Espagne ne parvenait guère à trouver une identité (J. LYNCH, 1981).

Contre tous les espoirs, l'indépendance formellement déclarée en 1816, n'amène ni la paix ni la prospérité espérées. Les affrontements entre les provinces de l'arrière-pays et la ville-port de Buenos Aires, la lutte entre différentes fractions sociales et politiques, les guerres civiles incessantes opposaient deux projets de pays sous les étiquettes d'unitaires et fédéraux, et posaient donc de façon aiguë la question de l'unité nationale. Chaque province, chaque unité régionale avait un chef local, un *caudillo*. Il s'agissait pour la plupart de personnages assez folkloriques, qui utilisaient des troupes irrégulières de paysans pour faire la guerre. Rosas était le *caudillo* de la province de Buenos Aires ; accédant au pouvoir sous l'image d'un sauveur, il affirmait vouloir délivrer le pays de l'anarchie et de l'éclatement. Il fut accepté et appuyé par les *caudillos* des provinces intérieures et sa base sociale se trouvait autant chez le petit peuple de la ville et de la campagne que chez les grands propriétaires.

Rosas dut affronter deux longs conflits internationaux contre la France (1838-1840), puis contre la France et l'Angleterre unies (1845-1850). Dans une région argentine appelée « Obligado », la bataille contre les forces navales françaises se solda par une défaite, mais après une résistance farouche de 24 heures dont l'héroïsme des vaincus fut reconnu par les vainqueurs. À chacun sa célébration ! En France, c'est la Troisième République qui rend hommage à cette bataille navale où la « civilisation » eut raison de la « barbarie américaine » : en 1903, une station du premier métro parisien fut nommée Obligado[23]. En revanche, et à partir des années 1930, la bataille d'Obligado deviendra pour les militants de la contre-histoire rosiste le symbole de la résistance argentine contre les puissances impériales. Le premier gouvernement péroniste obtint, le 25 mai 1948, que cette rue et cette station de métro soient rebaptisées « Argentine » (pour remercier le rôle joué par ce pays, grâce à ses exportations de viande et de blé, dans la reconstruction de la France d'après-guerre). Très récemment encore — et après de nombreuses tentatives échouées — le gouvernement de Carlos Menem obtint la dévolution par le Président Jacques Chirac, d'un drapeau argentin pris comme trophée de guerre lors de la bataille d'Obligado (D. QUATTROCCHI-WOISSON, 1997a, 1997b).

Accusé de gouverner en despote, Rosas fut renversé militairement en 1852. Il s'exila en Angleterre où il mourut en 1877. Son gouvernement tout-puissant, autoritaire et répressif, fut un véritable cauchemar pour ses adversaires : il s'agit des hommes éclairés qui, après la chute du « tyran », parviendront à assurer l'unification nationale avec une constitution républicaine. Ces hommes vont clamer bien fort que leur victoire était aussi celle de la civilisation contre la barbarie américaine. Ainsi, l'Argentine moderne est l'œuvre des adversaires de Rosas, qui lui intentèrent un procès politique (loi du 28 juillet

---

23 En 1867, une petite rue du quartier de l'Étoile, appelée « Les pelouses de l'Étoile », avait déjà été rebaptisée « Obligado ». La station « Obligado », aujourd'hui « Argentine », (première ligne du Métro parisien, Neuilly-Chateau de Vincennes) se trouve dans l'angle de l'avenue de la Grande Armée et de cette petite rue qui, en 1948, change également de nom pour s'appeler elle aussi « Argentine ». L'initiative fut l'un des résultats du voyage d'Eva Perón à Paris en juillet 1947 ; elle fut soutenue par l'historien et résistant gaulliste Raymond Ronze qui fut nommé en 1948, à la Sorbonne, professeur titulaire de la première chaire consacrée à l'histoire politique et économique de l'Argentine.

1857), le déclarèrent traître à la patrie et le condamnèrent à mort (sentence prononcée le 17 avril 1861).

Commence alors une époque « paisible » du point de vue institutionnel. Les présidents se succèdent sans interruption et c'est généralement le président en place qui choisit son successeur. L'Argentine est rentrée dans l'« ordre et le progrès », sous la direction d'une classe dirigeante homogène et restreinte. La croissance du « grenier du monde » ne semblait pas avoir de limite. Il s'agit du triomphe le plus spectaculaire du libéralisme en Amérique latine.

Quand la nouvelle de la mort de Rosas arrive à Buenos Aires en 1877, un petit groupe de parents et amis décide de célébrer une messe en sa mémoire, mais les autorités s'y opposent. La messe est formellement interdite à la fois par les autorités civiles et par l'évêque de Buenos Aires. Toute démonstration publique à la mémoire de Rosas sera réprimée par la loi. La mémoire historique de l'Argentine libérale s'est donc structurée autour de la condamnation sans appel de la tyrannie rosiste et cette sentence se perpétue à travers les manuels d'histoire, la littérature, la presse et l'enseignement. Les manuels d'histoire ne cessent de répéter que la « tyrannie sanglante et barbare de Rosas retarda d'un quart de siècle le progrès argentin ».

Paradoxalement, l'image du dictateur Rosas commence à être révisée quand la société argentine accède à un régime véritablement démocratique grâce à l'instauration du suffrage universel en 1916. Lors des premières élections démocratiques de la vie politique argentine, le triomphe revient au parti radical et à son dirigeant charismatique, Yrigoyen[24] (1852-1933). Le gouvernement d'Yrigoyen écarte la traditionnelle classe dirigeante argentine des affaires publiques. La rancune de cette oligarchie (selon la terminologie politique argentine) est aussi forte que l'enthousiasme populaire qui accompagne le triomphe du président radical. La nouvelle légitimité politique ouvrait les portes à un élan populaire dont la société argentine avait perdu le souvenir. « Chose pareille ne s'était pas produite à Buenos Aires depuis l'époque de Rosas », commente la presse lors des cérémonies d'investiture du président Yrigoyen. La comparaison est utilisée par les adversaires et par les sympathisants du nouveau gouvernement.

Désormais le thème de Rosas sortira du cabinet de l'historien pour s'installer dans le débat public, suscitant des passions qui tenaient autant à la figure de Rosas dans le passé qu'à la situation présente d'une Argentine imprégnée d'un nouveau style politique : le premier radicalisme. Les débats opposent les secteurs yriogyenistes qui essayent de réhabiliter l'époque de Rosas à ceux de l'intellectualité libérale qui crient au scandale devant une telle initiative. Cette singulière polémique traverse tous les secteurs de la vie politique et sociale, à tel point que le journal le plus populaire de l'époque effectue une enquête sur le thème de Rosas un mois et demi durant.

Cette polémique passionnée est remarquée par les historiens français qui visitent Buenos Aires. La professionnalisation de l'histoire est contemporaine de cette démocratisation. La création de l'Institut de Recherches historiques de l'Université de Buenos Aires en 1923 en marque le premier pas. Rejetant le

---

24 Yrigoyen naquit en 1852, l'année de la défaite de Rosas. Son grand-père maternel fut condamné à mort en tant que membre de la police secrète de Rosas.

manichéisme de la tradition libérale, ces historiens essaient d'étudier Rosas comme un véritable objet historique.

Cette première école historiographique trouve ses références dans l'historiographie française, qui réhabilite alors la figure de Robespierre. Les historiens français sont très lus, spécialement Albert Mathiez qui visite l'Argentine en 1929 et y séjourne deux mois, dans le cadre de la coopération intellectuelle de l'Institut de l'Université de Paris à Buenos Aires. Mais la réhabilitation de Rosas est moins aisée que celle de Robespierre.

Il faut dire que, dès cette période, l'ambiguïté du rosisme tient à sa double source d'inspiration, d'une part le radicalisme, d'autre part des secteurs conservateurs déplacés de la direction des affaires publiques à cause du suffrage universel et qui voient d'un regard effrayé les mobilisations populaires qui accompagnent le gouvernement d'Yrigoyen. Du côté du Parti Radical, cette première révision du passé argentin fut ainsi proclamée et justifiée :

« Dans notre passé, monsieur le président, il n'y a pas eu de « caudillos » déchaînés et barbares suivis de foules sauvages, mais des hommes inspirés par la vieille patrie et qui ne voulaient pas mourir dans le silence d'une injuste et brutale absorption. Pour cette raison, contre cette civilisation dont ils avaient le pressentiment qu'elle était fausse, égoïste et sordide, se sont levés de grands mouvements populaires que nos historiens officiels ont calomniés en les qualifiant de « caudillisme » synonyme pour eux de barbarie et d'ignorance. Le cri de protestation des vieilles générations argentines fut si juste que le silence imposé par les vainqueurs n'ont pu l'étouffer. [...] En confessant ses liens avec le passé, le radicalisme dit aux descendants des générations sacrifiées qu'il est venu leur apporter la rédemption politique et sociale qui fut refusée à leurs ancêtres au nom de la civilisation[25] ».

Voilà des ancêtres vaincus parce qu'ils avaient refusé les valeurs d'une modernité destructrice. Pour qu'il y ait une contre-histoire, il faut bien qu'il y ait une cause perdue et des hommes qui s'identifient avec les vaincus.

La crise de 1929 affecte sérieusement l'économie argentine mettant en cause le bien-fondé d'une économie basée sur l'exportation de matières premières. Une conséquence directe de la crise fut le coup d'État militaire contre le deuxième gouvernement d'Yrigoyen en 1930, coup d'état qui inaugure un phénomène récurrent dans la vie politique du pays : l'intervention des militaires dans les affaires publiques. « À bas la tyrannie », a-t-on alors lancé contre Yrigoyen, en faisant référence, bien entendu, à la tyrannie rosiste.

Un groupe de jeunes intellectuels créa en 1927 un journal inspiré de l'Action française, appelé *La nouvelle République*, avec comme sous-titre « Organe du nationalisme argentin ». L'influence de l'Action française dans la vie intellectuelle et politique latino-américaine est fortement méconnue[26]. Ces jeunes maurrassiens, incapables de constituer un parti politique et d'unifier les différents groupes nationalistes, vont se tourner alors vers l'histoire argentine,

---

25 Intervention du sénateur radical Ricardo Caballero, *Diario de Sesiones*, Cámara de Senadores, 1926.

26 On mesurera cette influence à la lecture de la revue universitaire, *La Revue de l'Amérique latine*, éditée dans les années 1920 à Paris. Voir aussi le patient et monumental travail de recherche dirigé par A. FILIPPI (1985-1995).

attaquant de front sa version libérale. En cela, ils suivent de près les conseils de Charles Maurras. Archives et ouvrages à l'appui, ils vont devenir de véritables historiens.

À partir de 1934, leur activité se manifeste de plus en plus autour du thème « il faut réviser l'histoire argentine ». Ils s'attaquent aux « mensonges de l'histoire officielle » et parlent constamment de retrouver la « vérité historique ». Au point d'arrivée, on trouve, en 1938, la création d'une véritable contre-académie d'histoire : l'Institut de Recherches historiques Juan Manuel de Rosas. Les libéraux les baptisent « révisionnistes », terme qu'ils reprennent à leur compte et, renversement oblige, ils nomment leur mouvement « révisionnisme historique ».

Les défenseurs de Rosas se présentent dès lors comme les régénérateurs d'une patrie égarée. La volonté farouche de Rosas de défendre la souveraineté argentine contrasterait avec le manque de conscience nationale de la classe dirigeante qui préside à la destinée du pays. Ils dénoncent tout particulièrement la relation privilégiée et inégale de l'Argentine avec l'Angleterre en publiant un livre fondateur appelé *L'Argentine et l'Impérialisme Britannique : les maillons d'une chaîne* (J. IRAZUSTA, R. IRAZUSTA, 1934). Le passé argentin y est présenté comme un long enchaînement et une longue soumission avec une heureuse parenthèse : l'époque de Rosas. La dénonciation est double contre la dépendance argentine et contre la classe dirigeante qui fut si dépendante de l'économie anglaise.

L'interprétation libérale avait fait des Argentins émigrés durant l'époque de Rosas les héros de la lutte contre la tyrannie. Cette contre-histoire militante opère une totale inversion des valeurs : les hommes qui ont pris la direction du pays à la chute de Rosas sont les responsables de la servitude argentine car ils avaient pris appui sur les puissances étrangères. Quant à l'intervention anglo-française de 1845, elle aurait été destinée à empêcher la création d'une grande puissance sud-américaine. « Grâce à l'action de Rosas et à la résistance farouche des forces navales argentines lors du Combat d'Obligado, le sort du pays n'a pas été celui des peuples nord-africains ou asiatiques », disent les révisionnistes. Les secteurs libéraux voient dans ces affirmations révisionnistes de simples fantasmes rétrospectifs. On a discuté des années durant en Argentine de l'intérêt qu'avaient ou non la France et l'Angleterre d'établir un protectorat en Amérique du Sud au milieu du XIXe siècle.

Au-delà, on retiendra que, pendant les années 1930, un secteur intellectuel est profondément convaincu du rôle majeur que l'Argentine est appelée à jouer et de la capacité mobilisatrice du discours historique pour la construction d'une nouvelle politique. Entre l'angoisse du présent et les espoirs de l'avenir, le passé devait offrir un modèle à une nouvelle nationalité.

La démarche la plus originale de cette « contre-histoire » militante tient dans un double combat : contre une classe dirigeante et contre la vision du pays qu'elle avait donnée. L'Institut de Recherches historiques Juan Manuel de Rosas est un lieu de rencontres et de débats, un local, une salle de conférences, une bibliothèque, une maison d'édition et une revue. Autour de ces activités à caractère historique et politique, se tisse un réseau d'amitiés assez paradoxales. L'Institut sera un pont entre une droite anti-impérialiste et une gauche nationaliste. Les rosistes eux-mêmes se rendent compte de cette ambiguïté :

« La droite rosiste peut dire que Rosas est un argument pour la mise en place d'un gouvernement fort.[...]. La gauche rosiste peut affirmer que Rosas est une incarnation du système démocratique, chef des masses fédérales et thaumaturge démagogique des noirs et des gauchos. Tout ce que nous pouvons affirmer est que Rosas en tant que vrai chef d'État ne se conforme à aucun système et se sert de tous les éléments sociaux, simultanément ou consécutivement pour réaliser les grands objectifs de l'État [27] ».

Mais, se situant à contre-courant de la culture officielle (l'école, les grands journaux, l'Université), cette thématique laisse les rosistes dans une situation de grande marginalité. D'autant plus que les historiens professionnels répugnent dès lors à traiter du thème, car les rosistes sont accusés d'être des fascistes déguisés : Rosas est ainsi accusé d'être le précurseur d'Hitler.

L'apparition du péronisme en 1945 offre aux idées révisionnistes l'occasion de leur premier triomphe. La plupart des révisionnistes vont se retrouver dans le péronisme. Quant à Péron, toujours pragmatique, il évite dans un premier temps de se prononcer mais le débat s'impose toujours davantage entre une opposition qui use de l'identification entre Rosas et Péron comme arme de propagande et un groupe de militants péronistes qui, fort de cette identification, fait de Péron le héros moderne de l'argentinité retrouvée.

La nationalité devient une priorité dans le discours péroniste : « vivre argentin, se sentir argentin, produire et consommer argentin ». Il s'agit d'une inversion du modèle de nationalité extravertie et cosmopolite qui avait auparavant joui d'un grand prestige. L'argentinité est censée retrouver sa « marque d'origine » par le retour des masses sur la scène politique. Pour les secteurs les plus traditionnels de la vie argentine, les manifestations péronistes étaient un spectacle encore plus effrayant que les manifestations yrigoyenistes : les foules péronistes, les sans-chemise, seront par exemple qualifiées par l'opposition d'« alluvion zoologique ».

Le révisionnisme historique offre un répertoire complet de valorisations, de héros et de martyrs que le péronisme doit assumer, cohérence oblige. Puisqu'il y a deux traditions clairement opposées dans l'histoire argentine, le péronisme doit se prononcer ; le choix est facile à faire, il est aussi inévitable.

Pendant les années du gouvernement péroniste, toutes les batailles politiques se feront à partir de l'évocation des événements historiques. En 1952, centenaire de la chute de Rosas, l'opposition anti-péroniste appelle à suivre l'exemple des hommes qui, en 1852, avaient mis un terme à la dictature de Rosas. C'est sous le couvert de cette référence que les militaires font le coup d'État qui renversa Péron en 1955. Peu de temps après, le gouvernement militaire publie un rapport intitulé *Le livre noir de la deuxième tyrannie*[28] (le nom de Péron étant proscrit, les journaux parlaient de lui et de son régime comme

---

27 *Revista del Instituto Juan Manuel de Rosas*, 1, 1939, p. 45.

28 *Libro negro de la segunda tiranía*. Il s'agit du rapport de la Commission Nationale d'Enquête créée par décret/loi du Pouvoir Exécutif, le 7 octobre 1955. Cette « COMISIÓN NACIONAL DE INVESTIGACIONES » (1958) était appelée à « faire toute la lumière sur les crimes et exactions » commis durant les dix ans du régime péroniste.

du « tyran » et de la « tyrannie »). C'est alors seulement que Péron adopte personnellement la version révisionniste, dans un livre écrit en exil, en 1956, et intitulé *Los vendepatria* (J. PÉRON, 1972) (« Ceux qui vendent notre patrie ») où il parle avec admiration de Rosas, celui qui fut, tout comme lui, un dirigeant proscrit et exilé.

L'importance de la « contre-histoire » révisionniste ne réside pas au premier chef dans ses réussites ou dans ses échecs les plus évidents (un incontestable succès médiatique et politique à partir d'une méthodologie archaïque et périmée), mais plutôt dans la permanence des noyaux thématiques qu'elle a su imposer et que la société argentine n'a pas pu dépasser jusqu'à aujourd'hui. Le triomphe le plus paradoxal de cette « contre-histoire » est de ne pas être devenue une autre histoire officielle. Elle n'a pas obtenu ses plus grands succès à l'école ou à l'université mais dans les syndicats et dans la rue.

IV
CONCLUSION

En tant qu'historienne, je ne peux pas faire semblant d'ignorer que notre discipline n'exerce pas uniquement une fonction cognitive. Les forces politiques et sociales ont toujours utilisé le passé et les références au passé pour légitimer des origines, pour justifier des privilèges ou pour les abolir. En faisant l'histoire de cette utilisation, on apprend beaucoup des sociétés contemporaines. D'autant plus que le discours sur le passé ne commence ni se termine dans le cabinet de l'historien. Les sociétés s'approprient le passé, le commémorent et le recréent en fonction de leurs besoins. Cette dimension non cognitive de la connaissance historique est une réalité qui ne peut pas être ignorée par les historiens.

La révision du passé rosiste en Argentine est un cas exacerbé et stéréotypé qui nous démontre à quel point un discours historique réducteur et manichéen peut jouer un rôle profondément mobilisateur. Les admirateurs de Rosas ont produit un discours historique qui a joué un rôle très important dans la vie sociale et politique argentine car, en faisant référence au passé, il a été porteur des interrogations et des réponses sur le présent et l'avenir du pays. Vu rétrospectivement, le phénomène révisionniste apparaît comme une entreprise assez désespérée pour doter l'Argentine d'une identité qui lui faisait défaut. Aujourd'hui encore, on raconte la boutade selon laquelle « les Mexicains descendent des Aztèques, les Péruviens des Incas, tandis que les Argentins, eux, ils descendent d'un bateau ». Cependant, dès ses origines, la « question rosiste » apparaît traversée par une ambiguïté. Si un secteur populaire et démocratique affirme vaguement son identité, trouvant en Rosas un digne père fondateur, un autre secteur, conservateur et élitiste, effrayé par les contours de l'Argentine plébéienne, voit en Rosas le garant de l'ordre et de la discipline

sociale. C'est la présence d'un grand mouvement populaire dans la vie politique du pays qui fait émerger le souvenir de Rosas. La double inspiration
« populaire et élitiste » ne quittera jamais le phénomène révisionniste et sera à
la base de sa grande vitalité.

Le révisionnisme deviendra la vision historique des péronistes. Entre
l'image de Rosas et celle de Péron, va se produire une nouvelle identification,
comme auparavant avec celle d'Yrigoyen. Par le diagnostic qu'ils font des problèmes du pays et par les remèdes qu'ils proposent, les révisionnistes antici-
pent culturellement le phénomène péroniste[29]. Dans un processus complexe
d'attirance et de répulsion, le péronisme finira par accepter ses dettes envers
eux et par intégrer leur vision du passé argentin.

Si le rosisme-révisionnisme est un lieu de rencontre de sensibilités politiques diverses, il est surtout un répertoire presque transparent d'idées-force.
Le révisionnisme s'est employé avec passion à essayer de démontrer que l'Argentine était un grand pays destiné à occuper le premier rang dans l'hémis-
phère-sud s'il n'y avait pas eu une « trahison » systématique de ses classes
dirigeantes

Le « décalogue » révisionniste produit un effet de thérapeutique morali-
sante. Lorsque le pays sombre dans la crise et le désespoir, ce discours vient
recréer (ou créer de toutes pièces) un passé grandiose et tout honorable où
l'Argentine était reconnue par les grandes puissances et jouait un rôle directeur dans le sous-continent américain. Pour cicatriser les blessures narcissi-
ques d'un pays chaque fois plus marginal et plus marginalisé, il est bon d'identifier un âge d'or. Il est bon aussi d'annoncer que cette époque dorée peut
revenir. Telle fut la fonction principale du révisionnisme : revalorisante, mora-
lisatrice, thérapeutique. Critiquer les révisionnistes parce qu'ils ont produit
une historiographie peu moderne, schématique et manichéenne semblerait
déplacé. De la même façon que les historiens professionnels se préoccupaient
peu et mal des problèmes et des angoisses du présent, les révisionnistes s'oc-
cupaient peu et mal de la recherche érudite. Ils s'attachaient plus à doter leur
programme régénérateur d'exemples et de justifications qu'à comprendre la
complexité des processus historiques.

Le rôle de cette contre-histoire est de fournir un programme politique à
ceux qui veulent retrouver une orientation nationale dont ils se sentent frus-
trés. Le gouvernement de Rosas est présenté comme un modèle de réalisme et
de sagacité politique : un gouvernement appuyé sur une large unité nationale
et qui a su défendre l'intégrité territoriale argentine. Le reproche majeur fait
aux adversaires de Rosas est d'avoir construit un État faible et dépendant, un
État « semi-colonial et non pas une grande Nation souveraine, un État qui
gouverne contre la Nation et en faveur des intérêts de la métropole ». Pour y
remédier il faut retrouver la souveraineté politique et économique et l'unité
nationale. « Souveraineté économique et indépendance politique », voilà deux
mots d'ordre révisionnistes qui commencent une carrière promise à un grand
succès, puisqu'ils deviendront le leitmotiv du répertoire péroniste
(D. QUATTROCCHI-WOISSON, 1997c).

---

29 « L'innovation dans une société se présente souvent sous la forme d'un retour au passé et ce retour
au passé peut couvrir des entreprises très nouvelles » (J. LE GOFF, 1988).

À travers la relecture des conflits du XIXe siècle argentin se met en place le processus qui consiste à idéaliser les vaincus et sans lequel aucun phénomène de contre-mémoire ne pourrait réussir. Avec le révisionnisme historique commence à voir le jour toute une culture du fait national à partir d'images fortement émotives. Cette liturgie patriotique est destinée à idéaliser une Argentine grande et digne, opposée aux grandes puissances mondiales, une Argentine héroïque et courageuse destinée à être la grande puissance sud-américaine. Pour affirmer une identité, la lutte contre l'autre devient un instrument indispensable. Phénomène bien connu en psychologie, l'affirmation de l'identité passe d'abord par l'affirmation d'une opposition et d'une altérité. Cette revalorisation de l'argentinité sera d'autant plus manichéenne et stéréotypée qu'elle s'inscrit dans une société où tout ce qui venait d'ailleurs jouissait jusque là d'un prestige exceptionnel, surtout si cet ailleurs était l'Europe blanche. Le révisionnisme historique argentin est un formidable exemple de contre-histoire militante réussie : en devenant la conscience historique d'une grande force politique et sociale, il obtient un statut et une durée qui dépassent ses succès institutionnels occasionnels.

REPÈRES BIBLIOGRAPHIQUES

ALATAMIRANO C., SARLO B. (1983). « La Argentina del Centenario. Campo intelectual, vida literaria y temas ideológicos » dans *Ensayos argentinos. De Sarmiento a la Vanguardia*, Buenos Aires, CEAL.

ALBERDI Juan Bautista (1895-1901). *Escritos Póstumos*. Buenos Aires.

ALBERDI Juan Bautista (1912). *Belgrano y sus historiadores. Facundo y su biógrafo*, réédité sous le titre *Grandes y pequeños hombres del plata*. Volume V, Paris, Biblioteca de Grandes Autores Americanos, Éditions Garnier.

BORGES Jorge Luis (1980). *Livre des préfaces*. Paris, Gallimard.

COMISIÓN NACIONAL DE INVESTIGACIONES » (1958). *Libro negro de la segunda tiranía*. Buenos Aires, 316 pages.

FILIPPI Alberto (1985-1995). *Bolívar y Europa en las crónicas, el pensamiento político y la historiografía*. Caracas, 3 vol.

HALPERIN Tulio (1985). *José Hernández y sus mundos*. Buenos Aires, Sudamericana.

IRAZUSTA Julio (1941-1961). *Vida política de Juan Manuel de Rosas a través de su correspondencia*. Buenos Aires, Éditorial Albatros, 6 vol. (1ère édition).

IRAZUSTA Julio, IRAZUSTA Rodolfo (1934). *La Argentina y el imperialismo británico. Los eslabones de una cadena, 1806-1933*. Buenos Aires, Ediciones Argentinas Cóndor.

LAPIDO Graciela (1976). *De Rivadavia a Rosas, 1826-1832*. Buenos Aires, Solar Hachette.

La junta de historia y numismática americana y el movimiento historiográfico en la Argentina (1995). Buenos Aires, Academia Nacional de la Historia, 2 vol.

LE GOFF Jacques (1988). *Histoire et Mémoire*. Paris, Gallimard, p. 43.

LUGONES Leopoldo (1979). *El payador*. Venezuela, Biblioteca Ayacucho. (Réimp. de l'édition originale de 1916).

LYNCH John (1981). *Argentine Dictator. Juan Manuel de Rosas, 1829-1952*. Londres (Traduction espagnole, Emecé, Buenos Aires, 1984, Hyspamérica 1986).

PAYA C., CARDENAS E. (1978). *El primer nacionalismo argentino*. Buenos Aires, Peña Lillo.

PÉRON Juan (1972). *Los vendepatria*. Caracas/Buenos Aires, Freeland. (Réimp. de l'édition originale de 1956).

POMIAN K. (1992). « Histoire, mémoire et politique », dans D. Quattrocchi-Woisson, *Un nationalisme de déracinés. L'Argentine pays malade de sa mémoire*, préface, Paris, Éditions du CNRS, p. 6. (En Espagnol, *Los males de la memoria. Historia y Política en la Argentina*. Emecé Editores, Buenos Aires, 1995).

PRIETO Adolfo (1988). *El discurso criollista en la formación de la Argentina moderna*. Buenos Aires, Éditorial Sudamericana.

QUATTROCCHI-WOISSON Diana (1992). *Un nationalisme de déracinés. L'Argentine pays malade de sa mémoire*. Paris, Éditions du CNRS.

QUATTROCCHI-WOISSON Diana (1995). « El revisionsimo de los años 20 y 30. Rosistas y revisionistas ¿los rivales de la historia académica ? » dans *La junta de historia y numismática americana y el movimiento historiográfico en la Argentina*, Buenos Aires, Academia Nacional de la Historia, p. 295-315.

QUATTROCCHI-WOISSON Diana (1996). « Jaurès, Alberdi et l'historiographie argentine », dans *Jean Jaurès, l'Amérique latine et la latinité, Cahiers Trimestriels Jean Jaures*, no 139, Paris, (Janvier-mars), p. 85-101.

QUATTROCCHI-WOISSON Diana (1997a). « La bandera de la memoria », journal *Clarín*, Buenos Aires, 19 mars.

QUATTROCCHI-WOISSON Diana (1997b). « Entre historia y política : el retorno de un emblema », Revue *Desmemoria*, Buenos Aires, juillet.

QUATTROCCHI-WOISSON Diana (1997c). « Nationalisme et Populisme. L'Amérique latine à l'épreuve des modèles européens », *Vingtième Siècle*, Paris, (Octobre, numéro spécial consacré aux populismes).

Chapitre III

L'IDENTITÉ NATIONALE : PRODUIT ANTAGONIQUE DU LIBÉRALISME. LES TRADITIONS LATINO-AMÉRICAINE ET QUÉBÉCOISE

André-J. Bélanger

Les mythes fondateurs, on le sait, servent à établir la légitimité sociale ou politiques des institutions. Ils créent un imaginaire qui, par son pouvoir d'évocation, dépasse les bornes du strict rapport rationnel ou utilitaire entre les acteurs. Le politique, pour se maintenir, y a systématiquement recours, quel que soit d'ailleurs le régime mis en place. Il n'est donc pas étonnant de retrouver les mythes fondateurs dans toutes les sociétés, depuis la tribu jusqu'aux formes les plus sophistiquées de l'État contemporain. Création assez récente dans l'histoire, la nation n'y échappe pas.

À l'instar de toute communauté, la nation ne peut être saisie que comme imaginaire : elle trouve son expression dans des symboles et des manifestations qui n'ont pour toute aptitude que d'en évoquer la présence. Il ne faudrait pas y voir ici un quelconque jugement défavorable, mais simplement un constat portant sur une réalité sociale à propos de laquelle il y a lieu d'en fixer le statut. La force de « l'être ensemble » repose, quelle que soit la dimension de la collectivité observée, sur cette faculté qu'elle a de se référer à une réalité qui dépasse la raison discursive.

Dès lors qu'on tente d'en baliser les contours, on est voué à recourir à des artifices souvent puisés aux propriétés de l'être humain : la volonté, la mémoire, l'inconscient sont sollicités pour en révéler la présence. Et c'est par cette ouverture que s'introduit, toute innocente, l'idée de l'*identité*. Je dis innocente parce qu'elle apparaît comme tellement naturelle, sinon évidente. Or, ce sont ses qualités mobilisatrices et non analytiques qui la rendent si séduisante. Elle permet à son utilisateur d'agir dans la sphère politique tout en ayant l'air d'évoluer dans le champ détaché de l'analyse. Rien d'étonnant que l'intellectuel en fasse un trophée de chasse privilégié : la recherche de l'identité nationale offre l'avantage de parler de la nation en termes nobles et profonds tout en battant le rappel de la solidarité politique. L'opération n'est évidemment pas déshonorante en soi, cependant elle ne se situe plus, en dépit des apparences, dans le champ du discours analytique ; elle rejoint plutôt l'idéologie.

Mon propos ne portera donc pas sur l'identité nationale comme telle, mais sur la manière dont les intellectuels ou *pensadores* l'ont abordée, intellectuels ou *pensadores* qui ont pu, à l'occasion, rallier la classe politique. On sait que cela arrive parfois... et très souvent en Amérique latine. L'histoire de celle-ci se présente, en effet, suivant une séquence d'événements susceptibles d'être interprétés comme autant d'expériences de la définition de soi. C'est ainsi que l'ont entendu bon nombre d'intellectuels latino-américains. La connaissance de leurs parcours idéologiques (le pluriel est de rigueur) devraient pouvoir servir éventuellement à relativiser notre compréhension de trajectoires qu'autrement on aurait pu croire exclusives au Québec.

Mon choix se fonde sur l'intérêt de comparer des cheminements qui, malgré bien des différences, permet de dégager des préoccupations semblables ayant trouvé des pistes de résolution néanmoins éloignées les unes des autres. Voici des sociétés qui ont toutes en commun d'avoir été des colonies de peuplement soumises à la tradition catholique et assujetties à des monarchies absolues au moment même où s'affirmait la modernité par le truchement des Lumières. Leurs traits respectifs sont déjà reconnus comme distincts de ceux de la métropole ; ce sont, d'une part, les créoles, résolument différents des Espagnols et des Portugais du continent, et, d'autre part, les Canadiens, comme ils s'appellent au XVIIIᵉ siècle, que déjà on ne saurait confondre avec les Français de France.

Ces sociétés ont en commun d'avoir été, dans une certaine mesure, propulsées ou catapultées dans la mouvance libérale. Le cas de l'Amérique latine, avec toutes les variantes qu'il peut comporter, se présente largement comme celui de l'accession à l'indépendance, phase tout à fait libérale dans la reconnaissance des peuples à disposer d'eux-mêmes, phase cependant non suivie de l'accession à la démocratie libérale. Tandis qu'au Québec, la rupture avec l'Ancien Régime s'opère, si on peut dire, à la faveur de la Conquête anglaise. Il s'agira, dans les deux cas, d'une adaptation accélérée à une conception libérale de l'autorité étatique.

C'est bien à l'occasion de ce passage de l'État des sujets à l'État des citoyens que prend forme la référence à la nation, c'est-à-dire à l'ensemble des citoyens comme constituant un tout autre que leur simple agrégation. La nation se présente alors sous le jour d'une réalité presque sacrée.

Pourquoi parler de sacré ? C'est que l'autorité suprême l'invoque presque inévitablement. L'État monarchique, par exemple, a trouvé ses mythes fondateurs dans le sacré chrétien, pour les porter sur la personne du roi. Les gouvernés, sous ce régime, n'avaient pour tout statut politique que d'être sujets. Avec le passage de l'État monarchique à l'État démocratique, le sacré a été, en quelque sorte, transmis de son titulaire, le roi, à l'ensemble de la société, le peuple devenant, on le verra, la nation. L'ensemble des citoyens en tant que communauté de référence se voit conférer une attribution qui relève du sacré. Telle n'est évidemment pas la teneur du discours libéral, mais de ses conséquences.

À défaut d'être nécessairement fidèle, la lecture que FUSTEL de COULANGES (1919) fait de la cité grecque peut servir d'illustration suggestive. Le citoyen, selon lui, était celui qui avait part au culte de la cité, et de là auraient dérivés ses droits civils et politiques. Être admis parmi les citoyens, écrit Fustel, revenait à entrer en partage des choses sacrées : μετειναι_των_ιερων (p. 226-227). On sait que chez lui le fait religieux fondait le fait social, tout comme Tocqueville lui reconnaissait une fonction politique. Quoi qu'il en soit, le propos de Fustel permet de saisir le caractère de transcendance généralement accordé à la prise de décision collective.

Il est vrai qu'en théorie, le passage de l'État de sujétion à l'État du citoyen a été et demeure souvent conçu comme l'action d'individus regroupés en fonction de leurs intérêts ou d'une règle de morale personnelle. L'idéologie libérale s'appuie, dès le départ, sur une perception exclusivement individualiste de la participation à la chose publique. Presque traumatisée par la politique jugée arbitraire de l'État monarchique, la pensée de Locke s'applique à répondre à l'action d'un individu, le monarque, par celle d'individus, celle-là trouvant sa justification dans le droit sacré à la propriété. Le sacré passe alors de la personne du roi à des individus propriétaires. L'idée d'appartenance à une quelconque communauté y est absente. On a affaire ici à un pur contrat de sociétaires. Il s'agit bien entendu, de la part de Locke, d'une construction servant d'instrument analytique de légitimation politique. Il y a lieu d'y voir une habile réduction qui n'a pas pour prétention d'expliquer tout le social. Certains commentateurs se sont d'ailleurs employés à mettre en cause cette interprétation jugée trop unilatérale. Il n'est pas inintéressant de se rappeler que Locke s'adresse à une société largement unifiée sous divers rapports, et, en particulier, en regard de la loi qui, par le truchement des *circuit courts*, (cours itinérantes introduites dès le XIIᵉ siècle), ont uniformisé la *common law* sur l'ensemble du territoire.

Sans être tout à fait le produit de l'État, le libéralisme ne peut en faire l'économie dans son discours. Le discours libéral prend forme dans une société où l'État est constitué. L'État est partie prenante du libéralisme. Cette idéologie ne se présente pas comme une solution de remplacement à l'État mais comme impliquant un déplacement de ses titulaires, un réaménagement de sa structure.

La pensée politique libérale se fonde sur la reconnaissance d'une aptitude du peuple à gérer la chose publique. À ce premier stade de la réflexion, elle n'a pas eu à se soucier d'une quelconque collectivité de référence. Le discours s'est adressé d'abord aux propriétaires pour l'étendre, par la suite, à l'ensemble des citoyens. Il garde encore aujourd'hui les marques de son individualisme fondateur, en dépit des tentatives de certains de lui faire embrasser une vue plus communautaire. Fondé sur l'émancipation de l'individu, le libéralisme perçoit l'aménagement de la démocratie comme un jeu mettant aux prises des citoyens seuls ou regroupés, mais dont la dynamique repose ultimement sur ses composantes unitaires : les individus.

Je caricature à dessein le profil du parfait libéral puisqu'il existe, comme on s'en doute bien, des variantes. Celles-ci sont souvent entendues en dissonance, ou tout simplement mises en sourdine. De Montesquieu, les fondateurs de la constitution américaine ont surtout retenu les quelques pages sinon les quelques lignes sur la séparation des pouvoirs en Angleterre et l'utilité des poids et contrepoids. Ce faisant, ils ont oublié le jeu des classes sociales que tel agencement prévoyait. Quant à ce qu'il avait à dire sur l'adéquation d'une constitution ou d'un régime à la société qui y correspondait, on l'a allègrement passé sous silence. Or, Montesquieu est probablement un des premiers modernes à avoir saisi l'imbrication obligée du régime, de ses lois et de sa société de référence. Sans avoir même entrevu l'apparition prochaine de la nation (dans son acception présente), il ouvre néanmoins un volet d'observation sociologique qui continue à échapper au libéralisme bon teint.

Lorsqu'apparaît la nation comme réalité politique, l'État et l'État libéral, qu'il soit réel ou imaginé, ont déjà pris place. Contrairement à la conception qu'on s'en fait parfois, l'idée de la nation est postérieure à celle de l'État. On peut l'imaginer logiquement antérieure : la nation précéderait « ontologiquement » l'État démocratique, la première servant d'assise et de mode d'expression au second. Dans la réalité, la construction de l'État a, dans l'ensemble, précédé la construction de la nation. Il existe, bien sûr, des exceptions ; l'expérience récente de l'Europe orientale en fournit quelques illustrations. Elles n'infirment cependant en rien l'antériorité chronologique de la notion d'État et de l'État libéral sur l'idée de nation.

Non seulement l'idée de nation est-elle postérieure à l'idée de la démocratie libérale, mais elle surgit dans l'histoire comme un effet pervers du discours libéral : elle se présente comme une conséquence non voulue, non prévue et souvent non désirée par lui. La pensée libérale est presque par définition réfractaire au nationalisme. Cette incompatibilité repose, on l'aura deviné, sur l'irréductibilité de leurs points d'appui respectifs, le libéralisme se fonde sur l'individu pour développer son discours tandis que le nationalisme recourt à la communauté d'appartenance[1].

La notion sociologique de l'effet pervers est généralement utilisée par des auteurs libéraux qui s'en servent pour démontrer l'inanité de mesures sociales engagées par l'État interventionniste. Elle n'interdit cependant pas un usage différent, mais tout autant approprié. Si je l'emploie, c'est qu'elle rend bien compte d'une réaction sociale que je me contente de constater. Car il s'agit

---

[1] Cette tension antinomique ressortit d'un débat beaucoup plus vaste qui met aux prises depuis quelques années libéraux et communautaristes. Quoique multiple dans ses formes, s'inspirant autant de droite que de gauche, le communautarisme pose l'individu en situation d'appartenance sociale de laquelle découlent des impératifs de justice et d'équité pour lui comme pour les autres. L'éclairage qu'il apporte sur le nationalisme n'est qu'incident bien que des auteurs comme Yael TAMIR (1993) se sont risqués à rendre compatibles libéralisme et nationalisme dans la perspective du communautarisme. De toute manière, le débat s'en tient, et avec raison, à une discussion d'ordre éthique. Mon champ d'observation se situe ailleurs.

bien, en la matière, d'un constat sociologique et non d'un jugement favorable ou défavorable à la construction nationale.

En termes plus spécifiques, la réflexion que je me propose d'engager porte sur la nation et l'identité nationale comme idées et non comme réalités tangibles. Autrement dit, elle s'interroge sur la manière dont les intellectuels ou les politiques en sont venus, dans des sociétés diverses et à des moments différents de l'histoire, à concevoir ces entités.

La trajectoire classique aura été, dans le temps, la construction de l'État, que viendra rejoindre plus tard la conception libérale de sa gestion, puis, comme à son terme, l'édification de la nation. Les trois étapes analytiquement détachées pour les besoins de la démonstration correspondent toutes à des moments politiques de nature bien différente. La construction de l'État s'est élaborée suivant un processus de consolidation de territoires, sans trop se préoccuper des populations concernées. Il s'agissait d'étendre et de centraliser un pouvoir fondé sur le territoire. La visée libérale est venue modifier la donne. L'évocation de l'État et de son territoire se faisait à la patrie, l'évocation du peuple se fait désormais à la nation.

Si, comme idée, elle apparaît chronologiquement en dernier, comme l'aboutissement d'un processus historiquement situé, la nation, aussitôt qu'elle surgit, s'impose comme entité fondatrice de l'État. Elle prétend le précéder, et dès lors fait valoir ses propres mythes fondateurs. Ce n'est plus l'épopée des monarques depuis leurs origines, c'est celle de la nation. Ce seront les États les plus récents, ceux en émergence, qui seront aux prises avec ce problème de gestion des trois étapes simultanément : la construction de l'État, la règle du jeu démocratique et finalement l'édification de la nation. La décolonisation de l'après-guerre en Afrique l'a très bien mis en évidence. La question que nous nous posons se situe sensiblement au même niveau, mais s'adresse à d'autres sociétés aux expériences politiques différentes.

Au-delà des traits de ressemblance déjà notés, comme les antécédents religieux et monarchiques, ou la plongée subite dans la modernité politique, l'Amérique latine et le Québec ont également en commun cette recherche de définition de soi. Recherche d'identité qui sera manifeste en Amérique latine dès l'indépendance acquise ; moins évidente au Québec, quoique toujours en contrepoint jusqu'à la chute de la référence religieuse dans les années 60, elle sera plus ouverte par la suite.

Qui dit recherche d'identité collective dit également présence d'intellectuels pour en exprimer le besoin et l'aboutissement. Cette recherche étant presque une industrie continentale en Amérique latine, elle a été portée par des *pensadores*, c'est-à-dire des penseurs (plutôt que des philosophes) de tradition littéraire pour la plupart. Ils se sont trouvés à prolonger, une fois l'indépendance acquise, une tradition transmise par les clercs, surtout les jésuites, d'intervention active dans l'arène politique. Il y a lieu de mentionner que les jésuites créoles avaient déjà amorcé cette quête d'identité créole (colons de souches ibériques nés en terre d'Amérique) contribuant à nourrir les mouvements nationalistes à venir. Les *pensadores*, à l'instar des jésuites avant eux, se sont souvent hissés aux plus hauts échelons de la hiérarchie politique, la présidence en étant souvent le couronnement.

Non seulement ont-ils derrière eux une tradition d'engagement des savants-clercs dans la vie publique, mais également une tradition intellectuelle. Tout le problème est de savoir laquelle. À lire certains *pensadores*, on pourrait croire que l'expérience coloniale n'a laissé que cendres. Sans laisser croire à une ébullition exemplaire du savoir, on doit se rappeler qu'à la fin du XVIIIᵉ siècle, l'Amérique hispanique compte pas moins d'une vingtaine d'universités, certaines datant du XVIᵉ siècle. Or, contrairement au militantisme antireligieux qui marque les Lumières en France, la quête du savoir s'opère en Espagne et, par voie de conséquence, en Amérique hispanique, suivant une forme d'éclectisme qui autorise le discours rigoureusement scientifique en faisant l'impasse sur les aspects susceptibles d'être litigieux (K. SCHMITT, 1971, p. 154). Ce qui retenait l'attention de ces clercs, c'était la méthode expérimentale et les aspects d'ordre pratique (J. LOCKHART, S.B. SCHWARTZ, 1983, p. 344-345). Il en restera plus tard une propension à assimiler et intégrer des composantes idéologiques dont la compatibilité n'est pas évidente, et à valoriser parfois les conséquences pratiques de réflexions abstraites. Sans être de hauts centres du savoir au XVIIIᵉ siècle, les établissements universitaires de l'époque ont quand même permis l'introduction de l'esprit des Lumières. La lecture de ces *pensadores* révèle rapidement l'existence d'une culture européenne moderne, et ce, en dépit d'un discours qui pourrait laisser croire le contraire.

Cette quête d'identité engagée par des intellectuels s'amorce avec la période qui suit la vague d'accession à l'indépendance, c'est-à-dire au tournant des années 1820. On pourrait dire qu'elle suit des cycles de déprime et d'euphorie, les constats débilitants étant suivis par des moments de conquêtes, ceux-ci, à leur tour, suivis de bilans décourageants et de nouveaux appels à la ressaisie. Il ne me revient pas d'en esquisser même le profil. J'aurai l'occasion d'en signaler la présence au passage ; l'essentiel demeure, dans mon esprit, les ruptures et constantes de cette quête identitaire.

Par ailleurs, plutôt que de tenter d'embrasser l'ensemble de cette gigantesque saga que fut cette quête, je préfère m'appuyer sur quelques cas exemplaires puisés dans l'histoire de l'Amérique hispanophone, en valorisant quelques expressions plus représentatives ou plus prégnantes. L'objectif n'est pas de l'ordre de l'originalité, mais de la comparaison, tout en demeurant prudent dans l'interprétation du versant latino-américain.

I
LA PREMIÈRE GÉNÉRATION DE PENSADORES

D'entrée de jeu, Simon Bolivar ouvre le discours identitaire post-colonial dans sa célèbre allocution de février 1819 (à l'occasion de l'inauguration du Second Congrès national vénézuélien) où il expose la situation de l'Amérique espagnole en des termes souvent repris par la suite. Pièce d'anthologie dans son genre, l'intention première de son message est de défendre le projet de constitution et plus précisément le renforcement de l'exécutif. Mais là n'est pas l'intérêt principal, pour nous, de son propos : ce sont plutôt les considérations incidentes ou préliminaires.

Bolivar pose la question qui sera reprise durant plus d'un siècle : *qui sommes-nous* ? C'est une question d'intellectuel, même si elle ne vient pas d'un intellectuel en titre ; c'est même *la* question classique. Bien qu'elle se posera en termes un peu différents selon que l'apport indigène sera plus ou moins important, la question identitaire va demeurer la plus prégnante pour des générations. Or, Bolivar se livre au constat de l'*absence*. La situation de l'Amérique espagnole est, selon lui, comparable à celui de l'empire romain tout juste après effondrement, mais à une différence. Si chaque fragment, chaque société a retrouvé, à cette occasion, ses traditions antérieures, tel n'a pas été le cas de l'Amérique espagnole qui s'est retrouvée devant un vide identitaire. (Il n'a pas lieu ici de juger le bien-fondé historique du rapprochement proposé par Bolivar). Nous ne conservons même pas, écrit-il, les vestiges de ce qui fut jadis. En peu de mots, la problématique est posée. Elle se traduit au début par un procès sévère instruit à l'endroit de l'Espagne.

On peut, sans entrer dans le détail, en saisir la teneur. Il constitue, pour ce qui nous intéresse, un remarquable témoignage de mythes non plus fondateurs mais destructeurs, contribuant peut-être à la gestation du mythe du rejet, de la servitude ou encore du rien-être. Le thème de l'aliénation sera appelé à se déployer plus tard, mais il trouve ici une formulation déjà assez explicite. Ainsi S. BOLIVAR (1966) affirme que l'Amérique espagnole a été dominée par la *tromperie* plus que par la force (p. 38). Un peu plus tard, dans un tout autre contexte, et à l'intention d'un tout autre public, Sarmiento, en exil d'Argentine, parlera du mal, de la terreur qui habitent les siens, héritage, bien sûr, de la métropole. La « légende noire » au sujet de l'Espagne ne vise pas tant un passé peu glorieux que des séquelles, des stigmates psychologiques et moraux laissés après son départ dans ses colonies.

L'Espagne est jugée, d'abord, en fonction de son refus de l'Europe, de son refus du progrès, de la civilisation tout court. En défendant ses valeurs, nous dit Alberdi, elle a enseigné à l'Amérique hispanophone à détester l'Europe (L. ZEA, 1966, p. 46). Pour l'ensemble des intellectuels de la première moitié du

XIXᵉ siècle, l'Espagne c'est le Moyen Âge prolongé, le catholicisme de la contre-réforme et le féodalisme liés dans la superstition contre le progrès. Vision non seulement dramatique de la métropole mais également tragique, dans la mesure où elle est elle-même soumise à une mise en question de sa propre identité. Quand Sarmiento s'en prend à la barbarie en son pays, l'Argentine, c'est en premier lieu à l'endroit de l'Espagne qu'il le fait : barbarie des rois de Castille et d'Aragon mais également barbarie puisée à l'occupant maure. L'Espagne n'est pas l'Europe... Bolivar l'avait reconnu : « L'Espagne elle-même échappe à l'Europe par son sang africain, ses institutions et son caractère national. Il est impossible de préciser la famille humaine à laquelle nous appartenons » (p. 42). Francisco Bilbao (1823-1865) reprendra, lui aussi, ce doute introduit sur l'intégrité de l'identité espagnole.

Assez représentatif de l'humeur de cette époque, le Chilien José Victorino Lastarria (1817-1888) désigne les 300 ans de l'Espagne au Nouveau Monde comme des années d'obscurité, ses écoles et universités comme des monuments d'imbécillité. Esteban Echevarria va plus loin et voit, dans les mentalités, les marques de la servilité propres à l'esclave, et même de son état d'abattement : « nous sommes indépendants, mais nous ne sommes pas libres » (L. ZEA, 1966, p. 56). Il n'y a pas d'hésitation chez ces auteurs, il faut répudier en bloc le passé espagnol[2].

La situation idéologique est bien tranchée. On n'a pas à s'interroger sur le choix à faire. Il s'impose de lui-même. On doit tourner le dos au passé « gothique », comme le désigne Juan Bautista Alberdi (1810-1884) : le statu quo ne peut être qu'un prolongement de l'esprit féodal et théocratique. Avec le recul du temps, Leopoldo ZEA (1966) peut écrire que l'Amérique hispanique était parvenue à se dégager de la couronne espagnole mais non de l'Espagne... (p. 9). Selon lui, elle ne pouvait faire autrement, il fallait rompre, comme on le verra, avec une histoire qui ne lui appartenait pas, une histoire qui lui était étrangère, qui n'avait pas été son œuvre (p. 7-8). L'Amérique devient, suivant Bilbao en 1844, un champ de bataille dont les protagonistes sont, d'une part, l'esprit du Moyen Âge et les « États désunis du sud », soumis à une idéologie cléricale qui nie la primauté de la raison et la souveraineté du peuple, et, d'autre part, l'esprit moderne, celui des États-Unis d'Amérique, la république...

Du constat de prostration, le discours entreprend une quête optimiste d'ouverture au monde moderne. Et, à cette époque, qui dit modernité, dit libéralisme, celui qui caractérise les Anglo-saxons.

Les États-Unis apparaissent comme la terre promise, et l'Amérique hispanique comme le jardin des bêtes sauvages. Dès lors qu'on se prend, à l'époque, à évoquer l'hémisphère nord, c'est l'hémisphère sud qu'on juge. Quelle est alors la situation ? Faut-il le rappeler, l'indépendance assez facilement acquise à la faveur des guerres napoléoniennes s'est soldée par la cession du pouvoir à des oligarchies locales fondées sur la propriété foncière. L'Amérique

---

2   Un auteur comme Andrés Bello sera plus nuancé. Il conviendra d'emblée du caractère nécessaire mais précipité du mouvement vers l'indépendance, également de l'émancipation à réaliser dans les esprits, mais ne sera pas prêt à liquider aussi abruptement l'héritage hispanique.

espagnole devient largement celle des caudillos. La dictature de Juan Manuel de Rosas de 1829 à 1852 peut servir d'illustration emblématique.

Si, comme je l'ai indiqué au début, l'accession à l'indépendance relève d'une conception libérale en vertu de laquelle les peuples ont la faculté de disposer d'eux-mêmes, elle ne s'est pas traduite ensuite par une gouvernance en accord avec ce même élan. La pensée libérale a dû presque littéralement se réfugier à l'extérieur des pays intéressés. Les intellectuels et politiques représentatifs de cette époque ont en commun des voyages d'exil qui les ont souvent conduits en Europe. De là, des influences qui dépassent le livresque et correspondent à des rencontres personnelles les ayant vivement marqués. Alberdi, Sarmiento, Bilbao et Bello en sont des exemples.

Il ressort de cette première génération d'intellectuels, à l'ère de l'indépendance, un engouement de reconstruction à partir de nouvelles fondations. Cet engouement se trouve renforcé par la réussite d'une colonie de peuplement qui est en passe d'imposer un modèle de développement sans pareil, et c'est ce « colosse du nord », comme on se complaît à l'appeler. À l'instar de Tocqueville, précurseur et contemporain, ces intellectuels vont au-delà d'une lecture strictement institutionnelle ou encore structurelle des États-Unis ; ils voient bien que l'État démocratique participe d'une société démocratique dont les fondements sont discrètement religieux.

On est d'abord fasciné par le succès économique et politique du jeune État ; la révolution industrielle en voie de réalisation s'accorde à une vie démocratique stable. Puis on s'interroge sur les conditions de cette réussite. Déjà, auparavant, S. BOLIVAR (1966) s'était bien rendu compte que, suivant l'avis de Montesquieu, le type de gouvernement et ses lois doivent être adaptés au peuple auquel ils sont destinés (p. 40, 45). La source de l'émerveillement vient, chez ces auteurs, de la cohérence de l'expérience saisie dans sa totalité. Tout leur apparaît comme coulant de source. Alors quelle source ? Elle est certes britannique, car ils ne cessent de vanter la continuité que représente, au contraire de l'expérience hispano-américaine, la conquête de l'indépendance américaine. La révolution américaine n'est qu'une continuité ou même un aboutissement logique de l'héritage britannique ; les révolutionnaires américains sont, pour ainsi dire, déjà libres au moment de leur indépendance. Il n'y a aucune rupture dans le champ des valeurs, et partant, selon ces auteurs, aucun problème d'identité.

Ces valeurs structurent, comme le voient les *pensadores*, une conception individualiste dont les origines remontent au protestantisme. Francisco Bilbao les met en contraste avec les valeurs catholiques dont les latino-américains sont tributaires. Il les oppose même en termes nord-sud (L. ZEA, 1966, p. 78). Le nord, protestant, fonctionne, si on peut dire, au libre examen ; tandis que le sud, catholique, se soumet aux dogmes. De cette attitude d'opposition à tout dogme, dérive, selon lui, une opposition à tout despotisme : la souveraineté exercée par l'individu sur tout dogme le conduit à une aptitude juridique de même nature en politique. Ceci amène Bilbao à célébrer l'apport des puritains et de leurs descendants qui ont donné, selon lui, la plus belle des constitutions, la plus grande, la plus riche, la plus sage et la plus libre des nations. Il va même jusqu'à soutenir que les États-Unis sont dans l'histoire ce que fut la Grèce à la civilisation. Il n'y aurait pas une nation qui lit plus, qui imprime plus, qui a le plus grand nombre d'écoles et de quotidiens (S. LIPP, 1975, p. 42). Sur les décombres des mythes fondateurs coloniaux laissés par les métropoles européennes, on verrait se dresser le mythe conquérant de l'américanité, comme vocation continentale, celui-là comparable aux grands mythes fondateurs de l'Occident. Cet enthousiasme un peu étonnant était néanmoins partagé. Alberdi vantait lui aussi les qualités d'individualisme bien compris qu'on retrouvait selon lui en ce pays. Il estimait que sans l'Angleterre et les États-Unis, la liberté disparaîtrait en ce XIXᵉ siècle (L. ZEA, 1966, p. 77). À l'époque on pouvait, comme Sarmiento, parler en termes louangeurs de la civilisation *yankee*.

L'exaltation des États-Unis chez ces *pensadores* procédait, on l'imagine bien, d'un procédé rhétorique qui consistait à forcer le contraste afin de faire prévaloir leur point de vue. Il ne s'agissait pas de *reproduire* intégralement un modèle puisé ailleurs, mais de s'en inspirer souvent d'assez près, en tenant toujours compte du facteur culturel dans la fondation d'une nouvelle société. De là l'importance de l'éducation comme moteur du changement. Le combat devait se livrer tout autant au niveau des mentalités qu'aux autres niveaux.

On peut se demander dans quelle mesure une tentative de conversion des mentalités par une intervention aussi massive et programmée correspond à l'esprit calviniste dont elle vante les mérites. Cette manière d'envisager cette conversion est peut-être plus près (sans lui être exclusive) de la structure mentale propre au catholicisme. Elle se fonde sur l'idée de recommencer à nouveau comme si rien ne s'était passé auparavant, de soumettre un projet global de société, vision plutôt communautaire que contractuelle (propre aux calvinistes), et de mettre la raison organisatrice au centre de cette entreprise alors que la conscience ou le sentiment sont le ressort de l'action morale du calvinisme.

Dans l'esprit de cette génération de réformateurs, les moyens sont parfois radicaux. Alberdi, qui inspirera la constitution argentine de 1853, va recommander la valorisation de l'anglais, langue, dit-il, de liberté, d'industrie et d'ordre ; il en estimera l'apprentissage plus impératif et forcément plus utile que le latin. L'objectif, c'est l'homme producteur. On devrait donc aller le chercher en intensifiant l'immigration et l'établissement de colons d'origine anglo-saxonne par opposition à la contribution italienne. Eux sont porteurs d'une culture propre à revivifier la nation ; laissés à eux-mêmes, les Hispano-Américains ne pourraient y parvenir sans cet appoint essentiel. Alberdi est tout naturellement conduit à minimiser l'intérêt de tout ce qui est jugé trop spéculatif. La pure abstraction, la métaphysique pour elle-même ne s'implanteront jamais en Amérique, elles ne sont pas adaptées à ce continent. Il fait observer qu'il n'y pas moins métaphysique et pourtant plus développé que les États-Unis. La philosophie doit ressortir des besoins de la société ; dans le cas de l'Argentine, ce seront des objectifs d'ordre social et politique : l'ordre, les droits, les libertés... (L. ZEA, 1966, p. 104).

Le célèbre *Facundo, civilisation ou barbarie* (1845) de Sarmiento se situe dans la même mouvance. Celui qui deviendra, avec la chute de Rosas, un farouche rival d'Alberdi renforce tout simplement le contraste entre les éléments de civilisation qu'il note en Argentine, concentrés dans la ville, et la barbarie, celle de la *pampa* que l'on retrouve forcément à la campagne. Raciste à ses pires heures, Sarmiento propose, par une acculturation systématique, de sortir la nation de la barbarie en l'européanisant et la nord-américanisant. Le regard est concentré sur l'industrie, le commerce, l'éducation et le gouvernement institué. Sarmiento entretient une vision dichotomique, manichéenne même, de l'Argentine : l'une barbare, l'autre civilisée (voir le chapitre de D. Quattrocchi-Woisson).

L'ouvrage de Francisco Bilbao sur la nature de la société chilienne publié en 1844 participe de cette problématique d'oppositions irréductibles. Pour lui, on doit liquider l'héritage espagnol, il faut déshispaniser l'Amérique, non seulement en abolissant les lois et les institutions de la conquête, mais en fondant un monde nouveau, un nouvel esprit, celui-là ayant la raison pour moteur (S. LIPP, 1975, p. 37). C'est le combat classique de la république rationaliste contre la réaction catholique. Même si Lamennais et les auteurs français l'inspirent, les États-Unis demeurent la référence privilégiée, en dépit de regrets touchant l'esclavagisme et le sort réservé aux autochtones.

À la lecture de ces propos, nous nous trouvons souvent en pleine utopie du recommencement total qui, reprise au gré des échecs, peut devenir l'utopie de l'éternel recommencement.

On doit reconnaître que la radicalité du propos est souvent tempérée par des nuances qui appellent, en principe mais pas toujours en pratique, à une adaptation nécessaire aux conditions de l'hémisphère sud. Un auteur plus subtil comme le Vénézuélien Andrés Bello (1781-1865) (compagnon de Bolivar et exilé d'Amérique latine durant dix-huit ans, devenu par la suite recteur de l'Université du Chili), renoncera à la dépréciation systématique du patrimoine espagnol tout en admettant le peu d'originalité jusque là de l'apport sud-américain de cette partie de l'Amérique au profit d'une continuité.

On peut parler, à ce stade, de la phase conquérante. Le baromètre est à la confiance, le temps est à l'abstraction : le respect de la règle libérale et surtout de l'esprit de cette règle. Le travail doit s'opérer dans les mentalités. Par voie de conséquence, la mobilisation proposée vise un changement identitaire au niveau des individus. La réussite collective doit nécessairement passer par l'action des individus. Le projet de société se traduit par la promotion des individus dont l'agrégation des actions constituera le bien-être de l'ensemble. Nous en sommes toujours, bien entendu, à évoluer dans l'univers du discours et non de sa réalisation. Sur cette lancée, les ambitions de transformation vont aller plus loin.

II
LE POSITIVISME ET SON CONTRAIRE

Le positivisme traduit fort bien l'ampleur de ces ambitions. Laissée à elle-même, la pensée libérale n'offrait pas un champ étendu d'intervention pour ces intellectuels. Le libre marché des biens, des services et des idées fonctionne, comme on le sait, à l'absence de contraintes ; l'intervention, lorsqu'intervention il y a, consiste à réduire celles-ci et à prévoir des mécanismes politiques accordés à ces exigences. Or ces porteurs de changement que sont les intellectuels ont dû se rabattre sur un discours qui légitimait leur présence et leur action. Le positivisme, celui de Comte en particulier, offrait à point nommé la structure d'accueil appropriée, quitte à lui faire subir quelques distorsions.

Il n'y a pas lieu de traiter du positivisme en Amérique latine comme tel, il a déjà fait l'objet de nombreuses études. On connaît le destin particulier qui lui a été réservé sur ce continent de même que la variété des formes qu'il a pu prendre. Le pluriel est ici de rigueur comme il l'est d'ailleurs, en principe, pour tout propos portant sur l'Amérique latine en général.

L'aspect que je désire mettre en évidence relève de l'usage de cette idéologie comme stratégie d'intervention. Le positivisme sera évalué suivant son utilité, son aptitude à répondre à des problèmes qui ne seront pas nécessairement les mêmes pour tous les pays qui s'en revendiqueront. On n'hésitera pas, au besoin, à puiser tantôt dans la pensée de Comte, tantôt dans celle de Spencer, sans trop se soucier de problèmes d'incompatibilité ; l'organicisme de l'un et de l'autre servait, faut-il croire, de trait d'union. Les deux avaient la grande qualité de penser la vie sociale en termes de globalité en marche. La démarche éclectique déjà présente chez les jésuites du XVIIIᵉ siècle fonctionne ici à plein. Elle permettait, entre autres, de lier un renversement programmé des mentalités avec le maintien, du moins en principe, d'un certain individualisme.

La pensée de Comte présentait l'avantage d'un programme de changement global auquel les intellectuels de l'Amérique espagnol ne pouvaient pas être insensibles : elle offrait la possibilité d'instituer un nouvel ordre en remplacement intégral de l'ancien, un nouvel ordre qui privilégiait l'action lumineuse et indispensable de nouveaux prêtres de la pensée. Le positivisme de Comte permettait de réinvestir le social laissé à l'abandon par le libéralisme classique. L'antériorité du tout sur les parties, la société vue en fonction de l'unanimité des esprits, et l'idée d'une industrialisation conduite par des organisateurs suivant les règles du savoir correspondaient tout à fait à une vision communautaire hiérarchisée du social, pour ne pas dire une vision catholique (laïcisée, bien sûr) du social. Comte misait, au stade du troisième état, sur un aménagement calqué sur l'organisation catholique romaine où le doctrinal et le dogmatique assureraient une nouvelle unité morale et, par voie de conséquence, sociale.

De Spencer, on retenait la dynamique globale soumise aux lois de l'évolution, celle-ci favorisée par le libre marché. Il s'agissait de trouver une combinaison gagnante : un libéralisme qui a fait ses preuves en milieu anglo-saxon jumelé à un positivisme légitimateur de l'intervention des intellectuels, moteur du changement culturel. Bref un discours valorisant le progrès du laisser-faire sans laisser faire.

Le cas mexicain rend bien compte de cette préoccupation. L'enjeu consistait à se garantir d'une nouvelle subordination, celle-là de la part du « colosse du nord » dont on avait déjà goûté la médecine annexionniste. L'expérience mexicaine est intéressante dans la mesure où elle illustre assez bien cette tentative de rendre compatibles des pratiques selon leur niveau d'intervention. Ainsi, on sera libéral en économie, beaucoup moins sinon point du tout en politique, et positiviste combien en éducation.

La type de justification que propose Gabino Barreda (1820-1881) à cette époque est fort illustrative. Après des relations suivies avec Comte et ses disciples à Paris, il va célébrer la victoire de Benito Juarez sur l'Empereur Maximilien, et devenir, grâce à Juarez, grand architecte officiel de la réforme en éducation. Barreda propose pas moins qu'une révolution intellectuelle, c'est d'ailleurs en ces termes qu'il s'exprime. Il s'agit alors d'une grande opération de nettoyage et de remise en ordre des esprits. S'inspirant de la loi des trois états de Comte, mais en prenant également beaucoup de liberté, Barreda explique la progression de l'histoire mexicaine en trois phases : l'ère coloniale, qui a correspondu à l'état théologique ; la période de la guerre d'indépendance, à l'état métaphysique ; et finalement l'arrivée de Juarez, à l'avènement de l'état positif. Les libéraux victorieux participent, selon lui, de l'âge positif ; mais, attention, ces libéraux doivent se tenir éloignés de la réforme intellectuelle qui, elle, ressortit à une toute autre dynamique. Le décalage entre les niveaux est apparent. Il autorise une intervention sociale de type communautaire auprès d'une société dont la dynamique est censée être fondée sur l'initiative de l'individu. Barreda est catégorique : l'ordre social s'appuie sur l'uniformité de l'opinion garante d'ordre dans une collectivité menacée d'anarchie. Tout comme Comte a été fasciné par la solidité organique de l'Église catholique, Barreda l'est par l'ascendant exercé jadis par les jésuites, il ne pense pas mieux qu'à une nouvelle scolastique généralisée (L. ZEA 1966, p. 27 ; 1974, p. 130). Son anticléricalisme n'est pas lui-même dénué de cléricalisme, s'il n'en est pas la transposition, dans la mesure où il confère à l'intention des intellectuels scientifiques le monopole de la parole. L'objectif ultime vise à une émancipation culturelle, un affranchissement des mentalités, là où se trouve, à ses yeux, la véritable indépendance nationale. Autorité qu'exerceront les *cientificos* sous la houlette de Porfirio Diaz (de 1876 à 1911).

Chaque expérience nationale du positivisme en Amérique latine a eu ses caractéristiques propres, selon l'enjeu que représentait sa présence dans chaque cas. Il n'y aurait pas lieu de généraliser à partir de l'expérience mexicaine. Par contre, il serait concevable d'engager un même type de décryptage.

Autant le positivisme a soulevé d'enthousiasme, autant, par la suite, il a suscité des réactions hostiles. Le présent siècle s'ouvre avec *Ariel* de l'Uruguayen José Enrique RODO (1990), qui marque un point de rupture et le début d'une remise en question à multiples conséquences. Ses repères littérai-res, sa hauteur élitiste comme son style font aujourd'hui surannés, si bien que cet ouvrage ne sert plus que de référence, quoique de référence essentielle. Ariel, génie de l'air tiré de *La Tempête* de Shakespeare et repris dans une pièce d'Ernest Renan (*Caliban, suite de la Tempête*), sert à Rodo de personnage my-thique pour illustrer une confrontation allégorique avec Caliban, esprit de la terre. Le propos met en opposition Ariel qui incarne l'aspect noble de l'huma-nité, l'idéalisme, la supériorité de la raison et ses expressions culturelles, spiri-tuelles, désintéressés, alors que Caliban évoque le sensualisme grossier, le ma-térialisme satisfait. Le ton magistral du narrateur et l'appel aux mythes identitaires en conflit ont, semble-t-il, séduit le lecteur de l'époque.

Ariel met en scène des mythes emblématiques pour forcer la prise de conscience en fonction d'une nouvelle donne. Quel est le nouvel enjeu ? un choix de société suivant un axe d'opposition entre deux types de civilisation : la grande tradition hébraïco-gréco-latine confrontée au matérialisme égalitaire des voisins du nord, l'humanisme opposé à l'utilitarisme mercantile. Rodo, on s'en doute bien, appréhende une acculturation subtile de l'hémisphère sud par le nord. Une Amérique, comme il écrit, délatinisée, non sous le coup de la menace guerrière, mais sous le coup de l'envoûtement (p. 71). Le culte de l'individu plein d'énergie et de volonté dérivée du puritanisme a certes ses mérites, ces « Crusoés » ne sont pas méprisables en soi : « quoique je ne les (les Américains) aime pas, je les admire » (p. 77). Cependant, la vie dans son sens plein est ailleurs, la destinée humaine, selon lui, est appelée à de plus grandes ambitions. Or, comme le fait observer Fuentès, c'est à l'occasion de ce défi que Rodo propose un cosmopolitisme susceptible de réconcilier l'identité nationale aux valeurs universelles d'humanisme (p. 18). On assiste à un re-tour aux références fondatrices de l'Occident, surtout latines, avec, chez lui, de rarissimes allusions à la condition du Latino-Américain, à la continuité des traditions ethniques. À la suite de Rodo, la courbe du cycle commence à re-descendre et conduire à l'examen psychologique, parfois presque ontologique de la latinité américaine.

Le Mexique illustre un type d'interrogation qui s'amorce au début du siècle, en parallèle avec les réactions suscitées par la publication de l'*Ariel* de Rodo. Concomitant avec l'effondrement de porfirisme (régime autoritaire de Diaz), l'*Ateneo de la Juventud*, l'Athénée de la jeunesse, représente un mouve-ment d'intellectuels qui instruit le procès du positivisme florissant sous Porfirio Diaz et propose une nouvelle philosophie de l'être mexicain.

La condamnation du positivisme identifié à Diaz va bien au-delà du ré-gime lui-même, elle vise une propension généralisée que nous avons déjà per-çue au passage : le mimétisme et le complexe du rattrapage qui le conditionne. Le propos d'Antonio Caso (1883-1946) l'exprime avec clarté : toutes les phi-losophies ont été mises à l'essai en ce pays depuis ces cent années qui ont suivi l'accession à l'indépendance, mais aucune ne s'est avérée viable. Qu'il s'agisse du libéralisme de James Mill et de Jeremy Bentham ou du positivisme d'Auguste Comte, il n'en est rien sorti de valable. Ces greffes idéologiques, dirions-nous, n'ont pas pris. De l'optimisme conquérant de la seconde moitié du siècle précédent, succède, comme en un cycle, un retour à la case départ.

Mais, cette fois, on veut recommencer en sachant, par expérience, que les constructions abstraites puisées sans discernement à l'étranger sont ruineuses.

Le virage devient alors prévisible ; il faut désormais susciter l'apparition d'une culture nationale, distincte des traits européens. Les auteurs de l'Athénée en arrivent, chacun à sa manière, au constat que la culture existante au Mexique est à demi-adaptée à la civilisation européenne. Comme dans *Ariel*, la réflexion se fait en deux temps, l'un humaniste, l'autre culturaliste ou nationaliste. Inspirés de Boutroux et de Bergson, ces jeunes misent, suivant une trajectoire religieuse sous-jacente, sur un antirationalisme favorable à l'intuition, à la restauration des valeurs spirituelles et humanistes. On y retrouve la thématique d'un humanisme assez classique qui vise à l'accomplissement intégral de la personne. Y participe l'idée de justice et de solidarité constitutive d'une morale de l'unité des humains. Jusqu'ici, la problématique est universelle ; elle se particularise à la seconde étape, celle de l'identité culturelle.

À cette occasion se développe une réflexion axée sur les particularismes nationaux. C'en est fait de l'individualisme libéral du siècle précédent où la personne abstraite faisait fi de quelconques appartenances communautaires. Le Mexique doit cesser d'imiter l'Europe et les États-Unis. Il est temps, estime Caso, qu'on s'applique à découvrir les composantes géographiques, politiques et artistiques de la nation (J. HADDOX, 1971, p. 81). Ainsi fait-il appel, cette fois, aux antécédents incas, réalisation unique de tous les temps...

On se dit que l'éducation doit demeurée prioritaire mais en faisant sienne la formation du citoyen, du citoyen solidaire d'une communauté nationale. C'est par cette ouverture à la nation qu'apparaît, en même temps, une quête d'identité culturelle appelée à se prolonger en une introspection douloureuse. Pour le moment, ce questionnement s'en tient à poser une problématique nationale. Comme l'affirme Henriguez Urena, « les peuples eux aussi ont leur personnalité, leur esprit, leur génie ; tout ce qu'on dit de l'individu peut leur être appliqué » (A. LEMPÉRIÈRE, 1992, p. 56). Il va jusqu'à prétendre que la personnalité d'un peuple le rend unique et même nécessaire à l'ordre du monde.

Au Mexique plus spécifiquement, le mouvement se traduira par un indigénisme qui trouvera une de ses expressions les plus éclatantes dans le « muralisme » des années 1920 avec Diego Rivera. Ce seront des images mythiques célébrant la nation dans ses manifestations les plus populaires : le travail des champs, la culture de la canne à sucre ; puis, politiques, l'évocation de Bolivar, de Zapata et de la réforme agraire. Je n'insiste pas sur le métissage culturel, partie prenante dans cette quête d'identité collective. *La raza cosmica* (1925) de Justo Sierra Vasconcelos, revendication de la supériorité raciale du métis, représente un moment fort de ce mouvement.

L'intention est bien de contrer le libéralisme, idéologie de l'impersonnel abstrait, en faveur de la construction d'une entité culturelle nationale encore à définir. Nous sommes ici en pleine confrontation entre la communauté et la vision contractuelle du libéralisme classique.

Avec *Profil de l'homme et culture au Mexique* (1934), Samuel Ramos, disciple de Caso, débouche sur la recherche d'une philosophie qui serait proprement mexicaine. Il introduit, ce faisant, un questionnement sur la mexicanité,

Mexicanidad, recherche qui se situe dans le même sillage que le *Perunidad* et l'*Argentinidad* et qui trouvera des prolongements par la suite avec le groupe Hypérion (1948-1952) auquel appartiendra Leopoldo Zea, puis avec Octavio Paz entre 1940 et 1968.

Ramos reprend la réflexion où ses prédécesseurs l'ont laissée. La recherche de l'identité mexicaine le conduit à se livrer à une psychanalyse du Mexicain. Inspiré d'Adler, il en arrive à dresser un profil psychologique de ce qu'on pourrait appeler l'*homo mexicanus*. La démarche est intéressante à observer parce qu'on la retrouvera plus tard reprise à l'intention d'autres sociétés, sans même que ses auteurs aient nécessairement connu l'ouvrage de Ramos. Ce profil part d'un constat d'insécurité chez le Mexicain qui s'expliquerait par le sentiment d'un manque de pouvoir, sentiment d'infériorité qui entraîne, selon Ramos, une propension à l'autodévalorisation. Celle-ci aurait pour effet de conduire à un état de dépendance qui expliquerait le mimétisme caractérisé du Mexicain. L'autodévalorisation et le mimétisme qui en est la conséquence se produiraient à l'occasion d'une comparaison inévitablement défavorable avec l'Europe, l'imitation n'étant en somme qu'une fuite par rapport à soi. Le type d'explication auquel Ramos a recours incite à concevoir une relation de subordination initiale non résolue par la rupture du cordon colonial...

Ramos envisage de mettre en forme un discours théorique apte à expliquer le caractère du Mexicain, à savoir son esprit et sa culture. Suivant une démarche qui prétend se conformer à la recherche de la connaissance socratique de soi, il tente, comme ses prédécesseurs de l'Athénée, d'arriver à concilier l'être humain universel avec son appartenance nationale. L'intention est d'en arriver à cerner le moi (ou l'être) le plus authentique par le recours à l'introspection, étant entendu que la connaissance de soi passe par la reconnaissance de l'identité nationale. Il ne saurait être question, dans son esprit, d'un recroquevillement sur soi, mais plutôt d'une quête qui, éclairée par l'intuition, donne accès à une prise de conscience permettant de distinguer ce qui est *soi* de ce qui est *autre*.

Où est alors la *mexicanité*? Comme l'indique Ramos, le Mexicain n'est plus européen puisqu'il vit en Amérique ; néanmoins, il n'est pas tout à fait américain puisqu'il a des racines en Europe. Autant dire tout de suite que Ramos s'embarrasse peu de la présence indienne, qui est pourtant significative au Mexique, ni de celle du voisin du nord dont l'apport, assez caricaturé, se résume à une réduction « machiniste » en retrait de la culture européenne : l'idéal de vie nord-américain s'absorbe, selon lui, à concevoir le monde comme une simple machine. Quant à la femme, elle n'existe pas : il n'est toujours question que du mâle mexicain, comme le *pelado*.

Il ne s'agit plus d'imitation puisque l'expérience de sa faillite est criante, mais d'assimilation sélective. S. RAMOS (1963) propose d'adopter un regard sur l'Europe d'un point de vue mexicain et non l'inverse, comme on s'est appliqué à le faire dans le passé. Mais encore faut-il savoir ce que serait ce point de vue mexicain. Étant donné que pour lui « (sa) race est une branche de la race européenne » (p. 108), il lui faut composer à partir de cette donnée de départ. Il apparaît évident, mais de manière tout à fait implicite, que l'Europe participe de la culture universelle, et c'est à ce titre, je dirais, qu'il demeure fasciné par elle, comme également, faut-il croire, la fidélité culturelle à certaines sources.

La relecture à laquelle se livre Ramos des antécédents coloniaux et de leur signification dans la configuration de l'identité mexicaine est éclairante. Son intention est manifeste : réhabiliter un passé oblitéré dans le discours officiel. Il saisit l'occasion de remonter à la source et, par voie de conséquence, de rétablir les mythes à l'origine de l'Amérique mexicaine (pour ne pas dire latine). Il y a aussi, à n'en pas douter, le dessein de rehausser le statut culturel du créole par rapport à celui de l'Indien, puisque cette source sera européenne.

Ramos s'engage dans un processus de réhabilitation des fondements religieux espagnols du temps de la colonie. Les pionniers de la culture mexicaine étaient, selon lui, des moines investis d'une mission. On retrouve le sacré et sa mission à l'origine de la nation. Ce sacré a laissé son empreinte, comme nous le dit Ramos, sur l'aménagement et l'architecture de la ville : l'église au centre et cette « place d'armes » au cœur de la vie du citoyen, imbrication du profane et du sacré. Les séminaires ont non seulement été, ajoute-t-il, des lieux d'éducation jusqu'à la fin du XIXᵉ siècle, mais ils ont également servi de véhicule à la transmission de la culture classique méditerranéenne. Enfin, dans sa défense du clergé, il rappelle que les premiers artisans de la guerre d'indépendance étaient prêtres. Ramos voit dans l'anticléricalisme du XIXᵉ siècle inspiré de la tradition jacobine française un emprunt tiré d'une société qui, à son avis, n'était pas la plus politiquement avancée. Cette tentative de réhabilitation du facteur religieux ressortit à une visée plus globale : la récupération d'une identité nationale niée et dilapidée au gré des emprunts.

Comme l'ensemble des auteurs dans le sillage de l'Athénée, Ramos vit intensément cette tension entre, d'une part, la culture en ce qu'elle peut avoir d'universel, un européanisme étranger au Mexique ; et, d'autre part, l'identité nationale, une mexicanité sans attache avec la tradition occidentale. La solution proposée reposerait sur l'adaptation de valeurs aux problèmes et aux besoins du Mexique. Elle n'est pas sans rappeler le perspectivisme d'Ortega y Gasset suivant lequel la personne humaine doit être vue dans son contexte historique concret.

Leopoldo Zea va reprendre le même type d'interrogation. Sommes-nous inférieurs ? Sommes-nous condamnés à construire en succession des châteaux de cartes, nous dirions des châteaux en Espagne ? Ramos parlait volontiers de l'âme mexicaine, Zea se réfère plutôt à la conscience, conscience historiquement située. Parfois Hegel n'est pas loin. Et pourtant le regard n'exclut pas tout à fait le psychologique.

Pour L. ZEA (1966), les Hispano-Américains n'ont jamais assumé leur passé, parce qu'au fond, ce n'a jamais été *leur* passé, mais celui d'autres. Ils en demeurent donc toujours chargés comme d'un fardeau imposé. Alors que pour les Européens, la féodalité, l'absolutisme, la démocratie libérale classique font partie de leur patrimoine symbolique intégré, expériences assumées et révolues, il n'en serait pas de même des Hispano-Américains pour qui l'ère des conquistadors, la colonisation, les Lumières de même que le libéralisme leur sont étrangers. Ainsi, le problème de la dépendance comme de l'indépendance de l'Amérique hispanique demeure d'actualité. Notre passé, écrit-il, n'a jamais été le nôtre : « c'est encore un présent qui n'a pas encore décidé d'appartenir au passé » (p. 6). Le passé est toujours présent, obsédant, et toujours nié à la fois.

Les solutions proposées par l'Europe sont des solutions qui lui appartiennent. Quant à celles qui pourraient venir des États-Unis, elles sont encore plus éloignées, semble-t-il. L'illusion, dit Zea, serait de croire qu'en identifiant les problèmes à la manière des Européens, le Mexique puisse les corriger en suivant les solutions que ceux-ci retiennent. De la sorte, le Mexique et l'Amérique hispanique dans son ensemble perpétueraient cette tradition d'inadaptation au réel.

Le malaise s'accentue lorsque Zea en impute plus ou moins l'origine à l'ancienne métropole, cette péninsule ibérique qui, avec son catholicisme de la contre-réforme, s'est marginalisée de l'Europe. Or, puisque l'histoire a été en quelque sorte écrite par cette dernière, elle se trouve a en avoir été écartée. L'exil ou la solitude relèvent alors d'une culture dont le quasi-bagage génétique remonterait à un problème hérité de la mère patrie.

Il est revenu à Octavio Paz de préciser les contours de cette solitude inhérente, selon lui, à la conscience du Mexicain. L'histoire du Mexique devient celle de l'homme à la recherche de son origine, de sa filiation. « Notre solitude a les mêmes racines que le sentiment religieux. Nous sommes orphelins, nous avons l'obscure conscience d'avoir été arrachés au Tout, et notre quête est ardente... » (O. PAZ, 1972, p. 21). Paz ne voit dans l'accession à l'indépendance que l'effet de la désagrégation du corps mort de l'Empire (p. 112). Dans les faits, cette Amérique hispanique n'aura pas grand-chose à perpétuer comme tradition, mais qu'un regard sur l'avenir pour se guider ; projet et utopie, précise-t-il, composent sa thématique idéologique depuis la fin du XVIIIe siècle à nos jours. Le Mexicain, comme d'autres, doit composer avec deux ascendances : indienne et espagnole. Or, précise Paz, le Mexicain les renie toutes deux : « il ne s'affirme pas comme métis, mais comme abstraction : il est un homme. Il se veut fils du Néant. C'est en lui-même qu'il commence » (p. 83). S'il y a une consolation pour Paz, il la trouve dans la constatation que cette aliénation, comme il l'appelle, est partagée par la plupart des peuples (p. 163-164), alors que l'Américain des États-Unis, lui, ne se sent jamais soustrait du centre de la création (p. 22). On en serait, pour les Mexicains, au stade zéro de l'identité communautaire.

On retrouve les mêmes paramètres de réflexion auprès des intellectuels brésiliens de l'entre-deux-guerres. C'est-à-dire cette même tension entre l'identité nationale qu'on perçoit là, mais latente, et des institutions libérales, instruments d'une modernité illusoire imitée de l'étranger, obstacle à l'expression de la nation (D. PÉCAUT, 1989, p. 3). Ces intellectuels se perçoivent porteurs de l'identité nationale et détenteurs du savoir nécessaire à son accomplissement historique ; en eux se fondent l'authenticité du prophète et la connaissance des lois de l'histoire. Ils posent tout naturellement l'antériorité de la nation, entité à la fois culturelle et politique, sur l'État et son organisation. Suivant une perspective organico-corporatiste, les institutions sont appelées à s'adapter aux exigences de la nation. L'état d'urgence vise la constitution de cette nation demeurée suspendue. La communauté s'impose, celle-là portée par les intellectuels qui en définissent, ou encore mieux, qui en *découvrent* la nature.

Ces esquisses ont été sélectionnées en fonction de leur caractère illustratif. Elles ont été parfois simplifiées à dessein. Ainsi, la question du métissage a été sensiblement mise de côté bien qu'elle demeure une composante significative dans plusieurs pays d'Amérique latine. Elle est en passe de le devenir davantage avec les flux migratoires, dans la plupart des sociétés d'Occident. De même ai-je fait l'impasse sur la tradition populiste comme celle, par exemple, de José MARTI (1973), anti-Sarmiento cubain qui, en 1891, récusait les impérialismes occidentaux, européens ou yankees, et célébrait la victoire du métis autochtone sur le créole exotique, et de la nature sur la vaine érudition : « le livre importé, écrivait-il, a été vaincu en Amérique par l'homme naturel » (p. 61). En revanche, une tradition opposée a continué de revendiquer la supériorité de l'homme blanc. Ces composantes diverses n'ont pas été retenues afin de maintenir un parcours discursif plus linéaire, avec les risques qu'il comportait... De même, il aurait été pertinent de montrer l'effet diluant de la théorie de la dépendance et, plus tard, du néolibéralisme ; tous deux, mais différemment, ont eu pour conséquence de concentrer le regard sur des considérations économiques et sociales moins sensibles aux identités nationales.

IV
ET LE QUÉBEC ?

L'observation de ces quelques expériences très ponctuelles peut avoir une fonction heuristique dans une relecture de la situation du Québec. Il est bien entendu qu'il s'agit de contextes économiques et politiques très différents, mais au-delà de ces différences, il est possible de faire des rapprochements. D'autant plus qu'en dépit de leurs apparentes dissemblances, ces ex-colonies ont été soumises à des contraintes structurantes qui méritent au moins d'être mises en parallèle. Ces rapprochements, je ne les propose, à ce stade, qu'à titre d'hypothèses.

Les pays d'Amérique latine et le Québec ont en commun d'avoir été des colonies de peuplement. Ils ont tous développé au fil de la colonisation des traits distinctifs, si bien que les uns, les créoles, et les autres, les Canadiens, comme on les appelait au XVIIIe siècle, n'étaient plus confondus avec les métropolitains ; ils n'étaient plus Espagnols, Portugais ou Français. Ce qui distingue ces diverses expériences, c'est la différence dans l'intensité avec laquelle ces colonisations se sont mises en place. Au moment de leur indépendance, les colonies espagnoles disposent de populations, d'infrastructures et d'institutions avec lesquelles le Québec tient difficilement la comparaison. Il existe chez elles une vie intellectuelle qui, sans être éblouissante, laisse pénétrer un peu des Lumières. L'obscurantisme de la métropole sera maintes fois évoqué, néanmoins il va en rester un fonds important, un patrimoine intellectuel, souvent méprisé ou nié, mais quand même présent. La tradition des *pensadores* prolonge, dans une certaine mesure, le lignage clérical qui l'a précédé. Là où le Québec diffère de l'Amérique espagnole, c'est qu'en pratique, l'exposition aux Lumières avant la Conquête a été moins que ténue.

En revanche, toutes ces colonies ont baigné dans la tradition catholique. On peut alors s'attendre, la sécularisation venue, à une présence plus forte d'intellectuels en remplacement du clergé. Ce sera le cas pour l'Amérique hispanique dès l'indépendance acquise, tandis qu'au Québec, la sécularisation étant plus tardive, il faudra attendre la Crise et la Seconde Grande Guerre pour qu'émerge ce type d'intervenants très répandus dans les sociétés d'ascendance catholique.

La tradition catholique est également susceptible de susciter une vision communautaire du social. Or, dans tous les cas, on assiste à une tension compréhensible entre une conception libérale et une conception communautaire de la société, tension bien antérieure aux savantes discussions qui animeront plus tard l'académie. Elle est sensible dès le XIXe siècle, et ce autant au Québec qu'en Amérique latine.

Toutes catholiques d'origine qu'elles soient, ces sociétés ont été brusquement confrontées au libéralisme dont les États-Unis apparaissent alors comme l'idéal emblématique. La fascination sera toujours grande et se traduira par une propension au mimétisme, par une intention de rattrapage qu'on retrouve à un moment ou à un autre dans l'histoire de ces sociétés. Afin de s'insérer tout de go dans la mouvance proprement idéologique du libéralisme, on s'est appliqué à travailler sur les mentalités : l'éducation nationale a souvent été présentée comme l'instrument privilégié qui devait permettre aux masses l'accès à la modernité. Un des derniers exemples en lice aura été le réaménagement de pied en cap du système d'éducation au Québec qui, en mimant le modèle américain, parfois même en le caricaturant, s'est radicalement dissocié de la conception humaniste de ses origines.

La fascination pour le libéralisme a, si on peut dire, comme faiblesse de se fonder sur un individualisme étranger à une culture d'ascendance catholique. Non seulement Rodo et ses émules se sont-ils employés à le rappeler au nom d'un humanisme de plus grande élévation, mais toute une tradition au Québec a voulu, dans le passé, se démarquer de cet avatar du protestantisme. La contrepartie, c'est-à-dire la vision communautaire, offre un « être ensemble », parfois hiérarchisé, qui, cette fois, prolonge l'esprit catholique du social. C'est de cet esprit que dérive la propension de *projets* de société qu'on retrouve dans ces ex-colonies catholiques. La raison, législatrice de l'organisation sociale, permet de concevoir une recréation intégrale de la société en lui donnant un sens et une mission. Au Québec, cette conception s'est exprimée, dans les années 1930, avec le corporatisme social qui devait servir, suivant ses promoteurs, de foyer de consensus sinon d'unanimité ; puis après, ce seront les états généraux de toutes sortes, ou encore les sommets rassembleurs où tout ce qui est censé compter dans la société se trouve réuni. Par là passe la quête d'identité.

94

Projet de société et identité collective présentent un jumelage difficilement dissociable. Comment penser l'un sans l'autre ? On cherche l'identité collective nationale pour agir sur la société prise dans sa globalité. Et dès lors qu'on parle du Mexicain ou du Québécois, on le fait en fonction d'une identité nationale dont il n'est que le porteur.

La thématique de l'identité, déjà présente au temps de la colonisation, s'est déployée en Amérique latine pour devenir, selon certains analystes, l'élément constituant de presque l'ensemble de sa production littéraire (R.G. ECHEVARRIA 1988, A. CHANADY 1994). Il en a été un peu différemment au Québec pour autant que le questionnement s'est posé avec plus d'acuité à la faveur de la décléricalisation, donc plus tard.

Cette thématique a eu parfois pour effet de remettre en cause l'apport de la mère patrie. Le regard porté sur l'ancienne métropole est souvent celui du dépit. Source même de mépris, l'Espagne, comme nous l'avons vu, a été tout simplement rejetée par les *pensadores* de la première génération. Tandis qu'au Québec, la France a servi de double référence jusqu'à la révolution tranquille des années 1960. Les deux camps idéologiques s'opposaient suivant le clivage séparant la *vraie* France d'Ancien Régime de la France républicaine : l'un se réclamant de la tradition de la France fille aînée de l'Église, l'autre, d'une vision séculière ; pendant que, dans l'ensemble, les mentalités devaient s'adapter au libéralisme ambiant. Autant la France est demeurée longtemps un point d'ancrage de la modernité pour nombre de Latino-Américains, autant, au Québec, la sécularisation accomplie, l'identification à la culture française s'est déplacée vers une identification plus grande à l'américanité, comme vision du monde.

Latino-Américains et Québécois ont en commun d'avoir évolué à l'intérieur d'un triangle de référence qui les mettait en situation de se positionner par rapport à eux-mêmes, par rapport au États-Unis et par rapport à la France. Jeu de fascination et de circonspection où s'est révélée souvent la ruine des emprunts.

REPÈRES BIBLIOGRAPHIQUES

BOLIVAR Simon (1966). *Bolivar.* Paris, Institut des Hautes études de l'Amérique latine, 239 pages.

CHANADY Amaryll (dir.) (1994). *Latin American Identity and Constructions of Difference.* Minneapolis, University of Minnesota Press, 254 pages.

CLISSOLD Stephen (1965). *Latin America : A Cultural Outline.* New York, Harper & Row, 180 pages.

CRAWFORD W. Rex (1966). *A Century of Latin American Thought.* New York, Frederick A. Praeger, 322 pages.

CUEVA Mario de la *et al.* (1966). *Major Trends in Mexican Philosophy.* Notre Dame, Indiana, University of Notre Dame Press, 328 pages.

ECHEVARRIA Roberto Gonzalez (1988). *The Voice of the Masters.* Austin, University of Texas Press, 195 pages, (réimp. de l'édition originale de 1985).

FUSTEL de COULANGES (1919). *La Cité antique.* Paris, Hachette, 478 pages, (réimp. de l'édition originale de 1864).

GONGORA Mario (1975). *Studies in the Colonial History of Spanish America.* Cambridge, Cambridge University Press, 293 pages.

HADDOX John H. (1971). *Antonio Caso : Philosopher of Mexico.* Austin, University of Texas Press, 128 pages.

HALES Charles A. (1989). *The Transformation of Liberalism in Late Nineteenth-Century Mexico.* Princeton (N.J.), Princeton University Press, 291 pages.

JORRIN Miguel, MATZ John D. (1970). *Latin-American Political Thought.* Chapel Hill (N.C.), University of North Carolina Press, 453 pages.

LEMPIÈRE Annick (1992). *Intellectuels, État et société au Mexique.* Paris, L'Harmattan, 393 pages.

LIPP Solomon (1969). *Three Argentine Thinkers.* New York, Philosophical Library, 177 pages.

LIPP Solomon (1975). *Three Chilean Thinkers.* Waterloo (Ontario), Sir Wilfrid Laurier Press, 164 pages.

LIPP Solomon (1980). *Leopoldo Zea : From Mexicanidad to a Philosophy of History.* Waterloo (Ontario), Sir Wilfrid Laurier University Press, 146 pages.

LOCKHART James, SCHWARTZ Stuart B. (1983). *Early Latin America.* Cambridge, Cambridge University Press, 480 pages.

MARTI José (1973). *La Guerre de Cuba et le destin de l'Amérique latine.* Paris, Aubier Montaigne, 283 pages.

MASUR Gerhard (1966). *Nationalism in Latin America.* New York, Macmillan, 278 pages.

PAZ Octavio (1972). *Le Labyrinthe de la solitude.* Paris, Gallimard, 254 pages, (réimp. de l'édition originale de 1950).

PÉCAUT Daniel (1989). *Entre le peuple et la nation.* Paris, Éditions de la Maison des Sciences de l'Homme, 315 pages.

PICON-SALAS Mariano (1965). *A Cultural History of Spanish America.* Berkeley, University of California Press, 192 pages.

RAMOS Samuel (1963). *Profile of Man and Culture in Mexico.* New York, McGraw Hill, 198 pages, (réimp. de l'édition originale de 1934).

RANGEL Carlos (1976). *Du Bon sauvage au bon révolutionnaire.* Paris, Robert Laffont, 397 pages.

RETAMAR Roberto Fernandez (1989). *Caliban and other Essays.* Minneapolis, University of Minnesota Press, 139 pages.

RIO Angel del (1965). *The Clash and Attraction of Two Cultures.* Baton Rouge, Louisiana State University Press, 127 pages.

ROCK David (1985). *Argentina 1516-1982.* Berkeley, University of California Press, 478 pages.

RODO José Enrique (1990). *Ariel.* Austin, University of Texas Press, 156 pages, (réimp. de l'édition originale de 1988).

ROMERO José Luis (1963). *A History of Argentine Political Thought.* Stanford, Californie, Stanford University Press, 270 pages, (réimp. de l'édition originale de 1946).

SARMIENTO Domingo F. (1964). *Facundo.* Paris, L'Herne, 321 pages, (réimp. de l'édition originale de 1845).

SCHMITT Karl (1971). « The Clergy and the Enlightenment » dans Richard E. Greenleaf (dir.), *The Roman Catholic Church in Colonial Latin America.* New York, Alfred A. Knopf, 272 pages, p. 151-163, (réimp. de l'édition originale de 1959).

SCHUTTE Ofelia (1993). *Cultural Identity and Social Liberation in Latin American Thought.* New York, State University of New York Press, 313 pages.

SHUNWAY Nicolas (1991). *The Invention of Argentina.* Berkeley, University of California Press, 325 pages.

STABB Martin S. (1967). *The Quest of Identity.* Chapel Hill (N.C.), University of North Carolina Press, 480 pages.

TAMIR Yael (1993). *Liberal Nationalism.* Princeton (N.J.), Princeton University Press, 194 pages.

WEINSTEIN Michael A. (1976). *The Polarity of Mexican Thought.* University Park, Pennsylvania State University Press, 128 pages.

ZEA Leopoldo (1974). *Positivism in Mexico.* Austin, University of Texas Press, 241 pages, (réimp. de l'édition originale de 1968).

ZEA Leopoldo (1966). *The Latin American Mind.* Norman, University of Oklahoma Press, 308 pages, (réimp. de l'édition originale de 1963).

CHAPITRE IV

LES MYTHES NATIONAUX FONDATEURS EN BELGIQUE
(XVIIIe-XXe SIÈCLES)

JEAN STENGERS

Mon point de départ sera la journée du 21 juillet 1831, soit le jour de la prestation de serment de Léopold Ier — le jour qui est devenu celui de la fête nationale belge. Au cours de la cérémonie, on entendit deux discours, prononcés respectivement par l'ancien Régent, Surlet de Chokier, et par le président sortant du Congrès National, de Gerlache (J. STENGERS, 1996b). Citons des paroles de Surlet de Chokier :

« Convenons, Messieurs, que notre tâche a été rendue bien facile par les excellentes qualités du peuple belge, de ce peuple aussi soumis aux lois, aussi docile à la voix des chefs qui méritent sa confiance, qu'il se montre jaloux de ses droits et impatient du joug de l'arbitraire ; de ce peuple si courageux dans les combats, si ferme dans ses résolutions ; de ce peuple essentiellement moral dont l'histoire dira, que chez lui, pendant onze mois de révolutions et de privations pour la classe la plus nombreuse (à part quelques excès évidemment provoqués), il n'y eut jamais moins de délits ; de ce peuple dont le dévouement et l'amour feront toujours la récompense d'un bon gouvernement ».

« Pour bien gouverner la Belgique », disait de son côté de Gerlache, il fallait la connaître et l'aimer, comme Philippe le Bon, comme Charles-Quint, comme Albert et Isabelle, comme Marie-Thérèse, il fallait respecter ses mœurs, ses lois, ses antiques souvenirs, son caractère propre et indélébile ».

Avec ces deux discours, le décor est planté. Surlet de Chokier, lorsqu'il entonne l'éloge des Belges et de leur caractère, ne fait nullement œuvre originale (l'excellent homme était d'ailleurs aussi peu original que possible) : il dit ce que, tout au long de la révolution, on a dit et écrit sans cesse. Les Belges de 1830-1831, lorsqu'ils parlent de soi, lorsqu'ils parlent de leur peuple, de son caractère et de ses qualités, sont intarissables : fiers de leur révolution, ils se parent en même temps des qualités les plus nobles et les plus belles — la seule qualité qui leur manque, apparemment, étant la modestie. Ce caractère des Belges, souligne de Gerlache, est « indélébile » : entendons par là qu'il a traversé les temps.

D'où vient cette conception ? Très simplement, elle a été un produit, au XVIIIe siècle, du sentiment national. C'est de toute évidence au XVIIe siècle, et plus encore au XVIIIe siècle, que s'est formé dans les Pays-Bas du Sud, dans la future Belgique (une Belgique encore sans Liège), le sentiment d'une identité nationale (J. STENGERS, 1988, 1996a). Les Pays-Bas du Sud ne constituent pas un État, au sens juridique du terme, mais cet ensemble de principautés qui forme un bloc et a ses institutions propres, est incontestablement un « pays » — si l'on s'en tient au plan juridique, il ne l'est ni plus ni moins que l'Espagne, qui n'est pas non plus, juridiquement, un État mais seulement un ensemble de royaumes (Castille, Aragon, Navarre, Grenade, etc.) ayant le même souverain. Dans ce « pays » donc s'est produit le processus classique de formation de la nation par l'État — processus classique car on l'observe à travers toute l'Europe de l'Ancien Régime : à force de vivre ensemble, de mener, au sein d'un même ensemble politique, une vie commune, on se sent les membres d'une même famille humaine, d'un même peuple. Ainsi se forme le sentiment que l'on est Belge, que l'on appartient à un peuple particulier, le peuple belge, et ce sentiment va éclater, avec les accents d'un véritable patriotisme lors de la révolution dite « brabançonne » de 1789-1790, où tout écrit se réclame avec force de la « patrie » — la patrie belge (J. STENGERS, 1992).

Dans la formation de la nation belge a donc joué un processus psychologique classique. Mais un autre processus, tout aussi classique, s'est presque aussitôt combiné avec le premier. Dès l'instant où un peuple se sent une identité propre, il se cherche des racines historiques, il cherche à se retrouver aussi haut que possible dans le passé. Pour les Français, guère de problème : on fait de Clovis le premier roi de France, et les racines sont trouvées. Pour les Allemands, dont l'identité est linguistique, on plonge dans les racines de la germanité. Pour les Belges, ces deux voies d'accès au passé étaient fermées. Restait la voie la plus élémentaire : la projection du présent dans le passé. On se sentait un peuple à part, ayant son caractère propre ; pourquoi ce caractère n'aurait-il pas existé depuis des temps déjà très anciens ?

Pour aller dans cette direction, les Belges n'avaient, si j'ose employer cette expression un peu familière, qu'à mordre à l'hameçon. L'hameçon, en l'occurrence, était César, avec sa comparaison entre les peuples de la Gaule, dont les Belges sont les plus braves. « Horum omnium fortissimi sunt Belgae ». Voilà établi, dès l'Antiquité, le caractère propre des Belges. Il n'y a plus ensuite qu'à descendre le cours du temps.

Le premier, à ma connaissance, à le faire de manière systématique, sera un littérateur de langue flamande et amateur d'histoire, Verhoeven (*Encyclopedie*, 1975, T. II, p. 1766-1768). Je dis de Verhoeven, qui vivait à

Malines, qu'il était un historien amateur, mais il faut noter que ses mémoires furent à plusieurs reprises couronnés par l'Académie, si souvent même que ce lauréat jugea qu'il était en droit, en fin de compte, de poser sa candidature à l'Académie, ce qu'il fit de manière répétée, mais sans succès. En 1781, Verhoeven publie une « Introduction générale » (*Algemeyne Inleyding*) à la *Belgische Historie*, une œuvre où il se désigne lui-même comme « een minnaer van myn Vaderland » (« amant de ma patrie »). Verhoeven y décrit les Belges tels qu'ils sont connus par les auteurs de l'Antiquité, puis il ajoute : « Dans tout ce qui précède se manifestent clairement les mœurs originales et le caractère propre de nos premiers compatriotes ; de la suite de notre exposé il ressortira que la pénétration d'esprit, la vertu guerrière et le sens de la liberté indépendante ont toujours constitué le caractère propre des Belges qui, même lorsqu'ils se sont établis à l'étranger, n'ont rien perdu de ce caractère original » (W. VERHOEVEN, 1781, p. 38).

Durant les années qui précèdent immédiatement la révolution brabançonne et durant la révolution elle-même, ce thème va devenir courant. D'une part, on célèbre avec lyrisme « le génie de la nation », « le caractère du Belge », et l'on emploie à son sujet l'adverbe « toujours » (J. STENGERS, 1992, p. 341). Un de ceux qui prêtent aux Belges les plus belles vertus s'écrie : « Tel est le caractère du Belge ; tel il a été dans tous les siècles » (J. STENGERS, 1992, p. 343). D'autre part, l'on fait de la pérennité du caractère national un élément constitutif de l'histoire. Citons deux des hommes les plus marquants parmi les « démocrates » belges de 1789, Verlooy et Doutrepont :

La nation, écrit Verlooy, « a encore cette bonne foi, cette droiture, cette grandeur d'âme, cet amour de la liberté que passé deux mille ans les Romains reconnaissaient naturels à nos ancêtres » (J. STENGERS, 1996c, p. 14).

Doutrepont écrit de con côté : « La liberté des Belges se perd dans la nuit des temps, et dès les époques les plus reculées, ils se sont distingués par leur courage, leur zèle et leur énergie, lorsqu'il s'est agi de la défendre » [Suit une note que Doutrepont ajoute à son texte, et c'est bien entendu une référence à César : *Horum omnium...*] (J. STENGERS, 1992, p. 341).

Au début du XIXe siècle, après des publicistes individuels, l'Académie royale des Sciences et Belles-Lettres de Bruxelles fait à son tour entendre sa voix. À son concours annuel de 1819, elle pose la question suivante : « Les Belges sont peut-être le peuple de l'Europe qui a éprouvé le plus de changements dans ses destinées politiques : ils ont été successivement soumis aux Romains, aux Francs ; ils ont été morcelés et partagés en provinces régies par des ducs, des comtes, etc. ; ils ont été derechef réunis sous la maison de Bourgogne ; ils sont passés sous la domination de la maison d'Autriche, tant de la branche allemande qu'espagnole ; ils ont été incorporés au colosse de l'Empire français... Au milieu de tant de révolutions, quel caractère ont-ils déployé ? Ces luttes générales ont-elles apporté quelque altération ou quelque modification au caractère national ? Ou, en d'autres termes, les Belges ont-ils dans ces différentes époques déployé un caractère dominant indépendant des catastrophes politiques ? Ont-ils conservé dans les différentes provinces un caractère commun indépendamment des intérêts domestiques ? (P. JEANJOT, 1964, p. 23).

L'Académie, de toute évidence, attendait aux deux dernières questions une réponse affirmative. Aucun concurrent, cependant, ne se présenta. L'Académie récidiva donc au concours de 1820, en présentant sa question un peu différemment : « Quel est, d'après l'histoire, le caractère des peuples qui habitent les provinces méridionales du Royaume des Pays-Bas ? Ce caractère est-il constamment resté le même, ou a-t-il éprouvé des changements ou des modifications sous les différents gouvernements auxquels ces peuples ont été soumis ? (P. JEANJOT, 1964, p. 24).

La nouvelle question, malheureusement, ne tenta pas davantage les concurrents que la précédente. Sans se décourager, et en revenant au terme « Belges », l'Académie remit la question au concours, pour le concours de 1823, puis pour celui de 1824 : « Quel caractère les Belges ont-ils déployé dans les diverses positions où ils se sont trouvés ? Peut-on leur assigner un caractère dominant qui soit commun à toute la nation, connue sous le nom générique de Belges ? Ou les habitants des diverses parties qui ont formé les Pays-Bas espagnols et autrichiens, aujourd'hui les provinces méridionales du Royaume des Pays-Bas, ont-ils montré un caractère particulier qui les distingue les uns des autres ? Leur caractère a-t-il éprouvé des altérations ou des modifications dans ces diverses révolutions ? » (P. JEANJOT, 1964, p. 28-29).

Cette fois, un concurrent se présenta (un concurrent dont nous ignorons malheureusement l'identité, car il ne s'était fait connaître, comme le permettait le règlement de l'Académie, que par une devise) mais sa réponse ne donna nullement satisfaction. Charles Van Hulthem, qui était un des commissaires chargés de l'examen de la réponse, soulignait dans son rapport tout ce que l'auteur aurait dû faire ressortir et qu'il avait manqué de faire :

Il fallait, écrit Van Hulthem, en partant du « caractère primitif » des Belges, tel qu'il est décrit par les auteurs antiques, « examiner si ces peuples ont conservé constamment ce même caractère sous les différents gouvernements sous lesquels ils ont vécu ; en un mot, s'ils ont été toujours courageux à la guerre, aimant l'indépendance et la liberté, religieux et pleins de bonne foi, industrieux, bons agriculteurs, grands fabricants, manufacturiers habiles et doués d'une grande facilité à tout imiter ; tel est le caractère donné aux Belges et que le peuple belgique a constamment développé aux principales époques de son histoire, comme l'autorité des auteurs contemporains et le témoignage de l'histoire nous le prouvent évidemment » (on aperçoit bien quel est, sous la plume de Van Hulthem, le glissement : il part de « examiner si » pour arriver immédiatement à l'affirmation, pour laquelle, dit-il, il y a des preuves évidentes).

Van Hulthem poursuit : « Il fallait examiner en second lieu si les deux branches de peuples qui habitent ces provinces, c'est-à-dire les Wallons et les Flamands, ont également eu le même caractère, et ont développé la même bravoure, la même industrie, le même amour pour le travail et les arts d'imitation ».

S'il s'était livré à ce travail, note Van Hulthem, « l'auteur aurait trouvé que les Wallons, aussi braves à la guerre, autant attachés à la religion, et d'une aussi bonne foi que les Flamands, ont cependant été moins bons agriculteurs, moins bons manufacturiers, et surtout, moins adonnés aux beaux-arts ».

Mais il fallait principalement démontrer, répète avec force Van Hulthem, « que le fond du caractère du peuple belgique est resté le même sous les différents gouvernements, et existe encore dans presque toute sa pureté[1] ».

L'auteur de la réponse n'ayant rien fait de ce que l'on attendait de lui, son mémoire ne reçut aucune récompense : « ni médaille d'or, ni médaille d'argent, ni mention honorable ». L'insuccès de l'Académie fut compensé, quelques années plus tard, par les manifestations exubérantes d'enthousiasme patriotique qui accompagnèrent la révolution de 1830 (J. STENGERS, 1950 et 1951). Le Belge, comme en 1788, et plus encore qu'en 1789, se voyait paré de toutes les vertus (et de vertus ancestrales) qui l'avaient caractérisé depuis les temps les plus reculés. Une anthologie donnerait vite une impression lassante : ce sont les plus beaux éloges qui défilent. La dominante est l'amour de la liberté. « L'histoire nous apprendra », écrit un journal à la fin de 1831, « que cet esprit démocratique, qui est amour de garanties individuelles, de libertés locales, qui nous distingue et qui rend impossible notre adjonction à un autre peuple, est le même qui a animé de tout temps les populations de nos provinces » (J. STENGERS, 1996b).

« N'est-il pas constant », s'écrie un orateur au Congrès National, « que le caractère distinctif » de notre nation est l'amour de la liberté, qui seul a suffi pour conserver les anciennes libertés publiques, même sous les princes étrangers les plus puissants ? » (J. STENGERS, 1996b). Et un autre orateur à la Chambre, un peu plus tard : « On nous a dit que nous sommes un peuple nouveau, j'en conviens dans un sens, mais notre caractère distinctif est vieux, et depuis les siècles les plus reculés, la Belgique a toujours été reconnue pour la terre de la liberté » (J. STENGERS, 1996b).

La bravoure, bien entendu, accompagne presque nécessairement l'amour de la liberté. « Jamais le courage personnel, la bravoure physique, n'ont été refusés aux Belges. Cette réputation, qui date de César, s'est fortifiée pendant tout le moyen âge, et les souvenirs des vieux soldats de l'Empire sont là pour attester qu'elle n'avait pas dégénéré sous Napoléon » (J. STENGERS, 1996b). Ces « qualités inhérentes à [nos] populations forment leur caractère spécial, leur individualité comme nation ». Et toujours, bien entendu aussi, l'affirmation que ce « caractère spécial » remonte jusqu'au passé le plus lointain. Tous les éléments du « caractère national », écrit en 1827 le *Catholique des Pays-Bas*, « viennent se peindre à grands traits dans chaque page de nos annales » (no du 6 janvier 1827). « L'unité de caractère », écrivent de leur côté les frères Adolphe et Victor Dechamps, « est frappante à toutes les époques de notre histoire ». Elle durera « aussi longtemps que nous serons une nation au sein des nations civilisées par le christianisme » (J. STENGERS, 1996b).

Passées les excitations de 1830, les historiens belges vont continuer à maintenir bien haut le drapeau du caractère national, signe distinctif de toute leur histoire. Dans son remarquable *Essai historique et politique sur la Révolution belge*, de 1834, Jean-Baptiste Nothomb écrit : « Les Belges ont un caractère particulier et indélébile, qu'on retrouve également sous la grossièreté des temps barbares, dans l'enthousiasme des Croisades et de la lutte communale, dans

---

1 Bruxelles, Archives de l'Académie Royale de Belgique, no 9890.

l'aisance de la prospérité industrielle et parmi les raffinements de la société moderne » (J.-B. NOTHOMB, 1834, p. 300).

Moke, dans son *Histoire de la Belgique*, affirme que, depuis le moyen âge, « la forme seule de nos institutions a changé, le génie des populations a conservé ses tendances naturelles » (H. MOKE, 1839, p. 7). Cependant, dans les décennies qui suivent 1830, lorsqu'il s'agira de mieux définir ce qu'a été dans le passé et ce que demeure toujours le caractère national, la division politique du pays se fera sentir. Catholiques et libéraux s'affrontent sur tous les terrains. On verra aussi s'affronter une vision catholique et une vision libérale du caractère national. Pour les libéraux, le trait essentiel de ce caractère est et a toujours été l'attachement passionné à la liberté politique : « L'unité de notre histoire », déclare Louis Hymans dans son *Histoire populaire de la Belgique* (un ouvrage qui eut un immense succès), « se manifeste de la façon la plus éclatante dans la tradition constitutionnelle, et l'on peut affirmer sans crainte que les grands principes fondamentaux inscrits dans notre charte (c'est-à-dire la Constitution belge de 1831) ont leur source dans les mœurs patriarcales des peuplades originaires de notre sol » (L. HYMANS, 1862, p. 8).

Du côté catholique, on soutient énergiquement qu'à l'esprit de liberté s'est toujours allié chez les Belges, de manière indissociable, un profond esprit religieux : « Le caractère distinctif de notre nationalité », écrit Godefroid Kurth (il l'écrit en 1913, mais ses vues étaient déjà celles des historiens catholiques cinquante ans auparavant), « c'est incontestablement d'être plus que toute autre une nationalité catholique ». À chaque page de notre histoire, souligne Kurth, on peut constater que « par dessus tout, plus que nos libertés, plus que nos princes, plus que nos grandeurs nationales, nous aimions la foi catholique, qui était l'âme de notre âme » (G. KURTH, 1913, p. 230).

Et Woeste, quant à lui, de proclamer avec force : la foi catholique « constitue (notre) caractère historique ; que la Belgique le perde, et elle n'aura plus de raison d'être » (BALAU, 1890, p. VIII). L'Académie Royale de Belgique ne prend évidemment pas position dans ce débat, mais elle ne perd pas l'espoir de voir apporter, par la voie de son concours annuel, une étude sur la pérennité du caractère national. Elle repose donc, dans les années 1870, et à trois reprises, sa vieille question : « Expliquer le phénomène historique de la conservation de notre caractère national à travers toutes les dominations étrangères » (P. JEANJOT, 1964, p. 89, 90 et 92).

Le libellé de cette question est intéressant, car il montre que le thème du caractère national recoupe celui des « dominations étrangères », c'est-à-dire un mythe historique qui, au XIXᵉ siècle, prend tout son essor (J. STENGERS, 1981).

Ici, je marque un temps d'arrêt. On a sans doute, ces derniers temps, et spécialement en Belgique, quelque peu abusé de la notion de « mythe ». On emploie le mot un peu à tort et à travers. On parle de « mythe » pour désigner une simple erreur historique, ou une conception historique avec laquelle on n'est pas d'accord. Sans doute devrait-on réserver le terme à des idées sans fondement solide qui ont reçu une véritable adhésion populaire, qui sont devenues en quelque manière des croyances populaires. Mais précisément, lorsque des générations successives de jeunes Belges entonnent avec ardeur le couplet de la *Brabançonne* (l'hymne national belge) telle qu'on le chante depuis 1860 : « Après des siècles d'esclavage, le Belge sortant du tombeau... », c'est-à-dire s'époumonent à chanter un non-sens historique, il est bien permis, me paraît-il, de parler de « mythe ».

Thème du caractère national et mythe des dominations étrangères : la combinaison des deux apparaît fort bien sous la plume distinguée d'Emile Banning. Celui-ci écrit en 1875 : « Le caractère national des Belges s'est affirmé aussitôt après la réunion de toutes nos provinces (Banning, quand il s'agit de remonter dans le passé, est ici, on le voit, extrêmement modéré). Trois siècles de domination étrangère, loin de l'altérer, n'ont fait que le consolider » (J. STENGERS, 1981, p. 399).

L'Académie, quant à elle, fut récompensée de sa persévérance. En 1877, elle reçut enfin une réponse satisfaisante. L'auteur en était Théophile Quoidbach, professeur à l'Athénée de Hasselt (un établissement d'enseignement secondaire situé en pays flamand, mais où l'enseignement, à cette époque, se donnait en français). Les rapporteurs de l'Académie — De Decker, Thonissen et Faider — après avoir rappelé la portée de la question qui était posée (« Comment les Belges ont-ils conservé, sous tous les maîtres et sous tous les régimes, leurs tendances natives, leur caractère propre, leurs mœurs viriles, leurs institutions populaires, leur amour ardent de la liberté, en un mot tous les traits distinctifs de leur caractère national ? »), jugèrent que Quoidbach l'avait traitée de manière à la fois « patriotique » et convaincante. Son mémoire fut donc couronné et imprimé par l'Académie.

Quoidbach écrivait : « Soit que nos aïeux obéissent aux Romains, soit que les Francs envahissent le pays et que la féodalité étende sur lui son régime seigneurial, soit que les brillantes alliances de nos princes ou la force des armes nous rattachent à d'autres nations, quelque soit le régime sous lequel nous vivions, nous demeurons fidèles à notre propre génie et nous conservons les traits originaires de notre caractère » (T. QUOIDBACH, 1878, p. I).

Sur la question qui pouvait, nous venons de le voir, faire l'objet d'un litige, Quoidbach manifestait autant de prudence que d'esprit de conciliation. Sa conclusion était : « À toutes les époques et sous tous les régimes, la liberté et le catholicisme sont demeurés les traits distinctifs et fondamentaux de (notre) physionomie nationale » (T. QUOIDBACH, 1878, p. 149).

Le mémoire de Quoidbach (*Mémoire historique sur la persistance du caractère national des Belges*) fut imprimé en 1878. Vingt ans plus tard exactement, Henri Pirenne était élu membre correspondant de l'Académie. Le bourreau entrait en scène. Les considérations sur la pérennité du caractère national firent certainement à Pirenne l'effet d'une persistance désuète du romantisme historique. Il ne se donna pas la peine ni de les discuter, ni de les combattre : il les ignora. Le pauvre Quoidbach et ses idées ne trouveront pas la grâce, sous sa plume, même d'une simple mention (même dans sa *Bibliographie de l'Histoire de Belgique*, il n'y a pas la moindre référence à Quoidbach). Le silence du maître bientôt incontesté de notre école historique équivalut à une condamnation à mort.

Condamnation à mort, entendons-nous : ceci vaut pour le monde des historiens. Chez certains publicistes ou chez des patriotes enthousiastes, il se rencontrera bien entendu des survivances. Le comte Carton de Wiart, dans l'enthousiasme patriotique de la Première Guerre Mondiale, écrit avec lyrisme : « L'énergie et la ténacité que la Belgique a opposées et continue d'opposer à l'agression germanique n'ont pas été seulement pour le monde un motif d'admiration. Il faut reconnaître qu'elles ont été aussi, pour beaucoup, un sujet de surprise. »

C'est que le « grand public » connaissait à peine la nationalité belge. Il considérait cette nationalité comme une sorte de barrière toute artificielle, imaginée au lendemain de l'émeute triomphante de 1830 par quelques diplomates avisés, et notamment par Palmerston.

Or, rien n'est plus faux. Les Belges, que César nous décrit déjà dans ses *Commentaires* comme « les plus braves de tous les Gaulois », n'ont jamais cessé, à travers les siècles, de former une véritable nationalité (suit une large fresque historique). Cette persistance de la nationalité belge, qui se dégage ainsi de l'étude de nos péripéties séculaires, se trouve confirmée par la persistance des caractères particuliers auxquels se reconnaissent généralement les Belges (suivent des pages non moins lyriques sur ces « caractères particuliers »). L'héroïsme de la Belgique de 1914, c'est la révélation d'une nationalité vingt fois séculaire dont la raison et la volonté de vivre éclatent avec une énergie irrésistible » (H. CARTON DE WIART, 1917).

Henri Pirenne n'eut certainement pas l'occasion de lire cette prose enflammée : il se trouvait alors (à la suite d'ailleurs de son attitude patriotique) en captivité en Allemagne. Mais elle lui eut sans doute inspiré un sourire indulgent : on ne doit pas attendre trop de rigueur historique d'un homme politique doublé d'un écrivain. Ce qui n'était nullement mort, en tout cas, était l'idée pure et simple — sans vouloir remonter dans le passé — du caractère national du peuple belge. Cette idée a suivi une courbe qui correspond, en gros, à la courbe d'intensité du sentiment national. Au XIXe siècle, elle a été extrêmement vigoureuse. À la fin du siècle, elle est en quelque sorte sublimée par sa traduction en « âme belge ». Edmond Picard lance l'« âme belge » en 1897 (H. HASQUIN, 1996, p. 53) et l'explicite avec insistance dans ses publications ultérieures (les traits qu'il décrit comme constitutifs de cette « âme » n'étant rien d'autre que ceux du caractère national). L'« âme belge » sera acclamée par certains, mais aussi contestée, voire tournée en ridicule par d'autres. Jules Destrée, dans sa *Lettre au Roi* de 1912, la traite d'« illusion falote ». Mais après les succès de l'idée et les remous qu'elle a provoqués viendra, de manière progressive et irréversible, le déclin. L'« âme belge » sombre. Reste le caractère belge que, encore après la Seconde Guerre Mondiale, des esprits souvent distingués s'attachent à cerner — sans rencontrer, il faut bien le dire, beaucoup d'écho.

Chose curieuse, et ceci est un intéressant reflet des mentalités, l'« âme wallonne », lancée en 1898[2], c'est-à-dire un an après l'« âme belge » de Picard, a eu une survie plutôt plus vigoureuse que son aînée.

Dernier stade : on s'embourbe aujourd'hui dans le triste marécage de la *belgitude*. La *belgitude*, dernier mot à la mode, est bien un avatar ultime du caractère national, mais avec une nuance, et même plus qu'une nuance, de dérision. Quand on était fier de son patriotisme, on parlait de l'« âme belge ». La fierté ayant disparu, on tombe dans la misérable *belgitude*.

Revenons cependant à Pirenne. Ce dernier se débarrassait d'autant plus facilement du caractère national et de sa pérennité qu'il lui avait trouvé en quelque manière un substitut. Il mettait en avant une autre notion, qui était celle d'une « civilisation nationale ». Pirenne aperçoit dès le moyen âge, dans les Pays-Bas, une civilisation commune, d'où va jaillir l'unification bourguignonne et par conséquent la Belgique. Le texte fondateur de cette nouvelle conception de l'histoire belge est le discours que Pirenne consacre en 1899 à *La Nation Belge*. On y lit : « La création des Pays-Bas bourguignons a été favorisée par les conditions générales de la politique européenne à la fin du moyen âge. Il n'en reste pas moins que, depuis des siècles, les différentes provinces féodales de la rive droite et de la rive gauche de l'Escaut tendaient inconsciemment à l'unité. La maison de Bourgogne n'a fait que recueillir les résultats d'un travail commencé bien avant elle. Si elle a réuni nos divers territoires en un État commun, c'est parce que *ceux-ci possédaient d'ancienne date une civilisation commune* (c'est nous qui soulignons). Ils formaient, en dépit du bilinguisme et du morcellement politique, une seule région de culture intellectuelle, comme de solidarité économique.

Comme État, les Pays-Bas remontent aux ducs de Bourgogne, mais avant les ducs, il y avait déjà un peuple des Pays-Bas... On peut dire que, chez nous, l'unité nationale a précédé l'unité de gouvernement. Ailleurs, l'État a été souvent la cause d'une vie nationale propre ; chez nous, il semble en avoir été le résultat » (H. PIRENNE, 1900 ; H. HASQUIN, 1996, p. 62-63).

Pirenne, bien entendu, a eu des disciples parmi les historiens belges, et spécialement parmi ses élèves. C'est ainsi que, dans une *Vue générale de l'histoire de Belgique*, Herman Vander Linden écrit : « La Belgique n'a acquis une consistance politique qu'au XVe siècle, mais sa nationalité s'est élaborée dans le cours du moyen âge » (H. VANDER LINDEN, 1918, p. 10).

Mais si elles ont eu des échos que l'on pourrait appeler des échos savants, on ne peut pas dire que les vues de Pirenne se soient répandues dans le grand public : celui-ci était peu préparé à mordre à des conceptions, un peu trop savantes pour lui, sur la « civilisation nationale ». Ces conceptions ont ensuite, d'ailleurs, disparu de la scène. Il y a eu à cela deux raisons. Tout d'abord, elles ont mal résisté à la critique. À l'examen, la « civilisation nationale » de l'immense Pirenne s'est révélée aussi fragile, dans ses fondements scientifiques, que le « caractère national » du pauvre Quoidbach. Il y a d'ailleurs, de la plume de Pirenne lui-même, une lettre qui, peut-on dire, est mortelle pour lui. C'est une lettre adressée à Godefroid Kurth en mars 1899. Kurth, dans son compte rendu (fort élogieux d'ailleurs) du tome I de l'*Histoire de Belgique*, avait jugé que Pirenne avait réservé à la Flande (il s'agit bien entendu ici de l'ancien comté de Flandre), par rapport au « reste du pays », une « place excessive ». Pirenne, dans sa lettre, revenant sur le cas de la Flandre, écrit : « J'ai cru trouver en elle surtout les caractère propres de ce que l'on pourrait appeler la

---

2 *L'Âme Wallonne* est le titre d'un bimensuel dont le premier numéro paraît à Liège le 1er janvier 1898. « Nous exalterons en toutes circonstances et dans tous les domaines de l'activité humaine l'âme wallonne », dit l'éditorial.

civilisation belge, et, comme je n'ai voulu insister que sur ce qui est original dans notre développement, j'ai fait la plus large part à ce pays » (P. RION, 1986, p. 220).

La « civilisation belge », c'est donc avant tout, essentiellement, celle de la Flandre. Comme soubassement de l'unification bourguignonne, cela n'est guère suffisant. Mais les thèses de Pirenne n'ont pas été principalement victimes de la critique savante. Elles ont été victimes surtout de la réputation générale de Pirenne lui-même. Pirenne n'avait pas été à l'origine d'un mythe fondateur, il n'a pas eu pour cela suffisamment l'audience du grand public, mais on oserait dire qu'il y a eu un mythe autour de sa personne et de son œuvre. En l'appelant « notre historien national », on lui a fait le plus grand tort. Beaucoup ont cru qu'il s'était fait le chantre de la Belgique éternelle, ce qui est évidemment absurde. D'autres encore ont cru qu'il s'était fait le chantre de l'« âme belge ». Pirenne disait à ce sujet en 1919 : « On m'a fait souvent l'honneur de m'attribuer la paternité d'une expression devenue courante : l'âme belge. En réalité, je n'ai jamais parlé de cette âme, à laquelle je ne crois pas plus qu'à une âme française ou à une âme anglaise. Mais j'ai souvent parlé, parce que j'y crois très fermement, de nation et de civilisation belges » (H. PIRENNE, 1919, p. 357).

La légende de Pirenne aidant, lorsque le patriotisme belge est entré en déclin, Pirenne a été considéré, en bloc, comme dépassé. Les conceptions de Pirenne abandonnées, nous en sommes presque revenus à notre point de départ de la fin du XVIIIᵉ et du XIXᵉ siècles ; nous ne sommes pratiquement revenus aux mécanismes psychologiques initiaux que nous avons décrits : notre besoin de remonter aux origines nous amène, comme il l'avait fait une première fois, à projeter simplement le présent dans le passé. C'est un nouveau mythe fondateur qui, dès lors, se forme actuellement sous nos yeux. Le spectacle du présent, ce n'est plus celui d'un patriotisme vigoureux, de la fierté nationale, de l'exaltation des gloires nationales. Dans la Belgique fédéralisée du point de vue constitutionnel, mais plus encore du point de vue moral, ceux qui sont à l'avant-plan de la scène, dont on nous entretient chaque jour, sont les Flamands et les Wallons. D'où l'idée, qui se répand, que s'il y a une Belgique, c'est parce que Flamands et Wallons ont accepté, à un moment donné, de se réunir pour la constituer.

L'idée de base, à savoir que Flamands et Wallons ont préexisté à la Belgique, devait jaillir tout naturellement, et on serait tenté de dire presque fatalement, de sentiments « communautaires » en développement.

En 1937, Lode Claes, adressant au Centre d'Études pour la Réforme de l'État un rapport sur « Le mouvement flamand et la réforme de l'État », dans lequel il résume les conclusions des travaux du *Katholieke Vlaamsche Landsbond*, écrit tout de go : « L'idée fondamentale qui doit présider à la réforme de l'État est que la communauté flamande est historiquement plus ancienne que la Belgique » (*La Réforme de l'État*, 1937, t. I, p. 385).

Les écologistes de langue française — qui sont, cependant, de tous les partis belges, celui qui est le moins pénétré d'esprit « communautaire » — viennent de tenir, le 1er décembre 1996, des assises consacrées au thème : « Disparition d'une nation européenne ? ». Ils se posent la question de savoir si l'on ne va pas vers « la fin de la Belgique » dès l'instant où « ce pays aura rempli sa fonction : assurer la coexistence pacifique des peuples flamand et wallon ainsi que de la ville-région de Bruxelles ». Qu'il s'agisse là d'absurdités historiques (car pour l'historien, s'il y a une chose aussi claire que le jour, c'est que la Flandre est la Wallonie, les Flamands et les Wallons sont des sous-produits de la Belgique) importe au fond assez peu car l'histoire est le plus souvent impuissante à réagir contre les fantasmes du nationalisme et encore moins à les détruire.

Dès l'instant où l'on imagine, en fonction des sentiments communautaires actuels, qu'il y a eu des Flamands et des Wallons avant qu'il n'y ait eu des Belges, on doit imaginer aussi les conditions de leur réunion. Le moment est connu : c'est 1830 (personne ne songe à 1789-1790, à l'époque de la « révolution brabançonne », qui est complètement sortie de la mémoire collective). Mais comment penser qu'en 1830, Flamands et Wallons se soient réunis dans un grand élan de fraternité ? Cela jure avec l'idée générale de leur antagonisme. D'où l'affirmation, qui est de plus en plus répandue, que c'est la volonté des grandes puissances, leur volonté de créer un État tampon, qui a en quelque sorte forcé Flamands et Wallons, en 1830, à faire vie commune.

Cette lecture « communautaire », complètement à contresens, de ce qui a été de manière éclatante une révolution nationale, ne s'appuie sur aucun travail historique sérieux ; simplement, elle se répand dans le public et on a l'impression, à lire la presse, à lire les déclarations de nombre d'hommes politiques, qu'elle devient dominante (J. STENGERS, 1995). C'est bien un nouveau mythe fondateur qui, tout comme le premier, celui du « caractère national », projette le présent dans le passé.

Quand on pense à ce nouveau mythe, quand on pense aux paroles de la *Brabançonne* et au Belge sortant du tombeau, on conclut un peu tristement que la Belgique est peut-être un pays d'historiens, mais où, dans le grand public — et parfois, comme dans le cas de la *Brabançonne*, par la faute des historiens — le mythe a souvent été plus répandu que l'histoire.

REPÈRES BIBLIOGRAPHIQUES

BALAU Sylvain (1890). *Soixante-dix ans d'histoire contemporaine de la Belgique (1815-1884)*. 4e éd., Louvain, Charles Fonteyn.

CARTON DE WIART Henry (1917). *La Politique de l'Honneur*. Paris, Bloud et Gay.

Encyclopedie van de Vlaamse Beweging (1973 et 1975). 2 vol., Tielt, Lannoo.

HASQUIN Hervé (1996). *Historiographie et Politique en Belgique*. 3e éd., Bruxelles, Éditions de l'Université de Bruxelles.

HYMANS Louis (1862). *Histoire populaire de la Belgique*. 5e éd., Bruxelles, Office de Publicité.

JEANJOT Paul (1964). *Les concours annuels de la Classe des Lettres et des Sciences morales et politiques de l'Académie Royale de Belgique.* Bruxelles, Académie Royale de Belgique.

KURTH Godefroid (1913). *La Nationalité Belge.* Namur, Picard-Balon.

MOKE Henri (1839). *Histoire de la Belgique.* 5e éd. Gand, Bivort-Crowie.

NOTHOMB Jean-Baptiste (1834). *Essai historique et politique sur la Révolution belge.* 3e éd., Bruxelles, Méline.

PIRENNE Henri (1900). *La Nation Belge. Discours prononcé... le 1er octobre 1899.* Gand, Vander Haeghen.

PIRENNE Henri (1919). « Le pangermanisme et la Belgique », dans *Académie Royale de Belgique. Bulletin de la Classe des lettres et des Sciences morales et politiques,* p. 341-373.

QUOIDBACH Théophile (1878). *Mémoire historique sur la persistance du caractère national des Belges.* Bruxelles, Académie Royale de Belgique.

La Réforme de l'État (1937). Bruxelles, Centre d'Études pour la Réforme de l'État.

RION Pierre (1986). « La correspondance entre G. Kurth et H. Pirenne, 1880-1913) », dans *Bulletin de la Commission Royale d'histoire,* t. 152, 1986, p. 147-255.

STENGERS Jean (1950-1951). « Sentiment national, sentiment orangiste et sentiment français à l'aube de notre indépendance », dans *Revue belge de philologie et d'histoire,* t. 28, 1950, p. 993-1024 et t. 29, 1951, p. 61-92.

STENGERS Jean (1981). « Le mythe des dominations étrangères dans l'historiographie belge », dans *Revue belge de philologie et d'histoire,* t. 59, p. 382-401.

STENGERS Jean (1988). « La genèse du sentiment national belge », dans J. Craeybeckx, F. Daelemans et F.G. Scheelings (dirs.), *1585 : Op gescheiden wegen,* Louvain, Peeters, p. 237-251.

STENGERS Jean (1992). « La révolution brabançonne, une révolution nationale ? », dans *Académie Royale de Belgique. Bulletin de la Classe des Lettres et des Sciences morales et politiques.* p. 323-389.

STENGERS Jean (1995). « La révolution de 1830 », dans A. Morelli (dir.), *Les Grands mythes de l'histoire de Belgique, de Flandre et de Wallonie,* Bruxelles, Éditions Vie Ouvrière, p. 139-148.

STENGERS Jean (1996a). « La déconstruction de l'État-nation : le cas belge », dans *Vingtième Siècle,* no 50 (avril-juin), p. 36-54.

STENGERS Jean (1996b). « Avant Pirenne : les preuves de l'ancienneté de la nation belge », dans *Académie Royale de Belgique. Bulletin de la Classe des Lettres et des Sciences morales et politiques.* (sous presse).

STENGERS Jean (1996c). « Jean-François Vonck, un patriote belge ? », dans R. Mortier, H. Hasquin (dirs.), *Jean-François Vonck,* Bruxelles, Éditions de l'Université de Bruxelles, p. 11-19. (Études sur le XVIIIᵉ siècle, T. 24).

VANDER LINDEN Herman (1918). *Vue générale de l'histoire de Belgique.* Paris, Payot.

VERHOEVEN Willem (1781). *Algemeyne Inleyding tot de al-oude en midden-tydsche Belgische Historie.* Bruxelles, Joseph Ermens.

Chapitre V

SUBSTITUTION LINGUISTIQUE VERSUS DIGLOSSIE DANS LA PERSPECTIVE DE LA PLANÉTARISATION

Albert Bastardas-Boada

« Il nous faut donc affronter les deux injonctions contradictoires : sauver l'extraordinaire diversité culturelle qu'a crée la diaspora de l'humanité et, en même temps, nourrir une culture planétaire commune à tous. »

Edgar Morin, *Terre-Patrie*

I
INTRODUCTION

A/ OBJECTIF

Si l'on compare les différentes situations de contact linguistique existantes dans lesquelles le facteur politique est le plus déterminant — à côté d'autres facteurs qui pourraient éventuellement aboutir au contact direct et fréquent entre les populations — on constate des évolutions qui, dans la plupart des cas, suivent des chemins parallèles ; mais il en est un certain nombre qui attirent l'attention par des processus divergents. Ainsi, on a pu voir au cours de l'histoire des groupes qui ont fini par abandonner leur propre variété linguistique dans la communication avec les enfants (adoptant par conséquent la variété généralement réservée à ce que J.-C. CORBEIL (1980) nomme les communications institutionnalisées) et d'autres qui pour cette fonction communicative ont conservé de façon stable leur(s) variété(s). Ces derniers cas semblent donc infirmer l'hypothèse générale selon laquelle les groupes humains massivement bilingues, au sein desquels les fonctions publiques sont assumées dans une variété standardisée structurellement éloignée ou basée sur un système linguistique nettement différent, évoluent, d'une génération à l'autre, vers l'extinction de leurs codes natifs, puisque s'interrompt la transmission des variétés vernaculaires. Autrement dit, la question surgit lorsque l'on compare les situations dites de « substitution linguistique » (L.V. ARACIL, 1982) et celles de « diglossie » (C. FERGUSON, 1959[1]). Comment se fait-il que, malgré des distances interlinguistiques considérables — cas du grec ou du suisse allemand — et une nette distribution complémentaire des variétés entre les fonctions « hautes » et les « basses », on n'abandonne pas, d'une génération à l'autre, les variétés « basses » au profit des « hautes » ? N'est-ce pas ce qui se produit dans la plupart des cas de substitution linguistique ? Mais pourquoi dans les uns et non dans les autres ? Qu'est-ce qui fait que des situations en apparence semblables du point de vue du contact linguistique puissent évoluer de façon si radicalement différente ?

Le problème a donc à voir avec l'hypothèse, ou quasi-loi sociolinguistique, qui pose que l'évolution aboutit nécessairement à la substitution dans les sociétés dont les individus maîtrisent massivement deux codes et les emploient socialement en distribution fonctionnelle hiérarchisée. Et si cette situation était une condition *nécessaire* mais *non suffisante* pour expliquer l'évolution

---

1   L'objectif de C. FERGUSON (1959) était d'examiner « one particular kind of standardization where two varieties of a language exist side by side throughout the community, with each having a definite role to play » et non les situations dans lesquelles les variétés présentes étaient « two distinct (related or unrelated) languages ». Mais il n'est pas toujours facile de considérer une variété linguistique comme faisant partie d'une « langue » ou comme formant elle-même un système linguistique propre et indépendant (par exemple, nous pensons au cas de la variété « suisse-allemand »). Et, puisque la distribution fonctionnelle des « diglossies » persiste dans le temps, il faudrait dorénavant rechercher les causes de cette stabilité et les contraster aux mécanismes qui mènent à la substitution voire extinction linguistique.

vers l'abandon intergénérationnel des variétés locales ? Et s'il fallait en croire Norbert ELIAS (1982) lorsqu'il affirme que « dans le traitement du problème de la nécessité des évolutions sociales, [il faut] distinguer très nettement la constatation selon laquelle une configuration B suit nécessairement une configuration A de l'affirmation selon laquelle une configuration A a nécessairement précédé une configuration B » (p. 197)? On doit donc étudier de façon plus approfondie les facteurs et les conditions qui font que les situations de contact linguistique évoluent vers l'une ou l'autre des directions.

B/ JUSTIFICATION

De plus, une telle recherche apparaît, en cette fin de siècle, comme particulièrement pertinente. L'hypothèse étant que les sociétés massivement bilingues avec une distribution dans les fonctions sociales (souvent fonctions institutionnalisées vs individualisées) de variétés structurellement très différentes évoluent généralement vers le choix d'un seul code pour toutes les fonctions y compris pour la communication intergénérationnelle. Si cette hypothèse devait inéluctablement se confirmer, il y aurait lieu de craindre pour l'avenir de la diversité linguistique de la planète. L'extension au niveau planétaire des espaces traditionnels de communication, que les nouvelles technologies ont rendu possible, et la globalisation de l'économie, entre autres facteurs, montrent clairement l'absolue nécessité d'un code de communication mondial, rôle que l'anglais assume déjà *de facto*. Les divers groupes linguistiques de l'humanité accepteront-ils de renoncer à la connaissance pratique et fluide de l'interlangue planétaire et à son emploi — quelle que soit finalement cette interlangue — sous prétexte d'éviter leur disparition en tant que collectifs linguistiques différenciés ? Si ce n'est pas le cas, allons-nous vers une disparition certaine de la diversité linguistique ? On le voit, une bonne compréhension des processus (de ceux qui attestent un changement dans les comportements linguistiques comme de ceux qui en attestent la stabilité et donc la permanence des codes) s'avère tout à fait nécessaire pour prévoir l'avenir et orienter les politiques et les discours que devra adopter l'humanité si elle veut préserver sa richesse linguistique.

C/ APPROCHE

La meilleure façon d'arriver à une compréhension approfondie des différents processus évolutifs du contact linguistique est de comparer les différents cas et les différents types de situations de *substitution* et de *diglossie*, c'est-à-dire de perte ou de maintien intergénérationnel de la variété locale. Cette comparaison devra être *structurelle* — quelles macroconditions agissent sur les situations — mais aussi *interprétative* — quelles représentations et définitions de la réalité possèdent les protagonistes — afin de comprendre pourquoi des

113

situations structurellement semblables font quelquefois naître des évolutions précisément différenciées. On voit par là la nécessité de ne jamais perdre de vue la composante cognitive et symbolique des actions et des situations humaines, car c'est dans cet univers de sens, à la fois personnel et social, que l'individu décide de ses comportements. Comme la sociologie a traditionnellement privilégié la perspective structurelle — bien qu'elle n'ait pas non plus de ce point de vue approfondi vraiment le problème spécifique de la substitution linguistique — et compte tenu du fait que ce collectif est orienté vers le plan des représentations et des auto-images, c'est cette dernière orientation que nous avons privilégiée.

II
POINT DE VUE THÉORIQUE

Au centre de la conception contemporaine cognitivo-interprétative de l'être humain, il y a le fait, comme le signalent les tenants de l'interactionnisme symbolique, que « le signifié n'émane pas de la structure intrinsèque de la chose qui le possède, mais des activités définitoires des individus et à travers elles, au fur et à mesure que ces individus interagissent » (H. BLUMER, 1982, p. 4). À l'encontre, donc, de croyances largement répandues, les choses, et probablement les situations, ne signifient pas par elles-mêmes ; ce sont les êtres humains qui leur attribuent un certain signifié, moyennant des traitements cognitifs de l'information appréhendée, et des procédures interprétatives intériorisées. En fait, nous pourrions altérer un tant soit peu la célèbre phrase de Gregory Bateson et dire qu'« on ne peut pas ne pas interpréter ». Devant toute perception et très souvent depuis le subconscient, le monde est traité, *compris* et évalué à partir du sédiment cognitif disponible.

En conséquence, la « signification » de la réalité apparaît comme un fait central dans l'existence humaine. Aucune explication de l'expérience des individus et des sociétés ne peut l'ignorer. La représentation qu'un individu aura du monde, de lui-même dans le monde, des valeurs et des buts de son existence et de celle des autres, des événements et des objets personnels ou sociaux, etc, tout cela aura une influence essentielle sur les motivations, les sentiments et les émotions de cet individu, et par conséquent sur son comportement.

Pour les objets de la réalité que sont les codes linguistiques, les êtres humains opèrent là aussi des interprétations évaluatives, en particulier en situation de diversité dans les manières de parler. Parler dans l'une ou l'autre variété, et souvent employer l'une ou l'autre forme linguistique, devient socialement significatif et entraîne des répercussions qui peuvent être importantes pour l'interaction en cours. Comme l'affirme J.-L. GIRIBONE (1988), « les façons de dire, elles aussi, appartiennent au dit » (p. 58). Lorsque nous interprétons les perceptions, nous le faisons de manière polyphonique, pluridimensionnelle. Jamais, ou presque, nous ne tenons compte isolément de l'un des niveaux de signification car nous les intégrons dans le reste des perceptions et/ou informations pertinentes et, de plus, à partir d'une organisation hiérarchisée. Les significations sociales des formes linguistiques font partie du sédiment cognitivo-interprétatif de l'individu et elles peuvent affecter l'action du locuteur tout autant que celle de l'interlocuteur. Par exemple, l'individu qui se voit jugé négativement par les autres peut décider de renoncer — directement ou à travers ses enfants — à la variété dépréciée ou méprisée du point de vue de la société dans laquelle il vit. On voit par là que les significations et/ou les évaluations sociales négatives des formes linguistiques sont, selon toute probabilité, à la base de tout processus de substitution linguistique.

L'activité humaine s'inscrit toujours dans le cadre de cet univers de sens qui la détermine et la rend intelligible. « Lorsque j'agis — nous dit J. SEARLE (1985) — ce que je fais dépend en grande partie de ce que je crois faire » (p. 67). Et ce que je crois faire est le fruit des indications que je me suis donnés, conformément aux schèmes interprétatifs que j'ai intériorisés dans mon sédiment de connaissance, indications qui sont elles-mêmes le fruit d'expériences passées (H. BLUMER, 1982). Pour comprendre l'action, il faut donc comprendre, comme le rappelait Max Weber jadis, l'interprétation significative que le sujet applique à sa propre action dans le cadre d'une situation donnée.

III
LE CONTACT LINGUISTIQUE PAR DÉCISION POLITIQUE : COMMUNICATIONS INSTITUTIONNALISÉES / COMMUNICATIONS INDIVIDUALISÉES

La diffusion progressive de standards linguistiques suscitée fondamentalement depuis le pouvoir politique et facilitée par la modernisation générale de la société (changements économiques, technologiques, idéologiques, etc) a mis en place dans les pays développés un paysage linguistique radicalement différent de ceux que l'on connaissait. La croissance exponentielle du volume des communications qu'on a appelées *institutionnalisées* — bureaucratie de l'État, système général de scolarisation, imprimés, médias audiovisuels, enseignes, publicité, étiquetage, etc. — et le fait que la variété standard occupe ces domaines et ces fonctions, ont fini par façonner à l'époque actuelle un nouveau type d'écosystème linguistique lourd de conséquences sur les comportements linguistiques des individus (A. BASTARDAS-BOADA, 1996).

Par-dessus le continuum vernaculaire traditionnel existant, la plupart des États souverains ont étendu, ou étendent encore, une variété linguistique standard que la totalité de la population connaît, ou finira par connaître, et qu'emploient généralement de façon exclusive, au moins en situation d'écrit et d'oral formel, les institutions et les organisations situées dans les territoires sur lesquels ces États sont souverains. Devenue « langue officielle » par décret et code véhiculaire du système éducatif, la variété standard choisie et dûment codifiée deviendra avec le temps la langue publique par excellence et elle occupera tous les espaces publics de communication.

Dans ce contexte de renforcement circulaire — plus il y aura de locuteurs à connaître la nouvelle variété, plus celle-ci sera employée, et plus elle sera employée, plus il y aura de sujets à y être exposés et à la maîtriser — de nombreux individus deviendront compétents *de facto* au moins dans deux variétés : le parler vernaculaire acquis au cours de la socialisation de base et le parler standard développé à travers le système scolaire et les autres communications institutionnalisées. Hormis pour les sujets parlant le dialecte-base du parler standard, au cas où celui-ci servirait de critère fondamental, tous les autres locuteurs, parlant des variétés vernaculaires différentes (à des degrés divers) de la variété de référence, se trouveront en situation de choix linguistique potentiel, du moins à l'oral. Ainsi, la situation type des premières étapes de l'extension de l'usage standard se caractérise par une compétence quasiment généralisée dans cette variété, mais par un emploi restreint de cette même variété dans la plupart des communications de la vie quotidienne. En effet, même si le standard emplit l'espace de la plupart des communications publiques, écrites et orales formelles (manifestations officielles, cérémonies, école, etc.) ou de la communication générale (enseignes, médias, etc.), il se peut qu'une grande partie de la population, dont la première langue est une modalité vernaculaire différenciée, continue d'employer cette dernière dans ses relations interpersonnelles, en situation informelle en tout cas. Et même dans des situations caractérisées plutôt comme formelles, avec des fonctionnaires ou des employés d'organismes par exemple, l'emploi des vernaculaires sera le plus souvent normal, sauf consignes précises l'interdisant, par exemple dans les cas de subordination politique avec l'objectif explicite d'extinction des langues différentes de la langue officielle de l'État.

La sensibilité des locuteurs quant au degré d'emploi et aux fonctions de la langue standard peut varier en fonction du statut social et/ou de la profession des individus. Le plus souvent, les couches socio-économiques élevées sont plus attentives que les autres au respect de ce qui est considéré comme *normatif* dans la société en question, et elles sont par conséquent susceptibles d'adopter la langue standard dans des situations plus nombreuses, voire de l'employer comme variété fondamentale unique. De même, les personnes qui occupent des postes institutionnalisés et qui emploient donc la variété standard dans leurs activités formelles, peuvent l'adopter dans nombre de leurs activités quotidiennes. En revanche, le reste de la population se laissera vraisemblablement guider par ce qu'elle considère comme *normal* en situation linguistique informelle et elle continuera d'employer les variétés vernaculaires traditionnelles ; elle ne réservera alors la variété standard qu'aux activités strictement formelles, en l'adaptant souvent aux caractéristiques du vernaculaire, en particulier pour ce qui est des traits phonétiques. On aura dans ce cas une situation d'*alternance de codes* (*code-switching*) selon que la situation sera individualisée ou institutionnalisée, autrement dit informelle ou formelle. On considérera comme adaptées les vernaculaires pour la première, et la langue standard pour la seconde.

Bien sûr, ce modèle ne s'implantera pas de façon immédiate, il aura besoin d'une génération au moins. La génération adulte contemporaine de l'extension généralisée de la langue standard à travers le système scolaire en sera peu affectée elle-même — étant donné son âge elle n'entrera pas dans le système éducatif — et l'adoption effective de l'usage standard dans les fonctions formelles correspondantes se fera par la première génération scolarisée. C'est donc celle-ci qui appliquera à grande échelle la distribution de fonctions entre les variétés de son nouveau répertoire linguistique. C'est elle qui décidera du degré de continuité ou de changement des formes et des comportements linguistiques suivant les normes et les structures qu'elle adoptera dans son comportement socio-communicatif.

Certes, jusqu'au siècle dernier, les différences linguistiques existaient mais leur présence était secondaire et de peu d'importance dans la vie quotidienne des individus[2]. Avec les nouveaux contacts développés par la généralisation de la scolarité et la croissance de la communication publique, de nombreux locuteurs prennent conscience de la diversité linguistique et produisent des représentations et des comportements directement liés à elle. Souvent, la conscience de la différence linguistique naît à l'école, laquelle non seulement diffuse le nouveau code mais quelquefois une idéologie qui valorise la langue standard et simultanément dénigre les vernaculaires. Chez de nombreux sujets, à la conscience de la diversité linguistique peut s'ajouter la conscience de mal parler et de disposer d'une langue inconvenante et stigmatisante.

Les conséquences de ce contact diffèrent d'un endroit à un autre. Quelquefois, l'apparition de la variété standard n'entraîne qu'une situation stabilisée de distribution hiérarchisée et complémentaire de fonctions entre les deux codes de l'individu : le vernaculaire pour les activités familières et traditionnelles, le standard pour les communications écrites et formelles. Dans certains cas, l'évolution peut entraîner un rapprochement des vernaculaires vers les caractéristiques structurales du standard s'il n'y a qu'une petite distance interlinguistique. Dans d'autres, il peut se produire le phénomène appelé à juste titre *substitution linguistique*. Ce phénomène consisterait, par exemple dans les contacts par décision politique, en l'abandon d'un vernaculaire appartenant au système linguistique X et en l'adoption du standard appartenant à un différent système linguistique Y, assortie, le cas échéant, de petites

---

2   Comme le dit Walter B. Simon, « in pre-industrial rural and predominantly illiterate societies diverse language groups may exist side by side peacefully while the members of small educated elites perform the functions of government in a shared *lingua franca*. Consequently, language was not an issue or a source of tensions in a predominantly rural and mostly illiterate multilingual Europe ruled by an elite that communicated in Latin and later in French » (cité par L. DION, 1981, p. 20).

modifications phonétiques, lexicales et/ou grammaticales. Ce standard « étranger » deviendrait alors la variété également orale, informelle, unique et habituelle après un temps plus ou moins prolongé de distribution diglossique des fonctions. C'est donc la situation où l'on enregistre le taux le plus élevé de disparition linguistique car la continuité intergénérationnelle des vernaculaires est interrompue. À la place du vernaculaire, les parents transmettent aux enfants le standard — en fait une variété de celui-ci plus ou moins teintée de couleur locale — appelé à devenir le code natif de nombreux futurs locuteurs. Nous allons ci-dessous tenter d'étudier les différentes répercussions de ce nouvel écosystème linguistique historique et en particulier le rôle que jouent les représentations socio-mentales dans les contextes généraux de ces phénomènes.

IV
LES ÉVOLUTIONS : FUSION, SUBSTITUTION, STABILISATION DIGLOSSIQUE

A/ FUSION

Lorsque le standard est construit sur l'un des dialectes préalablement existants (dialecte du groupe le plus nombreux ou de celui qui détient le pouvoir politique et/ou économique) l'acquisition de l'écrit ou de l'oral formel n'induit généralement pas, pour ce groupe, d'exposition à de grandes différences, étant donné la similitude entre le ou les vernaculaire(s) dont il dispose et la variété répandue à travers le système scolaire. L'auto-image de ce groupe n'en peut être que valorisée, le standard étant accompagné d'une idéologie d'autoprestige[3]. Lorsque les vernaculaires sont différents de celui pris pour base du standard, sans toutefois relever d'un autre système linguistique général, ils sont perçus par les locuteurs comme une variété structurellement liée au standard, et le processus est différent. Comme il est attribué à la variété standard la qualité de référence — « cette langue d'État devient la norme théorique à laquelle toutes les pratiques linguistiques sont objectivement mesurées » (P. BOURDIEU, 1982, p. 27) — les locuteurs de ces vernaculaires peuvent souvent mettre en marche un processus graduel et intergénérationnel de

---

3 L'un des mécanismes de production du prestige est celui de la « retrospective historicity » par lequel est attribué aux standards « a glorious past which helps set them apart from less prestigious varieties current in the community » (R.A. LODGE, 1993, p. 8).

rapprochement vers le standard beaucoup plus accentué[4]. L'évolution s'opère donc vers une fusion de base entre les traits du vernaculaire et ceux du standard correspondants, même si elle donne quelquefois des standards oraux appelés régionaux, où la diversité dialectale est considérablement réduite mais s'accompagne d'une différenciation partielle par rapport au standard pris pour norme[5]. En l'occurrence, les différences entre les formes employées dans les communications institutionnalisées et dans les communications individualisées sont considérablement réduites, que ce soit par le rapprochement des variétés familières traditionnelles vers la variété standard[6], ou par l'adaptation de certaines formes du standard à des formes qui caractérisent les parlers locaux, ce qui peut s'établir durablement et ne pas être vécu sur le mode péjoratif. Le processus entraîne alors la disparition de fait d'une grande quantité de systèmes linguistiques locaux. Comme l'affirme Mioni, il s'agit d'une mort linguistique d'un autre type, moins visible à cause de la moindre distance structurelle, où « minor languages are captured by the bigger ones and their speakers tend to consider their vernaculars as a natural part and parcel of the major ones » (A.M. MIONI, 1988, p. 317). L'interprétation dominante est alors qu'il s'agit d'un groupe de locuteurs qui doit modifier ses formes habituelles pour « bien parler », c'est-à-dire comme l'on parle normalement dans les communications institutionnalisées et/ou comme parle le groupe qui est devenu la référence normative. La situation est rarement vécue comme un conflit « externe », mais plutôt purement « interne », autrement dit, entre modalités d'une même « langue ». Le facteur fondamental est « l'idéologie du standard » qui consacre le prestige social de l'une des variétés concurrentes avec pour corollaire le dénigrement des autres, condamnées à n'être vues que comme des « dialectes » ou, ce qui est pire, comme des « patois ».

B/ SUBSTITUTION

À côté de situations de contact entre variétés plus ou moins proches structurellement, il y a celles où les variétés sont constituées de codes beaucoup plus éloignés, éloignement quelquefois atténué par les représentations

---

4   Par exemple, « en Allemagne du Nord, la langue parlée s'est rapprochée le plus tôt et le plus près de la langue commune. Dans les pays de l'Allemagne du Sud, moins étendus et ethniquement plus homogènes [...] la langue parlée est restée plus dialectale » (F. RAYNAUD, 1982, p. 118). De même pour la France, R.A. LODGE (1993) remarque : « with the spread of the belief in the identity of language and nationalhood in the nineteenth century, the promotion of the linguistic uniformity according to Parisian norms became a prime duty of citizenship » (p. 228).

5   C'est ce qui semble s'être produit dans l'évolution historique des parlers de l'Aragon ou de León vers la forme standard orale du castillan du centre de la péninsule ibérique. Et c'est ce qui semble se produire dans le nord de l'Italie où les dialectes tendent à se rapprocher des modèles d'usage linguistique plus ou moins fondés sur le standard écrit. Ainsi, « fusionnent ou s'éliminent des oppositions absentes du modèle écrit, des processus morpho-phonologiques et des structures de mots sont homologués, on substitue de grands ensembles lexicaux et on change des règles et des stratégies syntaxiques lorsqu'elles sont trop éloignées de l'écrit pris pour modèle » (J. TRUMPER, M. MADDALON, 1988, p. 222).

6   C'est au cours de ce processus d'adaptation entre structures linguistiques que les locuteurs peuvent tomber dans l'hypercorrection, attribuant au modèle standard des formes inexistantes ou des règles qui ne sont pas pertinentes dans certains cas (T. PATEMAN, 1987, p. 78).

cognitives de la situation[7]. Ces situations peuvent présenter une distribution diglossique de fonctions, caractérisée par une relative stabilité ou bien une évolution vers la substitution linguistique, c'est-à-dire vers la substitution généralisée des variétés vernaculaires par le standard officiel jusque dans les communications orales familières intergénérationnelles. Dans ce dernier cas, le processus mis en place par la diffusion politique de la variété standard, en particulier au moyen de l'alphabétisation massive, entraîne, en interrelation avec d'autres facteurs non moins décisifs, la continuité du processus de changement sociolinguistique jusqu'à ce que des variétés soient expulsées de leurs fonctions historiques et que soient adoptées, dans la totalité des fonctions communicatives, des variétés fonctionnelles ayant pour base la modalité unique de référence. L'exemple est parfaitement illustré par la France, où d'un « amalgam of numerous diglossic communities organised around a monoglot Paris region » (R.A. LODGE, 1993, p. 152), on est passé à une situation actuelle où la majorité des autres systèmes linguistiques ont pratiquement disparu et où le « français » les a remplacés dans toutes les fonctions[8]. On trouve des processus similaires en Grande-Bretagne pour les langues celtiques (les gaéliques irlandais et écossais ainsi que le gallois) et en Espagne, où la situation du basque, du galicien et du catalan valencien montrent des processus typiques de substitution.

L'évolution de situations à l'origine diglossiques vers un abandon intergénérationnel des variétés vernaculaires et, par contre, la stabilisation plus ou moins équilibrée de leur reproduction sociale sont des phénomènes qui coexistent dans l'aire catalanophone. En effet, en pays valencien, la tendance historique va vers la substitution graduelle des vernaculaires, de même que, plus récemment, sur les îles Baléares, à cause surtout des mariages mixtes. En revanche dans la Catalogne *stricto sensu,* le groupe de langue native catalane tend plus clairement à conserver les vernaculaires dans la transmission générationnelle[9]. En outre, le comportement électoral du groupe le montre beaucoup plus favorable aux idées de normalisation linguistique et de revitalisation de son identité collective. Dans le pays valencien, beaucoup plus qu'en

---

7   Il peut arriver que l'on fasse croire aux locuteurs que leur variété est un dialecte mal parlé d'un certain standard, même si structurellement il appartient à un autre groupe de parlers. Étant donné qu'en principe les individus prennent connaissance de ce qu'ils parlent ou ne parlent pas par les informations qui leur arrivent socialement — dans leur communauté, l'école, la presse, etc. — celles-ci peuvent leur faire croire qu'ils sont perçus comme les locuteurs d'une modalité, évidemment peu prestigieuse, plus ou moins proche d'un standard exogène et les inciter à remplacer les vernaculaires par le standard étranger dominant, en situation familière habituelle.

8   Cela dit, dans le cas français comme dans beaucoup d'autres, le processus est lent et coûteux : « il faudra se rappeler que c'est seulement au XXᵉ siècle, après une longue évolution suivie d'une profonde révolution politique, mais surtout après avoir digéré les fruits de la Révolution industrielle, que les parlers de la majorité des Français sont devenus plus ou moins uniformes, ou au moins intercompréhensibles » (W.F. MACKEY, 1994, p. 62).

9   R.L. NINYOLES (1978) souligne que, durant la deuxième moitié du XIXᵉ siècle et la première moitié du XXᵉ, la mobilité sociale et la substitution linguistique sont des phénomènes liés. « Le changement de langue », nous dit-il, « est le résultat inévitable des changements qui se produisent dans la position sociale des individus et des groupes. Toutefois, contrairement aux époques précédentes où ce changement avait lieu à l'intérieur d'un même niveau social, il s'étend maintenant à divers niveaux : oligarchie des propriétaires terriens, classes moyennes et petite bourgeoisie » ; nous ajouterons pour l'époque actuelle qu'il se généralise chez une grande partie de la population urbaine (p. 56).

Catalogne, de nombreux parents ont cru qu'il était bon pour leurs enfants d'avoir comme langue première le standard officiel plutôt que les vernaculaires historiques. Alors que ces derniers étaient significativement associés au passé, à la ruralité et à un monde décadent, le standard castillan a d'abord été associé au monde de l'école et à la possibilité d'une promotion socio-économique, et, plus tard, à la modernité, à l'avenir, à un monde jugé dynamique et prestigieux avec lequel on préférait s'identifier. Comme on disait dans le Pays Valencien de façon imagée, « parler valencien, c'est marcher en sabots, parler castillan, c'est marcher avec des souliers[10] ».

Dans le cas valencien, le facteur fondamental de l'évolution vers l'abandon linguistique intergénérationnel semble donc être le fait que les classes élevées et, plus tard les classes moyennes urbaines, ont pris pour référence des groupes et des variétés linguistiques allochtones au détriment de leurs propres traits d'identité culturels, vus désormais comme archaïques et connotés péjorativement du point de vue de la stratification sociale. Entre un discours de défense, de revitalisation et de modernisation des éléments culturels autochtones et un autre discours de folklorisation de ces éléments, de reconnaissance acritique de la supériorité et du prestige du castillan, langue d'État et langue démolinguistiquement dominante en Espagne, les classes dirigeantes valenciennes semblent pencher pour le second.

Une fois de plus, il est clair qu'à la base des processus de substitution linguistique intergénérationnelle, il doit y avoir toute une intériorisation de socio-significations négatives envers les variétés vernaculaires, pour le moins lorsqu'on les compare à celles du standard dominant. Si ces représentations continuent de prédominer, on peut s'attendre, sur toute la planète, à la disparition d'un grand nombre de systèmes linguistiques que les locuteurs eux-mêmes trouvent honteux sous la pression uniformisatrice des standards d'État.

Il semble que seules peuvent résister à la tendance vers la substitution linguistique les communautés politiquement subordonnées qui peuvent néanmoins faire prévaloir une interprétation *positive*, et non plus négative, de leurs variétés linguistiques et, globalement, d'elles-mêmes comme groupe humain, par des autoreprésentations positives fondées sur leur situation économique ou vues comme un héritage culturel. Dans certains cas, ces communautés sont même capables d'accepter largement un discours d'illégitimation concernant la situation dans laquelle elles vivent. La Catalogne, par exemple, est l'une de ces communautés où, malgré toute la pression politique — ou peut-être en partie grâce à elle — une bonne part de la population autochtone a eu tendance à conserver ses variétés vernaculaires et même, bien que de façon réduite et clandestine, sa variété normativisée. Aux yeux d'un secteur important

---

10 « Les comparaisons évaluatives avec d'autres groupes ou leurs membres individuellement peuvent jouer un rôle important dans l'auto-image d'une personne, surtout si celle-ci se considère comme marginalisée par les autres et (explicitement ou implicitement) « inférieure » à elles sur des points importants ». Le phénomène est courant et peut être massif, par exemple, la croyance des Noirs en leur infériorité par rapport aux Blancs (H. TAJFEL, 1984, p. 362 et 364). Selon Merton, « l'individu oriente son comportement en fonction de l'approbation ou du refus de groupes auxquels il n'appartient pas. Les groupes de référence sont des groupes étrangers qui servent d'échelle de valeurs pour l'action individuelle et qui constituent le système de référence dans lequel l'individu évalue son comportement et celui des autres » (cité dans R. DAHRENDORF, 1975, p. 49).

de la bourgeoisie barcelonaise et d'une grande majorité des classes moyennes et populaires catalanes, les variétés linguistiques vernaculaires n'ont jamais été considérées comme « négatives » alors que l'était une situation politique nettement antidémocratique qui a duré en Espagne une bonne partie de ce siècle. C'est dans ce contexte que l'on peut comprendre le triomphe des idées d'autonomie politique et de normalisation linguistique à l'avènement de la nouvelle ère constitutionnelle. Pourquoi le pays valencien a-t-il réagi autrement ? On n'a pas encore trouvé de réponse claire à cette question.

C/ DIGLOSSIE

En plus des situations de subordination politique où le contact linguistique se fait par les communications institutionnalisées mais où la population opte malgré tout en grande partie pour la conservation intergénérationnelle de ses variétés, on rencontre aussi des situations qui présentent spécifiquement une stabilité de base des formes vernaculaires à côté de la pleine compétence linguistique des locuteurs dans une variété standard (orale et écrite) qui peut être structurellement très éloignée des parlers habituels, et qui sert à la quasi-totalité des communications institutionnalisées. La caractérisation de ces types de situation correspond à ce que Charles FERGUSON décrit comme situations de « diglossie » dans son important article de 1959. La variété standard est habituellement employée pour les fonctions officielles, dans l'enseignement et les médias, pour les cérémonies religieuses, les enseignes, et pour l'écrit dans sa totalité ; à ce titre, la variété standard est acquise à travers les appareils institutionnels, c'est-à-dire le système scolaire. En revanche, les variétés vernaculaires orales sont indissolublement liées à la socialisation naturelle des individus — en famille, avec des amis, etc. — et elles sont employées dans la grande majorité des interactions quotidiennes par l'ensemble de la population. On ne peut certes affirmer l'immutabilité et la pérennité de ces situations, mais on observe que beaucoup d'entre elles durent — en tout cas sans évolutions négatives pour les vernaculaires — depuis des époques suffisamment reculées pour que d'autres, pendant la même durée, aient eu le temps de changer radicalement. L'un des exemples typiques que donne C. FERGUSON (1988) pour illustrer cette situation est celui du suisse allemand, mais ce même auteur affirme que l'on pourrait en trouver quelque deux cents autres qui entreraient dans la notion classique de « diglossie » telle que lui-même l'a établie.

V
STABILITÉ VERSUS SUBSTITUTION :
REPRÉSENTATIONS ET CONTEXTES

On remarque que ces situations stabilisées de diglossie s'opposent, d'une part, à celles où les vernaculaires évoluent graduellement vers la variété standard, et, d'autre part, à celles qui aboutissent à la substitution linguistique. Car, pour le premier cas, les situations de diglossie caractérisées par Ferguson ne semblent pas présenter une évolution adaptative généralisée des vernaculaires vers le standard, assez éloignés structurellement les uns des autres, comme on le sait. Le standard est perçu comme la modalité adéquate pour les communications écrites et orales très formelles, mais non pour la conversation et la communication informelle en général. En fait, comme le note Ferguson, la caractéristique fondamentale de la situation de diglossie réside dans la distribution *radicale* des fonctions, où jamais la variété standard n'est employée par *aucun* groupe social pour la communication familière quotidienne. Cette caractérisation nettement séparée des variétés et de leurs fonctions fait que les modalités orales ne sont jamais remises en question, même pas par les groupes du plus haut statut social, et elles semblent conserver tout leur prestige face au standard, qui, lui, je le rappelle, ne sert jamais aux communications individualisées.

Quant à l'opposition avec les cas de substitution linguistique, on peut naturellement se demander pourquoi des situations de distribution hiérarchisée de fonctions entre des variétés linguistiques structurellement éloignées peuvent, dans certains cas, apparaître comme très stables, alors que dans d'autres on tend à abandonner les variétés qui occupent les communications individualisées pour les remplacer par celles des communications institutionnalisées. Quels sont donc les facteurs susceptibles de déclencher ces résultats différents : diglossie stable, au sens de Ferguson, *vs* substitution ? Plutôt que les divergences structurelles strictement linguistiques, il faut probablement envisager les représentations socio-cognitives des locuteurs à l'égard des variétés linguistiques en présence et, en dernier ressort, les contextes au sein desquels elles se forment et se maintiennent. Qu'est-ce qui fait que certains locuteurs abandonnent leurs vernaculaires et d'autres non ? Précisons-le : il ne s'agit pas ici de comprendre pourquoi des locuteurs *adoptent* une variété mais pourquoi ils en *abandonnent* une autre[11].

---

11 On adopte ici le point de vue de S. LIEBERSON (1981) qui affirme que les causes du bilinguisme et celles de la substitution linguistique peuvent être séparées et distinctes. On dira donc avec lui que « les pressions en faveur ou contre l'acquisition d'une deuxième langue sont au moins partiellement différentes des pressions qui poussent les parents à choisir l'une ou l'autre langue pour élever leurs enfants » (p. 130).

On dira tout d'abord qu'en ce qui concerne le contexte politique — à la différence des situations décrites par Ferguson — les pouvoirs politiques en place ont précisément cherché ce résultat d'abandon linguistique. Souvent, dès le début du processus de diffusion massive du standard de l'État (qui coïncidait pour une grande partie de la population avec son alphabétisation), l'objectif explicite n'était pas seulement de diffuser une interlangue de communication générale, mais aussi d'en finir avec les autres systèmes de communication linguistique différents du modèle adopté par le pouvoir politique central et souverain[12]. La diffusion scolaire du standard de l'État s'accompagne d'un discours qui dénigre et stigmatise clairement les variétés vernaculaires (« soyez propres, parlez français », « habla en cristiano », « habla la lengua del imperio »). On décrète en même temps l'interdiction d'employer des variétés différentes, dans la communication publique et jusque dans les discussions orales des organismes privés. C'est dans ce cadre de subordination et de dépendance que la population, au fur et à mesure qu'elle devient compétente dans le nouveau standard officiel acquis, peut choisir de le transmettre à ses enfants comme variété de socialisation naturelle, c'est-à-dire comme variété native, et d'interrompre la transmission intergénérationnelle du vernaculaire propre au groupe. S'agissant d'un comportement dont la pertinence sera évaluée par la communauté, ce changement apporté dans les coutumes demande une justification claire et une légitimation idéologiques et/ou pratiques. Là, intervient le discours de la « langue nationale » qui introduit l'idée d'une langue unique et générale pour tous les citoyens, accompagnée d'images comme « des enfants de la même famille » ou « des liens qui unissent les frères » (R. BALIBAR, D. LAPORTE, 1976, p. 184). Ainsi, en France, renoncer à la continuité des parlers vernaculaires sera interprété officiellement comme un acte de patriotisme au service de la liberté. D'un point de vue pratique, l'imposition légale du standard dit « le français » comme seul code d'usage officiel et public, parallèlement aux processus d'industrialisation et d'urbanisation qui favorisent la mobilité sociale et géographique de la population, fera percevoir le standard comme d'autant plus nécessaire et indispensable pour la survie et surtout pour la promotion sociale. Graduellement donc, et dans un processus de diffusion asymétrique selon les groupes sociaux et géographiques, le standard, sous forme de « langue nationale », sera d'abord adopté dans les communications institutionnalisées pour être ensuite transféré aux communications individualisées par une génération désormais compétente. Cette génération le transmettra comme variété native à la génération suivante, laquelle ignorera le plus souvent les vernaculaires anciens et fera du standard, dûment adapté aux situations familières, sa seule langue habituelle.

En revanche, les situations de distribution diglossique de fonctions présentent généralement une coexistence de variétés *perçues* comme appartenant à une même « langue ». Les meilleurs exemples en pourraient être les pays arabes ou la Grèce, car, quelles que soient les variétés qu'y parlent les locuteurs,

---

12 Le rapport que l'Abbé Grégoire, grand promoteur de la politique linguistique en France après la Révolution, adresse à la Convention s'intitule « Rapport sur la nécessité et les moyens d'anéantir les patois et d'universaliser l'usage de la langue française » (cf. R. BALIBAR, D. LAPORTE, 1976, p. 179 et 197 ; A. VIANA, 1995, p. 275-284).

elles tendent à être vécues comme de l'arabe ou du grec. Il n'y a en principe aucun problème d'identité dont le standard en diffusion, surtout écrit, serait la cause. Les variétés restent, comme nous l'avons déjà dit, en distribution complémentaire : la variété standard n'est jamais employée pour les communications individualisées orales, et les vernaculaires ne le sont jamais à l'écrit, et rarement à l'oral très formel. Le standard y est consciemment appris dans le système scolaire génération après génération, et les vernaculaires, qui sont les premiers à être acquis par les individus, occupent les fonctions familières et quotidiennes. Il n'y a donc pas de place, en principe, pour un conflit de type ethno-linguistique puisque les variétés ne symbolisent pas d'opposition de cette nature[13]. Les situations caractérisées comme diglossiques peuvent donc présenter deux cas de figure : ou bien la variété des communications institutionnalisées n'est associable à aucun groupe de référence extérieur — puisqu'elle « appartient » au même groupe, comme pour l'arabe ou le grec — ou bien elle est associée à un autre groupe mais qui n'est pas perçu comme un collectif dans lequel on puisse se reconnaître ou auquel on puisse s'assimiler, comme pour le suisse allemand. Ce qui fait que le contraste entre les variétés n'entraîne pour les locuteurs aucune représentation négative susceptible de les conduire à abandonner les vernaculaires, pour les remplacer par le standard, dans la communication informelle quotidienne. Il arrive même que l'inverse se produise. Dans les pays arabes aussi bien que pour le grec, ou même le suisse allemand, il semble se produire un regain des vernaculaires qui, au lieu de reculer, sont de plus en plus employés ou font évoluer les variétés formelles vers des caractéristiques structurelles des variétés familières[14]. Dans le cas du suisse allemand, le standard phonétique préféré n'est pas celui du haut allemand, le plus courant en Allemagne, mais celui d'une prononciation basée sur les caractéristiques définitoires des systèmes vernaculaires suisses.

Plusieurs facteurs interviennent probablement dans cette stabilisation des vernaculaires : une idéologie en faveur du standard beaucoup plus souple dans le monde germanique que celle qui concerne le français ou l'anglais (R.A. LODGE, 1993) ; ensuite, l'existence d'une auto-image de groupe hautement positive — la Suisse n'est pas un pays pauvre ou économiquement peu développé ; enfin, le fait que l'adoption générale du standard allemand ne provient pas d'une imposition externe ni d'une situation de minorisation politique, mais qu'elle relève d'une décision interne, si l'on voulait, librement révocable. Donc la raison fondamentale de la relative stabilité de ces situations de distribution diglossique est à chercher dans la dimension politico-cognitive : aucun des cas généralement analysés ne concerne des situations de subordination politique comme ceux des communautés européennes minorisées. La perception de dépendance et, par suite, d'auto-dénigrement que peut ressentir un groupe qui adopte des éléments culturels étrangers comme référence principale de comportements et de valeurs n'a pas lieu de s'y produire. Par conséquent, il semble évident que ce qui peut conduire à la substitution

---

13 Cela n'empêche pas qu'il puisse se produire un conflit de type social, autour du standard, entre les partisans de la modalité éloignée existante et ceux qui prônent un nouveau standard plus proche des variétés familières actuelles. C'est un peu ce qu'on décèle pour le grec entre les modalités katharevousa et demotiké.

14 C. FERGUSON (1988).

intergénérationnelle, ce n'est pas le simple fait de la bilinguisation ni de la distribution asymétrique de fonctions, mais le *contexte* politico-économique qui entoure cette bilinguisation et les *signifiés et représentations* que les locuteurs y associent.

VI
QUELQUES PRINCIPES SOUHAITABLES POUR LE MAINTIEN DE LA DIVERSITÉ LINGUISTIQUE

Dans la situation actuelle où ne cesse pas de monter la bilinguisation massive de la population planétaire (sauf peut-être pour le groupe dont la langue native est l'interlangue mondiale si l'on n'en choisit pas une autre qui ne soit langue native de personne) et d'une interrelation croissante, technomédiatique, commerciale, productive, écologique, politique, philosophique, etc, entre des pays et des collectifs humains qui, jusqu'à présent, n'avaient pas ou que peu de contacts, le problème de l'interlangue de l'humanité et celui de la préservation de sa diversité linguistique se présentent conjointement et demandent un traitement intégré.

Les solutions à ces problèmes interreliés ne semblent pas claires à l'heure actuelle. La prise de conscience de la planétarisation n'en est qu'à ses débuts et le monde universitaire, en particulier pour ce qui touche à ses disciplines les plus concernées, n'a pas encore trouvé de consensus sur la ou les voie(s) à suivre ni sur une vision suffisamment claire des facteurs ou des phénomènes qui interviennent dans cette question. Au moment où l'on envisage, peut-être encore insuffisamment, la solution aux problèmes de la communication et de la diversité linguistique à l'échelle « régionale » (européenne, américaine, asiatique, africaine, etc), la réalité techno-économique avance vertigineusement et met au premier plan, peut-être pour la première fois, cette même problématique comme une question qui intéresse toute l'humanité[15].

Comment donc assurer la communication linguistique dans l'ensemble de l'humanité tout en disposant encore d'un taux acceptable de diversité linguistique ? Nous esquissons ici quelques principes qui devraient être développés afin d'orienter la recherche et le débat, pour arriver à un consensus majoritaire sur l'organisation et les valeurs linguistiques de l'humanité.

---

15 C'est pour cette raison que la Déclaration Universelle des Droits Linguistiques (Barcelone, juin 1996) propose la création d'un *Conseil des Langues* au sein des Nations Unies et d'une *Commission mondiale des droits linguistiques* non officielle et consultative, composée de représentants des ONG concernées (CONFÉRENCE, 1996).

Premier principe. Les idéologies et les paysages conceptuels pour envisager le problème doivent tenir compte de l'expérience sociolinguistique historique, afin d'éviter une organisation linguistique de l'humanité fondée sur une structuration hiérarchique et asymétrique entre l'interlangue et le reste des codes. La coexistence égalitaire doit se fonder sur une distribution adéquate de fonctions et appliquer le principe de subsidiarité européen ; la norme serait alors que tout ce que peuvent faire les langues locales n'a pas à être fait par l'interlangue. L'idée force serait une protection suffisante des espaces écosystémiques locaux.

Deuxième principe. L'application du premier principe sera guidée, entre autres, par le fait que disposer d'une compétence suffisante en interlangue ne supprime ni le droit ni le besoin, pour les communautés linguistiques humaines, d'employer pleinement leurs codes dans le plus grand nombre possible de fonctions locales. L'application indiscriminée du « principe de compétence » jouerait toujours en faveur du code le plus généralement partagé, l'interlangue. Elle pourrait réduire les fonctions des autres langues, mettre leur existence en péril et par conséquent activer des conflits non nécessaires et difficiles à résoudre.

Troisième principe. Compte tenu du fait que les êtres humains peuvent se représenter la réalité et arriver à des conclusions qui ne dépendent pas directement de cette réalité, mais des configurations narratives et interprétatives qu'ils ont eux-mêmes élaborées, les pouvoirs publics doivent diffuser, à côté des instructions pratiques d'organisation de la communication linguistique, une idéologie nettement favorable à la diversité et à l'égalité linguistiques. Ils encourageront l'autodignité des groupes les plus défavorisés et décourageront des représentations populaires aussi répandues que « l'idéologie du standard », ou des phénomènes comme l'autoperception de la subordination à « des groupes ou des langues de référence » extérieurs, considérés comme des modèles auxquels on doit s'assimiler.

Quatrième principe. On prêtera la plus grande attention aux méthodologies destinées à développer la compétence communicative en interlangue, de façon à assurer, aux différentes générations d'individus qui devront l'acquérir, le meilleur niveau souhaitable : ceci, afin d'éviter que de mauvais résultats en interlangue puissent pousser les parents capables de le faire à employer l'interlangue comme langue première avec leurs enfants, à la place de la variété native du groupe. Évidemment, le développement de la connaissance pratique de l'interlangue ne se fera pas au détriment du développement des langues locales.

Cinquième principe. On prêtera également une attention particulière aux situations où un certain groupe linguistique serait en contact fréquent avec un nombre considérable d'individus qui auraient l'interlangue pour langue native. Il est en effet probable que, dans ce cas, les locuteurs tendraient à employer l'interlangue comme norme habituelle, ce qui entraînerait des répercussions sur la reproduction intergénérationnelle du code local au cas où les populations s'intégreraient socialement. En l'occurrence, il se pourrait que le mécanisme des mariages mixtes agisse aveuglément et réduise considérablement le taux de transmission générationnelle des codes locaux, si les groupes ne sont pas conscientisés, et si on n'encourage pas la diversité linguistique au sein de la famille. Le principe possible serait « un parent = une langue » là où cela serait nécessaire.

On le voit, en matière de communication/diversité, nos connaissances sont encore rudimentaires et très générales. La recherche, l'imagination et la réflexion sont indispensables. Les aspects politiques, juridiques, idéologiques, pédagogiques et sociologiques, au sens large, de la cohabitation linguistique planétaire doivent être explicités et clairement débattus.

REPÈRES BIBLIOGRAPHIQUES

ARACIL Lluís V. (1982). *Papers de sociolingüística*. Barcelone, La Magrana.

BALIBAR Renée, LAPORTE D. (1976). *Burguesía y lengua nacional*. Barcelone, Avance. (Trad. espagnole de *Le français national*. Paris, Hachette, 1974).

BASTARDAS-BOADA Albert (1996). *Ecologia de les llengües. Medi, contactes i dinàmica sociolingüística*. Barcelone, Proa/Enciclopèdia Catalana.

BLUMER Herbert (1982). *El interaccionismo simbólico : perspectiva y método*. Barcelone, Hora. (Trad. espagnole de *Symbolic Interactionism. Perspective and Methods*. Englewood Cliffs (N.J.), Prentice-Hall, 1969).

BOURDIEU Pierre (1982). *Ce que parler veut dire*. Paris, Fayard.

CONFÉRENCE MONDIALE DES DROITS LINGUISTIQUES (1996). « Déclaration Universelle des Droits Linguistiques », dans *Mercator-Dret i legislació lingüístics* (CIEMEN, Barcelone) nos. 23-25 (janvier-juin).

CORBEIL Jean-Claude (1980). *L'aménagement linguistique du Québec*. Montréal, Guérin.

DAHRENDORF Ralf (1975). *Homo sociologicus*. Madrid, Akal.

DION Léon (1981). « L'État, la planification linguistique et le développement national », dans André Martin (dir.), *L'État et la planification linguistique. Tome I : Principes généraux*, Québec, Office de la Langue Française, p. 13-35.

ELIAS Norbert (1982). *Sociología fundamental*. Barcelone, Gedisa. (Trad. espagnole de *Was ist Soziologie ?* Juventa Verlag München, 1970).

FERGUSON Charles (1959). « Diglossia », *Word*, Vol. 15, p. 325-340.

FERGUSON Charles (1988). « Cap a una teoria del llenguatge en societat » (entretien par Joan A. Argente), *Límits* (Barcelone) no 5 (novembre), p. 63-98.

GIRIBONE Jean-Luc (1988). « La manière de Bateson », dans Yves Winkin (dir.), *Bateson : premier état d'un héritage (Colloque de Cerisy)*, Paris, Éds. du Seuil, p. 56-66.

LIEBERSON Stanley (1981). *Language Diversity and Language Contact* (selection d'Anwar S. Dil). Stanford (Cal.), Stanford University Press.

LODGE R. Anthony (1993). *French : from Dialect to Standard*. Londres, Routledge.

MACKEY William F. (1994). « La politique linguistique dans l'évolution d'un État-Nation », dans P. Martel, J. Maurais (dirs.), *Langues et sociétés en contact. Mélanges offerts à J.-C. Corbeil*, Tübingen, Niemeyer (Canadiana Romanica, Vol. 8), p. 61-70.

MIONI Alberto M. (1988). « Standardization processes and linguistic repertoires in Africa and Europe : some comparative remarks », dans P. Auer, A. di Luzio (dirs.), *Variation and Convergence*, Berlin, Walter de Gruyter, p. 294-320.

NINYOLES Rafael L. (1978). *Conflicte lingüístic valencià*. Valence, Eliseu Climent, ed.

PATEMAN Trevor (1987). *Language in Mind and Language in Society*. Oxford, Clarendon Press.

RAYNAUD Franziska (1982). *Histoire de la langue allemande*. Paris, P.U.F.

SEARLE John (1985). *Mentes, cerebros y ciencia*. Madrid, Cátedra. (Trad. espagnole de *Minds, Brains and Science. The 1984 Reith Lectures*).

TAJFEL Henri (1984). *Grupos humanos y categorías sociales*. Barcelone, Herder. (Trad. esp. de *Human Groups and Social Categories*. Cambridge, Cambridge University Press, 1981).

TRUMPER John, M. MADDALON (1988). « Converging divergence and diverging convergence : the dialect-language conflict and contrasting evolutionary trends in modern Italy », dans P. Auer, A. di Luzio (dirs.), *Variation and Convergence*, Berlin, Walter de Gruyter, p. 217-259.

VIANA Amadeu (dir.) (1995). *Aspectes del pensament sociolingüístic europeu*. Barcelone, Barcanova.

129

Deuxième partie

LA LITTÉRATURE, CONFIDENTE DE LA NATION

THE INTERPLAY OF HISTORY, FICTION, AND LANGUAGE IN THE DEVELOPMENT OF COLONIAL LITERATURE IN THE AMERICAS: QUEBEC AND LATIN AMERICA

EARL E. FITZ

For a comparatist, the place of French Canadian literature in the larger context of the Americas is a fascinating, if woefully understudied, issue. As I remarked in my 1991 book (E.E. FITZ, 1991, p. 234), it is French Canada, in fact, along with Brazil, that continues to be neglected, even by scholars otherwise well-versed in the literatures of North, Central and South America. This is a deplorable state of affairs and, as scholars interested in Quebec, its history, culture and literature, it is incumbent upon us to change it, to foster both an awareness of Québécois literature itself and to learn to read it as one of the major literatures of the New World (which, as we all know, was already a complex and diverse ancient world when the first Europeans encountered it late in the XVth and early in the XVIth century)[1].

Methodologically speaking, the problem for a comparatist is how to avoid "homogenizing" a particular national literature, how to ensure that, in comparing it with other, we do not minimize or ignore the differences and end up making it seem to be essentially like the others. The key to avoiding this dilemma is to discuss not merely the similarities that do bind one literature or

---

1   Well aware of the very real and often very valid divergence of opinion that surrounds the usage of such terms as "New World" and "French Canada", I use these terms only for reasons of stylistic convenience. I certainly do not mean to give offense to anyone, and, if I do, I apologize in advance.

writer with another but to concentrate on the particularities that make each national literature unique. In regard to French Canada, this issue is exacerbated, as Charles LeMoyne and others have shown[2], by the fact of Québec's complex relationship to the rest of Canada, to its French heritage, and to the presence of the United States.

I should like to make it clear from the outset, however, that I am not pretending to be an expert of Québécois literature. I am, by training, a comparatist and a Latin Americanist, and it is in this context that I will offer a few observations and pose a few questions. As an Inter-Americanist, however, I have spent nearly twenty years reading both French and English Canadian literature and criticism, and so I feel that, at least in a rudimentary fashion, I am qualified to attempt a comparison of the literature of Quebec in the context of the Americas.

What I propose to do, then, in the pages that follow is to pose what I hope are useful questions about the place of Québec's literature in the Americas. It is my hope that by thinking about these questions, we can come to a sharper awareness of French Canada in this hemispheric context and that we can do so without compromising its uniqueness; indeed, that we can, in meaningful ways, actually accentuate its singularity and, in so doing, make it better known to more people.

But because this question is a very complex one, involving many closely related questions about literary history and traditions, socio-political structures, and economic issues—all of which directly and indirectly affected the development of literature in the New World—I would like to divide this chapter into two parts. In part one, I would like to present a few questions that I ask myself and my students in the course I teach on colonial New World literature at my university. I would like to begin with these questions because I feel they are fundamental to any complete understanding of New World colonial literature and the place of Québécois letters in it. It is my hope, then, that these queries will generate the sort of discussion that will result in a clearer and more organized integration of Quebec into the Inter-American context. In part two, I will then offer a few comments on particular writers whose work, widely understood to have helped form the foundation of French Canadian and Latin American literature, seems deliberately to merge history with fiction.

The questions I would like to present for consideration, then, are the following:

1. What were the chief motivating reasons behind the initial European voyages to the New World? Were the reasons that brought the early French explorers to the New World substantially different from those that brought the early Spanish, Portuguese, and English? Is it valid to view the motives of the early French as being more oriented toward exploration and trade while those of the Spanish, for example, were geared more toward conquest and colonization? And how would the Portuguese and the English fit into this schema? Somewhere in between? We know that Cartier's account of the famous 1534 voyage makes frequent mention of the extensive trading that was

---

2   See, for example, Charles LEMOYNE (1973, p. 7-16).

initiated between the French explorers and the native peoples they encountered, but did this mercantile relationship become the norm? And could it be that in 1492 Spain found itself in a very different situation, vis-à-vis its own political status and its intentions with regard to its future relationship with the New World? What I mean is that, although by 1492 Ferdinand and Isabella had finally won their protracted war to reconquer Spain from the Moors, they now had an experienced and war-hardened army with essentially nothing to do, no enemy to attack. What better outlet for its potentially disruptive martial energies than to ship it off to the New World in quest of wealth and power? Such was not the case in the France of 1534, I believe, which would suggest that, in 1492, the Spanish "conquistadores" arrived in the New World with swords drawn and with a clear sense of mission that would give both license and direction to their aggressiveness.

2. Is there any sense in which we can—or should—see the fur trade in French Canada as the equivalent of the pursuit of gold and silver in Spanish America or of the cultivation of sugar in Brazil? Or would this be an invalid and misleading comparison? The historian, J.A. LOWER (1967), for example, has written that, "The race for the fur monopoly began towards the end of the sixteenth century, and for the next two hundred years the history of Canada is mainly the history of the trade in beaver pelts" (p. 15). But if we can view the fur trade and the quest for gold as the primary axes of economic development in the New World, what would their socio-political repercussions have been on the formation of their respective colonial societies?

3. Were relations between the early French explorers and the native peoples they encountered more amicable than between these people and the Spanish, Portuguese, and English? If so, how would one account for this striking difference? Is it because the nature of the fur trade demanded a more cooperative relationship?

4. A related question would be the following: how, in comparison with English, Spanish and Portuguese America, did the early French explorers relate to the Native American women they encountered? Additionally, did the Native American women encountered by the French relate to them differently than did the women who encountered the early English, Spanish, and Portuguese? And, allowing a history now lost to us (one probably oral in its original form) to be reclaimed in at least hypothetical fashion, what would the Native American women encountered by the French have said to them? And how would their responses compare with the experiences and "herstories" of the Native American women like La Malinche and her relationship with Cortés? As V.S. NAIPAUL (1994) has recently demonstrated in A Way in the World, it is literature—and not history (limited, as it is, by verifiable facts)—that can tell us this missing, but nevertheless real, story.

5. Was the Jesuit experience in Quebec analogous to or different from the experience of the Jesuits (or members of other religious orders, such as the Franciscans) in Spanish America and Brazil? Is there anything in the rest of the Americas that compares to the nature and impact of the Jesuit Relations? If not, why? What might this mean? This question could be couched in the context of arger issues that would compare the socio-political, cultural, and

135

economic implications of the impact of Catholicism and Jansenism in the New World (that is, in Quebec, Spanish America and Brazil) to the impact of Protestantism, and especially of Puritanism and Calvinism, in English America[3].

6. What were the prevailing socio-political and economic structures in France in the early sixteenth century and how do they compare to those of Spain, Portugal and England? It is often said, for example, that New Spain (and, to a lesser extent, Brazil) was settled under the star of a medievalism that was still very much the norm in late fifteenth century Spain. By the time of Jacques Cartier's first voyage, in 1534, had France moved beyond the medieval system of social organization and would it therefore have been more receptive to a different form of government in the New World? How might this have influenced France's sixteenth and seventeenth century explorations and settlements in what would become New France? Such a comparison is complicated by the fact that while Spain was still profoundly medieval in outlook and social organization (all of which it implanted in the New World), Portugal, according to many scholars[4], was deeply influenced by Italian Humanism. Should we then conclude that, in terms of the socio-political organization it brought to its New World colony, Portugal was more like France than Spain? Or, if this argument has any validity at all, would it be more relevant in terms of Brazil's colonial literature than its colonial socio-political and economic structures?

7. Does the concept of the "bon sauvage" make its first New World appearance in the writings of New France, as appears to me to be the case? As the case of Marc Lescarbot makes clear, this issue has a strong presence in several early French Canadian texts[5], whereas it will not appear in the rest of the Americas until much later, and especially not until the nineteenth century, when, under the influence of Rousseau, it will become a common motif of New World literature. (This was certainly true in terms of the United States and Latin American, but was it also true of French Canada? Or of English Canada? In other words, by the nineteenth century, was the "noble savage" already an anachronism in Canada? Or did it continue on, as it did in the rest of the Americas?).

8. What roles did women have in early French Canada? We know, of course, of Marie de l'Incarnation and her surprisingly vivid letters, and we know about Elisabeth Bégon and her painful, yet often pointedly sharp, love letters, but beyond these what was the lot of women in early or colonial French Canada, and how does it compare with the situation of women in early English, Spanish, and Portuguese America? As Pierre LESCHEMELLE has shown (1992, p. 75-92), for all the undisputed brilliance of its outward looking humanistic revolution during the sixteenth century, France was still burdened by intolerance, bigotry, and ignorance, all of which manifested itself in a virulent form of religious fanaticism, which included the burning of witches, and in a deeply misogynistic repression of women. Was this attitude brought over

---

3   Ronald SUTHERLAND (1971) has discussed this issue.

4   See, for example, Claude L. HULET (1974, Vol. 1, p. 1-5).

5   See, for example, M. LESCARBOT'S "Le théâtre de Nepture", 1606, and his perhaps better known *Histoire de la Nouvelle-France*, which enjoyed three editions (1609; 1611-1612; and 1617-1618).

to the New World, or did some sort of change occur in the minds of the "voyageurs" with regard to sexual and gender relations as they fanned out over the North American continent?

9. Can the egregiously under-appreciated Québécois "nouveau roman" of the 1960s be legitimately compared to the emergence of the Latin American "nueva novela/novo romance" of the same period? (I believe it can be, and, in fact, I am in the process of researching this topic in the hope of developing it into a book-length study).

10. Finally, in a more contemporary setting, I would like to know whether the concept and practice of "realismo mágico" (arguably the first literary "ism" to become an export of Spanish America to the rest of the world) has had the same reception in French Canada that it has had in English Canada. If not, why? As Linda Hutcheon has shown in a number of studies[6], "magical realism" has exerted a profound influence on a number of English Canadian novelists. A logical question that, to my knowledge, has not yet been discussed, however, is whether this same "magical realism" has had a similar impact in Québécois narrative. If it has, how does it compare to its active presence in English Canadian letters? And if it has not, why? Why would it have not found fertile ground in the literature and culture of Quebec? How (if, indeed, it exists) would one explain such a discrepancy?

In the second part of this paper (the part I shall now undertake), I would like to consider the possibility that, in the history of narrative in Latin America and Quebec, the decisive moment in each case came when the factuality of the chronicles, letters, and reports of the early explorers was compromised, subverted, as it were, by two writers who—deliberately it is thought—very deftly mixed fact with fiction, who used the apparent (or at least alleged) veracity of history to embellish a historical event so much that, in its telling, its textual reconstruction, it passed from the ken of history into the realm of fiction. In so doing, it might be said (and, indeed, in the context of Spanish American narrative, has been so said), that it formed the basis for a kind of exotic, fanciful, and non-mimetic fiction writing, one that, better known as "realismo mágico", or "magical realism", would emerge in Spanish America many years later. The issue to which I am referring was first broached, as far as I know, by the late Uruguayan critic (then of Yale University) Emir Rodríguez MONEGAL (1984). It was Professor Monegal's contention that Columbus, his mind aflame with the fanciful figures and tropes of the chivalric romances and yet mindful that, as the crown's official representative in this great if uncertain undertaking, he needed to "sell" "America," to merchandize it, as it were, as a viable commercial enterprize. To do this, he must have felt he needed to exaggerate his official report (his letter to the Spanish sovereigns about what he had found) and make what he had stumbled upon appear more potentially lucrative than it really was and that he was on the verge of discovering troves of fabulous wealth. As Monegal puts it, referring to the larger impact Columbus's letter had, "A whole stereotype of the fabulous New World was being created... America as a literary and poetic subject was invented by this hyperbolic Genoese" (Vol. 1, p. 4-5).

---

6 See, Linda HUTCHEON (1988a, 1976, Vol. 4).

The question we led to ask, then, is the following: did something similar happen in Quebec? Was there a writer who, for whatever reason, similarly merged fact with fantasy, history with fiction? The literary histories of Québécois literature that I have consulted suggest that, yes, there was such a writer, someone who did deliberately bring history and fiction together to produce, whether intentionally or not, a new kind of colonial narrative, one that could be considered as exhibiting a uniquely French Canadian dimension and that, therefore, could be said to demonstrate at least the beginnings of a distinctive and identifiable New World literature. I am referring to Louis-Armand de Lom d'Arce, baron de Lahontan, whose three volumes of voyage narrative exhibit what Jack WARWICK (1983) has termed a "...flagrant mixture of fact and fiction..." (p. 555). A military man with considerable experience in the New World, d'Arce had the misfortune of suffering a severe disagreement with his senior officer, one that resulted in his being forced to leave his post in Newfoundland. As a result of this incident, d'ARCE (1703a, 1703b, 1703c) apparently felt free to criticize the colonial administration in the three works he is most remembered for, *Nouveaux voyages...*, *Mémoires de l'Amérique septentrionale*, and *Supplément... où l'on trouve des dialogues curieux...* In contrast to Columbus, however, who exaggerated his letter because of what he wanted—and expected—to find in the New World, and because he needed the continuing support of the Spanish king and queen (even then we needed to get our grants renewed!), d'Arce tended to mix accurate descriptions of local flora, fauna and culture with pure fiction in an effort, presumably, to satirize the colonial government and its administrators. One marvelous example of this comes to us in the form of one of his fictitious interlocutors, a very glibe Huron brave named Adario who humorously confounds his European interrogator and his clumsy attempts to uphold what he obviously feel are the honor and superiority of French civilization. As a literary character, as opposed to a historical character, Adario comes close to epitomizing the concept of the "bon sauvage", an idealization of the New World's native people that would appear, explicitly or implicitly, in the writings of a number of early French Canadian explorers and settlers[7].

Yet if we can entertain the possibility that both Columbus and Lom d'Arce merged history with fiction, we should also consider two other early works that take a different tact, that are, in fact, considerably less hyperbolic and imaginative. I am referring to the report of Pero Vaz de Caminha[8], the scribe, or recording secretary, of the Portuguese captain, Pedro Álvares Cabral, who made a landfall in Brazil in 1500, and to the similarly matter-of-fact account of Jacques Cartier, who, on May 10, 1534, sighted land at what we now know

---

7 Some of the writers, or chroniclers, who cultivated this theme include the already cited Marc Lescarbot (who, with his 1606 epic, "La défaite des sauvages armouchiquois", has the distinction of having authored the first theatrical production to appear in North America), Gabriel Sagard, Louis-Armand de Lom d'Arce, and, especially, Joseph-François LAFITAU, a Jesuit father whose six years in Canada led him to write his *Mœurs des sauvages amériquains comparées aux mœurs des premiers temps* (1724), a work that seeks to provide a basis for arguing for the "natural", or "inherent", "goodness" of the Native Americans he encountered.

8 One crucial difference in regard to Caminha's letter, and the impact (or lack thereof) it would have in Europe is that it was never published, as Columbus's was, during his lifetime (indeed, it did not appear until 1817). Thus, Caminha's report did not exert nearly the same influence in Europe that the reports of Columbus and Cartier did.

of as Cape Bonavista. Carefully navigating around the numerous icebergs that blocked his path (a problem Cabral, sailing into the tropics, did not have to contend with!), Cartier, ever the prudent navigator, meticulously records the flora, fauna and human culture that he is encountering. Like Caminha, Cartier writes in a fresh, clear style[9], one that does not give evidence of a predisposition on the author's part to knowingly distort the facts or to embellish history with fiction.

The question of whether we should call early writers like Lom d'Arcy or Cartier French or French Canadian is, of course, a moot point in the history of French Canadian literature. But in an expanded, Inter-American, context, we can see that this is also the prototypical question that we, in the Americas, have all long asked about our literary origins. At what point in their writings do the French, the Spanish, the Portuguese, or the English newcomers cease being Europeans and begin to be French Canadian, Spanish American or Brazilian? Holding in abeyance the related question of what it might have meant then, culturally speaking, to have felt one's self ceasing to "be" one thing, culturally and psychologically, and becoming something else, something new and, perhaps, seductive and exotic, at what point would their writings—their histories—reflect this change? In Brazilian literature, critics have long pointed to the work of the colonial poet and satirist, Gregório de Matos, whose best work, according to Massaud MOISÉS (1993), incorporates "uma dicção poética brasileira" (p. 46), a distinctly Brazilian poetic diction.

It is important to note, I think, that in pointing to the uniqueness of Matos's diction, Moisés highlights the importance of language in the emergence of a distinctly "American", or New World, sensibility. That is, Matos deserves his recognition as the first arguably "Brazilian" writer (as opposed to a Portuguese-born writer who writes either in or about Brazil) largely because of the language he employs, a language that, in Matos's case, was riven with words (both indigenous and African in origin), expressions, and grammatical usages that were quickly coming to characterize the Portuguese language as it was being spoken in Brazil rather than in Portugal, the European mother country. Thus, one gage of a writer's New Worldness, or Americanism, must surely be the language he or she uses to compose in, the degree to which it parts company from the mother tongue and becomes something new and different[10].

It is interesting, in this regard, to compare the case of Marc Lescarbot to that of Matos. The facts of Lescarbot's life are well known. A successful Parisian lawyer and a writer, he is chiefly remembered in an Inter-American context for being "...the first writer in French to envision the New World as a desirable escape from the Old" (J. WARWICK, 1983, p. 552). But more than this, Lescarbot, like Matos, very soon began to integrate native words, scenes,

---

9 Although we cannot be absolutely certain that Cartier actually wrote this work, he is presumed to be the principal author of *The Voyages of Jacques Cartier* (Ottawa, 1924), H.P. Bigger, editor.

10 The question of the "legitimacy" of Spanish American Spanish and of Brazilian Portuguese would not be officially resolved until, in the case of Spanish America and its Rubén Darío led "Modernistas", until the final decade of the nineteenth century, while in Brazil this same issue was not settled until Mário de Andrade and his "Modernista" cohorts finally succeeded in establishing Brazilian Portuguese as a valid form of literary expression.

and characters into his writings. In what is most likely his most famous work, "Le théâtre de Neptune" (the first performance of which was in 1606), Lescarbot, for example (and perhaps following d'Arcy's lead), writes four "sauvages" into his brief (only two-hundred and forty-three lines) script. The "Troisième Sauvage", for example, offers "matachiaz" (items of adornment) to the "Sagamos" (Captain, or leader)[11] and, explaining that these represent Cupid's flames, then says:

> Ce n'est seulement en France
> Que commande Cupidon,
> Mais en la Nouvelle-France,
> Comme entre vous, son brandon
> Il allume, & de ses flammes
> Il rotit nos pauvres ames,
> Et fait planter le bourdon.

Positively presented, these articulate, classically inspired "sauvages" help form the basis for the myth of the "bon sauvage" in the supposedly pristine New World that would occupy writers for generations to come. An indefatigable traveler and travel writer throughout his lifetime, Lescarbot moreover seems, rather like Columbus, to have supported French colonization of the New World. His very popular *Histoire de la Nouvelle-France* (1609; 1611-1612; 1617-1618) continues with the theme of the American Indian, celebrating it by casting it in the context of classical allusions and by imbuing it with a sense of real or potential moral superiority. It is in particular Book VI of the *Histoire* that favorably compares the "Western Indians of New France" with selected figures from the Old World's classical past while also making comparisons to such disparate groups as the "people of Virginia", "the people of Florida", and "the Brazilians" (Lescarbot: *History of New France*, xii). This tactic, while establishing a definitive Inter-American context for Lescarbot's diverse commentaries, also allows him to suggest that the New World is not only a haven for those seeking to flee the Old World, it is also a place of redemption and regeneration, a kind of pre-fall edenic paradise in which, as J. WARWICK suggests (1983, p. 552-553), a newcomer can not only escape the vice and corruption of European society but find purification and moral rectitude.

In conclusion, it seems certain to say that, as the study of Inter-American literature continues to grow and develop, the place of Québécois literature within it will become both better known and more distinguished. Along with the literature of Brazil, the literature of Quebec will continue to emerge from its too long endured isolation and take its rightful place among the literatures of the Americas—and of the world. Rich in its diverse traditions and its dynamism, the literature of Quebec has much to offer the student of Inter-American literature. As Linda HUTCHEON has shown (1988a,b, 1989), the mode of thinking known as postmodernism argues that since both fiction and history are systems of representation, what matters most to the person who would interpret them are not the events narrated, whether "fictional" or "real", but, rather, how these events are narrated, the particular narrative strategies

---

11 Of this word, M. LESCARBOT writes, "C'est un mot de Sauvage, que signifie Capitaine" (1618, Vol. III, p. 473).

employed. As a conceptual stance, or as an interpretive framework, this argument has considerable significance for all the literatures of the Americas, but it may have special significance for the colonial literatures of Quebec and Latin America.

REPÈRES BIBLIOGRAPHIQUES

CAMINHA Pêro Vaz de (1943). *A Carta de Pêro Vaz de Caminha.* com um estudo de Jaime Cortesão, Rio de Janeiro, Livros de Portugal.

FITZ Earl E. (1991). *Rediscovering the New World: Inter-American Literature in a Comparative Context.* Iowa City, University of Iowa Press, 275 pages.

HULET Claude L. (1974). *Brazilian Literature.* Washington, Wash., Georgetown University Press, 3 vol.

HUTCHEON Linda (1976). "Fiction", dans Carl F. Klinck, Alfred G. Barley, *Literary History of Canada: Canadian Literature in English*, Toronto, University of Toronto Press, 4 vol.

HUTCHEON Linda (1988a). *The Canadian Postmodern: A Study of Contemporary English-Canadian Fiction.* Toronto, Oxford University Press, 230 pages.

HUTCHEON Linda (1988b). *A Poetics of Postmodernism: History, Theory, Fiction.* New York, Routledge, 268 pages.

HUTCHEON Linda (1989). *The Politics of Postmodernism.* London/New York, Routledge, 195 pages.

LAFITAU Joseph-François (1724). *Mœurs des sauvages amériquains comparés aux mœurs des premiers temps.* Paris, Chez Saugrain l'aîné..., Charles-Estienne Hachereau, 270 pages.

LEMOYNE Charles (1973). "The ideology of comparative canadian literature", *Ideology & Literature*, no 15, p. 7-16.

LESCARBOT Mark (1606). *Théâtre de Neptune en la Nouvelle-France* (published in his *Muses de la Nouvelle-France*, Paris, 1609; this text also includes twelve poems by Lescarbot).

LESCARBOT Mark (Paris, 1609; 1611-12; 1617-18). *Histoire de la Nouvelle-France.*

LESCHEMELLE Pierre (1992). "Montaigne et les femmes", *Montaigne et la révolution philosophique du XVIᵉ siècle*, Jacques Lemaire (dir.), Bruxelles, Éditions de l'Université de Bruxelles, p. 75-92.

LOM D'ARCE LOUIS-ARMAND DE (1703a). *Nouveaux voyages...* The Hague.

LOM D'ARCE LOUIS-ARMAND DE (1703b). *Mémoires de l'Amérique septentrionale.* The Hague.

LOM D'ARCE LOUIS-ARMAND DE (1703c). *Supplément... où l'on trouve des dialogues curieux...* The Hague.

LOWER J.A. (1967). *Canadian History at a Glance: From Earliest Exploration to the Present.* New York, Barnes and Noble, 248 pages.

MOISÉS Massaud (1993). *A Literatura Brasileira através dos Textos.* São Paulo, Editora

Cultrix, 510 pages.

MONEGAL Emir Rodríguez (1984). *The Borzoi Anthology of Latin American Literature: From Columbus to the Twentieth Century*. 2 vols, New York, Knopf, 982 pages.

NAIPAUL V.S. (1994). *A Way in the World*. New York, Viking.

SUTHERLAND Ronald (1971). *Second Image*. Don Mills, Ontario, New Press, 189 pages.

WARWICK Jack (1983). "Writing in New France", dans William Toye, general editor, The Oxford *Companion to Canadian Literature*, Toronto, Oxford University Press, p. 552-558.

CHAPITRE VII

LE MYTHE DU GRAND ROMAN AMÉRICAIN ET LE « TEXTE NATIONAL » CANADIEN-FRANÇAIS : CONVERGENCES ET INTERFÉRENCES

JEAN MORENCY

« Dans l'ordre culturel, l'œuvre vient d'abord. L'idée romantique des littératures nationales, au XIX⁰ siècle, voit juste en cela. Ayez d'abord une œuvre, une grande œuvre étonnante, ou un grand massif verbal qui peut en tenir l'emplacement (une brassée de récitations religieuses, de récits mythiques ou épiques) : si vous avez la mère de toutes les œuvres, vous aurez une littérature. Cela donné, cela présent, la suite viendra. »

Judith Schlanger, *La mémoire des œuvres*, p. 71.

Dans leur conception traditionnelle, les histoires littéraires sont souvent des entreprises totalisantes, pour ne pas dire totalitaires, qui nous enseignent que l'émergence des nations et l'affirmation des littératures sont en étroite corrélation : aux yeux de certains historiens de la littérature, qui semblent décidément plus à l'aise dans l'infiniment grand que dans l'infiniment petit, la nation existe parce que la littérature a su, au moyen de textes « fondateurs » (un seul, idéalement), exprimer le génie d'une langue et de là jeter les bases d'une culture donnée. Ce serait le cas, pour la Grèce, des récits homériques, ou pour la France, de *La chanson de Roland*. Or, cette reconstitution *a posteriori* du « sentiment national » par l'expression littéraire, si elle semble fonctionner assez bien dans le cas de cultures qui remontent assez loin dans le temps (les raccourcis sont alors plus faciles et moins risqués), pose néanmoins des problèmes de taille dans le cas des nations plus jeunes. Dans sa quête du degré zéro de la littérature, et par conséquent de la culture, fondement de la nation, l'histoire littéraire nous renvoie souvent au genre de l'épopée, cette « proto-littérature » qui aurait permis la transition entre l'univers des mythes et des légendes, d'une part, et le monde de la fiction proprement dit, d'autre part. Mais l'épopée est un genre historiquement daté qui ne pouvait se retrouver au fondement, par exemple, des jeunes littératures comme celles ayant émergé en Amérique depuis deux siècles. Se posait ainsi un problème de taille non seulement pour les historiens de la littérature, toujours en quête de textes fondateurs, mais aussi pour les promoteurs de l'affirmation des littératures nationales américaines, et, par ricochet, pour les écrivains eux-mêmes : comment faire émerger une littérature nationale sans passer par le stade du genre épique ?

I
LE MYTHE DU GRAND ROMAN AMÉRICAIN

Il existe, aux États-Unis, un mythe littéraire d'une prégnance assez remarquable : celui du grand roman américain (« the great American novel »). Depuis le début du XIXᵉ siècle, de nombreux écrivains ont aspiré en effet à composer l'œuvre totale qui aurait résumé la quintessence de l'aventure américaine et exprimé l'énormité du pays et du continent, proclamant du même coup l'avènement d'une nation nouvelle, dotée d'une culture absolument distincte de la culture européenne, tout cela au moyen de formes littéraires se démarquant, on ne sait toujours trop comment, de celles fournies par les modèles européens. Au départ, cette entreprise était surtout de nature épique, mais les romanciers se sont emparé bientôt du projet, sans doute parce que le genre romanesque se prêtait mieux à ce type d'ambition : le roman constitue en effet un genre souple et protéiforme, naturellement apte à tous les changements, notamment par sa prédisposition à emprunter sans vergogne des éléments aux autres formes de langage et de discours (historique, scientifique, religieux etc.), ainsi qu'aux autres genres littéraires (poésie, essai, chronique, fable, conte, etc.), comme l'ont démontré M. BAKHTINE (1978) et M. ROBERT (1972). Cette dernière, par exemple, explique qu'à la différence des genres traditionnels, « le roman est sans règles ni frein, ouvert à tous les possibles, en quelque sorte indéfini de tous côtés » ; elle y voit d'ailleurs « la raison principale de son expansion continue, celle aussi de sa vogue dans les sociétés modernes, auxquelles il ressemble au moins par son esprit inventif, son humeur remuante, sa vitalité » (1972, p. 15-16). Si, au départ, des romanciers comme James Fenimore Cooper ou Nathaniel Hawthorne ont eu tendance à voir dans le « romance » (le roman fiction) le genre le plus apte à dépeindre la réalité américaine, ce dernier a finalement été supplanté par le « novel » (le roman vérité) dans la quête d'un genre capable de se mesurer avec l'immensité du continent. P.-Y. PETILLON (1979) aborde cette geste des écrivains américains qui ont cherché de tout temps à « couvrir le continent » (p. 109) en tentant d'écrire « un texte qui soit co-extensif à l'espace du continent, contenant, englobant les terres américaines dans leur énormité et leur diversité, un Grand Roman américain. ».

En marge de cette ambition littéraire, le mythe du grand roman américain semble avoir eu, au départ, une fonction surtout idéologique : il s'inscrit dans le processus de l'affirmation de la culture nationale étatsunienne. C'est ainsi qu'un écrivain comme Fenimore Cooper entreprend, aux débuts des années 1820, d'écrire des romans d'aventures dans le but de favoriser, chez ses compatriotes, l'acquisition d'une plus grande « indépendance mentale » à l'égard de la culture et des lettres britanniques (K.S. HOUSE, 1965, p. 4-5). *The Leatherstocking Tales* s'inscrivent ainsi dans le processus de l'acquisition d'une culture nationale étatsunienne. Dans cette perspective, il est intéressant de noter que les romans de Cooper ont connu un très grand succès en Europe, non seulement en Angleterre mais aussi en France (on sait l'influence de Cooper sur un romancier comme Balzac), de sorte qu'ils apparaissent comme autant de temps forts dans l'avènement (qui passe souvent par la reconnaissance internationale) des lettres américaines. Certes, Fenimore Cooper n'a jamais manifesté l'intention d'écrire le grand roman américain, mais il a su donner à ses œuvres une coloration unique exprimant la réalité de son pays, voire de son continent, non seulement sur un plan thématique (l'image de la prairie américaine, l'alliance entre le héros blanc et le noble Indien promis à une disparition prochaine) mais aussi à un niveau formel (l'art de raconter des histoires, de ficeler une intrigue, de multiplier les péripéties). On oublie trop souvent que Cooper a commencé à écrire des romans dans le but de prouver qu'il pouvait faire mieux que les romanciers de son époque (il faut entendre par là, entre autres, les romanciers européens...).

Un phénomène analogue se produit au début des années 1850 quand Herman Melville écrit son fameux roman *Moby-Dick* : on sait que cette œuvre a été composée sur un fond de querelle entre le milieu littéraire de Boston, porté vers le cosmopolitisme (l'expression littéraire considérée en marge du discours idéologique sur la nation), et celui de New York, tenté par l'américanisme (la volonté d'exprimer l'expérience nationale américaine). Comme Fenimore Cooper, Melville a voulu faire une œuvre américaine, mais dans un sens encore plus littéraire ou esthétique que son devancier : c'est pourquoi, aux yeux de Melville, cet énorme et foisonnant roman qu'est devenu *Moby-Dick* visait à reproduire les dimensions de la baleine mythique et du continent tout entier, en empruntant à tous les genres et en se faisant, au besoin, encyclopédie. D'autre part, la fameuse expression, énigmatique à souhait, sur laquelle s'ouvre le roman : « Call me Ishmael », dénote une hésitation certaine entre réalité et fiction et met en évidence la qualité de témoignage que Melville a voulu attribuer à son récit.

Il faut aussi prendre en considération que ce mythe du grand roman américain s'est développé en parallèle avec l'ambition romantique du Livre total, de la *littérature* conçue en tant que genre nouveau, comme « *le* genre de *la* littérature », « au-delà des partages de la poétique classique (ou moderne) et capable de résoudre les divisions natives (« génériques ») de la chose écrite », comme l'ont démontré P. LACOUE-LABARTHE et J.-L. NANCY (1978, p. 21). Il existe en effet une étroite corrélation entre le mythe du grand roman américain et le courant romantique, d'abord d'un point de vue littéraire — le romantisme percevant le Livre, ou l'Oeuvre, comme un absolu — ensuite dans une perspective historique (l'affirmation des nations et du génie des peuples au XIXᵉ siècle). Le mythe du grand roman américain apparaît ainsi à la jonction du littéraire (problématique des genres et des relations entre forme et contenu) et de l'idéologique (volonté d'affirmation de la culture nationale). Je me propose dans les pages qui suivent d'étudier l'évolution de ce mythe particulier, non seulement aux États-Unis d'Amérique, mais aussi au Canada français et au Québec, où il prendra une signification particulière.

II
LITTÉRATURE ET IDÉOLOGIE NATIONALES AU XIXᵉ SIÈCLE

Tout d'abord, il est intéressant d'observer que les pressions idéologiques qui ont été exercées auprès des romanciers susceptibles de composer « le grand roman américain » ont été très fortes dans la seconde moitié du XIXᵉ siècle ; on peut y voir le résultat de la promotion, par le mouvement romantique notamment, de l'idéal de la nation et de l'affirmation des particularismes, ainsi qu'une manifestation de la nouvelle puissance territoriale et industrielle de l'Amérique post-jacksonienne, qu'on va tenter de transposer tant bien que mal sur le plan culturel. Le critique H.R. BROWN (1935) a brossé un tableau complet de cette période où la littérature semblait à la remorque d'une l'idéo-logie nationaliste, cette dernière étant véhiculée par certaines revues littéraires et culturelles, comme *The North American Review, The Atlantic Monthly, The Century Magazine, The Dial, Harper's Magazine*, etc. Dans les dernières décennies du XIXe siècle, la critique semblait vouloir dicter aux écrivains la marche à suivre pour qu'advienne enfin le Livre exprimant la totalité de l'expérience américaine : « American criticism has had, at times, a parochial weakness for the impossible. The last echo of the cries for a great national epic had scarcely died away when there arose from the ashes of the dead *Columbiad* a call for the great American novel » (p. 1). On insistera tantôt sur les procédés nécessaires à la fabrication du grand roman américain, tantôt sur la nature morale de ce dernier, tantôt sur le décor qu'il se devait de camper, tantôt sur ses enjeux esthétiques : le grand roman américain devait-il être de facture réaliste ? d'inspiration romantique ? de tendance régionaliste ? Il est étonnant de constater que ce rêve impossible du grand roman américain ait suscité autant d'interrogations et enflammé à ce point les esprits de l'époque. Selon Brown, « There is no more curiously revealing guide to popular fiction in the last half of the nineteenth century that is found in the insistent demands for the Great American Novel » (p. 2). L'ironie de la chose veut même que, parfois, les appels lancés en faveur du grand roman américain soient lancés de Grande-Bretagne, parfois sur un ton moqueur, parfois sur un mode emphatique ; à titre d'exemple, on pourrait citer cet extrait d'un article paru dans *The North American Review* en 1853 : « [...] we want something American! something distinctive ; something that would not be at home elsewhere else ; grand as yours rivers ; rugged as your mountains ; expansive, like your lakes » (p. 1).

Ainsi, ce fantasme du grand roman américain semblait mettre en lumière deux grandes caractéristiques des littératures coloniales en voie d'affirmation et de légitimation face aux littératures métropolitaines : premièrement, une tendance toute provinciale à la mégalomanie et aux grandes ambitions ; deuxièmement, un assujettissement du littéraire à un discours idéologique qui ne relève pas toujours du champ restreint de la littérature, mais ressortit à une forme de nationalisme littéraire qui, aujourd'hui, peut faire sourire.

Un phénomène en partie comparable peut être constaté à la même époque au Canada français, au moment où la littérature canadienne (qui offre la singulière caractéristique de ne pas exister en tant qu'institution et en l'absence de textes canoniques et définitifs) va tendre à s'affirmer comme une littérature nationale et à proclamer son autonomie à l'égard de la littérature française. Les travaux de M. LEMIRE (1993), R. BEAUDOIN (1989) et R. ROBIDOUX (1994), entre autres, ont mis en évidence le rôle joué par l'École littéraire et patriotique de Québec dans cette tentative de créer de toutes pièces une littérature nationale. Certes, il ne sera jamais fait mention, du moins pas à ma connaissance, du « grand roman américain » ou du « grand roman canadien » par aucun des membres de l'École de Québec ; pour décrire leurs ambitions, R. BEAUDOIN (1989) parle plutôt du « texte national », sorte de canevas obligé ou encore de moule où viendrait naturellement se couler l'écriture. Néanmoins, on peut déceler des analogies troublantes entre le discours sur le littéraire aux États-Unis et celui qui prévaut au Canada français. On sait maintenant que les élites canadiennes de l'époque n'étaient pas coupées, loin de là, de la réalité américaine : R. MAJOR (1991, p. 26-35) a ainsi démontré la filiation entre un écrivain comme Antoine Gérin-Lajoie, qui fut l'une des figures dominantes de l'École littéraire et patriotique de Québec, et la culture américaine, notamment par l'entremise de ses maîtres à penser Étienne Parent, promoteur de l'économie industrielle, et Jean-Baptiste Ferland, anglophile (ou américanophile) convaincu et fin connaisseur de la société et de l'histoire des États-Unis. Même un homme aussi conservateur que l'abbé Henri-Raymond Casgrain, qui fut quant à lui le principal animateur de l'École de Québec, manifestait une attirance certaine pour la société américaine, comme l'observe M. BRUNET (1995). Qu'il y ait lieu de parler ou non d'influences, toujours est-il que le discours sur la littérature canadienne-française, en cette deuxième moitié du XIXe siècle, présente des analogies avec le discours sur le grand roman américain. On peut y constater, en effet, la même primauté de l'idéologique sur le littéraire et la même grande ambition de l'œuvre totale, fondatrice d'une culture et d'une littérature, même si cette ambition s'exprime plus discrètement qu'aux États-Unis. C'est ainsi qu'Henri-Raymond Casgrain a tenté de définir, dans un texte depuis abondamment cité, les caractéristiques — essentiellement morales, force est de l'avouer — de la future littérature canadienne[1].

C'est à ce stade que le discours sur une littérature en devenir s'est fait impératif, ou à tout le moins directif, et que l'idéologie a pris le pas sur le littéraire, un peu comme aux États-Unis à la même époque. Dans *La littérature québécoise en projet*, M. LEMIRE (1993) se penche sur ce phénomène de soumission du littéraire à l'idéologique. L'abbé Casgrain, qui n'appréciait décidément pas l'évolution des lettres françaises vers un romantisme libéral débouchant bientôt sur des œuvres comme celle de Baudelaire, prêchait comme tant d'autres un respect des règles classiques héritées de Boileau. Mais en même temps, il était conscient que, pour exister, la littérature canadienne se devait de trouver ses propres codes afin de se distinguer de la littérature française : « Avant même la constitution d'un certain corpus, un discours d'autonomisation s'instaure pour que la littérature dite nationale se développe d'après des codes que l'on oppose à ceux de la littérature mère. On peut y voir une intervention d'instances non-littéraires qui suscite des interrogations » (p. 84). Or, ces codes ne seront pas tant littéraires que moraux et religieux : le grand texte

---

1   « Oui, nous aurons une littérature indigène, ayant son cachet propre, original, portant vivement l'empreinte de notre peuple, en un mot, une littérature nationale. On peut même prévoir d'avance quel sera le caractère de cette littérature. Si, comme cela est incontestable, la littérature est le reflet des mœurs, du caractère, des aptitudes, du génie d'une nation, si elle garde aussi l'empreinte des lieux, des divers aspects de la nature, des sites, des perspectives, des horizons, la nôtre sera grave, méditative, spiritualiste, religieuse, évangélisatrice comme nos missionnaires, généreuse comme nos martyrs, énergique et persévérante comme nos pionniers d'autrefois ; et en même temps elle sera largement découpée, comme nos vastes fleuves, nos larges horizons, notre grandiose nature, mystérieuse comme les échos de nos immenses et impénétrables forêts, comme les éclairs de nos aurores boréales, mélancolique comme nos pâles soirs d'automne enveloppés d'ombres vaporeuses, comme l'azur profond, un peu sévère, de notre ciel, chaste et pure comme le manteau virginal de nos longs hivers. Mais surtout elle sera essentiellement croyante et religieuse » (H.-R. CASGRAIN, 1896, p. 375). On pressent les analogies entre l'ambition démesurée de Casgrain et celle qui anime les prosélytes du grand roman américain : la littérature est toujours perçue en état de symbiose avec le décor canadien ou américain, comme si la chose était possible.

national sera ainsi celui qui s'inspirera de la réalité canadienne (thèmes), de l'idéal classique (formes) et de la morale catholique (codes). Selon M. LEMIRE (1993), ce discours est « suspect par la contradiction interne qu'il comporte. Si d'un côté, il réclame une pleine autonomie de la littérature nationale par rapport à la littérature française, de l'autre il recommande la soumission du littéraire à la morale et au religieux » (p. 85). F. DUMONT (1993), dans sa *Genèse de la société québécoise*, s'intéresse au même phénomène et perçoit, au milieu du XIXᵉ siècle, notamment avec la publication du *Répertoire national* (1848-1850) de James Huston, l'apparition d'un « *programme* d'écriture en corrélation avec un programme de société » (p. 316).

Ainsi, pour les ténors de l'École de Québec (outre l'abbé Henri-Raymond Casgrain, citons l'historien Jean-Baptiste Ferland, le poète Octave Crémazie, ainsi que les romanciers Antoine Gérin-Lajoie et Joseph-Charles Taché), la littérature nationale constitue essentiellement un « projet » ou un « programme », pour la bonne raison que cette littérature n'existerait pas encore, faute d'œuvres significatives[2]. Aux environs de 1860, on attend toujours avec impatience le chef-d'œuvre qui pourra fonder la littérature nationale, quinze ans après la publication de l'*Histoire du Canada* (1845) de François-Xavier Garneau, dont la sobriété de ton et la rigueur analytique contrastaient trop avec le style épique pour qu'on y voit le chef-d'œuvre tant attendu (sans mentionner le fait que Garneau était un tenant du libéralisme!). Trois œuvres d'importance, parues en 1862 et 1863, semblent s'inscrire directement dans cette quête acharnée du texte fondateur : il s'agit de *Jean Rivard, le défricheur* d'Antoine Gérin-Lajoie, des *Anciens Canadiens* de Philippe Aubert de Gaspé et de *Forestiers et voyageurs* de Joseph-Charles Taché. Un peu comme leurs collègues étatsuniens, ces trois écrivains se méfient du genre romanesque traditionnel et préfèrent substituer à la fiction le témoignage, plus à même de refléter la réalité de leur pays et de leur continent. Dans son avant-propos, A. GÉRIN-LAJOIE (1993) reprend en quelque sorte la distinction entre « novel » et « romance » quand il affirme : « Ce n'est pas un roman que j'écris, et si quelqu'un est à la recherche d'aventures merveilleuses, duels, meurtres, suicides, ou d'intrigues d'amour tant soit peu compliquées, je lui conseille amicalement de s'adresser ailleurs. On ne trouvera dans ce récit que l'histoire simple et vraie d'un jeune homme sans fortune, né dans une condition modeste, qui sut s'élever par son mérite à l'indépendance de fortune et aux premiers honneurs de son pays » (p. 15-16). Dans le premier chapitre des *Anciens Canadiens*, Philippe AUBERT DE GASPÉ (1988) met aussi l'accent sur la valeur de témoignage que prend son récit : « Consigner quelques épisodes du bon vieux temps, quelques souvenirs d'une jeunesse, hélas, bien éloignée, voilà toute mon ambition » (p. 24). Il affirme également que son ouvrage « sera

---

2 Cette vision d'une littérature qui aurait besoin de chefs-d'œuvre pour exister s'avère, bien entendu, des plus discutables. Consulter à ce sujet les travaux du groupe de recherche sur l'Archéologie du littéraire au Québec (ALAQ), sous la direction de Bernard ANDRÈS (1990), ou les trois tomes parus de l'*Histoire de la vie littéraire au Québec*, sous la direction de Maurice Lemire et Denis Saint-Jacques. Fernand DUMONT (1993), quant à lui, préfère distinguer écriture et littérature : « Évidemment, au Québec, l'écriture ne date pas des années 1850. Mais une littérature, c'est bien davantage : un monde imaginaire à la fois reconnu et anticipé, habité par des œuvres et en attente d'une écriture à venir » (p. 316).

tout canadien par le style » (p. 25) et qu'il ne compte pas respecter les distinctions génériques traditionnelles »J'entends bien avoir, aussi, mes coudées franches, et ne m'assujettir à aucunes règles prescrites — que je connais d'ailleurs — dans un ouvrage comme celui que je publie. Que les puristes, les littérateurs émérites, choqués de ses défauts, l'appellent roman, mémoire, chronique, salmigondis, pot-pourri : peu importe ! » (p. 25). Quant à Joseph-Charles TACHÉ (1981), s'il précise dans son adresse au lecteur que les légendes et les contes sont en quelque sorte le fonds « de toute littérature nationale » (p. 15), il insiste lui aussi sur l'ancrage de son récit dans une réalité concrète dont il n'est que le témoin : « Je suis, moi aussi, avant tout catholique, un peu voyageur et beaucoup canadien ; j'ai campé sur les bords de nos lacs et de nos rivières ; j'ai vécu avec les hommes de la côte et de la forêt, avec les sauvages ; j'ai recueilli plusieurs de leurs récits, et je les écris pour tâcher de faire qu'on puisse les lire quand on ne pourra plus les raconter » (p. 15).

Par conséquent, on peut établir certains rapprochements entre le grand roman américain et le texte national canadien-français. Primo, tous deux sont soumis à un discours idéologique qui les définit avant même qu'ils n'existent : aux États-Unis, ce discours s'appuie avant tout sur une volonté d'affirmation nationale, et ensuite sur des impératifs moraux (l'expression de l'innocence américaine, en opposition à la corruption européenne, étant souvent évoquée par les propagandistes du grand roman américain) ; au Canada français, ce même discours a plutôt tendance à inverser l'ordre des priorités : le texte national sera moral et religieux, et favorisera ainsi l'affirmation de ce qui constitue justement la nation. Secundo, le grand roman américain et le texte national canadien-français semblent indissociables de la réalité coloniale qui les définit : c'est la présence d'une culture puissante, hégémonique, qui favorise l'éclosion et la pérennité du rêve du Livre total. Tertio, les pressions idéologiques exercées par les tenants de l'américanité en littérature vont engendrer, tant aux États-Unis qu'au Canada français, des réactions très variées chez les écrivains, qui peuvent se répartir sur un large éventail allant d'un nationalisme plutôt étroit à un internationalisme débridé mais souvent ingénu. Enfin, les écrivains américains et canadiens ont été poussés à réfléchir sur la nature même du roman et sur les rapports que doit entretenir la fiction avec la réalité. Certes, le roman est un genre décrié à l'époque, surtout par les esprits conservateurs, qui y voient la source de tous les maux qui affligent la société. Il est néanmoins troublant de noter que les acteurs de la vie littéraire étatsunienne et canadienne ont été aussi attentifs au principe de réalité qui se trouve inscrit au cœur de toute fiction et qu'ils en aient fait un moyen de distinction esthétique dans le processus de l'affirmation nationale et culturelle, comme si la réalité américaine devait coller au texte littéraire au point de se confondre avec lui. On peut d'ailleurs noter le même phénomène en Amérique latine ; Anna PIZARRO (1980) écrit ainsi que « tous les essais, toutes les recherches pour trouver un genre capable d'exprimer la réalité continentale [...] tous mettent en évidence le caractère de témoignage en tant qu'élément inébranlable de leur structure » (p. 13).

La question du grand roman américain met ainsi en lumière la façon dont les écrivains réagissent à un discours idéologique donné. C'est d'ailleurs à ce stade que l'on peut constater que le mythe idéologique devient un mythe littéraire, s'inscrivant bientôt en marge du discours idéologique pour se voir récupéré par la tradition littéraire : au même titre que la littérature, le mythe tend à devenir autonome, à se reformer à l'intérieur d'un champ plus restreint. Aux États-Unis, cette mutation va s'opérer au début du XXe siècle. Si durant la deuxième moitié du XIXe siècle, les esprits semblaient obnubilés par la question du grand roman américain (comme le souligne H.M. JONES (1966, p. 126) : « To the impartial reader of the periodicals of the age it must have seemed that those Americans who were not actually attempting to write the great American novel, were busy offering hints to those who were »), les choses vont se modifier aux environs de 1910, quand la critique va cesser progressivement de s'intéresser à cette question, pour la bonne raison que les années 1880 et 1890 ont permis la publication de romans majeurs qui ont jeté peu à peu les bases d'une littérature nationale, même si le fantasme du livre total ne s'est pas trouvé concrétisé[3]. Mais certains écrivains, et non des moindres, vont continuer de cultiver le vieux rêve et ce tout au long du XXe siècle, jusqu'à la publication de *The Great American Novel*, de Philip Roth, en 1973 ! Cette persistance d'un mythe idéologique devenu mythe littéraire mérite qu'on s'y attarde car elle met en lumière les phases par lesquelles un mythe peut passer depuis son intégration à la sphère du littéraire jusqu'à son éclatement et sa reconstitution.

III
LE MYTHE DU GRAND ROMAN AU XXe SIÈCLE

Outre Herman Melville, qui fait figure de précurseur mais qui ne sera vraiment reconnu qu'au XXe siècle, une figure incontournable du mythe du grand roman américain sera celle de Thomas Wolfe (1900-1938) dont le premier roman, *Look Homeward, Angel* (1929), sorte d'épopée autobiographique, exercera une grande influence sur des écrivains comme Norman Mailer, William Styron et Jack Kerouac. L'ambition des romans de Wolfe et le questionnement de nature générique qu'ils impliquent vont contribuer à faire de ce romancier une référence obligée des rapports entre écriture et sentiment national aux États-Unis, comme le souligne P.-Y. PETILLON (1992), qui écrit qu'« on peut être sûr de voir se profiler sa vaste ombre chaque fois qu'au fil des années resurgira le vieux fantasme du *Grand Roman américain* » (p. 31). Il

---

3 « By the end of the century the demand for *the* book became less vehement and less frequent. The parochial expectancy of the impossible had become too fair a target for satirists. Perhaps the saving grace of humor had something to do with it. A novel which was to be at once radiantly fresh and maturality wise, tender as a young virgin and stalwart as a pioneer, as towering as Niagara and as powerful as the Mississippi, romantic and realistic, didactic and scientific, and without a tale which should hold children from play and old men from the chimney corner—this indeed may have seemed too much—even for America » (H.R. BROWN, 1935, p. 14).

existe ainsi une filiation évidente entre Thomas Wolfe et Jack Kerouac, l'auteur du roman emblématique *On the Road* (1957) qui reprendra, sur un mode qui lui est propre, la problématique du grand roman américain et du rapport entre l'expression du continent et le type d'écriture que cette expression impose. P.-Y. PETILLON (1992) écrit à ce propos que Kerouac a apprivoisé « la technique apprise dans Thomas Wolfe — le long monologue autobiographique qui engouffre continent et expérience » (p. 197). C'est ainsi que le va-et-vient des héros de Kerouac entre la côte est et la Californie est exprimé au moyen d'un style débridé, dont le rythme est d'ailleurs calqué sur celui du jazz. De la même façon, il existe des rapports évidents entre *On the Road* et *Moby-Dick* (P.-Y. PETILLON, 1992, p. 198-199).

On sait que Jack Kerouac est d'origine canadienne-française : celui qui allait devenir, à son corps défendant, le symbole de toute une nouvelle génération d'Américains, est né à Lowell, Massachusetts, d'une famille franco-américaine. À cet égard, il est intéressant de constater que ce sont souvent des écrivains issus des diverses communautés culturelles qui ont été les plus réceptifs au mythe du grand roman américain, comme si l'intégration au continent des lettres américaines passait par la relecture et la réinterprétation des textes canoniques de la tradition nationale et par l'ambition, souvent secrète, d'écrire le grand roman américain. Cette situation est manifeste quand on considère la lignée des écrivains juifs américains, à commencer par Saul Bellow, né en 1915 à Lachine, Québec, prix Nobel de littérature en 1976, qui a donné au roman américain l'un de ses chefs-d'œuvre, *The Adventures of Augie March* (1953), dans lequel « un fils d'immigrant, un plébéien de Chicago, revisite un par un tous les classiques de la littérature américaine, se les approprie, et du même coup établit la légitimité de ses titres d'Américain » (P.-Y. PETILLON, 1992, p. 168). Le même phénomène est perceptible dans le premier roman de Bernard Malamud, *The Natural* (1952), un récit consacré au sport national américain, le baseball, dont l'aire de jeu reproduit en quelque sorte la nostalgie de cette prairie perdue dont parle Jacques CABAU (1981). L'ambition d'écrire le grand roman américain devient manifeste chez Philip Roth, bien qu'elle soit traitée sur un mode parodique dans *The Great American Novel* (1974), un autre roman consacré au baseball, mais qui assume enfin, de manière délibérée, le désir fou qui anime les écrivains étatsuniens depuis plus d'un siècle. On aurait pu croire qu'au terme de la publication de ce roman, l'idée du grand roman américain avait fait long feu, mais on en retrouve encore la trace chez des écrivains contemporains comme Paul Auster (*Moon Palace*, 1989) ou Harold Brodkey (*The Runaway Soul*, 1991), roman dont l'ambition rejoint celle qui animait un Thomas Wolfe soixante ans plus tôt. Il ne faut pas oublier non plus Norman Mailer, qui semble croire fermement qu'il est le seul capable d'écrire le grand roman américain[4].

On peut le constater, le mythe du grand roman américain a la vie dure. Dans sa critique du roman de Philip Roth, F. RICARD (1981) a esquissé de

---

4 Certes, il ne faut pas oublier que l'ambition du grand roman américain a aussi animé des écrivains comme William Faulkner, Francis Scott Fitzgerald, Ernest Hemingway, John Steinbeck, ou encore comme Russel Banks qui, dans son roman *Continental Drift* (1985), semble réactiver le vieux rêve du grand roman américain. Mentionnons également Paul Metcalf, l'arrière petit-fils de Melville, qui signe *Genoa* en 1965.

façon pénétrante les étranges motivations de ce mythe littéraire : « on peut se demander si cette façon de se projeter dans la grandeur n'est pas le propre de toutes les littératures écrites de ce côté-ci de l'Atlantique, un symptôme parmi d'autres du complexe de l'Amérique face à l'Europe. Ces littératures qu'on dit jeunes, elles ne le sont que par une seule chose : leur désir d'égaler les vieilles. Car le rêve du grand roman québécois, ou américain, ou mexicain, ce n'est rien d'autre au fond que celui d'être enfin reconnu, justifié, admis par la digne Europe, bref, de posséder enfin une existence mythique aussi incontestable que celle de la mère patrie. En un mot, c'est une entreprise essentiellement romantique » (p. 92). On pourrait ajouter néanmoins que cette entreprise s'est doublée, au fil des ans, de certaines préoccupations esthétiques qui n'existaient pas au départ et que le cadre des rapports entre idéologie et nation ne suffit pas à expliquer. Pourquoi continue-t-on de rêver au grand roman américain alors que la littérature étatsunienne est reconnue dans le monde entier et abondamment commentée ? Il semble qu'il existe quelque part un écueil qui empêche les écrivains américains de faire corps avec leur continent physique (ce qui est normal, l'écriture étant souvent l'expérience de la distance et de l'étrangeté) et leur continent des lettres (ce qui l'est moins), ce que dénote la résurgence continue du mythe du grand roman américain. On peut y voir l'indice d'une conscience nationale problématique, du moins chez les intellectuels et les écrivains. Issu au départ d'un discours idéologique, le mythe du grand roman américain a été progressivement assimilé par les écrivains qui en ont fait parfois une thématique, parfois une esthétique, mais qui ne sont jamais parvenus à lui donner une forme « définitive » : le grand roman américain reste à l'état d'ébauche parce que la nation américaine ne s'avère peut-être elle-même qu'une esquisse. Notons au passage que le même problème semble se poser en Amérique latine : « L'opposition et la complémentarité entre local et universel sont ce qui fonde la réflexion et l'esthétique, non, l'éthique, d'un romancier comme Alejo Carpentier. Cette tension est le double résultat d'une obsession qui n'est pas propre au romancier, mais qui se retrouve chez d'autres de sa génération : la volonté d'être (enfin) original, de rompre avec le processus de mimétisme culturel et l'ambition fondatrice de leur écriture : devenir immédiatement, ici et maintenant, des 'classiques' ou, si le mot choque, des poètes au plein sens du terme, proposant un dire qui puisse donner à l'homme la grandeur et la chance d'habiter 'poétiquement' cette terre » (D.-H. PAGEAUX, 1992, p. 13).

Dans cette perspective, une étude de la production littéraire au Canada français et au Québec peut s'avérer intéressante. Ici aussi, l'espoir du « texte national » fondateur semble avoir subsisté contre vents et marées, sous la forme de ce grand roman de la « maturité » dont parle Gilles Marcotte dans son introduction au *Roman à l'imparfait* (1976). C'est d'ailleurs dans cette perspective que se situe toute l'entreprise romanesque d'un écrivain comme Victor-Lévy Beaulieu, qui espère toujours donner à la littérature québécoise son épopée fondatrice, qui pourrait être *La grande tribu*, roman énigmatique dont l'auteur reporte sans cesse la publication depuis une quinzaine d'années[5].

---

5 Consulter à ce sujet J. PELLETIER (1991, 1996), F. CHAPUT (1993).

L'œuvre romanesque de Jacques Ferron, notamment _Le ciel de Québec_, a par ailleurs été commentée dans cette optique, entre autres par Victor-Lévy BEAULIEU (1991) lui-même, qui qualifie ce roman, à l'instar des _Misérables_ de Hugo et de _Finnegan's Wake_ de Joyce, de livre « de la plus haute autorité » (p. 263). F. CHAPUT (1995) s'interroge quant à lui sur la portée épique du roman de Ferron en suggérant que celui-ci s'inscrit dans la veine inaugurée par l'_Histoire du Canada_ de François-Xavier Garneau ; il souligne néanmoins la difficulté de son enjeu esthétique : « Cette impossibilité d'écrire un récit épique fondateur qu'on observe chez Ferron, mais aussi chez nombre de ses contemporains, illustre peut-être qu'il est vain, à notre époque, d'aspirer à la présence, à l'identité, à la communion » (p. 72-73)[7].

Or, au cours des années 1970, le mythe du grand roman américain est venu interférer avec l'ambition du texte national, complexifiant le problème et illustrant à l'envi la difficile prise de conscience du sentiment national au Québec. Dans _Les grandes marées_, roman paru en 1978, Jacques POULIN (1990) prête ainsi à l'un de ses personnages, l'Auteur, l'ambition d'écrire le grand roman de l'Amérique, sorte d'œuvre hybride issue des tendances française et américaine : « En deux mots, voici : le roman français s'intéresse plutôt aux idées, tandis que le roman américain s'intéresse davantage à l'action. Or, nous sommes des Français d'Amérique, ou des Américains d'origine française, si vous aimez mieux. Nous avons donc la possibilité, au Québec, d'écrire un roman qui sera le produit de la tendance française et de la tendance américaine. C'est ça que j'appelle le grand roman de l'Amérique » (p. 175-176). On peut constater que le cadre de référence a changé : le grand roman de l'Amérique, dans sa version québécoise, se situe à un nouveau carrefour socioculturel : il ne se définit plus contre la littérature européenne ; il emprunte au contraire au roman français et au roman américain, qu'il vampirise simultanément dans le but de proclamer son originalité absolue et réclamer sa place dans l'univers des lettres. La mère patrie des lettres n'est plus seulement la France, mais aussi les États-Unis. Le _Monsieur Melville_ de Victor-Lévy Beaulieu, publié la même année que _Les grandes marées_, s'inscrit au fond dans le même questionnement et obéit à une démarche similaire, qu'on peut rattacher à la problématique de l'anthropophagie littéraire (J. MORENCY, 1993).

De plus en plus, on va assister ainsi à un brouillage des codes littéraires traditionnels et au recours au mythe du grand roman américain dans la littérature québécoise, surtout chez de jeunes écrivains, manifestement influencés par les écrivains américains, comme Christian Mistral et Louis Hamelin. Désormais, les écrivains québécois auront tendance à réclamer leur intégration au continent des lettres américaines, un peu dans le même sens que

---

6   Encore récemment, M. LACHANCE (1996) a posé la question suivante à une vingtaine d'écrivains, d'intellectuels, de journalistes et de chroniqueurs québécois : « Quel est le livre qui résume le mieux le Québec ? » Le nom de Jacques Ferron est celui qui obtient le plus de suffrages avec celui de Gabrielle Roy, pour _Bonheur d'occasion_. Retenons les jugements de Lise Bissonnette et de Danny Laferrière. Bissonnette : « Voici mon choix et je n'en ai qu'un : _Le Ciel de Québec_ de Jacques Ferron, parce que tout y est, la petite et la grande histoire du Québec, celle qui est advenue et celle qui vient, notre drame et notre carnaval » (p. 107). Laferrière : « Tout Ferron, _L'Amélanchier_ en tête. Jacques Ferron est un homme têtu, borné, méticuleux, passionné, obsessionnel, maniaque, généreux, à la fois modeste et vaniteux, à l'humour acide. À l'image de son œuvre, qui est une copie conforme de son pays. Un homme, une œuvre et un pays » (p. 109).

l'emblématique Jack Kerouac ou que les écrivains juifs évoqués plus haut. C'est ainsi que Danny Laferrière, dans *Cette grenade dans la main du jeune nègre est-elle une arme ou un fruit?*, se réclame de l'héritage de James Baldwin et que la romancière saguenéenne Lise Tremblay admet en entrevue, avec une franchise désarmante : « Ce que je veux, ce dont je rêve, c'est de devenir un grand écrivain américain, d'écrire le roman ultime américain » (M.-C. GIRARD, 1994, p. D-27). On assiste donc à un curieux revirement de situation, qui témoigne de manière assez éloquente d'une nouvelle prise de conscience, sur le plan littéraire et culturel, des rapports entre le centre et la périphérie. Le centre s'est déplacé de la France vers les États-Unis, mais il a cessé pour plusieurs d'être perçu comme un repoussoir, même si le Québec semble toujours confiné à la marge, dans ce pays « incertain » (Ferron) ou « équivoque » (Beaulieu) qui n'est pas autre chose, peut-être, que les limbes de l'écriture où s'agitent les textes mort-nés d'une nation encore à venir.

la nation québécoise n'existant pas encore ou jamais.

REPÈRES BIBLIOGRAPHIQUES

ANDRÈS Bernard (1990). *Écrire le Québec : de la contrainte à la contrariété. Essai sur la constitution des lettres*. Montréal, XYZ, 225 pages.

ASHCROFT Bill, GRIFFITHS Gareth, TIFFIN Helen (1989). *The Empire Writes Back. Theory and Practice in Post-Colonial Literatures*. London/New York, Routledge, 246 pages.

AUBERT DE GASPÉ Philippe (1988). *Les Anciens Canadiens*. Montréal, Bibliothèque québécoise, 410 pages, (réimp. de l'édition originale de 1863).

AUSTER Paul (1989). *Moon Palace*. New York, Viking Press, 307 pages.

BAKHTINE Mikhaïl (1978). *Esthétique et théorie du roman*. Paris, Seuil, 489 pages.

BEAUDOIN Réjean (1989). *Naissance d'une littérature. Essai sur le messianisme et les débuts de la littérature canadienne-française (1850-1890)*. Montréal, Boréal, 211 pages.

BEAULIEU Victor-Lévy (1978). *Monsieur Melville*. Montréal, VLB éditeur, 3 tomes.

BEAULIEU Victor-Lévy (1991). *Docteur Ferron. Pèlerinage*. Montréal, Stanké, 419 pages.

BELLOW Saul (1953). *The Adventures of Augie March. A novel*. New York, Viking Press, 536 pages.

BRODKEY Harold (1991). *The Runaway Soul*. New York, Farrar, Strauss and Giroux, 835 pages.

BROWN Herbert R. (1935). « The Great American Novel », *American Literature*, Vol. VII, no 1 (March), p. 1-14.

BRUNET Manon (1995). « Henri-Raymond Casgrain, Français d'Amérique », dans Gérard Bouchard et Yvan Lamonde (dirs.), *Québécois et Américains. La culture québécoise aux XIXe et XXe siècles*, Montréal, Fides, p. 113-129.

CABAU Jacques (1981). *La Prairie perdue. (Le roman américain)*. Paris, Seuil, 378 pages.

CASGRAIN Henri-Raymond (1896). *Oeuvres complètes*. Tome 1, Montréal, Beauchemin et fils, 581 pages.

CHAPUT François (1993). « Victor-Lévy Beaulieu, héritier d'un désir », *Tangence*, no 41 (octobre), p. 43-53.

CHAPUT François (1995). « L'épopée québécoise de Jacques Ferron », dans Ginette Michaud (dir.) avec la collaboration de Patrick Poirier, *L'autre Ferron*, Montréal, Fides-CETUQ, p. 69-87.

CHÉNETIER Marc (1989). *Au-delà du soupçon. La nouvelle fiction américaine de 1960 à nos jours*. Paris, Éditions du Seuil, 455 pages.

DUMONT Fernand (1993). *Genèse de la société québécoise*. Montréal, Boréal, 397 pages.

GÉRIN-LAJOIE Antoine (1993). *Jean Rivard, le défricheur suivi de Jean Rivard, économiste*. Montréal, Bibliothèque québécoise, 467 pages, (réimp. de l'édition originale de 1862).

GIRARD Marie-Claire (1994). « Le roman du fjord », *Le Devoir*, (12-13 novembre), p. D-27.

HOUSE Key Seymour (1965). *Cooper's Americans*. Ohio State University Press, 350 pages.

JONES H. M. (1966). *The Theory of American Literature*. Ithaca (New York), Cornell University Press, 225 pages.

KEROUAC Jack (1957). *On the Road*. New York, Viking Press, 310 pages.

LACHANCE Micheline (1996). « La bibliothèque imaginaire », *L'Actualité* (15 septembre), p. 106-109.

LACOUE-LABARTHE Philippe, NANCY Jean-Luc (1978). *L'absolu littéraire. Théorie de la littérature du romantisme allemand*. Paris, Seuil, 448 pages.

LEMIRE Maurice (1993). *La littérature québécoise en projet au milieu du XIXe siècle*. Montréal, Fides, 277 pages.

MAJOR Robert (1991). *Jean Rivard ou l'art de réussir. Idéologies et utopie dans l'œuvre d'Antoine Gérin-Lajoie*. Québec, Les Presses de l'Université Laval, 338 pages.

MARCOTTE Gilles (1989). *Le roman à l'imparfait. La « Révolution tranquille » du roman québécois. Essais*. Montréal, L'Hexagone, 259 pages, (réimp. de l'édition originale de 1976).

MORENCY Jean (1993). « Américanité et anthropophagie littéraire dans Monsieur Melville », *Tangence*, no 41 (octobre), p. 54-68.

PAGEAUX Daniel-Henri (1992). « Amérique latine et comparatisme », *Revue de littérature comparée*, (janvier-mars), p. 5-17.

PELLETIER Jacques (1991). *Le roman national. Essais*. Montréal, VLB éditeur, 241 pages.

PELLETIER Jacques (1996). *L'écriture mythologique. Essai sur l'œuvre de Victor-Lévy Beaulieu*. Québec, Nuit blanche éditeur, 281 pages.

PETILLON Pierre-Yves (1979). *La grand-route. Espace et écriture en Amérique*. Paris, Seuil, 254 pages.

PETILLON Pierre-Yves (1992). *Histoire de la littérature américaine. Notre demi-siècle 1939-1989*. Paris, Fayard, 680 pages.

PIZARRO Anna (1980). « Sur le caractère 'ancilar' de notre récit latino-américain », dans Jacques Leenhardt (dir.), *Littérature latino-américaine d'aujourd'hui*, Paris, Union générale d'éditions, p. 9-18.

POULIN Jacques (1990). *Les grandes marées*. Montréal, Bibliothèque québécoise, 209 pages, (réimp. de l'édition originale de 1978).

RICARD François (1981). « Lire en traduction. Le grand roman américain », *Liberté*, no 133 (janvier-février), p. 91-96.

ROBERT Marthe (1972). *Roman des origines et origines du roman*. Paris, Bernard Grasset, 365 pages.

ROBIDOUX Réjean (1994). *Fonder une littérature nationale. Notes d'histoire littéraire*. Orléans (Ontario), Éditions David, 208 pages.

ROTH Philip (1973). *The Great American Novel*. New York, Holt, Rinehart and Winston, 302 pages.

SCHLANGER Judith (1992). *La mémoire des œuvres*. Paris, Nathan, 160 pages.

TACHÉ Joseph-Charles (1981). *Forestiers et voyageurs*. Montréal, Fides, 202 pages, (réimp. de l'édition originale de 1863).

WOLFE Thomas (1929). *Look Homeward, Angel. A Story of the Buried Life*. New York, The Modern Library, 626 pages.

Troisième partie

LE QUÉBEC EN PERSPECTIVE

LE LION, LE COQ ET LA FLEUR DE LYS : L'ANGLETERRE ET LA FRANCE DANS LA CULTURE POLITIQUE DU QUÉBEC (1760-1920)

YVAN LAMONDE

Le propos du présent texte est comparatiste, à cette particularité près que la comparaison se fera avec deux « anciennes » métropoles, l'Angleterre et la France, et qu'elle sera, en un sens, intracoloniale ou intra-impérial[1].

Les études antérieures sur le rapport du Québec à l'Angleterre sont rares (M. TRUDEL, 1989) et s'inscrivent le plus souvent dans la problématique de l'impérialisme ou de l'anti-impérialisme (J.-A. SILVER, 1976 ; R.-M. PORTERFIELD, 1983). Nous avons pour notre part proposé de réévaluer les rapports du Québec avec ses « capitales » culturelles ou politiques (Y. LAMONDE, 1996c) et nous avons scruté de façon particulière ses relations avec les États-Unis (Y. LAMONDE, 1996a).

---

1 Je remercie Gérard Bouchard pour ses commentaires sur ce texte. Nous disons l'Angleterre, mais en fait, notre étude embrasse toute la Grande-Bretagne impériale. Pour des raisons d'espace, nous ne traiterons pas ici de l'Irlande ni de l'Écosse.

I
L'ANGLETERRE : OUI, L'OLIGARCHIE COLONIALE : NON (1760-1815)

Il est symptomatique que lors de sa première proclamation à l'île d'Orléans, le 28 juin 1759, le général Wolfe ait précisé à la population que son « formidable armement » visait d'abord et avant tout à « réprimer l'insolence de la France » (G. DESCHÊNES, 1988, p. 58). L'animosité multiséculaire entre les deux puissances était du coup mise en scène et les Canadiens allaient jouer leur destin dans ce décor historique. La « Conquête » pouvait devenir la « scène primitive », le « cri primal », le trauma. Quoi qu'il en soit du débat scientifique et idéologique entre historiens de la fin de la décennie 1950, la conquête militaire de la Nouvelle-France par l'Angleterre mettait en cause les valeurs individuelles et collectives fondamentales des « Canadiens » et constitua la pierre d'assise de leur représentation de l'Angleterre.

Un historien se risquera-t-il à passer derrière Michel BRUNET (1964, 1969) et Fernand OUELLET (1956) avec le projet d'analyser ce que devint l'image de la France et de l'Angleterre dans les trois ou quatre décennies qui suivirent le changement d'allégeance, avec l'intention de préciser ce que furent le coefficient de rupture d'avec la France et le coefficient de liaison avec l'Angleterre (G. FRÉGAULT, 1955) ? Faute de pouvoir mesurer la nostalgie, on proposera deux témoignages de mère d'Youville pour faire voir la distance qui se crée entre la France et l'ancienne Nouvelle-France. Elle écrit en 1763 : « Nous nous étions flattées que la France ne nous abandonnerait pas, mais nous nous sommes trompées dans notre attente ». Deux ans plus tard, alors qu'elle apprend que la France ne remboursera que 25 % de la valeur des anciens billets d'ordonnance, elle confie : « [...] après avoir été traités durement ici, nous le sommes encore là[2] ». Sans dramatiser, il faut tenir compte du fait que l'image de l'Angleterre se construit à l'intérieur d'une déception, d'une absence, et encore d'une absence relative, car les Français de la Nouvelle-France s'étaient *canadianisés* entre 1608 et 1760.

L'Église catholique romaine est la première à témoigner son loyalisme à l'égard des nouvelles autorités constituées. Par principe, l'Église est monarchiste et par intérêt elle se doit de veiller d'abord aux destinées de l'Autel. En 1766, le cardinal Castelli résume parfaitement le propos : « De leur côté, il faudra que les ecclésiastiques et l'évêque oublient sincèrement [...] qu'ils sont

---

2 Mère Marguerite d'YOUVILLE à M. Villars, 5 août 1763 dans M. BRUNET (1964), p. 78-79 et Mère Marguerite d'Youville à l'abbé La Rue, 18 septembre 1765, dans C. GALARNEAU (1970), p. 92.

français[3] ». L'Autel et le Trône se soutiendront mutuellement et les intérêts *français* céderont la première place aux intérêts *religieux*. De leur côté, les notables reconnaissent le souverain « si nécessaire à ses peuples » et se soumettent aux « décrets de l'Être Suprême » : « C'est à nous de nous y conformer et d'être aussi fidèles sujets de notre nouveau monarque, que nous l'avons été, ou dû être du Roi de France » (M. BRUNET, 1964 p. 42, 46-47). Dans la mentalité de l'époque pré-1776 et pré-1789, il s'agit d'un changement de monarchie comme les populations en connaissent assez souvent sous l'Ancien Régime.

L'invasion américaine de 1774 et de 1775 met à l'épreuve la nouvelle loyauté des Canadiens. Certes des Canadiens témoignèrent de différentes façons leur « neutralité » (« bienveillante ») à l'égard des Américains, mais au total les anciens Français — canadianisés — devenus britanniques depuis une décennie hésitèrent et renoncèrent à changer d'allégeance une deuxième fois en dix ans. Les contemporains se feront fort, avant et après la seconde invasion étatsunienne de 1812, de rappeler que ce furent les Canadiens qui sauvèrent la colonie d'Amérique du Nord britannique et en 1775 et en 1812. Il y a là une évidente stratégie rhétorique mais qui se fonde sur une vraisemblable loyauté.

On doit aussi se demander jusqu'où la Révolution de 1789, la Terreur de 1793 et l'épisode napoléonien (1800-1815) ont joué dans la persistance de l'identité française des Canadiens, des Canadiens de langue française. S'il est facile de rappeler la distance géographique entre le Québec et la France, il est plus difficile d'évaluer la distance idéologique qui peut alors exister et se créer dans le contexte d'intense propagande contre-révolutionnaire du Gouvernement colonial britannique et de l'Église. Que reste-t-il du désir de la France après la Terreur et après les initiatives et les échecs de Napoléon, quand on sait, de surcroît, que la Révolution et l'Empire n'avaient guère les moyens de leur faible politique velléitaire de reconquête du Canada ?

Dans ce contexte, l'octroi par Londres d'une Chambre d'assemblée, acquise dès octobre 1789 mais votée en 1791, paraît décisif dans l'évolution de la perception de l'Angleterre par les Canadiens. Dès le moment où Londres accepte comme règle de composition de la Chambre d'Assemblée le « Rep by Pop », les dés sont joués. Les Canadiens ne peuvent qu'admirer cette concession de la démocratie parlementaire qu'ils n'ont jamais connue, ce respect du principe de la représentation parlementaire selon la population qui va leur donner la majorité en Chambre et qui, du coup, ajoutera aux insatisfactions sinon aux frustrations accumulées par les coloniaux britanniques depuis le Traité de 1763 et l'Acte de Québec de 1774. En refusant une représentation parlementaire d'abord basée sur la religion, la langue, la fortune ou la provenance, Londres avait singulièrement déçu la minorité britannique anglophone et protestante, quel que fût son pouvoir économique. Dès lors, les Canadiens développèrent une confiance réelle à l'égard de l'Angleterre.

---

3   Cardinal Castelli, Rome, à l'abbé de l'Isle-Dieu, 17 décembre 1766, cité dans Gustave LANCTÔT (1965), p. 17.

Les indices ne manquent pas pour attester la déception des coloniaux britanniques. On référera seulement à la fondation du *Quebec Mercury* en 1805 et à son contenu. Les témoignages ne manquent pas non plus pour établir l'admiration qu'ont les Canadiens pour la Constitution britannique, ce « trésor rare ». Le premier numéro du *Canadien* du 22 novembre 1806 définit les Canadiens comme des « Américains britanniques » et les témoignages vont s'accumuler pour affirmer que les Canadiens sont plus heureux sous la monarchie constitutionnelle britannique que sous la monarchie française, absolue jusqu'en 1789. Ce propos des premiers numéros du *Courrier de Québec* du début de janvier 1807 est repris par le Dr Labrie, les 21 et 24 janvier 1807 ; celui-ci dit préférer « l'empire doux et modéré de notre Roi » au « sceptre de fer de Buonaparte » et avoue :

« Il est donc prouvé que nous n'avons aucune raison de désirer d'appartenir à la France. Elle ne sut point faire notre bonheur, lorsque par plus d'un titre, nous avions droit d'espérer qu'elle s'en occuperait, comment pourrions-nous nous flatter qu'elle l'effectuerait maintenant qu'elle gémit elle-même dans l'oppression, et que l'autorité du despote qui la gouverne, est mille fois plus tyrannique encore que ne le fut celle des anciens gouverneurs de notre patrie » (L. GROULX, 1951, p. 421-422).

La perspective est la même dans *le Canadien* (L.-A.-H. SMITH, 1957, p. 97-100), y compris sous la plume du chef du « parti » canadien, Pierre Bédard, qui évoque dans le numéro du 4 novembre 1809 « ces tems malheureux qui ont précédé la conquête du pays, où un gouverneur étoit une Idole devant laquelle il n'étoit pas permis de lever la tête » alors que depuis « cette époque le règne des lois a graduellement établi son Empire » et que la colonie jouit d'une Constitution « dans laquelle un homme est quelque chose ».

La même année, Denis-Benjamin Viger, expliquant les intérêts réciproques de la colonie et de la métropole, considère la conquête comme « un bienfait du ciel », car la France attachait peu d'importance à sa colonie. Pour lui, les mœurs actuelles des Canadiens ne sont plus celles des anciens Français et elles étaient déjà différentes avant 1760 (D.-B. VIGER, 1809, p. 7, 21-22, 38-40, 43-44).

En 1814, un mémoire soumis à Londres et réclamant une forme de responsabilité ministérielle du Comité Exécutif précise que, faute de cette responsabilité, les Canadiens sont « incapables de se protéger eux-mêmes, n'ont point d'autres ressources que dans la protection de la mère-patrie » (P. BÉDARD, 1814).

S'il y a de telles attentes à l'égard de l'Angleterre depuis 1791, c'est que les Canadiens font une différence essentielle entre les Anglais d'Angleterre ou de Grande-Bretagne et les Anglais de la colonie. Les frustrations des coloniaux britanniques, l'expression des déceptions dans le *Quebec Mercury*, la « mentalité de garnison » sous Craig, le premier projet d'Union en 1810 et, surtout, les conflits récurrents entre la Chambre d'Assemblée et le Conseil législatif (constitué essentiellement d'anglophones nommés par le Gouverneur) ont tôt fait d'éveiller les Canadiens au vice fondamental du système colonial nord-américain (D.-B. VIGER, 1809 ; P. BÉDARD, 1814). Ceux-ci voient très rapidement que le Conseil législatif ne joue pas le rôle qu'on attendait qu'il jouât eu égard à l'indépendance financière et idéologique des conseillers nommés. En raison de la dépendance financière des conseillers, détenteurs de fonctions dans le gouvernement colonial et choisis très majoritairement parmi les anglophones de la colonie, la structure de pouvoir constamment litigieuse crée et entretient un antagonisme ethnique : un Conseil anglophone, une Assemblée francophone et un Conseil nommé qui bloque les projets de loi de l'Assemblée élue. Or, comme il est difficilement concevable de modifier la règle du « Rep by Pop », la députation avait peu de choix sinon de demander une certaine « responsabilité » du Conseil législatif et du Conseil Exécutif, dans un premier temps (1814), ou l'électivité du Conseil législatif, dans un second temps (1830). Cet aspect est fondamental à la fois pour comprendre la perception de l'Angleterre qu'ont les Canadiens et pour relativiser l'interprétation purement « ethnique » que certains donneront des conflits coloniaux.

Le loyalisme du clergé catholique et des notables à l'égard de l'Angleterre, bien qu'obéissant à des motifs différents, s'affirme donc durant les premières décennies suivant la conquête dans un contexte où le rapport des Canadiens à la France n'a pas l'inconditionnalité qu'on lui attribue habituellement. La concession de la Constitution de 1791 et d'une démocratie parlementaire assise sur le « Rep by Pop » concilie les Canadiens avec la nouvelle métropole qui devient, face aux crises locales, au premier projet d'Union de 1810 et au blocage constitutionnel entre le Conseil législatif et la Chambre d'Assemblée, le recours de plus en plus fréquent des députés du Parti Canadien et du journal *le Canadien*. L'admiration des Canadiens pour les Anglais de la métropole se doublait d'une profonde réticence à l'endroit des Anglais de la colonie.

II
S' « ANGLICISER » POLITIQUEMENT, PROFITER DES DROITS BRITANNIQUES (1815-1830)

L'Angleterre à laquelle font appel les Canadiens après 1815 est la première puissance industrielle du monde et son attitude de vigilance et ses initiatives à l'égard de la France, après le Congrès et les traités de Vienne, sont plus importantes même que celles de la Sainte Alliance. La colonie a donc affaire à une métropole exceptionnellement puissante et à une monarchie qui s'affirme, contrairement à d'autres qui seront contestées à la fin de la période.

De crise en crise, la colonie bas-canadienne va faire appel à Londres pour tenter de sortir des impasses politiques locales. Dans la mise en accusation du juge en chef Sewell et de Monk, juge en chef de Montréal, après 1813, dans la revendication d'un contrôle annuel sur la liste civile, qui fera pourrir la situation jusqu'aux rébellions, dans la réclamation d'un agent de la Chambre d'Assemblée à Londres pour y faire entendre la voix des représentants et non plus seulement celles de l'Exécutif et du Conseil législatif, les députés du Parti canadien et patriote vont compter sur Londres pour être entendus et exaucés.

Face à un deuxième projet d'Union du Bas et du Haut-Canada en 1822, on fera appel, on adressera une pétition de 60 000 signatures à Londres et on y déléguera Papineau et John Neilson, autant d'initiatives qui assureront une nouvelle fois l'avortement du projet des Britanniques de la colonie. Le projet d'Union générale dans l'Amérique du Nord, mis de l'avant par Sewell et Robinson en 1824 ne connaîtra pas, pour l'instant, plus de succès. Dans son *Appel au Parlement britannique*, l'actif député Pierre Blanchet démonte le jeu des coloniaux britanniques et marque sa loyauté à la métropole malgré les vices du système constitutionnel colonial :

« Après la cession du Canada, par Sa Majesté très chrétienne, au Roi d'Angleterre, il a toujours été de la politique des Gouverneurs et de leurs dépendans de faire croire que les Canadiens descendans François, étoient plus François dans leurs dispositions qu'Anglois. [...] Mais est-il vrai que les Canadiens descendans François soient François dans leurs dispositions? Nous disons que non. [...] [E]t on voudrait les faire passer pour des François dans leurs dispositions, pour les rendre odieux et détruire la confiance que les habitans de la Mère-Patrie et des colonies voisines pourroient avoir en eux! Les Canadiens ont goûté aux bienfaits de la liberté, et rien ne pourra détruire ce sentiment en eux. [...] Les Canadiens sont donc attachés à leur Gouvernement par des principes que rien ne pourra détruire, nous voulons dire par des *principes anglois*, des *principes libéraux* [...] » (P. BLANCHET, 1824, p. 34-35).

L'année suivante, Augustin-Norbert Morin défend l'usage du français dans le système judiciaire et affirme que les Canadiens, après la conquête, trouvèrent dans « le Gouvernement stable et modéré de l'Angleterre, un plus sûr garant de leur tranquillité et de leur bonheur qu'une monarchie affaiblie et sur le penchant de sa ruine » (A.-N. MORIN, 1825, p. 9).

Denis-Benjamin Viger, qui participe à la vie politique depuis l'époque de la publication de sa brochure en 1809, récidive pour marquer la distinction entre Londres et l'oligarchie locale : « Les Canadiens savent bien qu'ils ne doivent pas regarder du même œil le gouvernement Anglois et quelques uns de ces aventuriers pour qui nous ne sommes que des objets d'horreur [...] ». Viger affirme que les Canadiens « sont aussi attachés à l'Angleterre qu'aucun des autres peuples de l'empire » (D.-B. VIGER, 1826, p. 242-243).

Le Dr Jacques Labrie, qui vient de publier ses *Premiers rudimens de la Constitution britannique...*, dénonce dans un discours les vices de composition du Conseil législatif et, du même souffle, salue « la plus libre des monarchies modernes » et « le plus éclairé des Rois », prédit que « les Canadiens obtiendront justice, sans fausser leur allégeance, sans s'écarter de leurs devoirs » et rappelle que « jamais les Canadiens n'avaient rien demandé à la métropole sans l'obtenir » (J. LABRIE, 1827).

Cette escalade de crises culmine dans la création d'un Comité des Communes sur les affaires du Canada en 1828 qui donne lieu à l'expédition d'une pétition de 87 000 signatures et à l'envoi de trois délégués (Neilson, Viger, Cuvillier) qui font prévaloir, finalement, le point de vue des Canadiens (P. BURROUGHS, 1972). À nouveau, grâce à l'appui des Whigs, de sir James

Mackintosh, de Joseph Hume et d'Arthur Roebuck, Londres sauve la mise des Canadiens contre les plaintes et les prétentions des coloniaux britanniques et de l'Exécutif.

La réflexion et l'attitude politiques de Papineau à l'égard de l'Angleterre expriment de façon exemplaire les positions des Canadiens durant cette période. Pour le chef du Parti canadien, les « enfants du même souverain » doivent « avoir également droit à la protection de leur gouvernement, qu'ils demeurassent à Londres et à Québec[4] ». Il ne manque pas de rappeler « notre attachement à cette Constitution qu'un Gouvernement très éclairé nous a accordée dans un âge très éclairé » (L.-J. Papineau, 24 mars 1820)[5] avant de comparer l'époque de la Nouvelle-France avec les acquis de la conquête, quelques mois après le décès de George III :

« Rappelons-nous que sous le gouvernement français (arbitraire et oppresseur, à l'intérieur comme au dehors) les intérêts de cette colonie avaient été plus souvent négligés et mal administrés que dans aucune autre partie de ses dépendances. [...] Mais voyez le changement.

George III, un souverain révéré pour son caractère moral, l'application à ses devoirs royaux et l'amour de ses sujets, succède à Louis XV, un prince méprisé à bon droit pour ses débauches, son indifférence envers les besoins du peuple, ses prodigalités à même le trésor public, au bénéfice de ses favoris et de ses maîtresses. De ce jour, le règne de la loi remplace celui de la violence [...] » (5 juillet 1820)[7].

Papineau décrit ainsi les Anglais de la colonie qui ont concocté le projet d'Union : « En 1822, des Pygmées ont prétendu attaquer la magnifique fabrique élevée en 1791 par la main des Géants » (7 octobre 1822)[8]. Présidant un Comité d'appel et de pétition à Londres avant de s'y rendre comme délégué avec John Neilson, il écrit au Sous-Secrétaire du Colonial Office pour dénoncer un « prétendu attachement à la France et aux principes français » et pour préciser ce qu'il faut entendre par angliciser :

« Angliciser le pays signifie pour eux priver la grande majorité des habitants de cette province de tout ce qui est cher aux hommes : leurs lois, leurs usages, leurs institutions et leur religion. [...] La Grande-Bretagne ne veut d'autre moyen d'angliciser cette colonie que celui que lui procurent le loyalisme et l'affection de ses habitants ; elle ne veut d'autre race britannique que celle qui se compose de sujets britanniques de naissance, loyaux et affectueux[9] ».

S'angliciser de façon acceptable signifie donc pouvoir ajouter des droits de sujets britanniques à des droits de Canadiens de langue, de Droit français et de religion catholique.

---

4 Louis-Joseph Papineau, « Droits sur le bois », *L'Aurore*, 28 février 1818.

5 Louis-Joseph Papineau, « Aux libres électeurs du quartier Ouest de Montréal », *le Spectateur canadien*, 25 mars 1820.

6 Louis-Joseph Papineau, « Élection du quartier Ouest », *le Canadien*, 19 juillet 1820.

7 Louis-Joseph Papineau, « Discours prononcé [...] au dîner patriotique [...] », *le Spectateur canadien*, 19 et 26 octobre 1822.

8 Louis-Joseph Papineau à Wilmot, 16 décembre 1822, dans Arthur G. DOUGHTY et Norah STORY (1935), p. 146-148.

Mais déjà, en 1827, le chef du Parti Patriote commence à accentuer les différences entre l'Angleterre et les colonies nord-américaines, alléguant, par exemple, qu'il n'y a pas lieu de voter une liste civile pour le temps de « vie du Roi » puisque cela n'a pas de sens légal dans la colonie[10].

L'escalade des crises dans la colonie bas-canadienne s'opère en un temps où la puissance impériale passe de la France à l'Angleterre. Les occasions se multiplient — projets d'Union de 1822 et de 1824, Comité de la Chambre des Communes sur les affaires canadiennes de 1828 — pour porter plaintes et pétitions à Londres et pour y envoyer des délégations successives. Pour les Canadiens, principes libéraux et principes anglais sont synonymes et, pour Papineau, l'anglicisation acceptable est celle où les Canadiens jouissent de tous les droits et libertés des sujets britanniques.

III
LA PRISE DE CONSCIENCE DE LA DÉPENDANCE COLONIALE (1830-1837)

Les plaintes et les attentes de la colonie à l'égard de la métropole franchissent une nouvelle étape au cours de la décennie 1830, au moment où l'Europe connaît une forte poussée nationalitaire et où les monarchies connaissent une nouvelle vague d'opposition. La question récurrente de l'électivité du Conseil législatif, la tournure que prennent les élections de 1832 et de 1834, la rédaction, l'approbation par la Chambre et l'expédition àLondres (passant outre l'accord du Conseil législatif) des 92 Résolutions indiquent, parmi d'autres signes, la radicalisation des demandes des Canadiens. Mais Londres demeure encore le lieu de tous les espoirs contre les menées de l'Exécutif colonial.

Le futur historien François-Xavier Garneau, qui voyage en France et en Angleterre de 1831 à 1833, est invité par le fait même à comparer Paris et Londres, ces « deux Athènes modernes ». Il montre quelques réserves à l'égard de la « France révolutionnaire qui venait encore de jeter un troisième trône aux quatre vents du ciel » et le récit de son voyage témoigne de son admiration pour les institutions britanniques : « De ce que je dis ici, il résulte que si la royauté était mal assise en France, la liberté n'y était pas mieux assurée, et qu'elle a encore beaucoup de luttes à soutenir avant que de s'y enraciner aussi fortement qu'elle l'est de ce côté-ci de la Manche et de l'Atlantique ». Tout admiratif qu'il soit de l'Angleterre — précisons qu'il rédige en 1854 son récit de voyage des années 1831 à 1833 — Garneau explique ainsi à Papineau son point de vue historique après les rébellions et l'Union, au moment où va

9 Louis-Joseph Papineau, 11 août 1827, « Discours [...] à l'occasion de l'ouverture de l'élection pour le quartier Ouest de la ville de Montréal [...] », *la Minerve*, 13, 17, 20, 24 et 27 septembre 1827.

paraître le tome IV de son *Histoire du Canada*, qui va jusqu'à la période contemporaine :

« [...] mon système d'appréciations politiques est tout arrêté. Je veux marquer en traits profonds surtout par des extraits de dépêches bien choisis quelle était la politique anglaise à notre égard : que les événements de 1837 sont dûs à son système de mettre les deux races en opposition l'une dans la chambre d'Assemblée l'autre dans les Conseils exécutif et législatif afin de les neutraliser mutuellement et de gouverner elle-même entre deux rivalités ; que ses sympathies étaient pour les Anglais qui remplissaient tous les emplois, mais que ses intérêts la portaient à ménager les Canadiens en leur laissant leurs lois et leur religion afin de les empêcher de se jeter par désespoir entre les bras des États-Unis ; que l'acte d'Union a été fait dans le même esprit pour fortifier le parti anglais qui n'était plus capable de lutter plus longtemps dans le Bas-Canada sans une intervention trop pressante et trop manifeste de la métropole » (F.-X. GARNEAU, 1854, p. 107, 123, 193 ; 3 juillet 1851[11] ; Y. LAMONDE, 1996b).

Peut-on trouver formule plus synthétique pour décrire le réflexe impérial de l'Angleterre et ses stratégies ?

En juin 1838, dans un poème intitulé « À Lord Durham », Garneau avait néanmoins écrit : « Sur ce grand continent le Canadien sera / Le dernier combattant de la vieille Angleterre », mot que reprendra Étienne-Pascal Taché en 1846 dans sa tirade célèbre selon laquelle le dernier coup de canon tiré en Amérique pour la défense de la Grande-Bretagne le serait par la main d'un Canadien français.

Étienne Parent, qui, dans *le Canadien*, s'est opposé au projet d'Union de 1822 et s'est fait, avec Viger, le promoteur de l'idée que la conservation de la langue française au Bas-Canada est le moyen le plus sûr de la conservation des colonies anglaises en Amérique du Nord, sera, la décennie durant, du combat pour l'électivité du Conseil législatif et pour le maintien du lien colonial. Sa prise de distance à l'égard de Papineau au moment des 92 Résolutions et surtout en 1837 le mènera à une amère déception après l'Union de 1840, mais son parcours de la décennie aura été marqué par son irréductible confiance en l'Angleterre.

C'est toutefois Papineau qui, au tournant de la décennie 1830, donne le ton. Exaspéré, après vingt ans de luttes constitutionnelles, Papineau commence à douter que le salut puisse venir de Londres et considère l'expérience étatsunienne comme un modèle de plus en plus vraisemblable de développement politique pour le Bas-Canada :

« [Ce] n'est donc pas dans la mère-patrie non plus que dans le reste de l'Europe, où l'orientation sociale est tout à fait différente, où la répartition de la richesse est très inégale, qu'on doit chercher des exemples ; c'est plutôt en Amérique où l'on ne voit ni fortune colossale, ni pauvreté dégradante, où l'homme de génie parcourt les différents rangs sociaux sans obstacle » (L.-J. PAPINEAU, 17 février 1831).

---

10 Lettre de François-Xavier Garneau à Louis-Joseph Papineau, 3 juillet 1851. Centre de recherches en civilisation canadienne-française de l'Université d'Ottawa.

Papineau devient de plus en plus républicain, déniant l'existence et la pertinence de toute monarchie et de toute aristocratie en Amérique. Et l'exemple par excellence que fournit l'Amérique est celui du Conseil législatif électif, tel le Sénat des États-Unis : « Le consentement unanime avec lequel tous les peuples de l'Amérique ont adopté et étendu le système électif montre qu'il est conforme aux vœux, aux mœurs et à l'état social de ses habitants[12] ». Il était devenu évident que les revendications des Canadiens pourraient être entendues et surtout satisfaites si l'on adoptait un système politique où la royauté était abolie, où l'aristocratie cessait de chercher à se reproduire dans les colonies et où le Conseil législatif serait aussi élu et non pas nommé et composé de gens sans contact avec la majorité de la population. Cette prise de position n'était pas révolutionnaire mais elle était certainement plus radicale que ne l'avait été le discours antérieur. Un seuil était franchi et les doléances allaient être alignées dans les 92 Résolutions.

Ces doléances et revendications concernent d'abord et avant tout la question de l'électivité du Conseil législatif. Les 92 Résolutions s'ouvrent toutefois sur le rappel de « l'attachement » historique des Canadiens à l'Empire britannique, eux qui « ont résisté à l'appel » des Américains en 1775 et en 1812. La deuxième Résolution stipule :

« Que le Peuple de cette Province a manifesté en tout temps sa confiance dans le Gouvernement de Sa Majesté, même dans les circonstances les plus difficiles, et sous les Administrations Provinciales qui foulaient aux pieds les droits et les sentiments les plus chers à des Sujets Britanniques ; et que le Peuple de cette Province persévère dans les mêmes dispositions » (N.-E. DIONNE, 1909, Résolutions #1 et 2, p. 127-128).

La ferveur de ce loyalisme était toutefois atténuée par une dizaine de résolutions relatives aux États-Unis. La position du Parti Patriote prévenait que ces « sentimens de confiance et d'attachement » pouvaient s'affaiblir, que « la Constitution et la forme de gouvernement qui conviendraient le mieux à cette colonie, ne doivent pas se chercher uniquement dans les analogies que présentent les institutions de la Grande-Bretagne, dans un état de société tout à fait différent du nôtre » et que « les États voisins ont une forme de gouvernement très propre à empêcher les abus de pouvoir et très efficace à les réprimer ». Quant au lien colonial, il était déjà mis à rude épreuve par la continuation des mêmes injustices (N.-E. DIONNE, 1909, #31, p. 43, 41, 48).

Votées par la Chambre à 56 voix contre 23 en février 1834, les 92 Résolutions, accompagnées d'une pétition de 80 000 signatures, sont acheminées à Londres, à l'agent de l'Assemblée auprès de la métropole, Denis-Benjamin Viger. Car on ne se fait plus illusion à propos de l'assentiment du Conseil législatif et du Gouverneur et l'appel au Parlement impérial se fait directement, sans intermédiaire autre que le délégué londonien de la Chambre. C'est un nouvel appel à l'aide, le plus important depuis 1791.

Les résolutions-revendications sont placées en février 1834 entre les mains du Parlement et du Ministre d'État aux colonies, Lord John Russell, qui, trois ans plus tard, en mars 1837, y répond par ses 10 Résolutions. La réponse de

---

11 Louis-Joseph Papineau, 1er mars 1836, p. 6, « Adresse de la Chambre d'Assemblée au Parlement anglais », *la Minerve*, 24 mars 1834.

Londres est claire : non au Conseil législatif électif, non au Gouvernement responsable, non au contrôle de l'Assemblée sur la totalité des dépenses, non au changement de statut de la Compagnie des terres (G. FILTEAU, 1975, p. 186-188). Les Résolutions Russell sont votées à 318 contre 56 aux Communes et l'amendement Leader-Roebuck au sujet de l'électivité du Conseil législatif est battu par 318 voix contre 36.

En mai, Papineau espère encore, mais il formule une option de rechange. À ceux qui font allusion à une union avec la grande République étatsunienne, il déclare :

« Cette union est séduisante, et la nôtre dans le moment actuel est déshonorante. Est-ce à dire que de suite nous devons répudier l'une pour épouser l'autre ? Doucement ! Si cet arrangement était le seul qui pût rétablir la paix dans le ménage, oui, il faudrait y avoir recours. S'il est bien clair et bien établi, que la détermination de Lord Russell est un plan fixe et arrêté auquel il donnera suite dans l'avenir, à moins que nous ne nous soumettions à toutes ses exigences ; que les colonies sont conservées, non dans l'intérêt réciproque des peuples, mais dans celui du patronage et de la corruption ministérielle, l'histoire des anciennes plantations [américaines] recommencera avec le même résultat inévitable » (L.-J. PAPINEAU, 15 mai 1837, p. 11).

Les Résolutions Russell mettaient fin à la perception positive et aux attentes des Canadiens à l'égard de Londres. C'était la fin de quelque chose et, du même coup, le moment le plus fort de la prise de conscience coloniale du Bas-Canada : la métropole appuyait ce qu'on considérait comme une oligarchie coloniale. Puisque la palette des réformes constitutionnelles était épuisée, il fallait trouver autre solution : émancipation, annexion comme État de la république voisine...

Lord Durham allait cristalliser tout cela et donner sa forme définitive à la déception des Canadiens français à l'égard de Londres. Si le diagnostic de son *Rapport* fait mention du problème structurel de pouvoir dans la colonie, il glisse — et plusieurs lecteurs et interprètes après lui — vers la « lutte de race » :

« Je m'attendais à trouver un conflit entre un gouvernement et un peuple ; je trouvai deux nations en guerre au sein d'un même État ; je trouvai une lutte, non de principes, mais de races. Je m'en aperçus : il serait vain de vouloir améliorer les lois et les institutions avant que d'avoir réussi à exterminer la haine mortelle qui maintenant divise les habitants du Bas-Canada en deux groupes hostiles : Français et Anglais » (Lord DURHAM, 1839, p. 67-68).

La nuance interprétative se trouve dans l'importance qu'on accorde à « gouvernement », à »peuple », à « nations » et à « principes » et/ou au lexique des « races » ou de la « haine ».

IV
LIBÉRALISME ANGLAIS OU FRANÇAIS ?
(1840-1877)

L'octroi du Gouvernement responsable après les insurrections dans les deux Canada a au moins deux significations globales : en amont, il est la reconnaissance lente sinon tardive de la justesse de la demande des Canadiens depuis la fin des années 1820, à propos de la « responsabilité » de l'Exécutif et du Conseil législatif ; en aval, il est le point de départ d'une nouvelle culture politique, personnifiée par La Fontaine et Cartier, lequel voit une « planche de salut » pour les Canadiens français dans le système constitutionnel de l'Union et qui considère que l'octroi du Gouvernement responsable fait oublier les Résolutions Russell. Ce fut la tradition gagnante qui poussa à la marge, à compter de 1848, ceux qui, comme Papineau, ne se satisfirent pas de cette concession métropolitaine. Cette tradition loyaliste continua, différemment, de se tourner vers Londres, qui reconnut cette fidélité en conférant à La Fontaine et à Cartier le titre de « Sir ».

Paradoxalement, Laurier prit le relais de La Fontaine et de Cartier en critiquant ceux-ci et en poursuivant l'entente cordiale tout à la fois. Et, pour annoncer les couleurs immédiatement, c'est Henri Bourassa, petit-fils de Papineau, qui deviendra l'allié de Laurier puis le critique de l'impérialisme de « Sir » Wilfrid. Il y a donc, de 1840 à la Première Guerre mondiale, une troisième trajectoire en ce qui concerne le rapport des Canadiens Français à l'Angleterre, et en corollaire, à la France.

Le discours de Laurier du 26 juin 1877, qui n'est pas sans analogie avec l'idée des principes libéraux anglais de l'*Appel* de P. Blanchet de 1824, constitue une pièce-maîtresse de l'histoire des idées politiques au Québec. Il est le nœud qui noue les deux cordes civiques sensibles des Canadiens Français : le cordon français et le cordon anglais. Et pour que ce discours fut possible et pensable, il faut bien qu'il y ait eu, dans l'évolution politique et intellectuelle du Québec, une tradition et une culture politiques alimentées à ces deux sources. Laurier récupère en une sens l'histoire politique du Québec depuis 1791 et lui insuffle une signification idéologique et partisane.

Le pivot de l'argumentation de Laurier réside dans la Constitution de 1791 (« Mais si nous sommes une race conquise, nous avons aussi fait une conquête : la conquête de la liberté ») et dans le Gouvernement responsable, plus important que les systèmes monarchique ou républicain dans lesquels il peut être exercé. L'intention du discours de Laurier est de faire connaître les vrais principes du libéralisme du Parti libéral de façon à faire cesser la tactique des adversaires conservateurs et ultramontains du Parti qui dénaturent ces principes. La stratégie du discours consiste à montrer que le libéralisme canadien vient du libéralisme anglais et non du libéralisme français, du sens du réformisme et non de la Révolution et de la Terreur. Malheureusement, selon Laurier, l'éducation française au Canada privilégie l'histoire de la liberté moderne chez les peuples du continent européen et non en Angleterre (W. LAURIER, 1941, p. 11, 15, 12) :

« Il est vrai qu'il existe en Europe, en France, en Italie et en Allemagne, une classe d'hommes qui se donnent le titre de libéraux, mais qui n'ont de libéral que le nom, et qui sont les plus dangereux des hommes. Ce ne sont pas des libéraux, ce sont des révolutionnaires ; dans leurs principes ils sont tellement exaltés qu'ils n'aspirent à rien de moins qu'à la destruction de la société moderne. Avec ces hommes, nous n'avons rien de commun ; mais c'est la tactique de nos adversaires de toujours nous assimiler à eux » (W. LAURIER, 1941, p. 22, 18-19).

Le conférencier fait ensuite l'histoire du Parti libéral anglais, citant Macaulay et Tennyson, tout en réitérant que la liberté française « n'a rien de séduisant » et qu'à tort les adversaires des libéraux canadiens jugent « la situation politique de notre pays, non d'après ce qui s'y passe, mais d'après ce qui se passe en France » (W. LAURIER, 1941, p. 27, 26). Double distorsion donc d'une éducation — française et catholique — qui regarderait trop du côté de la France (et pourtant ce n'est pas la France de 1789 qu'elle valorise...) et d'un clergé qui se complaît à identifier les idées libérales à la Terreur. Et l'Angleterre et la France y trouvent leur compte de distorsion ! À propos de l'histoire du Parti libéral au Canada, Laurier préfère ne pas choisir entre le Papineau et le La Fontaine de 1848 tout en concédant que Cartier ne reconnaîtrait plus son parti « libéral-conservateur » devenu ultraconservateur avec les ultramontains ultramontés qui cherchent à le noyauter. L'ancien membre de l'Institut canadien de Montréal excuse les « énergumènes » de l'*Avenir* par « leur jeunesse » et boucle son propos en rappelant l'essentiel selon lui : le Gouvernement responsable avait été obtenu par les Libéraux.

Laurier avait rebrassé les cartes et montré un jeu nouveau, paradoxal mais fondé dans l'histoire. À vrai dire, il pensait mettre un baume britannique sur une plaie française, difficile à cicatriser.

V
BOURASSA EXORCISTE DE LAURIER ET DE L'ANGLETERRE (1877-1917)

Le jeu de Laurier ne lui fit gagner la partie que vingt ans plus tard, lors de l'élection de 1896, au moment où on fêtait le Jubilé d'argent (1897) de la reine Victoria montée sur le trône en 1837. Deux ans plus tard, Henri Bourassa, jeune député de Laurier, démissionnait du Parti libéral, en désaccord avec son chef sur la question de l'envoi de troupes canadiennes dans la guerre impériale de l'Angleterre contre les Boërs d'Afrique du Sud. S'ouvrait alors une lutte à finir entre deux Canadiens français admirateurs de l'Angleterre mais qui faisaient une place différente au Canada et à la France dans leur vision respective du passé et de l'avenir politiques du Canada. Cette tension, personnifiée par ces deux figures exemplaires, est à l'origine du renouveau du nationalisme au Québec au tournant du siècle et trouva dans l'émeute opposant, en mars 1900, les étudiants de McGill University à ceux de l'Université Laval à Montréal, une autre illustration de sa signification politique profonde.

Le dernier mot ne sera pas dit ici sur Bourassa et l'Angleterre, tant le sujet est vaste et complexe. On s'attardera surtout à relever dans les écrits du député « indépendant » les prises de position face à l'Angleterre et le rapport de celles-ci à l'histoire politique et intellectuelle du Québec. Dès 1901, Bourassa opère un renversement : au Canada anglais qui met en question depuis 1763 le rapport des Canadiens Français à la France, il propose de s'interroger sur son rapport à l'Angleterre et écrit : les Anglo-Canadiens sont « plus Anglais que nous ne sommes Français, parfois même plus que l'indigène du Lancashire ou du Somerset ». Faisant une première histoire de l'impérialisme britannique jusqu'aux « précurseurs de l'impérialisme actuel » — dont Lord Durham — qui voulaient « l'asservissement de la colonie », Bourassa précise sa loyauté face à l'Angleterre, récusant tout autant l'idée d'indépendance du Canada que celle de son annexion aux États-Unis : « Un peuple jeune n'a rien à perdre et tout à gagner à avoir une alternative à sa disposition. Sous le régime britannique, nous pouvons toujours changer d'allégeance et arborer le drapeau étoilé. Devenus Américains, c'est l'attachement absolu, pour longtemps au moins » (H. BOURASSA, 1902, p. 5, 16, 40-42). Le petit-fils a quelque chose du Papineau de 1830 : l'image de la France en mémoire, les yeux fixés sur l'Angleterre, avec parfois un regard latéral sur les États-Unis.

La première mouvance nationaliste du début du siècle est canadienne comme l'indique la Ligue nationaliste de 1903, qui milite pour une plus grande autonomie du Canada dans l'Empire et des provinces dans la Confédération. Cette même année, Bourassa explique aux lecteurs du *Monthly* de Londres le sens de l'appartenance des Canadiens Français à l'Angleterre en même temps qu'il fait la critique de l'impérialisme. Il précise que les Canadiens français ne sont pas anti-impérialistes parce qu'ils sont Français mais parce qu'ils sont profondément Canadiens, et même davantage que des Anglo-Canadiens, qui ont moins fait la critique de leur britannisme que les Canadiens français ont fait la leur de leur francité. Les Canadiens français sont « exclusivement Canadiens », « le Canada est leur unique patrie » et « le Canada est resté anglais à cause de notre fidélité » (H. BOURASSA, 1903, p. 26). Tout comme Laurier, Bourassa fait une relecture de l'histoire ; il affirme que la liberté a été conquise par les Canadiens et ne leur a pas été donnée et il se montre très critique en donnant des exemples de situations historiques où les intérêts canadiens furent sacrifiés par la diplomatie anglaise à ceux de la métropole (H. BOURASSA, 1903, p. 3, 9, 23, 32-34). Selon lui, la France corrompue de Louis XV a « abandonné » le Canada, mais déjà avant la cession, « il existait une différence très nette entre Français et Canadiens » (H. BOURASSA, 1903, p. 12, 15, 7). Les

174

relations contemporaines avec la France sont certes plus intenses « par l'esprit » mais les divergences politiques sont profondes et la France n'inspire aux
Canadiens qu'un « amour platonique » (p. 28-29). Si cet article du *Monthly*
inclut l'affirmation d'un nationalisme canadien et l'analyse du rapport des Canadiens français à la France, elle fait place aussi à une vision d'avenir :

« L'indépendance est à nos yeux le couronnement naturel de nos destinées. Mais aussi longtemps que l'Angleterre ne tentera pas de resserrer les
liens qui nous unissent à sa puissance, nous ne ferons aucun effort pour les
rompre. Nous comprenons que l'œuvre du temps nous favorise chaque jour
davantage en nous apportant de la population et des capitaux : plus nous
tarderons à prendre notre voie, plus elle sera sûre » (p. 27).

Repoussant tout projet de fédération impériale, il résume ainsi son propos aux lecteurs du *Monthly* :

« Nos compatriotes anglais sauront, je n'en doute pas, respecter ces dé-
sirs et ces tendances légitimes ; et ils n'auront alors rien à craindre de la double
fidélité qui nous est propre : fidélité intellectuelle et morale à la France, fidélité politique à l'Angleterre ; car toutes deux sont entièrement subordonnées à
notre patriotisme exclusivement canadien » (p. 29).

De son côté, le maître-d'œuvre de la Ligue nationaliste, Olivar Asselin,
explique le point de vue du Québec sur le nationalisme canadien. Liant anti-
impérialisme et anti-militarisme, le directeur du *Nationaliste* avoue sa
« unreserved loyalty » à l'Angleterre et son admiration pour les institutions
britanniques, sauf — on croirait lire le Parti Patriote — pour la Chambre des
Lords, nommée mais non élue. En ces temps d'impérialisme militant, les po-
sitionnements face à la France sont peut-être excessifs, mais Asselin le francophile va jusqu'à affirmer que, dans le cas d'un conflit entre la France et l'Angleterre, la métropole anglaise pourrait compter sur le support matériel et
moral des Canadiens français (O. ASSELIN, 1909, p. 7-8, 10).

Analysée du point de vue de l'affirmation soutenue des impérialismes
anglais et allemand, la guerre ne surprend pas vraiment et elle va soulever,
comme au temps de Napoléon et de Neilson, la question de la loyauté. Comme
au XVIIIe siècle, il faut plutôt parler, dans le cas de l'Église catholique, de
loyalisme. Mgr Bruchési écrit dans *le Devoir* du 15 septembre 1914, que Bourassa l'anti-impérialiste vient de fonder :

« L'Angleterre est engagée dans une guerre terrible qu'elle s'est efforcé
d'éviter à tout prix. Sujets loyaux, reconnaissant en elle la protectrice de nos
droits, de notre paix, de notre liberté nous lui devons notre plus généreux
concours [...]. N'est-il pas évident que notre sort est lié au sort de ses armées ? »

Le 23 septembre, les évêques du Québec publient une lettre pastorale
appelant à la participation au conflit. Mgr Bruchési, un peu naïvement, aura le
sentiment d'avoir été trahi lorsque viendra le temps de la conscription en
1917 mais, entre temps, l'anti-participationniste Bourassa n'aura pas manqué
de stigmatiser — catholiquement — l'évêque :

« Dans l'ordre politique, Monseigneur Bruchési est le Laurier de l'Église
du Canada. Aux yeux d'un grand nombre, c'est un rôle glorieux et bienfai-
sant ; c'est aussi un rôle périlleux. Je crains qu'en tout ceci, Monseigneur n'ait

trop cédé à la préoccupation de mériter à l'épiscopat canadien le bon vouloir des puissants du jour et des hautes influences anglaises[13] ».

Tout prudent et poli qu'il soit, Bourassa est tenant d'une distinction à faire, pour l'Église, entre ses interventions dans les questions temporelles et dans les questions spirituelles (R. DUROCHER, 1971). Cette position lui permet de voir clairement ce que Rome peut percevoir du catholicisme canadien-français : « Le mandement collectif et l'attitude de l'*Action sociale* sur la guerre ne sont-ils pas éminemment propres à fortifier à Rome l'impression que le Canada est la chose de l'Angleterre. [...] les évêques canadiens-français le proclament plus hautement encore que les évêques de langue anglaise et les autorités civiles[14] ».

Le francophile Asselin abonde dans le même sens : les évêques catholiques anglophones n'ont pas publié un document de la sorte et il est clair qu'on veut « mettre l'épiscopat canadien-français bien en cour à Londres et à Rideau-Hall » (O. ASSELIN, septembre 1914, p. 223, 230). Asselin, plus ouvertement anticlérical, s'indigne de cette ingérence ecclésiastique et de cette « influence indue » : « Et il se peut aussi que [cette réserve] contrarie certains politiciens en camail violet qui, de tout temps et en tout pays, ont jugé qu'un chapeau rouge vaut toujours la peine d'être ramassé, fût-ce dans le sang inutilement répandu de cent mille hommes » (p. 239-240). À l'égard de l'Église, qui fut historiquement contre la France pour l'Angleterre, Asselin se demande :

« Si, dans leur impatience de nous attacher pour toujours à la Couronne anglaise, [les évêques] n'ont pas parfois montré plus de zèle que de dignité ; si en décriant la France pour mieux nous en détacher, et en détruisant ainsi à sa source, dans l'âme des Canadiens-Français, la fierté de race, ils n'ont pas inutilement compromis la survivance de la langue et de la pensée française au Canada » (p. 237).

Sans connaître le mot d'ordre du Cardinal Castelli de 1766, cité plus haut, Asselin en décrivait un siècle et demi plus tard les effets.

Le contexte de guerre ranime donc la question de l'ambivalence des Québécois francophones face à l'Angleterre et à la France. Bourassa résume bien le vieux dilemme :

« Mais lorsqu'on s'adresse aux Canadiens-Français en particulier, qu'on leur enseigne, avec force tirades enflammées, qu'ils sont *doublement tenus* de s'enrôler, parce qu'en servant l'Angleterre, ils aident « leur seconde mère-patrie », la France, on fait de fort mauvaise besogne, grosse de conséquences désastreuses pour l'avenir.

Lorsque l'Angleterre sera de nouveau l'ennemie de la France, comme elle l'a été six siècles durant, comment les Canadiens-Français feront-ils le partage du *double devoir* qu'on veut leur imposer aujourd'hui : obéiront-ils au « devoir de loyauté », en servant l'Angleterre contre la France ? ou au « devoir de sentiment », en levant l'étendard de la révolte contre l'Angleterre pour aider la

---

12 Henri Bourassa à Mgr Georges Gauthier, 6 mai 1916, papiers Bourassa, cité dans R. DUROCHER (1971), p. 263.

13 Henri Bourassa à Mgr Louis-Adolphe Pâquet, 9 mai 1916, papiers Bourassa, cité dans R. DUROCHER (1971), p. 264.

France ? Contre laquelle des « deux mères-patries » lèveront-ils une main matricide ? » (H. BOURASSA, 1914, p. 31).

Au fur et à mesure que la guerre s'aggrave et qu'on s'achemine vers la conscription (18 mai 1917), la douloureuse question du « double devoir » se posera avec de plus en plus d'acuité. L'anti-impérialiste Asselin se posera le problème des deux loyautés lorsqu'il décidera de s'enrôler, lui l'anti-participationniste. Il expliquera son geste paradoxal en distinguant les obligations que des individus peuvent se reconnaître à eux-mêmes mais qu'ils repoussent pour leurs gouvernements (O. ASSELIN, 1916, p. 328). Et tout loyal et admiratif des institutions britannique qu'il soit, tout sceptique qu'il soit à l'égard de ce qu'il y a lieu d'attendre de la France (O. ASSELIN, 1914, p. 229), Asselin s'enrôle pour la France qu'il aime, lyriquement :

« Les insensés, ils veulent savoir ce que la France ferait pour le Canada. Et à chaque nouvelle aurore, ils vont voir à la fenêtre si le soleil luira sur leur tâche quotidienne. Et toute leur vie ils demandent au soleil la chaleur, la joie de leur existence. Et si on voulait les priver de sa lumière et de sa chaleur, ils se battraient pour le soleil, ils verseraient leur sang pour leur part de soleil. Sans doute la France [...] a pu quelquefois nous blesser par son indifférence. Mais parce que sans elle la vie française s'arrêterait en nous comme une eau qui gèle, bénissons-la quand même, défendons-la quand même ! C'est la lumière, c'est la chaleur, c'est la vie ! » (p. 342).

Quand même...

À son habitude, Bourassa l'anti-conscriptionniste retourne les questions usuelles : aux Britanniques, aux Français et aux Anglo-Canadiens qui l'interpellent sur la participation du Canada au conflit européen, il demande : « Combien de soldats la France, et même l'Angleterre, enverraient-elles en Amérique, si le Canada était attaqué par les États-Unis ? » (H. BOURASSA, 1917, p. 11). Il va plus loin dans l'exercice de situer ou de tester la fidélité à la France : pour lui, les Canadiens français, séparés de la France depuis 150 ans « par la Cession d'abord, et, davantage peut-être, par la Révolution française », « ne se croient pas plus *obligés* de se battre pour la France que les Français d'Europe ne se croiraient tenus de se battre pour le Canada français, si une « guerre civile » éclatait ici, ou pour le Canada tout entier, si les États-Unis ou le Japon l'attaquaient » (p. 20-21). Le « soleil » français ne luit pas avec la même intensité pour Bourassa et pour Asselin... Le directeur du *Devoir* refuse d'autre part de « ruiner le Canada pour sauver la mère-patrie » et, dénonçant Borden qui viole ses promesses, il en appelle à une dissolution du Parlement sans prolongation de mandat par l'astuce d'une coalition avec Laurier et à un plébiscite qui statuerait sur la volonté populaire en matière de conscription.

Un dernier texte d'Asselin de 1919 permet de résumer la période qui va du discours de Laurier à la conscription. Au moment de la mort de Laurier, Asselin écrit :

« Mais pendant que d'autres, dans ce groupe [de libéraux], puisent leurs inspirations en France — où l'ancêtre Papineau a passé quelques années — et peuvent ainsi concilier leur anticléricalisme avec l'idée française, Laurier, lui, cherche ses dieux parmi les pères du libéralisme anglais, tels que Fox, Bright

et Cobden ; en sorte qu'il est moins anticlérical, mais aussi moins français »
(O. ASSELIN, 1919, p. 103-104).

Perception lucide, qui va au cœur de l'argumentation et de la stratégie de
Laurier : taire la France pour faire taire les Conservateurs et le clergé et substituer les « libéraux-conservateurs » de La Fontaine et de Cartier aux libéraux
de 1837 et de 1848. La question est de savoir si cette mise en place d'une
tradition intellectuelle et politique québécoise plus sage, plus réformiste que
révolutionnaire, est fondée historiquement. Nous pensons que oui et sa vérité
se trouve dans l'ambivalence historique des Québécois à l'égard des deux
« mères-patries ».

On pourrait certes poursuivre l'analyse des rapports du Québec à l'Angleterre après 1917 et explorer la signification du plébiscite de 1942, le sens des
manifestations de 1955 en faveur de l'hôtel « Château Maisonneuve » plutôt
que du « Queen Elizabeth Hotel », ou le sens de ce fameux « samedi de la
matraque » du 10 octobre 1964, lors de la visite d'Elizabeth II. Mais il me
semble que la grande trajectoire du rapport des Québécois à l'Angleterre tombe
avec Bourassa et la fin de la Première Guerre mondiale ; quant au plébiscite de
1942, il reprend sur un ton affaibli le débat de 1917.

*Bourassa donc un grand canadien !
et pas un québécois d'abord : un pacifiste, un anti-impérialiste*

VI
CONCLUSION

L'analyse du rapport du Québec à l'Angleterre et l'inclusion obligée du
rapport à la France constituent un révélateur exceptionnel de l'identité du
Québec et de sa culture politique. La question fait lever tous les « démons ».

Qu'on aime ou pas, il est clair qu'au commencement était la conquête ou
la cession... ! Il est clair aussi que l'étude de la perception québécoise de l'Angleterre ne peut se faire que dans le creuset du rapport à la France ; 1760 ne se
comprend pas sans 1789 et 1793, et la rhétorique des loyautés doit être prise
en compte : ne faut-il pas, à certains moments, se dire moins Français pour se
faire percevoir vraiment britannique ou carrément Canadien ? Ou alors il faut
évoquer la « canadianisation » hâtive des colons français et une identité
préconstruite pour relativiser la double identité française et britannique. La
piste de la « canadianisation » hâtive, avant la cession, vaut d'être poursuivie.

Le loyalisme clérical et bourgeois du XVIIIe siècle et celui du tournant du
XIXe siècle à l'égard du conquérant font référence, au-delà des différences de
leur contenu, à un même monarchisme. Certes, on dit préférer la monarchie
constitutionnelle anglaise à la monarchie absolue de la France, et l'on a des
raisons de rappeler les « tems malheureux » des gouverneurs despotiques de
la Nouvelle-France, pour ne pas aimer Louis XV et pour ne pas attendre grand-
chose de « Buonaparte ». Mais ce ne sera qu'après 1830 que certains Patriotes,

dont Papineau, remettront en cause ce monarchisme et se radicaliseront en républicains. Dans la moyenne durée de l'histoire intellectuelle, la considération de cette évolution du rapport des Québécois à la monarchie est importante, ne serait-ce que pour comprendre 1837.

Au commencement était, aussi, 1791 ou la démocratie parlementaire. Laurier le rappellera : un peuple conquis qui a conquis la liberté... anglaise. En un sens, la représentation globale qu'auront les Québécois de l'Angleterre pivotera autour de la Constitution de 1791 (qui fait « oublier », ou presque, la cession) et des espoirs qu'ils placeront dans la métropole de 1791 à 1837. Les appels à Londres tout au long du XIXᵉ siècle — les appels d'une colonie à sa métropole — ont finalement une constante : la recherche, face à la structure du pouvoir dans la colonie, d'une certaine forme de « responsabilité » de l'Exécutif colonial. De l'époque du *Canadien* aux rébellions, on cherche la formule qui résoudra le conflit entre la Chambre d'Assemblée et le Conseil législatif, passant d'un Exécutif minimalement responsable à l'électivité du Conseil législatif et au Gouvernement responsable, finalement octroyé par Londres après les insurrections.

Les Canadiens sont entendus de la métropole ; ils le sont manifestement en 1822 lors du second projet d'Union et en 1828 au moment du Comité des Communes sur les affaires du Canada. L'Angleterre demeure crédible et objet de confiance, cette Angleterre qui a tout pour séduire alors que son ascension impériale contraste avec la décadence de la plupart des vieux empires, la France y compris. Papineau, qui continue Pierre Blanchet, accepte l'anglicisation pour autant qu'elle veut dire obtention et garantie des droits des sujets britanniques, des principes « libéraux ».

La décennie 1830, ici comme ailleurs, modifie le rapport des colonies aux empires. Les 92 Résolutions de 1834 en témoignent et leur contenu centré sur la question de l'électivité du Conseil législatif révèle plus que jamais la dynamique coloniale et fait comprendre que les chemins se soient séparés pour John Neilson, Étienne Parent, Louis-Joseph Papineau et les Patriotes les plus radicaux. Le face-à-face colonie-empire, différé pour de multiples raisons et par diverses circonstances, devient incontournable. Papineau ne tient plus le même discours : 1775 n'est plus le rappel de la fidélité des Canadiens mais le modèle d'un événement qui risque de se répéter si... À ce dernier grand appel que constituent les 92 Résolutions, Londres dira non par la voix de Lord Russell. La prise de conscience de la réalité coloniale du Bas-Canada devient totale et l'admiration pour l'Angleterre n'a plus le même sens, s'il en a encore un. L'octroi lent du Gouvernement responsable à la colonie par la métropole devient une ligne de partage entre ceux qui en voulaient davantage et ceux qui s'en satisfont. Ce sera l'enjeu de l'affrontement de 1848 entre Papineau et La Fontaine.

Laurier est de ceux que satisfait le Gouvernement responsable et il faut sans doute voir dans cette attitude la source de son ambivalence ou de ses circonvolutions à l'égard de l'impérialisme. Bourassa ira plus loin et l'on peut comprendre son anti-impérialisme comme une volonté de pousser la logique du Gouvernement responsable à son terme : l'indépendance du Canada, un gouvernement responsable de part en part.

Et si le discours de Laurier ne règle pas la question de la « double fidélité » et du « double devoir », c'est, comme l'a tout de suite vu Asselin, que Laurier devait évacuer l'anticléricalisme du libéralisme français pour dédouaner son parti. Cette attitude est tout à fait cohérente avec son refus de choisir entre Papineau et La Fontaine, avec son départ de l'Institut canadien de Montréal et avec sa position à l'endroit des rédacteurs de *l'Avenir* (qu'il qualifie « d'énergumènes »). Rien n'est toutefois vraiment réglé, comme l'indiqueront l'épisode du mandement pro-participationniste des évêques et les prises de position anticléricales et de Bourassa et d'Asselin.

Il y a donc, du XVIIIᵉ au début du XXᵉ siècle, une triple tradition de loyauté à l'Angleterre : une tradition cléricale de loyalisme qui ne se dément pas, une tradition politique libérale qui transforme sa loyauté conditionnelle vers 1830 en critique des positions métropolitaines, et une tradition politique conservatrice qui, de l'Union de 1840 jusqu'à la fin du règne de Laurier, renoue avec l'Angleterre et l'Empire pour être à nouveau remise en question par Bourassa. Il convient donc, dans l'analyse de l'identité québécoise, de tenir compte de cette histoire du rapport à l'Angleterre, rapport durable qui, joint à l'histoire des liens du Québec avec la France, permet d'évaluer le coefficient de rupture et d'adhésion de ce Québec américain à l'Europe et à ses anciennes métropoles.

Qui dira finalement laquelle des deux « mères-patries » il faut « tuer » ? Ou s'il faut « tuer » les mères ?

REPÈRES BIBLIOGRAPHIQUES

ASSELIN Olivar (1909). *A Quebec View of Canadian Nationalism*. Montréal, Guertin Printing Company, 61 pages.

ASSELIN Olivar [1914]. « L'Action catholique, les évêques et la guerre », dans *Écrits du Canada français*, VI, 1960, p. 217-274.

ASSELIN Olivar [1916]. « Pourquoi je m'enrôle ? », *Écrits du Canada français*, VI, 1960, p. 317-347.

ASSELIN Olivar [1919]. « Sir Wilfrid Laurier », dans *Pensée française*, Montréal, Éditions de l'Action canadienne-française, 1937, p. 101-113.

BÉDARD Pierre [1814]. « Mémoire au soutien de la requête des habitants du Bas-Canada », dans Robert Christie (dir.), *A History of the Late Province of Quebec*, Montréal, Richard Worthington, Vol. VI, 1866, p. 313-323.

BLANCHET Pierre (1824). *Appel au Parlement impérial et aux habitans des colonies angloises Dans l'Amérique du Nord sur les prétentions exorbitantes du Gouvernement Exécutif et du Conseil législatif...* Québec, Flavien Vallerand, 70 pages.

BOURASSA Henri (1902). *Grande-Bretagne et Canada. Questions actuelles*. Montréal, Imprimerie du Pionnier, 42-CXXX pages.

BOURASSA Henri (1903). *Les Canadiens français et l'empire britannique*. Québec, Imprimerie S.-A. Demers, 40 pages.

BOURASSA Henri (1914). *La politique de l'Angleterre avant et après la guerre*. Montréal, Le Devoir, 53 pages.

BOURASSA Henri (1915). *Que devons-nous à l'Angleterre ?* Montréal, Le Devoir, X-420 pages.

BOURASSA Henri (1917). *La conscription*. Montréal, Le Devoir, 46 pages.

BRUNET Michel (1964). *La présence anglaise et les Canadiens. Études sur l'histoire de la pensée des deux Canada*. Montréal, Beauchemin, 323 pages.

BRUNET Michel (1969). *Les Canadiens après la Conquête (1759-1775) : de la révolution canadienne la révolution américaine*. Montréal, Fides, 313 pages.

BURROUGHS Peter (1972). *The Canadian Crisis and British Colonial Policy (1828-1841)*. Toronto, Macmillan, p. 29-42.

DESCHÊNES Gaston (1988). *L'Année des Anglais. La Côte-du-Sud à l'heure de la conquête*. Québec, Septentrion, 183 pages.

DIONNE Narcisse-Eutrope (1909). *Galerie historique. II : Les trois comédies du « statu quo », 1834*. Québec, Typ. Laflamme & Proulx, p. 125-235.

DOUGHTY Arthur-G., STORY Norah (1935). *Documents relatifs à l'histoire constitutionnelle du Canada (1819-1828)*. Ottawa, Imprimeur du Roi, 3 vol.

DURHAM Lord [1839]. *Le Rapport de Durham*. Présenté, traduit et annoté par Marcel-Pierre Hamel, Québec, Aux Éditions du Québec, 1948, 376 pages.

DUROCHER René (1971). « Henri Bourassa, les évêques et la guerre de 1914-1918 », *Historical Papers/Communications historiques*, p. 248-275.

FILTEAU Gérard (1975). *Histoire des Patriotes*. Montréal, l'Aurore, 484 pages (réimp. de l'édition originale de 1938).

FRÉGAULT Guy (1955). *La guerre de la Conquête*. Montréal, Fides, 517 pages.

GALARNEAU Claude (1970). *La France devant l'opinion canadienne(1760-1815)*. Préface d'André Latreille, Québec/Paris, PUL/Armand Colin, XI-401 pages.

GARNEAU François-Xavier (1854). *Voyage en Angleterre et en France dans les années 1831, 1832 et 1833*. Texte établi, annoté et présenté par Paul Wyczynski, Ottawa, Éditions de l'Université d'Ottawa, 1968, 375 pages.

GROULX Lionel (1951). « Le britannisme des Patriotes », *Revue d'histoire de l'Amérique française*, Vol. V, no 3 (décembre), p. 416-426.

LABRIE Jacques (1827). *Les premiers rudimens (sic) de la Constitution britannique*. Montréal, Lane, 88 pages.

LAMONDE Yvan (1996a). *Ni avec eux ni sans eux. Le Québec et les États-Unis*. Québec, Nuit blanche éditeur, 120 pages.

LAMONDE Yvan (1996b). « 'L'ombre du passé' : François-Xavier Garneau et l'éveil des nationalités », dans Gilles Gallichan et Kenneth Landry (dirs.), *Actes du colloque Garneau*, Québec, Nuit blanche éditeur, (à paraître).

LAMONDE Yvan (1996c). « La France puis l'Angleterre, les États-Unis et le Vatican devant l'opinion canadienne », dans Yvan Lamonde et Gilles Gallichan (dirs.), *L'histoire de la culture et de l'imprimé. Hommages à Claude Galarneau*, Sainte-Foy, Presses de l'Université Laval, p. 45-59.

LANCTÔT Gustave (1965). *Le Canada et la Révolution américaine (1774-1783)*. Montréal, Beauchemin, 330 pages.

LAURIER Wilfrid (1941). *Le libéralisme politique*. Montréal, Éditions Beauchemin, 34 pages (réimp. de l'édition originale de 1877).

MORIN Augustin-Norbert (1825). *Lettre à l'Honorable Edward Bowen, Ecuyer...*, Montréal, imprimé par James Lane, 16 pages.

OUELLET Fernand (1956). « M. Michel Brunet et le problème de la Conquête », *Bulletin des recherches historiques*, Vol. 62, no 2 (avril-juin), p. 92-101.

PAPINEAU Louis-Joseph (17 février 1831). « [Correspondance de *la Minerve*. Parlement. Débats. M. Papineau] », *la Minerve*. 1er mars 1834 *Aux Honorables Chevaliers, Citoyens, Bourgeois du Royaume-Uni de la Grande-Bretagne et d'Irlande...*, [sans lieu n éditeur], 14 pages. [Institut canadien de microreproductions historiques [ICMH], #49037].

PAPINEAU Louis-Joseph (15 mai 1837). *Procédés de l'Assemblée des Électeurs du Comté de Montréal*. Montréal, [sans éditeur], 20 pages. [ICMH, #21619].

PORTERFIELD Richard M. (1983). « British imperial policy and the Québécois in the nineteenth century », *Quebec Studies*, Vol. I, no 1, p. 17-42.

SILVER J.A. (1976). « Some Quebec attitudes in an age of imperialism and ideological conflict », *Canadian Historical Review*, Vol. LVII, no 4, (décembre), p. 441-460.

SMITH Lawrence A.H. (1957). « *Le Canadien* and the British Constitution », *Canadian Historical Review*, Vol. XXXVIII, no 2 (juin), p. 93-108.

TRUDEL Marcel (1989). « Le vent souffle aussi de l'Angleterre », dans Michel Grenon, *L'image de la Révolution française au Québec (1789-1989)*, Montréal, Hurtubise HMH, p. 25-41.

VIGER Denis-Benjamin (1809). *Considérations sur les effets qu'ont produit[s] en Canada, la conservation des établissemens du pays...* Québec, James Brown, II-51 pages. [ICMH, #20923].

VIGER Denis-Benjamin (1826). *Analyse d'un entretien sur la conservation des établissemens du Bas-Canada...* Montréal, imprimé chez James Lane, VI-46 p. ; reproduit dans les Écrits du Canada français, 40 (1976), p. 215-254.

Chapitre ix

CONTESTED TERRAIN: COMMEMORATIVE CELEBRATIONS AND NATIONAL IDENTITY IN IRELAND AND QUEBEC

Ronald Rudin

In 1898 Ireland was home to a year-long series of events designed to commemorate the centenary of what one historian has described as "the most concentrated episode of violence in Irish history" (R.F. FOSTER, 1988, p. 280)[1]. The rising of 1798 resulted in the death of over 30,000 people and ultimately led Britain to extinguish Ireland's last vestiges of political independence. Throughout 1897 and 1898, organizations were formed across the island to promote various schemes that might keep alive the memory of '98. Over the course of the centenary year, numerous statues were erected and large assemblies were held, culminating with a procession through the streets of Dublin at the end of which 100,000 people witnessed the laying of a foundation stone for a monument to Wolfe Tone, the leader of the United Irishmen, the group most responsible for the rising[2].

One decade later, Quebec City was the site of a summer of festivities designed to coincide with the tercentenary of its founding by Samuel de

1   This paper benefitted greatly from the financial assistance of the Social Sciences and Humanities Research Council of Canada which permitted the hiring of several excellent research assistants including Patricia Larouche who helped with the research on the tercentenary of Champlain's founding of Quebec. My final research trip to collect material from Irish sources was also financed in part by the General Research Fund of the Dean of Arts and Science at Concordia University. I am also grateful to my colleague Mary Vipond for her comments on an early version of this essay.

2   *Daily Nation*, 16 August 1898. All references to primary material in this essay will be found in the notes.

Champlain, an event which had marked the beginning of permanent French settlement in the St-Lawrence valley. As had been the case in Ireland, years of preparation went into the staging of the 1908 celebrations which were marked by elaborate processions, the mounting of a lavish historical pageant attended by tens of thousands of people, and the beginning of the process to transform the Plains of Abraham into a national historic park.

These intense efforts to stage commemorative ceremonies formed part of a more general celebration of individuals and events from the past across the western world during the half-century leading up to World War I. Most nations saw the construction of monuments of various kinds, what Pierre NORA (1989) has called "les lieux de mémoire", which were designed to employ the past in order to mobilize public support for a variety of contemporary causes. By far, the most significant public symbols to the past were the numerous statues that were built at such a bewildering pace across these years that Maurice AGULHON (1978) has termed the period one of "statuomanie". In Ireland the contested nature of British rule resulted in the erection of statues not only by British authorities, eager to provide positive symbols justifying their presence, but also by nationalists who wanted to provide an alternative message by celebrating heroes of their own (G. OWENS, 1994; N. JOHNSON, 1994). As for the situation in the province of Quebec, while there had been only three statues in public places in 1880, there were 177 by the early 1920s (B. HÉBERT, 1980).

In addition to these physical, and relatively permanent, reminders of the past, the late nineteenth and early twentieth centuries also witnessed the development of ever more elaborate public spectacles marking the anniversaries of various events. Sometimes the celebrations were annual occurrences. Such was the case, for instance, with the elevation of Bastille Day to the rank of a national holiday in France in 1880. More common, however, was the celebration of noteworthy anniversaries (centenaries, bicentenaries and the like) which had become so commonplace in the United States by the early twentieth century that organizers, usually leaders of the community hoping to communicate a particular message to the masses, were constantly on the lookout for new ways to keep people's attention. Accordingly, on the eve of World War I the parade was beginning to give way to the pageant, a theatrical presentation of the past that might be witnessed by tens of thousands of spectators at a time (D. GLASSBERG, 1990).

The activities in Ireland in 1898 and in Quebec City a decade later were conceived along the same lines as commemorative events that could be found elsewhere in the Atlantic world in the late nineteenth and early twentieth centuries. Moreover, the motivations of the leaders in Ireland and Quebec were not unlike those that could be detected elsewhere. By and large, the surge in commemorative activity reflected the insecurities of leaders on both sides of the Atlantic who were trying to respond to various social and political developments. As Pierre NORA (1989) has put it, "les lieux de mémoire" were established precisely to fill the void left "at the end of the century, when the decisive blow to traditional balances was felt—in particular the disintegration of the rural world..." (p. 15).

While the social order had been maintained in the rural context through the existence of a certain common memory of its long-standing legitimacy, such was not the case in the new urban societies that were taking shape. Cities were large, impersonal places occupied to a considerable degree by workers and immigrants, who felt no particular reason for following the dictates of their betters and who had been put in a position to select their political masters through the general granting of universal manhood suffrage. As Eric Hobsbawm has argued, "formal rulers and dominant groups [were faced with] unprecedented problems of how to maintain or even establish the obedience, loyalty and cooperation of [their] subjects or members..." (E. HOBSBAWM, 1983, p. 265). Providing evocative symbols to the past was a rather self-conscious "compensatory strategy" to convince the population to support such constructs as the state or the nation, lest they be seen, like other aspects of traditional society, as disposable remnants from an earlier age (P. CONNERTON, 1989, p. 64).

The political value of commemoration was further encouraged, across the western world in general and in places such as Ireland and Quebec in particular, by the rise of imperialism during the late nineteenth and early twentieth centuries. Imperial powers felt the need to manufacture support for their far-flung adventures not only at home, but also in colonies such as Ireland and Canada, which might be called upon to provide assistance in times of need[3]. Commemorative activities provided a tool that might generate support for the empire by creating concrete symbols of imperial grandeur. In this context, the celebration of the golden jubilee of Queen Victoria's reign in 1897 was seen by some as an occasion to strengthen Ireland's links to the Empire. In a similar manner, over the course of the 1880s and 1890s, imperial enthusiasts in Canada were eager to commemorate such events as the arrival of the United Empire Loyalists and the War of 1812 to show the depth of imperial ties, in English Canada at least (C. BERGER, 1970, p. 78-99). At the same time, however, the past could be, and often was, invoked in order to stiffen resistance to imperial control.

In the face of massive social change and in the midst of imperialistic activity, commemorative celebrations provided an opportunity to mobilize mass support, either to defend the status quo or to undo the existing political order. In either case, leaders counted upon the integrative nature of these references to the past to bind the masses to some larger sense of "nation", in the process working against the identification of workers with their class or immigrants with their country of origin. Put in these terms, however, there is the danger of viewing the process in overly simplistic terms, as if the leaders in any particular context spoke with a single voice and were capable of getting the masses

---

3   Ireland was not technically a colony of England in 1898. Rather, it was part of the United Kingdom, with representation in the House of Commons. Most Irish Catholics, however, would not have seen the situation in such terms, and to indicate their general alienation had overwhelmingly supported political parties since the 1880s which were dedicated to securing a certain political independence from the parliament at Westminster which was perceived as an imperial parliament. As for Canada, in 1908 it enjoyed complete control over its internal affairs, but was far from independent in terms of foreign affairs. Accordingly, when World War I began, Canada was automatically at war when England went to war. Quebec, as a province of Canada, did not have the power to assert any independence from the direction of Canadian foreign policy.

to do whatever they wished. In this regard, Pierre Nora's work on commemorative activity in France has been criticized precisely because of its assumption that the "lieux de mémoire" led *inevitably* to mass support for the French "nation" (S. ENGLUND, 1992, p. 316). Similarly, there is something rather mechanical about the way in which Eric Hobsbawm, among others, has focused upon the "invention of tradition" in late nineteenth century Europe, providing the rather clear message that leaders were capable of manipulating the past, and by connection the masses, at will.

As we will see in the discussion of the commemorative activities in Ireland and Quebec, there was nothing straightforward or predictable about the way in which the exploitation of the past influenced the development of national identities. In fact, these two case studies point to the essentially contested nature of efforts to manipulate the past. In the case of Ireland, the past was a crucial tool in the battle for the hearts and minds of the Irish-Catholic masses between, on the one hand, British authorities and, on the other, political figures of one stripe or another who saw themselves as Irish nationalists. The commemoration of the events of 1798 provided an ideal opportunity for a wide array of nationalist leaders to define various Irish identities by making reference to different aspects of the rising. In a similar manner, the celebration of Champlain's founding of Quebec became, to a considerable degree, an exercise in which leaders of varying political orientations tried to mould the national identity of French-speakers by making use of the past. As we shall see in the following sections, the commemorative process provided a stage on which various national myths were communicated to a large audience.

The movement towards the rising of 1798 can be traced back to 1791 when, in both Dublin and Belfast, chapters of a new organization, the United Irishmen, were formed to create an Ireland free of both its ties to England and its internal sectarian divisions[4]. In seeking an end to Ireland's links to London, the United Irishmen were inspired not only by republicanism imported from revolutionary France, but also by constitutional changes of the previous decade which had granted considerable political autonomy to the Irish Parliament, an institution that still remained, as it had been since the thirteenth century, incapable of independent action. The non-sectarian ideas of the original United Irishmen, many of whom were Protestants, came both from the French Declaration of the Rights of Man and Citizen and, closer to home, from considerable sympathy for Irish Catholics who continued to suffer from various pieces of discriminatory legislation, known collectively as the Penal Laws, which had been instituted a century earlier.

The leading figure in the United Irish movement, Wolfe Tone, himself a Protestant, had been closely linked to the movement for Catholic equality in the early 1790s as the agent of the Catholic Committee, a lobby group for

---

4   Due to the brevity of this essay, various issues have been dealt with in rather short order. In the case of the circumstances leading to the rising of 1798, a good, short summary can be found in T. BARTLETT, 1992, p. 228-244.

Catholic interests. As the decade wore on, however, Tone and a significant number of his United Irish colleagues became disillusioned with the political process and began to flirt fairly openly with the idea of an armed rising to achieve their goals, particularly after France and Britain went to war in 1793, thus raising the prospect of French support for an Irish revolt. The British responded by cracking down on the United Irish leaders, arresting some and forcing others such as Tone, who ultimately made his way to France, into exile.

From his vantage point in Paris, Tone convinced the French to send an invasionary force to Ireland in 1796 which might well have succeeded had it not been for bad weather which prevented the French fleet from landing. Nevertheless, the concrete threat of invasion raised both the hopes of those who were still considering a rising against British authorities and the fears of those who felt they had the most to lose in such an eventuality. In the first category were the remaining radical elements of the United Irish movement who, by mid-decade, had become closely associated with the Defenders, an underground Catholic organization dedicated to defending the interests of Catholic farmers against unreasonable exactions by landlords. On the other side of the sectarian barrier emerged the Orange Order, a Protestant organization which, with the tacit approval of British authorities, was driving Catholic families from their homes in parts of Ulster in the late 1790s. In this climate of sectarian suspicion in which recourse to violence became increasingly acceptable, there were various small-scale skirmishes prior to the "official" beginning of the rising in late May 1798.

Between May and September there was not so much a single rising, as a series of risings, each of which offered a very different message for those who sought to commemorate the centenary of the events of 1798. There was a short-lived rebellion, not far from Dublin, that touched off the violence in late May; and there was a similar, relatively limited encounter between rebels and government forces in Ulster in early June. However, the most protracted fighting took place in two widely separated parts of the island. The rebels had their greatest success in the southeastern corner of the island, particularly in County Wexford, where they effectively routed British forces for a short time in late May and early June before finally being defeated later in the month. Less successful but just as dramatic were the events that took place in the west of Ireland in late August and early September, when a French invasionary force, much smaller than that of 1796, managed to land. Following a few initial victories by the French and Irish forces, the British authorities, who were by then well in control of the situation in the rest of the island, routed the rebels, thus bringing an end to the rising.

While the fighting may have ended in September 1798, the fallout over the next few years provided further grist for the mills of those who would celebrate the centenary. The British did little to dampen the tensions on the island when they engaged in considerable violence and destruction of property to punish Catholics, whether they had taken part in the rising or not. As for those taken into custody by the British for their part in the events of 1798, among those who were found guilty roughly half were transported from

187

Ireland, with most of the rest being sentenced to death. Wolfe Tone, who had been captured from one of the French ships off the west coast, managed to escape either fate by killing himself in his prison cell, thus depriving the British of the opportunity of executing him.

Over most of the nineteenth century, there was little formal commemoration of the rising. The first two monuments dedicated to the rebels of 1798 were only erected in the late 1870s, but as Gary OWENS (1994) has shown, "These monuments were not universally popular. Both of them were financed mainly through local contributions, and, even then, they received only limited support" (p. 105). Further monuments would only be constructed in the 1890s, at roughly the same time that Wolfe Tone emerged from relative obscurity. While the anniversary of Tone's birthday in late June had been inspiring pilgrimages to his gravesite just outside Dublin for some time, prior to the 1890s the turnouts had been rather small, consisting largely of individuals committed to the use of violence to achieve political ends. As the century came to a close, however, significant crowds, sometimes as large as 5,000, were making the journey (C.J. WOODS, 1989, p. 146).

Prior to the last years of the century, Tone and the other rebels of 1798 were rarely honoured in public, to a considerable degree because they were perceived as individuals outside the mainstream of Irish nationalist politics[5]. Across the first three-quarters of the nineteenth century, most Irish Catholics calculated that their political interests could best be served by remaining true to their church and by playing within the political confines of the United Kingdom which had been established in 1801 with the union of Ireland and Great Britain. In this context, Tone and his colleagues were hardly leaders worthy of respect given that the church had provided little support for the rebels who had been committed to breaking the link with England. Over the last quarter of the nineteenth century, however, support for the union largely evaporated among Irish Catholics, in the process providing the conditions for a more positive depiction of the rising of '98.

The union had, in its own right, been a product of the rising which indicated to authorities in London that Ireland's Protestant elite, which had long had the Irish Parliament to itself, was no longer capable of ensuring social and political stability on the island. Accordingly, the British closed down the Irish parliament, in the process leading Catholics to believe that they would soon be receiving the right to sit in the parliament in London, which would now legislate for the United Kingdom as a whole. In fact, however, the union did not work out exactly as Irish Catholics had been promised, with political equality only coming about in 1829. Even then, however, there was a sense, particularly among Catholics, that the union had worked to Ireland's disadvantage.

Many believed, rightly or wrongly, that the Famine of the 1840s that decimated the Irish population might have been less severe had an Irish parlia-

---

5 Kevin WHELAN (1996, p. 133-75) has made much the same point.

ment existed to direct relief efforts. The farmers, who survived the famine and who wanted control over their lives so as to avoid a return to the situation of the 1840s, increasingly demanded both the removal of their Protestant land-lords and an end to English political control over Irish affairs. By the 1880s landlord power had been significantly reduced and the political situation had changed quite radically with the almost unanimous support of Irish Catholic voters for the Irish Parliamentary Party which was committed to the concept of Home Rule by which Ireland would have been made into something like a Canadian province within the United Kingdom.

By the time of the centenary of the rising of 1798, however, Home Rule seemed to be a very distant dream indeed, and many who committed them-selves to organizing the commemorative events hoped that a season of nation-alist celebration might revive political prospects. The gloominess among Irish nationalists in 1898 was directly linked to the political vacuum that had been left following the death of Charles Stewart Parnell earlier in the decade. Parnell had been largely responsible for making the Irish Parliamentary Party into an efficient political machine, and he had arrived at an agreement with the Brit-ish prime minister William Gladstone in the 1880s by which the latter would make the granting of Home Rule a matter of Liberal Party policy. Parnell's political career, and for a time the campaign for Home Rule, came to an end in 1890 when the Irish leader fell from grace due to revelations that he had had a long-term relationship with a marᵗied woman. Parnell tried to carry on in spite of the scandal, but this only divided his party into factions for and against him. Parnell's opponents were aided by the Catholic church which turned against the leader, who happened to be a Protestant, once he had been com-promised by scandal. As for Parnell's remaining supporters, they received sup-port from groups which were prepared to resort to political violence if consti-tutional change could not be secured through parliamentary means.

While Parnell died in 1891, squabbling between his supporters and de-tractors was still vᵉry much alive in 1897 when serious organizing began for the centenary of the rising. These disputes were only put aside in April 1898 when the various parties, who collectively represented the Irish-Catholic po-litical elite, recognized that they had to work together lest the centenary prove to be a compᴵ⁰ete disaster. From that moment on, there was a single organiza-tion responsible for the major public events which would take place in Dub-lin, although local organizations, with over 30,000 members, continued to operate across the island[6].

Since none of the events of '98 had actually taken place in Dublin, the organizers of the celebrations there were free, in a sense, to write whatever script they pleased: to emphasize those aspects of the rising which suited them and to marginalize others which had less appeal. Over the course of the summer of 1898 these representatives of the various political factions in Ire-land produced a profoundly secular view of the rising in which Irish laymen were generally portrayed as having acted on their own, without outside (that is to say French) assistance to set Ireland free. This morality tale was designed

---

6   National Archives of Ireland (hereafter NAI), Crime Branch Special (hereafter CBS) papers, file 16235. Police reports indicated that in May 1898 there were 311 clubs with 30,186 members.

to heal over political differences and provide the spark to rekindle the parliamentary drive for Home Rule.

Even before the events of the summer of 1898 had begun, the Dublin organizing committee had encouraged the establishment of '98 clubs throughout the city, each of which would "be named after some one of the United Irishmen"[7]. At the regular meetings of one such club, named after Oliver Bond, a prominent Dublin United Irishman who had been executed for his actions, there was usually an invited speaker who told the tale of some leader, invariably a layman, who had given his life for Ireland[8]. Priests were conspicuously absent from the list of great Irishmen celebrated by the Oliver Bond Club, and with only one exception priests were excluded from the pantheon of Irish heroes after whom '98 clubs were named.

In a similar fashion, there were no priests on the platform from which speeches were made at the crowning event of the Dublin celebrations on 15 August; by contrast a majority of the dignitaries on the platform were elected officials of one kind or another. These secular leaders of the late nineteenth century Irish nationalist movement used the occasion to celebrate the secular heroes of '98, the United Irishmen. Accordingly, the day's events began with a procession through the streets of Dublin along a route which took marchers past landmarks associated with noteworthy individuals from the rising; and when the procession was over a crowd estimated at 100,000 assembled for the laying of the foundation stone for a monument to the best known United Irishman, Wolfe Tone[9].

The laying of this stone was the major event of 15 August which was dubbed Wolfe Tone Day in the local press[10]. Curiously, however, the Dublin organizers presented a Tone who had been stripped of his connections with France. Although Tone had been an officer in the French army, there were no French officials on the official platform. As for the speech that immediately preceded the laying of the foundation stone, while reference was made to Tone's years in France, nothing was said to the effect that the French had, in fact, landed troops in Ireland over the course of the summer of 1798[11]. The Dublin organizers' amnesia when it came to commemorating the French contribution to the events of '98 reflected a rather widespread reluctance on the part of some late nineteenth-century nationalists to face up to all aspects of the rising. As Marianne ELLIOTT (1982) has noted, "The strength which French support had given to the [United Irish] movement was soon forgotten in the nationalist myth created from the late nineteenth century onwards. The weakest elements in United Irish history were now seen as its major strength; attention was concentrated on the idea of the just struggle by the few noble

---

7   National Library of Ireland (hereafter NLI), MS 3730, '98 Centenary Committee, "Instructions for the Formation and Working of Branches", nd.

8   Ibid., Oliver Bond '98 Club Minute Book.

9   Although Tone was presented as a secular figure from the past, there was considerable ritual, of an unmistakenly religious nature, in the process by which the stone was laid. (G. OWENS, 1994, p. 112-114).

10   Freeman's Journal, 15 August 1898.

11   This speech was made by John O'Leary, himself a veteran of two nineteenth century risings against British rule.

spirits against the powerful tyrant, their martyrdom hailed as some kind of national catharsis, their failure a form of triumph in itself" (p. 366).

Elliott wrote as if the only representation of the rising over the course of 1898 was the version offered by the organizers of the Dublin celebrations. In fact, however, one did not have to look very far from the official platform on Wolfe Tone Day to find someone who represented an alternative perspective on the events of '98. Maud Gonne, a nationalist activist with links to various organizations committed to the use of violence to achieve Ireland's liberation, had been invited to join the official party. She refused, however, preferring instead to stay in the crowd so as to avoid collaboration with politicians who were primarily concerned with mobilizing support for their own parliamentary activities. Gonne viewed Tone as a great leader who had sought French support to achieve an unambiguous victory over the English and who would not have accepted the rather ambiguous status of Home Rule. As she put it in her autobiography, she "did not care to be on the platform while Parliamentarians were eulogizing Wolfe Tone and trying to keep the people from following his teaching" (M.G. MACBRIDE, 1974, p. 284).

Gonne's attitude towards the Dublin commemorations was perfectly consistent with her actions since the beginning of the build-up to the centenary activities in 1897. While the mainstream elements in the Dublin commemorative movement were holding fairly sedate meetings on the day of Queen Victoria's golden jubilee, Gonne, along with the socialist leader James Connolly, wanted to provide a more dramatic commemoration of the Irish legacy of the sixty years of Victoria's reign[12]. Connolly had asked the centenary organizers to participate in the anti-jubilee demonstration, but when they refused he and Gonne went ahead on their own, in the end bringing the meeting of the centenary committee to a close (W. O'BRIEN, 1969, p. 9). They staged a mock funeral procession in which bands played dirges, in which a coffin was carried to represent the British empire, and in which black flags were carried bearing an inscription which condemned Queen Victoria for having ruled, among other things, over the death of more than a million residents of Ireland during the potato famine of the 1840s[13].

The events of jubilee day indicated Gonne's general alienation from the centenary organizers in Dublin, and she and her allies continued to[12]ommemorate the rising in a distinctive manner over the course of 1898. In particular, Gonne actively supported the celebration of the events of 1798 which had transpired in the west where French troops had staged a briefly successful invasion. While the Dublin organizers were singing the praises of United Irishmen who had fought the good but hopeless fight, the commemorative events

12 Connolly would later distinguish himself as one of the leaders of the rising against British rule in 1916 which touched off a series of events that resulted in the independence of most of the island in 1922. For his efforts in 1916, Connolly was executed.

13 NAI, Dublin Metropolitan Police reports, file 13942, report from John Mallon, assistant commissioner, 20 July 1897. The events of the night of 22 June 1897, including the ceremonial dumping of the coffin into the River Liffey, are described in detail in P. QUINN, 1980, p. 58-59.

in the west suggested that military success might be possible if only support from a revolutionary state, such as late eighteenth century France, could be secured. Accordingly, if the Dublin celebrations downplayed the French dimension of the rising, those in the west highlighted French participation.

Maud Gonne was particularly conspicuous over the course of 1898 at several Irish towns in County Mayo located along the route of the French invaders, or liberators, depending upon one's perspective. Shortly after their landing in late August 1798, the French moved on to take control of the town of Ballina, where Gonne attended a number of commemorative events. The first, in March, seemed to strike a chord among a population that had been experiencing famine-like conditions since the previous year. In advance of her trip to the west, Gonne and Connolly had prepared a leaflet "to mobilise the peasa[14]ry into resistance so that the passive acceptance of famine which had occurred in 1847 might not happen again" (M. WARD, 1990, p. 49). In light of these circumstances, Gonne was warmly received in Ballina, albeit not by the clergy which did not want to be associated with those prepared to use violence to secure Ireland's independence. As one agent reported back to the British officials, the clergy "were conspicuous by their absence", presumably because of Gonne's insistence that the moral of 1798 was that "'England's enemies were Ireland's friends'"[14].

Gonne once again embraced the more radical implications of the rising when she returned to Ballina for the actual anniversary of the French landing in late August 1898. On this occasion, she participated in the laying of the foundation stone for a monument to General Humbert, who had headed the French invasion. Once more, the local clergy stayed clear of the event which, unlike the rally on Wolfe Tone Day in Dublin, included representatives not only from France but also from the Transvaal, which would be at war with England within a year. Gonne was back in Ballina once again in May 1899 for the unveiling of the monument to Humbert. On that occasion, she praised "the undaunted courage" of the French general and his men. In the late 1890s the same spirit had "enabled the Cubans to win their freedom and... the Boer nation to defy the British Empire"[15].

In addition to the "official" ceremonies in Dublin and the "revolutionary" ones in County Mayo, the commemorative celebrations in County Wexford offered a third perspective on the rising. Local leaders in this corner of Ireland were eager to preserve the memory of the greatest successes of the rebel forces in 1798. Throughout the spring and summer of 1898 there were more '98 centenary clubs in County Wexford than in any other county, a situation which one British official attributed to the fact that "Wexford is associated with the most stirring events connected with the rebellion"[16]. Many of these clubs

---

14 NAI, CBS papers, file 15787, cited in report of Thomas Clarke, 13 March 1898.

15 *Western People*, 11 May 1899; clipping found in NLI, MS 5181.

16 NAI, CBS papers, file 15984, report of 18 April 1898.

erected monuments to commemorate the [16]ents of 1798, with the result that the greatest concentration of centenary-related statuary could be found in Wexford and the neighbouring county of Wicklow (N. JOHNSON, 1994, p. 85).

What was striking about the construction of many of these statues, and about the Wexford commemorative events more generally, was the central role played by the clergy, eager to associate themselves with the phase of the rebellion that had generated the greatest popular support. The clergy had managed to stay clear of the Dublin festivities which had been orchestrated, to a considerable degree, by the parliamentary nationalists, many of whom had remained loyal to Parnell's legacy. The clergy similarly avoided the celebrations in County Mayo which were designed to commemorate the invasion of Ireland by the godless forces of republican France. Wexford, however, provided the elements for constructing a completely different story, one that the clergy could enthusiastically support.

The clerical embrace of the rising in Wexford was grounded in the participation of a number of priests, most notably Father John Murphy who had led the rebels at Boolavogue. Throughout most of the nineteenth century, priests such as Murphy had been viewed as renegades worthy of little respect. Accordingly, when a monument was erected to Father Murphy in 1878, the "parish priest refused permission for it to be placed in the churchyard at Boolavogue since he regarded the '98 club [which had commissioned the monument] as a den of communists and freemasons" (J. TURPIN, 1990-1991, p. 72). By the time of the centenary of the rising, however, the view of the clergy towards Father Murphy had changed so that his monument could now be transferred to church property. Murphy's newfound acceptance by the church was similarly evident when his portrait at Boolavogue, which had long shown him in lay garb, was retouched to provide him with a Roman collar.

Father Murphy was placed at the centre of the Wexford celebrations to provide symbolic support for a clerically-inspired view of the rising which had first been expressed by Father Patrick Kavanagh in his *Popular History of the Insurrection of 1798*, published in 1870. In the face of significant popular support for secret societies which had been preaching violence as a means of severing the link to England, Kavanagh reinterpreted the rising so as to make the clergy central to the action, and not as figures hostile to radical leaders such as Tone[17]. In this rendition which was particularly grounded in the Wexford experience, the masses were seen as having been led astray by the United Irishmen who encouraged the people to rise up, only to abandon them. Faced with a crisis, the clergy then stepped in to help their flock which was under assault by merciless British oppressors. As Kevin WHELAN (1996) has put it, here were "heroic priest leaders and a goaded but morally pure peasantry" (p. 171). The unavoidable moral of the story was that in times of need, meaning both the late eighteenth and late nineteenth centuries, the church provided the only leaders that could really be trusted.

---

17 Kevin WHELAN (1987, p. 296-315) has shown that, in fact, the clergy were marginal figures who only rarely supported the rising.

Kavanagh played a prominent role at a number of the commemorative ceremonies across Wexford, including the largest held in Wexford Town before a crowd of 10,000 people. He shared the platform with various parliamentary leaders, but while the politicians had had the stage to themselves in Dublin, here their message was contested by Kavanagh who viewed the rebels of '98 as having made a "fearless stand for faith and fatherland" (J. TURPIN, 1990-1991, p. 74). In the years that followed, the clergy continued to work diligently to get its message across as monuments, inspired by the enthusiasm generated by the centenary, were constructed. In the case of the Wexford monument, which eventually depicted a peasant holding a pike (the symbol of the rising in Irish folklore), the local clergy played an important role in vetoing ideas of showing the peasant carrying either a sword or a pistol. Upon the unveiling of the Wexford statue in 1905, Kavanagh proclaimed that the rising had had "the sanction of the Almighty" (p. 74, 76). In 1908 he made much the same point upon the commemoration of the monument at Enniscorthy which depicted "a flag-furled Father Murphy paternally lay[ing] his hands on an insurgent's shoulder" (K. WHELAN, 1996, p. 171). On this occasion, Kavanagh viewed the rebels as men who had died "for their dear native land—in defence of her sacred altars and her cherished homes" (J. TURPIN, 1990-1991, p. 78).

The clerical interpretation advanced in Wexford was at odds with the versions that held sway in both Dublin and County Mayo. While the United Irishmen emerged as the heroes of the piece in the first instance and the French revolutionary connection was given pride of place in the second, priests such as Father Murphy occupied centre stage in Wexford. In the final analysis, the commemorative events of 1898 did not advance a single message, but rather a number of messages with very different implications as to how Irish Catholics should view themselves at the close of the nineteenth century. In this case, as in that of the Quebec tercentenary discussed below, the process of commemoration produced not a single historical myth, but a number of conflicting myths.

Although the various celebrations staged in Quebec City during the summer of 1908 were designed to coincide with Champlain's founding of the town three-hundred years earlier, few of them actually focused upon the events of the early seventeenth century. Almost from the first mention of the tercentenary celebrations, Champlain emerged as a character who, at best, would have to share the stage with others from the past. In fact, the idea for commemorating Champlain's exploits first came to public attention as an outgrowth of a movement to celebrate the bicentenary, also in 1908, of the death of Mgr Laval, the first bishop of Quebec. In April 1904 Mgr Bégin, the archbishop of Quebec, wrote a letter to all the bishops and archbishops across North America in which he sought support for the erection of a monument in honour of Laval which would be unveiled in 1908 "à l'occasion du 200ᵉ anniversaire de la mort de Mgr de Laval et du 300ᵉ anniversaire de la fondation de Québec"[18]. As another priest put it, linking the Champlain and Laval celebrations would promote "l'union si désirable de l'Église et de l'État"[19].

The idea of a joint Champlain-Laval celebration was already in the works when the project received its first significant support from a civic leader at the end of 1904. H.-J.-J.-B. CHOUINARD (1905), the clerk of Quebec City and a leading figure in the Quebec City chapter of the Société St-Jean-Baptiste (SSJB), was the principal promoter of the project until early 1906 and a central figure in the organization of the festivities through to the summer of 1908. Following the lead of Mgr Bégin, Chouinard viewed the project as one that would commemorate "tout à la fois le fondateur de la ville et de la nation, et le fondateur et l'organisateur de l'Église catholique au Canada". At the same time, however, Chouinard, unlike the clergy, also viewed the tercentenary as an occasion for celebrating the birth of "la nation canadienne" in which various "races", including French-speaking Catholics, had played a role. He envisioned "une série de fêtes qui, tout en étant essentiellement canadiennes, ne manqueront pas d'être une glorification de l'action civilisatrice de la France en Amérique" (p. 428).

Chouinard's initial conception of the 1908 commemorative events gave roughly equal weight to two different views of the "nation" which was to be celebrated. In part, he hoped to promote the French-speaking Catholic nation which had held pride of place in Bégin's initial conception of the tercentenary. This French-Catholic perspective arose out of apprehension about various developments in late nineteenth and early twentieth-century Quebec ranging from urbanization to immigration, to the consolidation of economic control in the hands of English-speaking businessmen, to the growing tide of imperialist sentiment in English Canada. In order to respond to these challenges, various organizations and movements with both a Catholic and nationalist mission emerged at the turn of the century, including the Caisses populaires, the first of which was established in 1900, and the Association catholique de la jeunesse canadienne-française which was founded in 1903-1904 and which would play a central role in protesting against the final shape of the tercentenary celebrations.

Chouinard's conception of the tercentenary also reflected a somewhat larger, and somewhat more secular view of the celebrations as an occasion for forging links among the various groups in Canada to create a strong Canadian nationality. This perspective, which gradually became dominant in Chouinard's thinking, did not view either the Canadian federation or the British empire as necessarily hostile to the concerns of French-speakers, who were perceived as forming part of a larger Canadian nation. In the spirit of a truly "Canadian" event, Chouinard envisioned not only the unveiling of a monument to Laval and the celebration of a national holiday on 3 July, the date on which Champlain landed at Quebec, but also the construction of a Canadian historical museum, and, possibly, the creation of a national battlefields park, the heart of which would be formed by the Plains of Abraham, where the French

18 *Le Vénérable François de Montmorency-Laval Premier Évêque de Québec; Souvenir des fêtes du deuxième centenaire célébrées les 21, 22 et 23 juin 1908* (Québec, 1908), app III-IV.

19 *La Nouvelle France*, April 1904, p. 163.

had been defeated by the English in 1759 (H.-J.-J.-B. CHOUINARD, 1908, p. 32-56).

The question of the battlefields became a central feature of the often heated debate over the message to be communicated by the tercentenary. At the outset, Chouinard appeared oblivious to the fact that the park would suggest to many French-speakers their defeat at the hands of the English, a motif that seemed at odds with the celebration of the birth both of French-Canadian settlement through the person of Champlain and of the Canadian Catholic church through the person of Laval. By the spring of 1907, however, he had become sensitive to the fact that there were elements within the French-speaking population who were concerned with the implications of commemorating the events that had taken place on the Plains of Abraham. Accordingly, Chouinard worked from within the organizing committee that had been formed to direct the 1908 celebrations to guarantee that the park would also include the site of the battle of Ste-Foy where the French had achieved a small, although ultimately inconsequential victory over the English in 1760 (p. 121).

Chouinard's efforts aside, many French-speakers remained suspicious of celebrations that had begun with an emphasis upon Champlain and Laval and which seemingly were being transformed into a fête of General Wolfe. These suspicions were fuelled by the energetic promotion of the battlefield scheme by the governor general of the day, Lord Grey, who saw the tercentenary not so much as an opportunity to promote the Canadian "nation", let alone French-Canadian national identity, but rather to rally support for the empire. Grey stated his view of the issue quite succinctly when he wrote to Lord Strathcona late in 1907 that the celebrations of 1908, through the establishment of a park on the Plains of Abraham, will "honour the ground where the foundation of Greater Britain was laid"[20].

Grey had ambitious plans for the park, including the construction of "a colossal statue of the Goddess of Peace on the first point of Quebec visible to vessels coming from across the seas"[21]. Grey's statue, which was never built, was supposed to be slightly taller than the Statue of Liberty and was intended to show immigrants coming up the St-Lawrence that this was a British territory in which two former enemies now lived happily together. The governor general's plans, however, increased the projected costs for the park beyond the $2 million mark, thus making the support of the federal government absolutely essential.

Prime Minister Wilfrid Laurier was initially a rather lukewarm supporter of Grey's initiatives, perhaps recognizing that the shift in emphasis from Champlain and Laval to the battlefields threatened to alienate French-speakers who would perceive, not without justification, their celebrations being hijacked by imperial enthusiasts. Accordingly, throughout 1907 Laurier refused to bring legislation forward to establish a National Battlefields Commission which would administer a federal grant to begin work on the park project

---

20 National Archives of Canada (hereafter NAC), Grey papers, Grey to Lord Strathcona, 11 December 1907.

21 Ibid., Grey to J.-G. Garneau, 7 November 1907.

as part of the tercentenary celebrations. At first, Laurier justified his foot-dragging by a trip to Europe, and later in the year he used the collapse of the Quebec Bridge, which was under construction across the St-Lawrence, as a pretext for putting the whole thing off until 1909[22]. In the end, however, Laurier did a complete about face when it was announced at the start of 1908 that the tercentenary celebrations would, in fact, go ahead that year. Laurier clearly caved in to pressure from Grey and other imperialists in both English Canada and England, in a manner reminiscent of his capitulation regarding the deployment of Canadian soldiers for the Boer War nearly a decade earlier.

Now that he was onside with Grey, Laurier introduced legislation to establish the National Battlefields Commission, in the process provoking an outburst in the House of Commons by the nationalist leader Armand Lavergne, who stated what many French-speakers were beginning to feel about the tercentenary celebrations. Lavergne observed: "Judging by the agitation that has been going on in the country, Champlain, the hero of the feast, is almost entirely forgotten; he is treated as a dead letter, and an effort is [being] made to make the feast entirely an Imperial festival"[23]. Lavergne's protests notwithstanding, the National Battlefields Commission was in place by the end of March 1908, with a $300,000 grant from the federal government to stage the tercentenary celebrations[24]. Accordingly, in fairly short order the organization of the festivities passed from the local organizers, who had been attracted to Chouinard's initial scheme, to a battlefields commission which included such outspoken imperialists as Colonel George Dennison.

Within weeks of the establishment of the National Battlefields Commission, the major features of the tercentenary celebrations were in place. The fêtes were set for the period from 20 to 31 July, in order to accommodate the schedule of the Prince of Wales who was to be the star attraction, much to the dismay of those who had been bemoaning the imperial tone the event was taking on. By moving the activities to the end of July, roughly a month later than Chouinard had originally suggested, there was no longer any connection with the anniversary of Champlain's landing at the start of July. Moreover, there was no longer the slightest effort to link the tercentenary with the unveiling of the monument to Mgr Laval, which was now scheduled as part of a completely separate series of festivities at the end of June to coincide with the St-Jean-Baptiste celebrations.

For some Quebecers, who had always believed that the tercentenary should be a celebration of the birth of French-Catholic civilization in North America, there was a sense that splitting off the Laval celebrations from those of late July was fortuitous. Since the actual tercentenary festivities had been taken over by the imperialists, the Laval celebrations remained something

---

22 NAC, Laurier papers, Laurier to Garneau, 25 October 1907, p. 130854.

23 Canada, Parliament, House of Commons, *Debates*, 5 March 1908, p. 4411.

24 *Statutes of Canada*, 7-8 Edward VII, 1908, ch 57.

that French-Catholics could celebrate with pride. As *Le Pionnier* put it, "Laissons donc aux impérialisants de toutes nuances le cirque pseudo-patriotique de juillet et rallions-nous tous, Canadiens-français, aux fêtes essentiellement nationales du Monument Laval, en juin!"[25]

The Laval celebrations coincided with a convention of the Association catholique de la jeunesse canadienne-française (ACJC), which took a leading role in a further celebration of French-Catholic civilization by staging a rally at the Champlain monument in Quebec City on 19 July, the day prior to the start of the "official celebrations". The ACJC feared that the tercentenary events "seraient peut-être entachées d'impérialisme". Accordingly, they organized "une grande manifestation des jeunes Catholiques canadiens-français au pied du monument Champlain" which might give "un caractère essentiellement catholique et national aux célébrations festivales"[26]. While the official organizers of the tercentenary did not object to the Champlain celebration, they did not go out of their way to support it. They apparently provided no financial assistance for the staging of a march to the monument, nor did any official deign to speak there.

This marginalizing of the events of 19 July allowed the French-Catholic groups which felt alienated from the main celebrations to have one final event of their own, in a sense to allow them to complete the linking of Laval and Champlain which had been at the heart of Mgr Bégin's original conception of the celebrations. After the tercentenary was finished, newspapers with a close connection with the church lavished praise upon the celebrations of 19 July. Pierre Lemoine, writing in *La Croix*, observed: "De toutes les grandes démonstrations des fêtes du troisième centenaire, celle de la jeunesse fut, sans doute, la plus belle et la plus goûtée"[27].

By contrast, there were various aspects of the official celebrations beginning on 20 July which bothered French-Catholic critics. In addition to the plans to create the National Battlefields Park, these critics were bothered by the use of the tercentenary to celebrate the Entente Cordiale established a few years earlier between France and England. Grey believed that the existence of good relations between the two countries had made it possible "for the first time in the history of Canada, of securing the active co-operation and goodwill of the French Canadians in an attempt to put the famous battlefields of Quebec in a shape worthy of their traditions"[28]. The governor general seemed to think that close links still existed between France and French Canada, so much so that he made the joint sailing of French and British ships in a naval review a major event on the tercentenary schedule. Grey did not understand, however, that the France of the day, which was committed to the separation of church and state, was not well loved by many French-Catholics, thus leading *La Vérité* to distinguish between the France of 1608 and that of 1908. The former had sent Champlain "avec des compagnons catholiques pour établir la

---

25 *Le Pionnier* (Nominingue), 7 April 1908.

26 Association catholique de la jeunesse canadienne-française, *Le congrès de la jeunesse à Québec en 1908* (Montréal, 1909), p. 406.

27 *La Croix*, 30 July 1908. In a similar spirit, see *Libre parole*, 8 August 1908.

28 NAC, Laurier papers, Grey to Prince of Wales, 21 October 1907, p. 130756.

Nouvelle France", while the latter, dominated as it was by "un gouvernement judéo-maçonnique", sent Louis Herbette, "un huguenot et un ex-communié", to represent it at the tercentenary[29].

The nationalist critics were also bothered by the historical pageants which were presented on several occasions before crowds of upwards of 10,000. These pageants, modeled after ones that had already been staged in England, consisted of the re-enactment of various scenes from the past, most of which had some direct relationship to events in or near to Quebec City. The first of the eight pageants depicted Jacques Cartier landing in the vicinity of Quebec, while the last celebrated the generals, both French and English, who had fought in the battles to be commemorated in the new battlefields park. At the very close of the pageants, Montcalm, Wolfe, Lévis and Murray stood before the audience as comrades, not enemies, to indicate that "old strife has been forgotten. Concord alone marks the picture" (F. CARREL, L. FEICZEWICZ, 1908, p. 158).

Curiously, Champlain's landing did not even warrant a scene in the pageants thus supporting the perspective of Le Nationaliste which, in the immediate aftermath of the July celebrations, summed up its feelings about the whole affair with the headline, "Champlain a été complètement ignoré aux fêtes de Québec"[30]. Champlain's absence from the pageants might have been explained away by the fact that an entire day of the tercentenary was set aside for commemorating the founder of Quebec. On this occasion, there was a re-enactment of Champlain's landing, but even this exercise was flawed, from the French-Catholic perspective, by the fact that the canons which had been fired to celebrate the arrival of the Prince of Wales were silent when it came to that of Champlain[31].

Following the re-enactment of the landing, there was an historical procession through the streets of Quebec, which constituted a linear version of the pageants. Instead of scenes, there were sixteen groups of marchers dressed up to represent different periods from the past. As in the pageants, the procession began with Jacques Cartier, with Champlain following in the fifth group along with other figures from the seventeenth century. Unlike the pageants, however, the procession continued chronologically beyond the conquest of Quebec to include two groups which would indicate the extent to which French Canadians gladly accepted British rule. The fifteenth group of marchers included Guy Carleton along with French-speakers who had defended Quebec City against American attack in 1775. As the official programme for the tercentenary noted, "La politique large et généreuse de Carleton avait gagné les cœurs des Canadiens-français, et enterré profondément le souvenir amer des anciennes luttes". In a similar fashion, the final group of marchers represented French Canadians such as de Salaberry who had fought against the Americans during the War of 1812, in the process showing once more the depth of "leur allégeance à la Couronne anglaise"[32].

29 La Vérité, 8 August 1908.

30 Le Nationaliste, 2 August 1908.

31 La Croix, 30 July 1908.

32 Commission des champs de bataille nationaux, Programme officiel (Quebec, 1908), 14.

The French-Catholic perspective upon the tercentenary was not the only, or even the most widely held view among Quebecers regarding the events of the summer of 1908. These events could hardly have taken place were it not for the support, however qualified, provided by a significant number of Quebecers, who were prepared to ignore the imperialistic excesses of the event so as to view the tercentenary as a celebration of the co-existence of two peoples who had found the means of living together under British rule. *La Croix*, one of the leading voices against the final shape of the tercentenary, was forced to admit that many "des nôtres" had been seduced by schemes such as Grey's Goddess of Peace, which, from the newspaper's perspective, communicated a message hostile to French-Catholic interests[33].

One of the leading promoters of the tercentenary among French-speakers was the historian Thomas Chapais. Writing in the aftermath of the fêtes, Chapais dismissed the nationalist detractors as small-minded people who sought "une commémoration faite entre nous et par nous uniquement". Instead, Chapais wanted to give the celebrations "une ampleur extraordinaire, ... de faire appel au pays tout entier, ... tout en conservant à nos fêtes le cachet particulier qu'il nous incombait de leur maintenir". He recognized that there were those who had wanted to use the occasion to promote certain "idées impérialistes" and who would have been happy "si nous eussions abdiqué quelque chose de nos traditions, compromis quelques-uns de nos droits, renié quelques-unes de nos aspirations". In the end, however, Chapais believed that the imperialists had been rebuffed so that the tercentenary could become "une fête canadienne" (T. CHAPAIS, 1908, p. 196-199). In fact, Chapais had nothing but praise for Grey whom he characterized as "trop intelligent, trop clairvoyant" to use the tercentenary as a tool for weakening the fabric of French-Catholic society[34]. Grey, for his part, warmly thanked Chapais for the support that he had provided "in educating the people of Quebec at a critical moment to a proper appreciation of the Tercentenary..."[35].

In a similar manner, Laurier, who had at first tried to delay the tercentenary, became a steadfast ally of the governor general. As the planning for the summer of 1908 progressed and as opposition emerged within Quebec, Laurier worked closely with Grey to combat forces which were trying to return the celebrations to their initial French-Catholic conception. Laurier had long been both an anglophile and an ardent opponent of ultramontanes who were prepared to isolate Quebec from the larger world so as to promote a distinctly Catholic society. Accordingly, Grey, who had his own imperialist agenda, and Laurier were able to find common ground in countering the protests of French-Catholic detractors. In May 1908 Grey wrote to a correspondent in England

---

33 *La Croix*, 30 July 1908.

34 Chapais, letter to the editor, *Action sociale*, 3 March 1908.

35 NAC, Grey papers, Grey to Chapais, 9 September 1908.

that he and Laurier were working together to counter the "retrograde and mischievous ... intrigues of the ambitious ultramontanes ..."[36].

Grey's correspondence regarding the tercentenary indicated a man with some rather strong anti-Catholic views, which went beyond Laurier's more limited concerns about the involvement of the clergy in secular affairs. On one occasion, for instance, the governor general referred to the celebrations surrounding the unveiling of Laval's monument as "an ultramontane debauch"[37]. Laurier and the French-speakers who went along with the planning of the tercentenary must have known of the extreme views of imperialists such as Grey. Nevertheless, Laurier and his colleagues were prepared to work with Grey in order to stage celebrations that would point to the existence of a Canadian nation in which religion counted for relatively little, and in which French and English-speakers lived in a civil society that had been created within the British empire. In his formal address to the Prince of Wales, Laurier declared: "As I advance in years, I appreciate the more the wisdom of that British constitution under which I was born and brought up, and under which I have grown old... It is our boast that in this country liberty of all kinds, civil and religious liberty, flourish to the highest degree..." (F. CARREL, L. FEICZEWICZ, 1908, p. 90-91).

While Laurier was prepared to praise the empire, nowhere in his various official addresses during the tercentenary festivities was there a single reference to Quebecers' Catholic heritage. Moreover, Laurier was perfectly comfortable with the presence of the representatives from godless, republican France who had so annoyed the French-Catholic critics. By removing the Catholic element from the tercentenary, Laurier was in line with the other French-speaking leaders, including Quebec City's mayor J.-G. Garneau and Quebec's premier Lomer Gouin, who made official addresses over the course of the tercentenary (F. CARREL, L. FEICZEWICZ, 1908, p. 57-58; p. 98-100). Moreover, Laurier's point of view was reflected in the perspective of *La Presse*, which refused to see any link between the Laval celebrations and those that began in late July. "C'était tout un peuple de chrétiens qui se pressait autour de la statue du premier évêque de Québec. Deux grandes races, fières de leur patrie commune, sont venues célébrer l'héroïsme des fondateurs et celui des défenseurs morts au champ d'honneur, dans les fêtes du Troisième Centenaire!"[38]

The experiences of Ireland and Quebec suggest, contrary to much of the writing on the subject, that the commemoration of events from the past did not automatically rally support for a single conception of national identity. Rather, the process of commemoration provided the occasion for competing groups to employ the past in order to advance conflicting national visions. On

---

36 Ibid., Grey to Crewe, 18 May 1908.

37 Ibid., 24 June 1908.

38 *La Presse*, 1 August 1908.

one level, then, this comparison of commemoration in turn-of-the-century Ireland and Quebec provides a certain corrective to the considerable literature on "the invention of tradition" which suggests, in a rather mechanical way, that leaders of western societies were able to pull certain historical strings in order to mould their citizens. By focusing largely on "official" celebrations, such as those that took place in Dublin in August 1898 or at the end of July 1908 in Quebec City, and by frequently ignoring "alternative" ones, such as those in the west of Ireland or at the Laval monument, this literature has tended to ignore the essentially contested nature of commemoration.

In both Ireland and Quebec, the differing visions of national identity that were reflected in the commemorative process focused directly upon questions pertinent to the role of church and state. These issues occupied centre stage because both territories were largely populated by Catholics who had been conquered by England and, to varying degrees, were opposed to the continued rule of people perceived as "outsiders". Nevertheless, these issues were contested in very different ways due to the significantly different social, economic and political circumstances in the two lands at the turn of the century.

In both cases there were those interested in using the celebration of events from the past to marginalize the role of Catholicism. In Ireland, however, even when church leaders were absent from the official parties, as was the case in both Dublin and County Mayo, one could still find individual priests providing less visible, but not insignificant support for the commemoration of the centenary. By contrast, both Laurier and Grey were profoundly suspicious of clerical involvement in the political realm and were hostile towards the clergy playing any role in the tercentenary. These differences reflected the fact that in Ireland, where the Catholic population remained overwhelmingly rural, the church managed to retain a much stronger hold over the population than in Quebec, where the process of secularization had already been encouraged by the steady movement of French-speakers into the cities since early in the nineteenth century. Moreover, the church retained a much more crucial role in Ireland where it remained one of the few institutions that Irish Catholics could call their own; Quebecers, by contrast, had had their own provincial government, however limited its powers might have been, since 1867.

This opportunity for self-rule made Quebecers much less suspicious than Irish Catholics about the legitimacy of the state. All three versions of the centenary of the rising of '98 were designed to stiffen opposition to Ireland's place within the United Kingdom. The commemorative events in County Mayo may have opposed the British state by celebrating the legacy of the French invasion, while those in Dublin and Wexford may have suggested the parliamentary route out of the United Kingdom. Nevertheless, all three forms of remembering the rising were designed to offer resistance to British rule which had been celebrated in its own right with the golden jubilee of Queen Victoria in 1897. While the resources of the state had been put behind the lavish celebration of Victoria's reign over Ireland, by its very definition the centenary of the rising, a celebration of an armed revolt against British rule, was conceived in opposition to the state and depended entirely upon private sources of funding.

By contrast, the tercentenary celebrations were eventually taken over by the state which ended up running the show. On one level, this had been possible in Quebec because the celebration focused upon the birth of a people, and not a challenge to constituted authority. It is hard to imagine, for instance, how Lord Grey might have taken control of the celebration of the anniversary of an event such as the Rebellions of 1837-1838. On a different level, however, both the Canadian state through the role of Laurier and the British state through that of Grey were able to intrude upon the Champlain tercentenary precisely because the constitutional status of Quebec was not a matter of intense debate at the time. Since most Quebecers perceived themselves, for better or worse, as citizens of a Canadian state with only limited independence from England, there was nothing entirely outrageous about the takeover of the celebrations by the governments in Ottawa and London. As we have seen, there were howls of protest against these incursions from certain nationalists, but while these protests ultimately led to the staging of the alternative commemoration of the anniversary of the death of Bishop Laval (from which state officials stayed away), the mainstream events of 1908 were clearly under the control of the powers that be.

This essay has shown that there was no particularly linear route from the selection of an event worthy of commemoration, to the staging of appropriate celebrations, to the forging of a national identity, even though there is a considerable literature that tends to argue in precisely such terms. Rather, the very process of commemoration, much like historical writing, is one that gives rise to conflicting interpretations. Moreover, these various interpretations were themselves reflections of the socio-political context from which the commemorative process emerged. Viewed from this perspective, the centenary of the rising of '98 and the tercentenary of Champlain's founding of Quebec not only provided the occasion for considerable debate over national identity, but also provide historians with a tool for better understanding the nature of two societies at the turn of the century.

REPÈRES BIBLIOGRAPHIQUES

AGULHON Maurice (1978). "La 'statuomanie' et l'histoire", *Ethnologie française*, nos. 2-3, p. 145-172.

BARTLETT Thomas (1992). *The Fall and Rise of the Irish Nation*. Savage, Maryland, Barnes and Noble Books, 430 pages.

BERGER Carl (1970). *The Sense of Power*. Toronto, University of Toronto Press, 277 pages.

CARREL Frank, FEICZEWICZ Louis (1908). *The Quebec Tercentenary Commemorative History*. Quebec, Daily Telegraph Printing House, 176 pages.

CHAPAIS Thomas (1908). "Les fêtes du 3ᵉ centenaire de Québec", *Revue Canadienne*, Vol. 2, p. 96-99.

CHOUINARD H.-J.-J.-B. (1905). "Le troisième centenaire de la fondation de Québec", *La Nouvelle France* (September), p. 427-430.

CHOUINARD H.-J.-J.-B. (1908). *Fêtes du Troisième Centenaire de la Fondation de Québec par Champlain: Projets-Délibérations-Documents*. Québec, Laflamme et Proulx, 270 pages.

CONNERTON Paul (1989). *How Societies Remember*. Cambridge, Cambridge University Press, 121 pages.

ELLIOTT Marianne (1982). *Partners in Revolution: The United Irishmen and France*. New Haven, Yale University Press, 411 pages.

ENGLUND Stephen (1992). "The Ghost of Nation Past", *Journal of Modern History*, Vol. 64, p. 299-320.

FOSTER R.F. (1988). *Modern Ireland, 1600-1972*. London, Penguin, 688 pages.

GLASSBERG David (1990). *American Historical Pageantry: The Uses of Tradition in the Early Twentieth Century*. Chapel Hill, University of North Carolina Press, 381 pages.

HÉBERT Bruno (1980). *Monuments et patrie: une réflexion philosophique sur un fait historique. La célébration commémorative au Québec de 1881 à 1929*. Joliette, Éditions Pleins Bords, 397 pages.

HOBSBAWM Eric (1983). "Mass-Producing Traditions: Europe, 1870-1914", dans E. Hobsbawm, Terence Ranger (dirs.), *The Invention of Tradition*, Cambridge, Cambridge University Press, p. 263-307.

JOHNSON Nuala (1994). "Sculpting Heroic Histories: Celebrating the Centenary of the 1798 Rebellion in Ireland", *Transactions of Institute of British Geographers*, Vol. 19, p. 78-93.

MACBRIDE Maud Gonne (1974). *A Servant of the Queen*. London, Gollancz, 350 pages.

NORA Pierre (1989). "Between Memory and History: Les Lieux de Mémoire", *Representations*, Vol. 26, p. 7-25.

O'BRIEN William (1969). *Forth the Banners Go*. Dublin, Three Candles, 314 pages.

OWENS Gary (1994). "Nationalist Monuments in Ireland 1870-1914: Symbolism and Ritual", dans Brian Kennedy, Raymond Gillespie (dirs.), *Ireland: Art into History*, Dublin, Town House, p. 103-117.

QUINN Peter (1980). "Yeats and Revolutionary Nationalism: The Centenary of 98", *Eire-Ireland*, Vol. 15, p. 47-64.

TURPIN John (1990-1991). "Oliver Sheppard's 1798 Memorials", *Irish Arts Review*, p. 71-80.

WARD Margaret (1990). *Maud Gonne: Ireland's Joan of Arc*. London, Pandora, 210 pages.

WHELAN Kevin (1987). "The Role of the Catholic Priest in the 1798 Rebellion in County Wexford", dans K. Whelan, William Nowlan (dirs.), *Wexford: History and Society*, Dublin, Geography Publications, p. 296-315.

WHELAN Kevin (1996). *The Tree of Liberty*. Cork, Cork University Press, 236 pages.

WOODS C.J. (1989). "Tone's Grave at Bodenstown: Memorials and Commemorations, 1798-1913", dans D. Siegmund-Schultze (dir.), *Irland Gesellschaft und Kultur* Vol. 6, p. 138-148.

CHAPITRE X

LA COMPARAISON POUR QUOI FAIRE ? À LA RECHERCHE DES « TOTALITÉS SOCIALES » DANS LE CONTEXTE CANADIEN

Sylvie Lacombe

Mon point de départ et mon point d'arrivée sont les mêmes, c'est-à-dire qu'ils concernent tous deux la situation contemporaine[1]. Au risque de pécher par excès de prudence, je partirai tout simplement de certaines évidences pour aboutir sans prétention à quelques hypothèses. Entre ces deux moments, je m'inspirerai de la situation qui prévalait à la fin du XIXe siècle et au début du XXe au Canada, de façon à ce que ce va-et-vient chronologique mette au jour certaines implications méthodologiques de la perspective comparative. Je chercherai ainsi à éclairer la conjoncture actuelle, où s'affrontent le souverainisme québécois et le fédéralisme canadien[2], à la lumière d'un autre conflit idéologique ayant caractérisé pour un temps la scène politique canadienne, cette fois au tournant de notre siècle. Deux axes comparatifs sur lesquels je reviendrai plus loin, l'un culturel, l'autre historique, informent donc le cadre de cet article.

---

1 Les résultats utilisés ici sont en partie tirés de ma thèse de doctorat (Lacombe, 1993), en partie tirés d'un travail encore inachevé qui a débuté dans le cadre de recherches post-doctorales au sein de l'équipe dirigée par G. Bourque et J. Duchastel (U.Q.A.M.). En raison de cet aspect préliminaire d'une partie des résultats, la discussion amorcée dans ce texte consiste plus à dégager des hypothèses, afin de mieux orienter la suite des recherches, qu'à faire la preuve d'une thèse.

2 Par souverainisme québécois, j'entends d'abord la coalition « arc-en-ciel » formée suite à l'entente du 12 juin 1995 qui regroupe trois partis politiques (le parti Québécois, le Bloc québécois et l'Action démocratique). Les publications multiples de cette coalition sont à la base de l'analyse préliminaire présentée ici, mais elle inclut également des écrits par d'autres défenseurs de la souveraineté. Le fédéralisme canadien a, lui aussi, de multiples défenseurs venus d'horizons politiques divers et de domaines très variés. En première analyse, ce sont surtout mais pas uniquement des articles du journal *Globe and Mail* qui ont permis les approximations proposées ici. Il est utile de préciser que les adjectifs « québécois » et « canadien » renvoient aux prédicats et non aux tenants des projets politiques respectifs.

L'actualité journalistique est remplie d'épisodes conflictuels impliquant les deux options politiques mutuellement exclusives que sont le fédéralisme canadien et le souverainisme québécois. En caricaturant légèrement les positions respectives, on peut dire que d'un côté, on reproche aux « séparatistes » leur ignorance des réalités économiques ; on accuse leurs leaders d'être démagogues et démesurément gonflés d'ambition personnelle. On les soupçonne fortement de refuser le pluralisme social, culturel et idéologique ; surtout, on les accuse de constamment recourir aux « double standards[3] », i.e. ce qui vaut pour le Québec ne saurait valoir pour le Canada (par exemple, la « règle » de la majorité) et vice versa, ce qui vaut pour le Canada ne saurait valoir pour le Québec (par exemple, la partition du territoire). On le devine, ces accusations laissent entendre que les souverainistes, tour à tour, se réclament des principes démocratiques puis les trahissent selon leur convenance.

De l'autre côté, on tient le gouvernement fédéral pour responsable de la dépendance économique dans laquelle s'enlise la province de Québec et l'on conçoit toute réforme du système politique comme l'expression d'une volonté à peine voilée d'augmenter encore la mise en minorité des Québécois au sein de la confédération. Le Canada représente ici l'obstacle majeur empêchant le peuple québécois de se doter d'un « pays normal » ; pire, il retient celui-ci prisonnier et se dresse contre sa volonté. On accuse en outre les tenants du fédéralisme de se faire les promoteurs d'une conception néo-libérale de la société, largement empruntée aux Américains et à laquelle on oppose une conception social-démocrate, jugée plus apte à garantir l'équité et la justice sociales.

On ajoutera encore que pour les uns, les « séparatistes » forment une petite élite habile à manipuler les francophones du Québec, dans le seul but de servir leurs intérêts de clique, et ce envers et contre l'intérêt de leurs compatriotes. Tandis que pour les autres, les fédéralistes trahissent une évidente mauvaise foi quand ils font la promotion de la fédération puisqu'ils sont incapables de renouveler son cadre et qu'ils multiplient les subterfuges pour bien masquer la tutelle sous laquelle est maintenu le Québec.

Comment comprendre ces divergences d'opinions et de positions ? Faut-il commencer par montrer en quoi les uns et les autres ont tort et en quoi ils ont raison ? Dira-t-on par exemple, avec les détracteurs du souverainisme, que l'instabilité politique au Québec nuit à sa relance économique ? Stigmatiserons-nous, de concert avec les partisans de la souveraineté, l'influence néo-libérale sur les idéaux canadiens-anglais ? Une fois ces « évidences » proclamées, s'agira-t-il ensuite de révéler les « erreurs » respectives, voire les mensonges que chaque camp entretient pour faire valoir son option ? Mais une telle démarche est-elle seulement possible ? Si on pouvait faire ainsi le bilan des « vérités » et des « mensonges » proclamés de part et d'autre, l'affrontement idéologique ne se dissoudrait-il pas de lui-même ? Autrement dit, s'il était possible de distinguer soigneusement entre les positions présumées en accord avec la réalité et celles purement « idéologiques » qui ne le seraient pas, l'affrontement ne serait-il pas déjà que l'antique souvenir d'une autre

---

3 Expression anglophone signifiant « deux poids, deux mesures ».

époque ? Plus encore, la persistance d'un « malentendu » concernant la « question nationale » n'est-elle pas justement l'occasion d'interroger les idéologies, non pas du point de vue de ce qu'elles cachent mais bien plutôt de ce qu'elles révèlent ? C'est du moins ce que cet article entend amorcer en élaborant un parallèle entre cet affrontement-ci et celui qui a marqué la fin du XIXe et le début du XXe siècle.

Au tournant de notre siècle, le Canada est encore une colonie autonome de l'empire britannique. Cela signifie qu'il dépend de la mère patrie pour tout ce qui touche ses relations extérieures alors qu'il est parfaitement autonome pour tout ce qui concerne les matières de politique interne[4]. L'ambiguïté de ce statut n'est pas sans relation avec le conflit idéologique qui occupe alors l'actualité politique et qui, en se radicalisant, répartit en deux camps opposés les Canadiens français et les Canadiens anglais. H. Bourassa[5] est alors parti en guerre contre les partisans de l'empire : à leur ambition impériale, il oppose ce qu'il nomme la doctrine nationaliste[6].

Les deux mouvements, « nationaliste » et « impérialiste »[7], proposent des conceptions concurrentes, voire mutuellement exclusives, du Canada et de sa place dans l'empire britannique. Les Canadiens français et les Canadiens anglais, qui soutiennent respectivement l'un et l'autre mouvement, ont ainsi des vues totalement opposées concernant la nature et le « destin » de leur pays. Cependant, dans leurs efforts pour définir l'avenir, tous ces Canadiens s'entendent sur un point crucial : il faut à tout prix éviter l'annexion américaine car les États-Unis représentent l'exemple typique à ne pas suivre. On considère en effet que la vie publique y est totalement corrompue, que la société risque continuellement de sombrer dans l'anarchie, et pire encore, que la vénération pour le succès matériel est le seul idéal animant les Américains.

De ce strict point de vue, les militants des deux mouvements veulent éviter la même catastrophe — que le Canada perde ce qui le distingue des États-Unis — et pour ce faire, ils entendent préserver le « ferment moral » de la société, ce qui garantit à leurs yeux la cohésion sociale à l'intérieur des frontières canadiennes. Là s'arrête cependant leur communauté de pensée car,

---

4   Il faut attendre l'adoption du « Statut de Westminster » en 1931 pour que les colonies autonomes de l'empire — Canada, Australie, Nouvelle-Zélande, Afrique du Sud, Irlande et Terre-Neuve — deviennent des nations librement associées au sein du Commonwealth britannique (W.L. MORTON, 1972, p. 54 et suiv.).

5   H. Bourassa est d'abord élu sous la bannière libérale en 1896, mais il démissionne avec fracas en 1899 en signe de protestation contre la participation canadienne à la guerre sud-africaine. Réélu par acclamation, il siégera pendant un temps comme indépendant. D'abord jeune protégé de W. Laurier, il en viendra rapidement à s'opposer radicalement au chef libéral, qui cède trop aisément à ses yeux aux pressions « impérialistes » de la majorité canadienne-anglaise.

6   Pour le détail de l'analyse comparative de ces mouvements idéologiques, on se reportera à S. LACOMBE (1993).

7   Ce sont les protagonistes eux-mêmes qui se proclament « nationalistes » ou « impérialistes ». Il serait cependant plus juste de parler respectivement d'ambition nationale et d'ambition impériale, car dans la configuration qui se dit « nationaliste », on trouve une forme d'universel dont le rôle est primordial, tout comme l'idéal « impérialiste » de la majorité canadienne-anglaise est marqué d'une forme de particularisme qu'on peut qualifier de « nationale ».

on s'en doute un peu, la valeur morale devant assurer la cohésion sociale n'est pas la même pour les uns et les autres.

L'analyse des écrits d'intellectuels canadiens-anglais[8] au début du XXe siècle, montre que l'ambition qui les anime est motivée d'abord par la conviction qu'il n'y a aucun avenir pour le Canada en dehors de l'empire britannique. L'idéal visé est double et paradoxal : il s'agit d'amener le Canada à sa pleine « maturité politique », grâce à la réunification de la « race[9] » anglo-saxonne au sein de l'empire britannique. Ici, tout est affaire de loyauté envers la couronne, et cela implique beaucoup plus qu'une simple allégeance abstraite et politique : la loyauté constitue l'attribut essentiel de la réalité canadienne ; elle est la base du ferment moral qui distingue le Canada des États-Unis. C'est pourquoi la seule manière pour le Canada de quitter son détestable statut de « colonie autonome » est d'assumer, tout à fait librement, son héritage impérial[10].

Mais il y a plus. Au fondement du rêve impérial canadien-anglais, on trouve cette autre conviction selon laquelle les intérêts de la « race » anglo-saxonne correspondent parfaitement au bien-être général de toute l'humanité. En effet, les idéaux de cette « race » (liberté, justice sociale et paix universelle) sont ceux-là même qui fondent le christianisme ; l'évangile progresse ainsi à l'ombre de l'empire et la paix chrétienne se confond totalement avec la paix britannique. Selon une conception évolutionniste de l'histoire, les partisans de l'empire voient dans la manière britannique de se gouverner l'expression la plus complète de la liberté chrétienne. L'empire représente alors l'agence divine par excellence grâce à laquelle adviendra rien de moins que le Royaume de Dieu sur terre[11].

Cependant, pour instituer cet « éden terrestre », une étape préliminaire doit d'abord être franchie qui passe par la réunification morale de la « race » anglo-saxonne. Il faut savoir que la majorité des Canadiens anglais continue de voir dans la nation américaine une portion de la « race » anglo-saxonne ;

---

8 La majorité des matériaux analysés provient d'articles publiés dans le *University Magazine* et le *Queen's Quarterly*, tous deux dévoués à la cause impériale (C. BERGER, 1970). À cela s'ajoutent des ouvrages par des « impérialistes » notoires comme G. Denison ou G. Parkin, de même que des conférences données devant les multiples Canadian Club, dont on sait qu'ils sont également acquis à cette cause. Pour une analyse complète, voir S. LACOMBE (1993) ; la seconde partie traite des divers aspects du projet d'unification de l'empire soutenu par la majorité canadienne-anglaise.

9 Au début du XXe siècle, le thème de la « race » est omniprésent dans la pensée canadienne et sert à désigner la dimension sociale de l'homme. Chez H. Bourassa par exemple, les Canadiens français sont les descendants des Français d'avant la Révolution, plus précisément au moment où la France se dit la « fille aînée de l'Église catholique, apostolique et romaine », tandis que les Canadiens anglais, qu'ils soient d'origine anglaise, écossaise ou anglo-américaine, se considèrent membres de la « race anglo-saxonne ». Dans les deux cas, cette conception d'une appartenance ancestrale s'accommode en plus des accidents de l'histoire et des contraintes de la géographie (voir S. LACOMBE, 1993, p. 307-310).

10 L'illustration la mieux connue de cette conception est celle exposée par S. Leacock dans son « Greater Canada : An Appeal », un article d'abord publié dans le *University Magazine*, puis édité en brochure et distribué dans tout l'empire. Cet article, de même que plusieurs autres, est réédité dans l'ouvrage présenté par A. BOWKER (1996, p. 3-11).

11 Ce thème, qui traverse tous les matériaux analysés, peut être retracé jusque dans la littérature anglaise, comme les nombreuses références au « White Man's Burden » de R. Kipling ou encore au « Parliament of Man » de A. Tennyson le laissent entendre. Voir aussi A.R. CARMEN (1905) dans lequel l'auteur « démontre » la convergence entre l'éthique chrétienne et l'impérialisme.

ils mettent du même coup en retrait la déclaration d'Indépendance des États-Unis. Ceux-ci se sont égarés en rompant le lien qui les rattachait à l'Angleterre et, s'étant de la sorte détournés du génie de leur « race », ils s'enfoncent depuis dans le bourbier matérialiste. Pour les tirer de cette impasse et réunifier moralement la « race » anglo-saxonne, il échoit au Canada le rôle capital de réconcilier la mère patrie (l'Angleterre) avec sa « fille aînée » (les États-Unis). Alors seulement, le Canada, l'Angleterre et les États-Unis formeront trois variantes « nationales » de la « race » anglo-saxonne au sien de l'empire régénéré[12].

Les trois nations sont ainsi conçues comme autant de « totalités partielles » au sein de la « race » anglo-saxonne : chacune possède ses caractéristiques propres mais seulement dans la mesure où elle est partie prenante de l'ensemble anglo-saxon, tel qu'incarné par l'empire britannique. Le Canada est ce qu'il est parce qu'il est membre de l'empire : c'est en assumant librement son héritage impérial qu'il préservera ce qui le distingue des Américains, tout en accédant au statut de nation. Quant aux Américains, c'est en épousant à nouveau les idéaux de leur « race » qu'ils renoueront avec leur véritable destin. On peut donc dire qu'ici, la communauté politique est englobée, incluse dans la communauté de « race », laquelle est appelée à assimiler le monde entier.

Devant une tâche si noble et si grandiose, les aspirations des Canadiens français font bien pâle figure : leur résistance contre toute forme de resserrement du lien impérial et leur volonté, tout aussi vaine, de demeurer catholiques et français, prouvent hors de tout doute l'archaïsme de leurs idéaux. En raison du « papisme », le catholicisme est le plus rétrograde de toutes les sectes chrétiennes. Et les Canadiens français, parce qu'ils se laissent ainsi manipuler par leurs élites cléricales[13], entravent gravement la contribution canadienne au progrès de l'humanité.

Si on examine maintenant comment l'ambition nationale formulée par H. Bourassa doit préserver le particularisme canadien de la « néfaste » influence américaine, on verra qu'elle n'est pas plus recevable pour les Canadiens anglais que ne l'est l'ambition impériale pour les Canadiens français.

En bon catholique ultramontain, H. BOURASSA (1923) affirme d'abord que l'universalité de Dieu sur terre est représentée par le pape, et qu'en conséquence, seul le souverain pontife peut faire office d'arbitre dans les litiges internationaux[14]. Il dit encore que « sans religion, il n'y a pas de patriotisme, de vrai patriotisme » (p. 9). Ainsi a-t-il soin de souligner la compatibilité de son ambition nationale avec la mission divine professée par l'Église catholique qui fait des Canadiens français les « apôtres de l'Amérique du Nord ». Pour le leader nationaliste, seul le catholicisme insuffle une âme au grand corps de la nation canadienne, et c'est pourquoi il est urgent de fonder des communautés canadiennes-françaises sur tout le territoire. Sans elles, il n'y a pas de cohésion

---

12 L'espoir de voir un jour la « race » à nouveau unifiée dans l'empire (ou par la suite, dans le Commonwealth) est un idéal récurrent dans la pensée canadienne-anglaise. On le retrouve jusqu'au lendemain de la Deuxième Guerre mondiale, notamment chez les historiens (J. LEVITT, 1981).

13 On aura reconnu l'accusation, maintes fois renouvelée, concernant la « priest ridden society ».

14 Voir la collection d'articles publiés d'abord dans *Le Devoir* puis réunis en brochure sous le titre *Le pape, arbitre de la paix*, 1918.

sociale, ni de ferment moral pour faire du Canada plus qu'un simple espace géographique.

La doctrine formulée par Bourassa se présente également comme la seule à être en accord avec l'œuvre des Pères de la confédération, et on connaît bien sa conception du double pacte constitutionnel. À l'égard de l'empire, le Canada n'est tenu qu'à la défense de son territoire, et quand ce dernier n'est pas menacé, aucun devoir légal ou moral n'oblige le Canada à contribuer, en hommes ou en argent, aux guerres de l'Angleterre. C'est le premier pacte[15]. Le second touche la nature même de la confédération en engageant ses deux « races fondatrices ». La nation canadienne est ici créée par le mariage entre les deux « races », consacrant du même coup leur égalité de droit absolue dans toute l'étendue du territoire canadien. Cette union n'a cependant rien de la fusion : chacune des deux « races » conserve ce qui la particularise à l'égard de l'autre. Car le rôle hautement moral qui distingue le Canada consiste à donner au monde l'exemple d'une union complémentaire et pacifique entre ces deux « races » traditionnellement ennemies. Dans la mesure où il résulte de la volonté des deux communautés de s'unir, le Canada est au service de leur union autant que du maintien de leurs différences.

On peut donc dire que les « races fondatrices » sont conçues comme des « totalités partielles » au sein de la nation canadienne. Cela implique qu'elles existent toutes deux comme des « unités-en-relations » l'une avec l'autre et non comme des « entités-en-soi ». On remarquera également qu'ici, la communauté de « race » est englobée dans et par la communauté politique qui la subordonne.

Enfin, au regard de l'exigence morale qui élève ainsi le Canada, l'ambition impériale canadienne-anglaise apparaît bassement matérialiste. Comme elle va de pair avec les velléités de domination mondiale de l'Angleterre et les prétentions de supériorité raciale des Anglo-Saxons, Bourassa va jusqu'à la qualifier d'œuvre de Satan[16] ! Concernant plus directement le Canada, il craint le jour où les Canadiens anglais se tourneront vers les Américains pour se procurer les bénéfices substantiels que l'empire ne leur apportera plus. En un mot, Bourassa craint que l'attachement de ses compatriotes anglophones pour leur pays soit uniquement intéressé et qu'ils « vendront » volontiers le Canada au plus offrant à la première occasion. Le rêve qui les anime, parce qu'il est d'abord économique et non patriotique, menace ainsi l'existence même de la nation.

Au terme de ce rapide retour en arrière, que peut-on conclure au plan comparatif ? Tout d'abord, si notre comparaison porte sur des traits culturels, comme par exemple la religion, la pensée politique, l'idée de nation, et ainsi de suite, on trouve une série d'oppositions pour le moins familières. Les Canadiens français sont majoritairement catholiques alors que leurs compatriotes canadiens-anglais adhèrent plus volontiers à l'une ou l'autre des églises protestantes. Les premiers se disent nationalistes et entendent préserver en l'état

---

15 Cette dimension du double pacte, Bourassa la présente et la « démontre » principalement dans ses deux ouvrages *Grande-Bretagne et Canada* (1902) et *Que devons-nous à l'Angleterre ?* (1915).

16 Pour l'exposition de cette dérive raciste, qui n'a d'égale que sa contrepartie canadienne-anglaise, et coïncide à peu près avec l'entrée en guerre des États-Unis, voir S. LACOMBE (1993, p. 163-184).

la communauté politique canadienne, alors que les seconds se réclament de l'impérialisme et souhaitent instaurer une communauté politique inédite en établissant la citoyenneté impériale. Les premiers voient dans la « nation » canadienne un mariage entre les deux « races »; tandis que les seconds refusent de penser l'avenir du pays en dehors de l'horizon impérial. Pour ces raisons, les premiers s'insurgent contre la non-reconnaissance des droits canadiens-français dans les provinces autres que le Québec; tandis que les seconds n'offrent, aux diverses minorités de tout l'empire, que l'assimilation à plus ou moins long terme.

On peut difficilement imaginer opposition de vues plus complète : le caractère mutuellement exclusif des deux ambitions ressort assez clairement. Cependant, il faut avouer qu'une telle comparaison ne permet guère d'éclairer la situation contemporaine tant la rupture entre cette époque et la nôtre paraît consommée. En effet, on voit mal comment rattacher l'option fédéraliste d'aujourd'hui à l'ambition impériale canadienne-anglaise ou même le souverainisme du parti Québécois au nationalisme d'Henri Bourassa. D'aucuns ne s'étonneront pas de cette impossibilité, arguant que la composition des deux populations s'est tellement transformée depuis plusieurs décennies qu'il serait vain de vouloir lier les deux époques. À cela s'ajoute le fait capital que la religion n'a plus aujourd'hui l'importance qu'elle avait alors dans la société et qu'en conséquence, les courants politiques actuels ne se réclament plus ouvertement de la moralité comme c'était le cas il y a un siècle. On dira que, de part et d'autre, la pensée politique s'est émancipée de son fondement religieux (catholique et protestant), pour ne retenir que des critères et des contenus profanes. Ou, pour le dire autrement, cette pensée s'est « modernisée », de sorte que les antagonistes aujourd'hui se situent tous sur le même échiquier et s'attaquent mutuellement avec les mêmes armes, au nom des mêmes principes politiques. Leurs positions respectives s'appuient en effet sur les mêmes valeurs sociales qui sont, en gros, celles de la démocratie, des droits et des libertés. Dans ces conditions, la situation contemporaine tranche si radicalement avec celle qui prévalait il y a cent ans que l'opposition entre fédéralistes et souverainistes s'efface derrière le contraste entre les deux époques. D'ailleurs, il ne semble venir à l'idée de personne de faire remonter l'affrontement idéologique actuel à des origines antérieures aux années 1960. De même, il ne paraîtrait pas acceptable aujourd'hui d'en appeler aux « vertus chrétiennes » (catholiques ou protestantes) pour vanter l'une ou l'autre option.

Il faudrait donc conclure que la comparaison historique (le contraste entre les deux époques), loin d'éclairer la comparaison « culturelle » (l'opposition souverainisme-fédéralisme), viendrait en annuler la pertinence : politiquement parlant, l'appartenance à une époque serait largement plus significative que l'appartenance à un parti ou à une idéologie. Mais en y regardant de plus près, il faut plutôt conclure que c'est l'appartenance à un parti ou à une idéologie l'époque « moderne » qui, à première vue, semble invalider toute comparaison entre les deux cultures. En effet, si la modernité peut être qualifiée d'individualiste, c'est en raison de la primauté accordée à l'être moral qui fait de l'individu, de chaque individu, un représentant de l'humanité, de façon à ce que l'appartenance sociale de l'homme n'est plus qu'une réalité subsidiaire, une sorte de résidu (L. DUMONT 1983, p. 222-262). Ce faisant, l'affranchissement vis-à-vis du passé paraît intégral et les quelques éléments de « persistance » d'une époque traditionnelle au sein d'une société moderne vont sembler bien peu significatifs. On ajoutera encore que, dans ces conditions, les différences culturelles se nivellent progressivement à mesure que les sociétés « accèdent » à la modernité et qu'elles prônent l'universalisme politique. Toutefois, si les différences culturelles au sein de la civilisation moderne sont reportées au plan secondaire et résiduel de la réalité sociale, elles ne sont pas pour autant totalement gommées (L. DUMONT 1991, p. 15-56) et c'est pourquoi il y a place pour une anthropologie de la modernité. Par exemple, les deux valeurs cardinales de la civilisation moderne, liberté et égalité, ne sont jamais valorisées également et Tocqueville a montré comment la démocratie française s'est instituée, au contraire de la société américaine, en mettant l'accent sur l'égalité au détriment de la liberté. De même, sans minimiser la rupture avec le passé, on peut imaginer des liens souterrains à partir desquels l'idéologie moderne a pu émerger et/ou dont elle reste partiellement tributaire.

Ainsi, dans le cas particulier qui nous intéresse, si on revient en arrière une dernière fois afin de comparer, non plus des *traits* culturels, mais les *relations* qui les rattachent aux ensembles respectifs auxquels ils se rapportent, il est possible de dégager des constantes reliant l'affrontement d'aujourd'hui à celui d'il y a cent ans. Ces constantes font à leur tour apparaître une nouvelle dimension, celle où s'expriment des « totalités sociales », et d'où on peut élaborer des hypothèses nouvelles.

Nous avons vu que la valeur morale qui donne au Canada sa couleur particulière tout en l'immunisant contre l'influence américaine, c'est la loyauté impériale selon les Canadiens anglais et la religion catholique selon Bourassa. Singulièrement, ces valeurs assurant le particularisme canadien indiquent également les conceptions respectives que les deux communautés se font de l'universel. Dans tous les cas, c'est de l'universel chrétien qu'il s'agit : dans l'ambition nationale canadienne-française, l'universel (ou la volonté divine) est figuré par la papauté — la voix du pape est humaine et divine à la fois ; tandis que dans l'ambition canadienne-anglaise, l'empire britannique incarne l'action de Dieu dans le monde. En conséquence, du point de vue des idéologies globales (ou, si on préfère, du point de vue des « totalités sociales »), le catholicisme canadien-français s'oppose non pas au protestantisme, comme on a pu le penser en ne comparant que des traits culturels, mais à la loyauté impériale des Canadiens anglais ; tout comme la papauté chez les premiers s'oppose à l'empire britannique dans la pensée des seconds.

Si on poursuit cette « traduction culturelle » d'une idéologie dans l'autre, le caractère mutuellement inacceptable qu'elles ne manquent pas de revêtir gagne en intelligibilité. Par exemple, on comprend que là où la papauté ouvre à l'universel en rattachant le monde des hommes à Dieu, le protestantisme exprime une dégradation morale si importante qu'il n'est plus considéré « chrétien ». Plus encore, dans cette configuration où le nationalisme est la seule « doctrine » politique en accord avec les exigences morales du christianisme, on comprend également que l'impérialisme soit perçu comme une « hérésie » dont le moteur principal est l'appât du gain. Pareillement, quand l'empire britannique « concrétise » la volonté divine en œuvrant à la christianisation du monde, l'idéal nationaliste apparaît non seulement archaïque, mais il devient l'expression d'un simple « égoïsme » national. En outre, dans cette configuration, où le protestantisme exprime à lui seul l'essence même du christianisme en célébrant la liberté individuelle, on s'étonne peu de voir le catholicisme réduit au statut d'une secte rétrograde.

Ayant ainsi démarqué la comparaison culturelle entre les deux ambitions qui caractérisent le début du XXe siècle canadien, peut-on s'inspirer de cet affrontement idéologique pour renouveler notre compréhension de la conjoncture actuelle ? Autrement dit, à la lumière des « totalités sociales » (canadienne-française et canadienne-anglaise) qui s'affrontaient au début du siècle à travers leurs ambitions respectives, les configurations dégagées peuvent-elles aider à mieux comprendre l'opposition entre souverainisme québécois et fédéralisme canadien ? Je répondrai à cette question par l'affirmative, tout en ayant soin de formuler ma réponse sous forme d'hypothèses. Je postule ici qu'il existe une forme de continuité historique d'une part entre le Canada tel que le conçoit H. Bourassa et le Québec tel que le rêvent les souverainistes[17], et d'autre part, entre l'empire que souhaitent renouveler les Canadiens anglais au début du siècle et le Canada que défendent les fédéralistes aujourd'hui. Je reviendrai en conclusion sur la nature de cette continuité historique et sur certaines implications méthodologiques. Essayons d'abord de dégager quelques éléments permettant d'étayer cette thèse de la continuité historique.

Ce sont en premier lieu les valeurs animant les Canadiens français et les Canadiens anglais qui permettent de relativiser le fossé séparant notre époque de celle du tournant du siècle : tels deux fils, elles courent jusqu'à nous pour nourrir les idéaux respectifs des souverainistes et des fédéralistes[18]. Dans le cas « Canada-Québec », la continuité se donne à voir d'abord dans la valeur accordée à l'égalité : dans la pensée de Bourassa, la nation canadienne repose sur l'égalité de droit absolue entre les deux « races fondatrices » ; de même dans le projet souverainiste, l'indépendance du Québec devient incontournable

---

17 Cette continuité n'est évidemment pas la seule possible. Si, comme je l'ai montré ailleurs (S. LACOMBE, 1993, p. 81-184), Bourassa synthétise en une idéologie parfaitement cohérente des courants aussi contradictoires que le catholicisme ultramontain et le libéralisme anglais des « Little Englanders », alors on ne s'étonnera pas qu'une pensée si riche en paradoxes ait pu inspirer des auteurs et des projets fort variés. Ainsi à première vue, il semblera plus logique d'associer son ambition nationale à la promotion du fédéralisme orchestrée par P.-E. Trudeau ; des historiens n'ont d'ailleurs pas manqué d'effectuer ce rapprochement (voir R. COOK, 1977, p. 79 et suiv.). Bien que les implications du « biculturalisme » chez H. Bourassa aillent nettement au-delà d'un bilinguisme officiel, il est indéniable qu'une parenté idéologique existe entre la pensée des deux hommes. Cependant, encore une fois, cette filiation n'est ni unique ni univoque. De plus, mon propos ici est d'accéder, par le biais des idées et des valeurs qui sont au fondement d'une pensée singulière ou d'un projet particulier, aux représentations collectives dans une société à une époque donnée et à leurs transformations dans le temps.

18 Qu'une même valeur se retrouve à deux époques différentes ne doit pas faire perdre de vue que sa place dans la configuration d'ensemble n'est pas pour autant forcément la même, ni ses concomitants identiques.

précisément parce qu'elle seule permettrait d'accéder à une égalité de principe, sinon de fait, avec le Canada (anglais) et les autres nations du monde[19].

Dans le cas « empire-Canada », la continuité la plus immédiatement saisissable prend la forme d'une identification étroite à l'universel au nom de laquelle tout ce qui s'y oppose devient valorisation excessive d'un particularisme outrancier. Pour les partisans de l'empire, le patriotisme des Canadiens français s'exprime par la haine des peuples et cette conception vient miner la fraternité universelle des nations qui émerge grâce à la bienveillance impériale. Pareillement, du point de vue des défenseurs du fédéralisme, les revendications des souverainistes sont illégitimes en ce qu'elles pèchent par excès de « collectivisme » ou de « communautarisme » (A. COYNE, 1995a). Cela suppose qu'aujourd'hui, tout comme il y a un siècle, la promotion canadienne-anglaise de la nation, réalité particulière, n'avance que voilée, prétendant toujours être autre chose qu'elle-même. En effet, au début du siècle, les Canadiens anglais se disent impérialistes, tout en cherchant à maintenir le particularisme canadien en Amérique du Nord, et à augmenter le poids et l'influence du Canada dans l'empire, ce qui constitue bien une forme de nationalisme[20]. Aujourd'hui, les partisans du fédéralisme se défendent de faire une quelconque promotion de la « nation » canadienne, puisqu'ils pourfendent tout projet nationaliste. Toutefois, la promotion qu'ils font des attributs du fédéralisme canadien (comme l'égalité des individus et des régions, la Charte des droits et libertés, le multiculturalisme), implique clairement une valorisation de la « nation » canadienne, comme les constantes références au « meilleur pays du monde » suffiraient à le rappeler[21].

En second lieu, les perceptions réciproques des « antagonistes » permettent également d'étayer l'hypothèse de la continuité historique. Il faut d'abord noter que les oppositions, alors et maintenant, sont radicales, ou plus précisément, mutuellement exclusives, ce qui a pour effet de rendre pratiquement impossible toute position de neutralité : qu'il s'agisse du nationalisme canadien-français, de l'impérialisme canadien-anglais, du souverainisme québécois ou du fédéralisme canadien, il semble que « celui qui n'est pas avec moi est contre moi ». En conséquence, il est impossible, d'un côté comme de l'autre, de transiger avec l'adversaire tant son option est perçue comme la négation complète de la sienne propre.

Selon Bourassa, c'est l'existence même du Canada qui est menacée à court et à long terme par l'impérialisme, car cette doctrine mine chez les Canadiens l'amour de leur pays en incitant à vénérer l'empire britannique, au nom des avantages économiques et militaires qu'il procure. De même aujourd'hui, les souverainistes présentent le fédéralisme comme un carcan qui étouffe lentement mais sûrement le peuple québécois, ce dernier se voyant nié (A.-G.

---

19 Voir entre autres, CAMP DU CHANGEMENT (1995) ; F. ROCHER, M. SARRA-BOURNET (1995). Les opposants québécois au souverainisme, par exemple les membres du Parti libéral du Québec, soutiennent justement que cette égalité de statut est toujours possible au sein de la confédération. De ce point de vue, leur position représente une autre « variante » de la continuité historique qui va de H. Bourassa à nos jours.

20 Comme l'ont déjà noté N. PENLINGTON (1965) ; C. BERGER (1970) et R. COOK (1977).

21 On objectera qu'au sens strict, il ne s'agit pas de nationalisme. Disons qu'il s'agit à tout le moins d'un « sociocentrisme » puissamment exprimé.

GAGNON, F. ROCHER, 1992 ; CAMP DU CHANGEMENT, 1995). Par ailleurs, Bourassa associait l'impérialisme à une célébration de la loi du plus fort, c'est-à-dire le plus nombreux ou le plus puissant financièrement ; de manière similaire aujourd'hui, les souverainistes accusent Ottawa d'abuser d'un rapport de force, celui du nombre, tout en tirant profit de la dépendance économique du Québec. Dans tous les cas, la relation avec les Canadiens anglais est perçue comme une situation d'injustice sociale (CAMP DU CHANGEMENT, 1995).

Pareillement, les regards posés sur leurs adversaires idéologiques par les partisans de l'empire et les défenseurs du fédéralisme se ressemblent étrangement. Au début du siècle, les Canadiens anglais voyaient dans le sentiment national des Canadiens français un idéal archaïque, suranné, au regard des exigences et des circonstances internationales, assez à la manière dont les fédéralistes présentent aujourd'hui le souverainisme comme illusoire, tant les réalités de la mondialisation appellent une étroite interdépendance des États-nations, voire un abandon partiel de leur souveraineté (J. SIMPSON, 1995). Par ailleurs, les détracteurs du nationalisme au début du siècle, tout comme ceux du souverainisme aujourd'hui, accusent ces mouvements de retarder la marche du Canada sur la voie de son destin et/ou sur celle du progrès. Dans ces deux cas, les adversaires idéologiques sont représentés comme totalement dépassés par la conjoncture internationale, et cette incompréhension expliquerait en partie l'absurdité de leur option politique.

Enfin, de part et d'autre et depuis au moins cent ans, le soupçon règne en maître et conduit à douter de toute sincérité chez l'adversaire. Au fondement de l'ambition impériale canadienne-anglaise, Bourassa voyait non pas une volonté d'amener le Canada à sa maturité politique, mais un simple désir, irrépressible et inavoué, de domination raciale. De nos jours, les souverainistes tendent à voir dans la promotion fédéraliste de la Charte, du multiculturalisme ou encore de l'égalité des régions non pas une valorisation sincère, mais une stratégie visant indirectement à invalider les aspirations québécoises. Alors comme aujourd'hui, on reste convaincu que les rivaux dissimulent leurs buts véritables.

Mais le soupçon domine également dans les perceptions canadiennes-anglaises. Il y a un siècle, Henri Bourassa pouvait bien se réclamer haut et fort de la tradition libérale anglaise des « Little Englanders », ses compatriotes anglophones n'en croyaient rien et lui reprochaient d'invoquer les idéaux britanniques pour justifier une cause qui n'avait rien à voir avec la noble tradition anglaise. Aujourd'hui, les défenseurs du fédéralisme remettent constamment en question l'engagement démocratique des leaders nationalistes, dont on va parfois jusqu'à dire qu'ils pratiquent le « bonapartisme » (GLOBE AND MAIL, 1995c). Selon ce point de vue, les souverainistes invoquent en faveur de la destruction du Canada des principes de droit qui sont au fondement même du Canada. Dans ces deux cas, on sous-entend qu'une meilleure connaissance des principes invoqués, ou qu'un réel attachement envers ceux-ci annulerait inévitablement les réclamations de ceux qui les formulent (A. COYNE, 1995b).

Enfin, un troisième et dernier point mérite d'être mentionné. Il semble que ce qu'on pensait de l'autre au plan de la religion, on le conçoit maintenant en termes politiques. Il y a un siècle, Bourassa traitait le protestantisme beaucoup plus comme une religion autre, en elle-même différente du catholicisme, qu'en tant que variante du christianisme[22]. À l'inverse, les Canadiens anglais voyaient dans le catholicisme une secte chrétienne, à peu près au même titre que l'était le méthodisme par exemple, et en tout cas, pas comme une autre religion. De manière très similaire, les souverainistes s'adressent aujourd'hui au Canada (anglais) comme à une autre nation, alors que les fédéralistes insistent pour traiter le Québec comme une entité provinciale ou régionale du Canada. Autrement dit, chez Bourassa et chez les souverainistes, l'affrontement idéologique oppose soit deux « religions », soit deux « nations », mais dans les deux cas, il s'agit d'une interaction entre deux « touts » ; tandis que du point de vue des partisans de l'empire et des défenseurs du fédéralisme, l'affrontement en est un qui caractérise toujours les relations entre un tout et l'une de ses parties. Il n'est pas étonnant dans ces conditions que l'incompréhension mutuelle devienne la règle !

Avant de conclure sur la « nature » de la continuité qu'on a tenté de mettre au jour, il est important de souligner au moins deux différences majeures qui montrent bien une partie du chemin parcouru, de part et d'autre, au cours des cent dernières années. La première de ces différences concerne la disparition de ce qu'on peut appeler les « totalités englobantes ». On se rappelle sans doute la polémique entre J.-P. Tardivel et H. Bourassa dans laquelle le premier prône un nationalisme canadien-français, tandis que le second réplique par une défense de la nation *canadienne*[23]. Chez Bourassa, l'entité « Canada français » n'existe pas à proprement parler en elle-même, mais tire sa légitimité du Canada tout entier. Dans la grande nation en devenir, le « Canada français » est une réalité socioculturelle qui s'étendait ou devait s'étendre sur l'ensemble du territoire canadien. L'une des tâches providentielles de la « race » canadienne-française consistait précisément à insuffler une âme à ce grand corps territorial de la nation. De ce point de vue, le Canada français formait une « totalité », grâce à son inclusion dans la nation canadienne et non en dépit de cet englobement. On le voit, cette conception tranche nettement avec le Québec tel que le conçoivent les souverainistes aujourd'hui. En effet, la condition première de leur position politique est précisément l'existence du Québec comme « entité-en-soi ». Le peuple québécois, tout comme la nation québécoise, sont des réalités « objectives » et cette dernière possède une inscription territoriale précise[24]. C'est même au nom de cette réalité « substantielle », qui s'est substituée à une réalité plus relationnelle, qu'est revendiquée la souveraineté. On est donc passé d'une conception du Canada français comme « totalité

22 Il associe le protestantisme tantôt à « l'athéisme politique » et à l'anarchie sociale, tantôt carrément à l'un des trois grands crimes que doit expier la chrétienté ; les deux autres étant le schisme grec et la Révolution française (H. BOURASSA, 1918, p. 146 et suiv.).

23 Voir M. WADE (1966, p. 571 et suiv.).

24 Les souverainistes n'ont pas le monopole de cette conception « essentialiste » du Québec, puisqu'elle est répandue dans pratiquement toute la société. Quant aux fédéralistes, ils s'appliquent au contraire à réaffirmer que les Québécois ne forment pas une nation, que le Québec n'est ce qu'il est qu'en tant que « province » de la Confédération.

cette notion ne survivrait pas à un référendum cependant.

partielle » de la nation canadienne à une conception du Québec comme « entité-en-soi ». Dans la première conception, le Canada français n'existe qu'englobé dans le Canada, alors que dans la seconde, c'est envers et contre cette insertion dans le Canada que le Québec existe[25].

Mais du point de vue canadien-anglais également, il faut souligner la disparition de la « totalité englobante », qui est ici représentée par l'empire britannique. Il y a un siècle, le Canada ne pouvait préserver ce qui le distinguait des États-Unis qu'en assumant librement son héritage impérial. Sans cet englobement dans l'empire, il n'était plus qu'un simple agglomérat d'individus sans dimension morale. Il va sans dire qu'il n'en va plus ainsi de nos jours : le Canada ne fait plus figure de « totalité partielle » de l'empire. Il est cependant difficile de dire si les fédéralistes qui en défendent l'intégrité le conçoivent comme une « entité-en-soi ». En effet, si l'identification étroite à l'universel est bien une caractéristique fondamentale des représentations collectives canadiennes-anglaises, alors il va de soi que l'« essence particulière » du Canada paraisse évanescente. Cette situation trouve peut-être son expression la plus complète dans l'émergence d'une formule de plus en plus courante chez les politologues et qui célèbre justement une sorte d'absence de définition positive : il s'agit de l'expression « Rest of Canada ». Dans ce cas, il faudrait conclure au passage d'une conception de la nation comme « totalité partielle » de l'empire britannique à une conception du Canada en tant qu'« entité-par-défaut » (d'Amérique du Nord).

La seconde différence majeure consiste en une double inversion des projets politiques. Il y a cent ans, Bourassa montait au créneau pour défendre et préserver la communauté politique canadienne contre les exactions de l'Angleterre impériale, alors qu'au même moment ses compatriotes anglophones rêvaient d'instaurer une communauté politique inédite, par la création de la citoyenneté impériale. Aujourd'hui, ce sont les souverainistes québécois qui souhaitent instaurer une nouvelle communauté politique grâce à l'accession à la souveraineté, tandis que les fédéralistes canadiens conjuguent au contraire tous leurs efforts pour sauvegarder tel quel leur pays, pour préserver en l'état la communauté politique canadienne.

Ces différences, bien que majeures, n'épuisent cependant pas la signification des transformations survenues entre les représentations d'alors et celles d'aujourd'hui. En réalité, l'essentiel reste encore à faire et je n'ai fait ici qu'esquisser les lignes directrices d'un tel travail. Il faudra saisir ce qui donne accès à l'universel selon la perspective souverainiste et selon le point de vue fédéraliste ; comprendre comment cet universel s'articule au particularisme de la communauté politique qu'on souhaite instaurer ou consolider selon le cas, et pouvoir aussi détailler le mieux possible les concomitants respectifs des valeurs qui constituent la catégorie politique.

Je terminerai avec quelques-unes des implications méthodologiques qui découlent de la double comparaison menée ici.

---

25 La notion de « totalité partielle » n'est cependant pas complètement évacuée du projet souverainiste : on trouve en effet l'idée que le Québec souverain sera (à l'image du Canada de Bourassa) une entité politique faite des « totalités partielles » que seront les communautés anglophones, autochtones et culturelles (CAMP DU CHANGEMENT, 1995).

Il faut d'abord souligner que l'archéologie du conflit actuel nous amène vers des « strates » idéologiques plus anciennes qu'on le pense habituellement. Toutefois, la continuité historique qu'on a pu établir en est une d'ordre « structurel ». Cela signifie que les mots proférés de part et d'autre, hier comme aujourd'hui, ne s'opposent pas terme à terme mais qu'ils appartiennent plutôt à des ensembles culturels significatifs différents. Ce sont ces ensembles qu'on appelle « totalités sociales » et c'est au niveau où celles-ci se donnent à voir que l'incompréhension mutuelle entre les communautés gagne en intelligibilité. C'est dire que la rivalité culturelle contemporaine ne peut se comprendre de l'intérieur de l'un ou l'autre des deux points de vue, mais seulement par une patiente comparaison de la place qu'occupent dans l'ensemble les idées et les valeurs qui traduisent respectivement ces positions.

En second lieu, l'affrontement qui engage les « totalités sociales » sommairement esquissées ici dans leurs transformations historiques ne saurait se réduire à une dynamique des « relations ethniques ». Ce qui semble s'être mis en place au cours du siècle écoulé entre alors et maintenant, c'est plutôt une rivalité entre deux sociétés « modernes » œuvrant chacune différemment pour un pluralisme culturel et idéologique. De ce point de vue, la théorie élaborée autour des « relations ethniques » ne saurait à elle seule épuiser la signification de l'antagonisme entre souverainistes et fédéralistes.

La troisième et dernière implication méthodologique procède non pas des similitudes entre les deux époques, mais plutôt de la distance irrémédiable qui les sépare. Ce qui tranche le plus nettement entre la situation au début du siècle et la conjoncture actuelle, c'est sans doute le fait que la pensée politique d'alors avait un fondement éminemment moral, ce qui se traduisait par le fait que, pour légitimer leurs options politiques, les intellectuels canadiens se référaient couramment au christianisme. Les conceptions respectives de l'universalisme chrétien n'étant pas les mêmes, on peut supposer que cette inscription dans le religieux suffit à expliquer l'incompréhension mutuelle. Mais l'on attendrait également que ces pensées politiques, émancipées du socle religieux, parlent le même langage. Or, leurs catégories et leurs conceptions démocratiques respectives demeurent, sinon mutuellement exclusives, du moins radicalement opposées.

L'ambition nationale canadienne-française traduisait une relation de subordination du politique vis-à-vis du catholicisme, qui comprenait néanmoins une indépendance relative du politique. Dans l'ambition impériale canadienne-anglaise, les deux domaines, politique et religieux, se trouvent plutôt dans une relation d'équivalence qui doit, au terme du projet, se transformer en une subordination du religieux à l'égard du politique (Lacombe, 1993). Pour la suite de nos travaux, on vérifiera donc l'hypothèse voulant que le politique, bien qu'émancipé de son fondement religieux, garde néanmoins des traces de ses anciennes affinités avec la religion.

REPÈRES BIBLIOGRAPHIQUES

BERGER Carl (1970). *The Sense of Power : Studies in the Ideas of Canadian Imperialism, 1867-1914*. Toronto, University of Toronto Press, 277 pages.

BOURASSA Henri (1902). *Grande-Bretagne et Canada. Questions actuelles*. Montréal, Imprimerie du Pionnier, 130 pages.

BOURASSA Henri (1915). *Que devons-nous à l'Angleterre ?* Montréal, (sans éditeur), 420 pages.

BOURASSA Henri (1918). *Le pape, arbitre de la paix*. Montréal, Imprimerie du Devoir, 169 pages.

BOURASSA Henri (1923). *Patriotisme, nationalisme, impérialisme*. Montréal, (sans éditeur), 63 pages.

BOWKER Alan (éd.) (1996). *Stephen Leacock, Social Criticism*. Toronto, University of Toronto Press, 145 pages. (Réimp. de l'édition originale de 1973).

CAMP DU CHANGEMENT (1995). *Le cœur à l'ouvrage*, (sans lieu, sans éditeur), 84 pages.

CARMEN A.R. (1905). *The Ethics of Imperialism*. Boston, Herbert B. Turner and Co., 177 pages.

COOK Ramsay (1977). *Maple Leaf Forever. Essays on Nationalism and Politics in Canada*. Toronto, Macmillan, 245 pages.

COYNE Andrew (1995a). « How we respond to a yes vote is rooted in how we see the country », *The Globe and Mail*, 20 mars.

COYNE Andrew (1995b). « Separatism dies a slow death, caught in its own contradictions », *The Globe and Mail*, 24 avril.

DUMONT Louis (1983). *Essais sur l'individualisme*. Paris, Seuil, 279 pages.

DUMONT Louis (1991). *L'idéologie allemande*. Paris, Gallimard, 312 pages.

GAGNON Alain-G., François ROCHER (1992). « Présentation », dans Alain-G. Gagnon, François Rocher (dirs.), *Répliques aux détracteurs de la souveraineté du Québec*, Montréal, VLB éditeur, p. 9-23.

GLOBE AND MAIL (1995a), « The canadian solution », éditorial du 9 février.

GLOBE AND MAIL (1995b), « Separatism's dark side », éditorial du 1 mars.

GLOBE AND MAIL (1995c), « Mr. Bouchard's ethnic nationalism », éditorial du 17 octobre.

LACOMBE Sylvie (1993). *Race et liberté : l'individualisme politique au Canada, 1896-1920*. Thèse de doctorat non publiée, Sociologie, Université René-Descartes, Paris V, Sorbonne, 391 pages.

LEACOCK Stephen (1907). « Greater Canada : an appeal », *University Magazine*, VI, 2, p. 132-141.

LEVITT Joseph (1981). « Race and nation in canadian anglophone historiography », *Canadian Review of Studies in Nationalism*, Vol VIII, n° 1 (printemps), p. 3-11.

MORTON William Lewis (1972). *The Canadian Identity*. Toronto, University of Toronto Press, 162 pages.

PENLINGTON Norman (1965). *Canada and Imperialism, 1896-1899*. Toronto, University of Toronto Press, 288 pages.

ROCHER François, SARRA-BOURNET Michel (1995). « La longue quête de l'égalité », dans Michel Sarra-Bournet (dir.), *Manifeste des intellectuels pour la souveraineté*, Montréal, Fides, p. 43-57.

SIMPSON Jeffrey (1995). « The knife wounds in Jacques Parizeau's back look familiar », *The Globe and Mail*, 11 avril.

WADE Mason (1966). *Les Canadiens français, de 1760 à nos jours*. Tome I, Ottawa, Le Cercle du Livre de France, 2e édition revue et augmentée, 685 pages.

Chapitre XI

CHANGEMENT SOCIAL ET CONSTRUCTION IDENTITAIRE. ÉTAT, ÉGLISE ET IDENTITÉ NATIONALE AU QUÉBEC ET EN POLOGNE

Geneviève Zubrzycki

L'analyse comparative en sociologie est d'un grand intérêt pour la compréhension et l'explication des phénomènes et des processus sociaux[1]. La question nationale en particulier peut bénéficier grandement d'une telle perspective, tant d'un point de vue théorique qu'empirique. La tendance à isoler la nation et ses dérivés (identité nationale, nationalisme et citoyenneté) dans le temps et l'espace empêche de reconnaître l'existence et d'apprécier l'importance de processus sociaux dont la connaissance est essentielle à une meilleure compréhension du problème. L'étude comparative aide à résoudre cette difficulté de deux façons : elle permet d'abord d'identifier des processus qui, sans elle, pourraient sembler « naturels » et « allant de soi », et ainsi passer inaperçus ; elle permet en outre de dégager, par delà les différences, des processus communs. Dans le cas qui nous occupe plus spécifiquement, la comparaison de la construction identitaire au Québec et en Pologne nous apparaît pertinente à deux égards.

Premièrement, elle remet en cause la tendance marquée à parler de différences de nature entre la nation et le nationalisme à l'Ouest et à l'Est, tendance que l'on retrouve aussi bien dans les opinions populaires et dans les médias que dans plusieurs analyses dites scientifiques. Cette position est trop souvent

1 La réalisation de cet article a été rendue possible grâce à une bourse de doctorat du Conseil de recherches en sciences humaines du Canada. Mes nombreux entretiens avec les professeurs Ronald Suny, Martin Riesebrodt, Susan Gal et Bruce Lincoln de l'Université de Chicago ont grandement stimulé mon intérêt et nourri ma réflexion. Leur lecture attentive de versions antérieures du texte ont également contribué à la réalisation de sa forme actuelle. Je les en remercie chaleureusement. Je tiens aussi à remercier Gilles Houle et Denys Delâge pour leurs commentaires et suggestions, et enfin Gérard Bouchard et Yvan Lamonde, qui en leur qualité d'éditeurs ont contribué à la forme finale du texte.

imprégnée de jugements de valeurs, opposant un nationalisme politique, « civilisé » et constructif à l'Ouest à un nationalisme ethnique, « primitif » et destructeur à l'Est. Cette dichotomie normative n'est pas nouvelle[2], mais elle est constamment évoquée depuis la chute des régimes socialistes d'Europe de l'Est et dans le contexte du conflit yougoslave. On parle en effet des effets pervers de la fin du communisme, de la renaissance de l'ethnicité, du réveil des nationalismes, de la balkanisation de la région, etc, autant de représentations naturalisantes qui obnubilent le fait que la nation n'est nulle part primordiale, mais bien construite[3]. De plus, le cas polonais montre clairement que l'attention accordée à l'étude de la « résurgence ethnique » est insuffisante, que les processus en cours sont beaucoup plus complexes et nuancés qu'on le dit habituellement et, surtout, ne sont pas singuliers mais pluriels. Cette vision ethnocentrique — qu'Edward SAID (1978) qualifierait d'orientalisme[4] — d'une part accentue les différences entre l'Est et l'Ouest et d'autre part ignore la diversité qui existe au sein des deux ensembles (L. WOLFF, 1994 ; M. TODOROVA, 1994). La comparaison Québec/Pologne, malgré les différences importantes qui distinguent ces sociétés, démontre que la construction de l'identité nationale et le nationalisme à l'Ouest et à l'Est comportent des enjeux similaires et impliquent des processus sociaux communs.

Deuxièmement, une telle comparaison contribue à une meilleure connaissance de la construction identitaire et de sa transformation, de la place de l'État dans celle-ci et de la sécularisation de la société. Plus précisément, nous analyserons la *relation entre la situation politique d'une nation donnée, l'identité nationale de ses membres et la place qu'y tient le religieux*. L'expérience québécoise nous apparaît toute désignée pour éclairer les processus actuellement en cours en Pologne, alors que l'analyse du cas polonais ouvre sur une relecture, une nouvelle compréhension de la Révolution tranquille québécoise. En effet, l'étude du cas polonais met en évidence que l'absence d'État (ou d'État légitime) entraîne une définition principalement culturelle de l'identité nationale, celle-ci prenant une forme religieuse et conférant une position prédominante à l'Église. Un État pleinement souverain et légitime permet, quant à lui, une définition plus politique de l'identité nationale et semble mener à un processus de laïcisation et de sécularisation de la société (G. ZUBRZYCKI, 1995). Il nous apparaît justifié de juxtaposer l'expérience polonaise actuelle et le processus de libéralisation de la société québécoise pendant et depuis la Révolution tranquille, processus caractérisé par la sécularisation de cette société. Ainsi, à partir du moment où l'État, au Québec, a pris en main les fonctions politiques

---

2 Eric J. HOBSBAWM (1992) situe les origines de cette opposition normative durant la période 1830-1880, dans la pensée libérale et le darwinisme social. Dans les sciences sociales, cependant, la dichotomie a été formulée et systématisée par Hans KOHN (1946) et elle a été adoptée par plusieurs (J. PLAMENATZ, 1973 ; P. SUGAR, 1994).

3 Pour une analyse succincte de ces idées reçues, consulter l'essai de Tom NAIRN (1993), « Demonising Nationalism ».

4 L'orientalisme est un processus qui consiste à imaginer le non-Ouest, l'Autre, comme une seule et uniforme entité. Cette essentialisation et cette personnification de l'Est comme l'Autre sont accompagnées d'une représentation négative de la région ; on considère inférieure, constituant une version atténuée de « bonnes choses », tels les idéaux démocratiques, et une version plus marquée de « mauvaises », tel le nationalisme.

et sociales qu'assumait jusque-là l'Église, on assiste à une baisse massive de la pratique religieuse et à une redéfinition de l'identité nationale. La Révolution tranquille a précisé celle-ci en lui donnant un sens nouveau. C'est, de fait, à cette période que l'on commence à parler du peuple *québécois*, ce qui — du Canadien français au Québécois — fait apparaître une identification territoriale et politique. En Pologne, l'avènement d'un État national démocratique et légitime présage — contrairement à ce qu'affirme la thèse ethnique — la construction d'une identité plus ouverte, fondée sur le principe de citoyenneté (G. ZUBRZYCKI, 1995, 1997). Ce processus est également accompagné d'une incontestable chute de popularité de l'Église catholique (CBOS, 1992, 1994).

L'examen de ces questions sera abordé en trois parties : la première se veut une discussion de problèmes théoriques et méthodologiques. Nous y traiterons des concepts de nation, d'État et de citoyenneté. Nous analyserons ensuite la relation entre la situation politique, l'identité nationale et la place du religieux en deux temps : nous étudierons d'abord ces relations dans une perspective historique, pour ensuite nous pencher plus spécifiquement sur la transition — à la fois politique, religieuse et identitaire — que connaît la Pologne depuis la chute du communisme et l'avènement d'un État légitime. Bien qu'une comparaison systématique et exhaustive entre la Pologne et le Québec ne fasse pas l'objet du présent travail, nous mettrons en relief les éléments communs qui nous paraissent d'emblée significatifs. Il s'agit avant tout d'une analyse de la construction identitaire polonaise, mais qui prend en considération celle du Québec comme point de comparaison.

I
PROBLÈMES ET DÉFINITIONS

Avant toute discussion sur la nation, il est utile de présenter les deux grandes conceptions de la nation, l'une issue de la Révolution française et des théories du contrat social, et l'autre romantique, dite allemande, celle de la *Volk*[5]. Cet exposé schématique met en relief les positions idéologiques et les logiques opposées de ces deux visions, ce qui nous sera utile pour l'analyse du discours national canadien-français/québécois et polonais.

---

5   Il s'agit là de types idéaux. En réalité, il y a eu des défenseurs de la nation-contrat en Allemagne et des partisans de la définition culturelle de la nation en France. La nation-contrat a toutefois prévalu comme forme idéologique dominante en France tout comme la *Kulturnation* en Allemagne. Il va sans dire que l'application de ces concepts ailleurs que dans ces deux pays comporte de semblables limitations. En réalité, la nation civique contient des élément culturels et la nation ethnique des éléments politiques. Voir à ce sujet K. NIELSON (1996-1997), A. DIECKHOFF (1996) et B. YACK (1996).

Selon la conception française dominante, la nation constitue un espace politique commun, défini par un ensemble d'institutions, de valeurs et de projets politiques. Elle met au premier plan le principe de la légitimité politique et du droit des peuples à disposer d'eux-mêmes (D. SCHNAPPER, 1993, p. 161). Cette conception politique de la nation est donc fondée sur la légitimité de la volonté des citoyens. Pour l'abbé Siéyès (1748-1836), la nation est un corps d'associés vivan t sous une loi commune et représenté par la même législation (A. RENAUT, 1991, p. 33). La nation est donc essentiellement politique et elle est *conçue comme un construit* : elle constitue une communauté démocratique de citoyens et procède de l'union des volontés en une association libre, fondée sur l'adhésion aux principes du contrat social. Suivant la logique de cette conception, on ne naît pas Français, on le *devient*, par l'adhésion rationnelle au contrat social. *La nationalité se résorbe ainsi dans la citoyenneté*. La nation civique est par conséquent « ouverte » : on y adhère par libre choix, peu importe son origine ethnique (A. RENAUT, 1991, p. 34). Près d'un siècle après la Révolution française, Ernest Renan (1882), dans sa célèbre allocution intitulée *Qu'est-ce qu'une nation ?*, déclare que « l'existence d'une nation (...) est un plébiscite de tous les jours » (E. Renan, dans T. TODOROV, 1989, p. 250), une énonciation qui, selon plusieurs, contient l'essence de la conception française[6].

La conception allemande, romantique, de la nation, a été élaborée en opposition à la rationalité et à l'esprit universaliste des Lumières. Norbert ELIAS (1994) offre une discussion fort intéressante des concepts de *Civilization* et *Kultur*, construits l'un contre l'autre. Le concept de *Kultur*, indique Elias, est en réaction au concept de *Civilization* et sa superficialité. *Kultur*, au contraire, fait la promotion de l'authenticité des sensations et de la profondeur de l'âme. Les penseurs allemands, dont Herder (1744-1803) et Fichte (1762-1814), ont développé avec ce concept une vision organique de la nation, la *Kulturnation*, qui célèbre l'essence et l'unicité des peuples. L'âme collective prend ainsi une importance toute particulière, puisqu'elle est l'esprit du peuple (*Volkgeist*) et le génie de la nation. Ces notions ont joué un rôle fondamental dans la formation de la conscience nationale en Europe centrale et de l'Est, en proposant un modèle de nationalité (entendue ici dans le sens d'existence en tant que nation, *nationhood*) qui correspondait aux situations sociales et politiques de plusieurs peuples de cette partie de l'Europe.

La conception allemande de la nation est donc fondée sur l'idée d'une communauté de race, de langue, de culture et d'histoire, et sur l'idée d'un peuple originaire (*Urvolk*), issu d'une même descendance, partageant la même culture et le même passé (D. SCHNAPPER, 1993, p. 161). La nation selon la conception allemande n'est pas une entité abstraite, construite par les hommes

---

6 Soulignons qu'il s'agit que d'une *partie* de l'argument de Renan, comme l'ont d'ailleurs noté B. YACK (1996) et A. TOURAINE (1996). Renan en fait soutient que *deux* choses constituent la nation : l'une est la mémoire collective et l'autre est la volonté commune de perpétuer l'héritage reçu. La formule du plébiscite de tous les jours est moins simple qu'il le semble, remarque Touraine, « car cette volonté nationale repose en grande partie sur une conscience d'appartenance, donc sur la référence à une histoire, à une tradition, à une langue communes » (p. 16).

et la politique[7] (G. DELANNOI, 1991, p. 25). Elle est une communauté de culture, une *Volksgemeinschaft*, un donné intrinsèque dont la force s'impose aux individus. La nation du *Volk* est donc en quelque sorte un collectif unique et particulier (p. 25). Pour les romantiques allemands, le libre choix de la conception française est d'ailleurs un non-sens : la nation est issue de liens naturels, organiques et affectifs. La *Kulturnation*, contrairement à la nation-contrat, reste donc « fermée » puisque son accès est conditionné par l'origine, lié à la naissance. On *naît* Allemand ; on ne le devient pas, ou du moins beaucoup plus difficilement que l'on *devient* Français. Dominique Schnapper s'est d'ailleurs penchée sur les implications qu'ont ces deux conceptions opposées de la nation sur les différentes lois d'immigration en Allemagne et en France ; elle a effectivement constaté que l'accès à la citoyenneté allemande, par la *naturalisation*, est restreinte (D. SCHNAPPER, 1992). Dans la même lancée, Rogers BRUBAKER (1992) distingue et oppose le *jus soli* français au *jus sanguinis* allemand dans les critères décidant de la citoyenneté.

Évidemment, on ne retrouve pas, dans sa forme idéale, l'un ou l'autre type de nation. Sur le continuum des nations, allant de la forme la plus rapprochée de la *Volk* à celle de la nation civique, il existe une multitude de réalités concrètes, se rapprochant plus ou moins de l'une ou de l'autre des conceptions, selon les expériences historiques de la nation en question, ses principes définitoires et son identité, et en fonction de son contexte économique, social et politique. Reinhard BENDIX (1967) déplore justement la tendance à confondre les idéaux-types avec les réalités concrètes, tendance qui est largement responsable de la vision évolutionniste et unidirectionnelle du changement social, qui voit dans la société industrielle le passage inévitable de la tradition à la modernité, du particularisme à l'universalisme et, par extension, celui de la nation ethnique à la nation civique. Toute société, insiste Bendix, possède des éléments caractéristiques des deux extrémités du continuum, que ce soit celui de tradition et modernité, ou, dans le cas qui nous intéresse, celui de la nation ethnique et civique. Les nations mêmes auxquelles correspondent ces types idéaux comportent d'ailleurs une réalité changeante. Les nations ne sont pas des entités immuables : l'exemple de la France, qui oscille à différentes époques entre un nationalisme civique et ethnique, est significatif. Nulle nation n'est exclusivement définie ou construite suivant une seule modalité d'intégration sociale — de communalisation (*Gemeinschaft*) ou d'association (*Gesellschaft*), pour emprunter les catégories de Tönnies. Les identités civique et ethnique ne sont pas non plus mutuellement exclusives : elles cohabitent, se juxtaposent et s'opposent au sein d'une même société.

---

7   Il est important de noter cependant que même si la nation ethnique est définie comme un donné et accentue le caractère primordial de l'identité nationale, pour nous elle n'en demeure pas moins, comme toute forme nationale, une *construction sociale*. Si naturelle qu'elle apparaisse à ses membres, la nation demeure une « invention » (E. GELLNER, 1983 ; E.J. HOBSBAWM, 1992 ; E.J. HOBSBAWM, T. RANGER, 1983), une « communauté imaginée » (B. ANDERSON, 1991). Cette construction est cependant cachée derrière une illusion d'éternité construite à l'aide d'un regard rétrospectif sur l'histoire et édifiée par le biais de narratifs de projets et de destins (E. BALIBAR, 1996 ; P. DUARA, 1995). Ce qui est décrit et analysé dans cette section, c'est la façon dont la nation a traditionnellement été *conçue*. Il doit être clair qu'aucune nation n'est une entité naturelle.

Ces oppositions binaires sont donc à dépasser, mais servent de *repères conceptuels* pour l'analyse du phénomène national, repères qui s'avèrent des plus utiles en regard de notre objet de recherche. Comme l'indique d'ailleurs Brubaker, ces représentations idéales-typiques, malgré les dangers et leurs limitations, sont néanmoins essentielles :

« The temptation to treat differences of degrees as differences of kind, differences of contextual expression as differences of inner principle, is endemic to bipolar comparison (...). To characterize French and German traditions of citizenship and nationhood in terms of such ready-made conceptual pairs such as universalism and particularism, cosmopolitanism and ethnocentrism, Enlightenment rationalism and Romantic irrationalism, is to pass from characterization to caricature. (...) Yet if formulated in more nuanced fashion, the opposition between the French and German understandings of nationhood and forms of nationalism remains indispensable » (R. BRUBAKER, 1992, p. 2-3).

En effet, si on les utilise rigoureusement, en se rappelant toujours leur caractère idéal-typique, ces catégories constituent des instruments conceptuels et des marqueurs analytiques utiles. Mais elles sont plus que des outils d'analyse : ces représentations sont liées à des discours et des pratiques. Elles sont construites dans des contextes spécifiques, que l'on ne peut ni ne doit ignorer[8]. Puisque la nation est une construction, il est essentiel de se pencher sur le contexte géopolitique, social, économique et culturel dans lequel une conception plutôt qu'une autre domine. Si le contexte politique de la Pologne communiste ne pouvait permettre la prédominance d'une identité civique — malgré les efforts du régime communiste — l'avènement d'un État légitime et le pluralisme de la société le permettent désormais. Il faut donc étudier l'identité nationale, le nationalisme et la citoyenneté non pas comme des phénomènes qui existent en et par eux-mêmes, ou comme des forces suivant un parcours linéaire et irréversible, mais plutôt comme des *phénomènes liés à des forces et à des pratiques sociales* (K. VERDERY, 1993 ; R. BRUBAKER 1996). Une telle perspective permet de comprendre comment et pourquoi les nations et leur définition diffèrent des idéaux-types en constituant des agencements particuliers de certains éléments des deux conceptions idéales-typiques. Il ne s'agit donc pas de se demander si la représentation d'une nation donnée coïncide ou non avec l'idéal-type, mais plutôt d'analyser *à quel point* elle s'y rapproche et d'identifier ses éléments constitutifs. Suivant cette démarche, l'utilisation des idéaux-types contribue à la déconstruction analytique de la nation, à la décomposition de ses éléments.

Selon Katherine Verdery, ce serait la configuration de forces sociales, c'est-à-dire la résultante d'alliances et d'oppositions de divers groupes privilégiant

---

8 Les conceptions opposées de la nation, par exemple, étaient principalement philosophiques au XVIIIe siècle mais deviennent idéologiques au XIXe. Elles se sont développées dans un contexte de tensions, de conflits et de campagnes militaires entre la France et l'Allemagne (guerres napoléoniennes et guerre franco-prussienne). L'annexion de l'Alsace-Lorraine par les Allemands, suite à leur victoire de 1871 a suscité de vifs débats dans lesquels les deux conceptions de la nation ont été utilisées pour légitimer les revendications respectives des deux camps. R. BRUBAKER (1992) voit également dans la géographie politique et culturelle de l'Allemagne et de la France la source de leur différentes conceptions de la nation : l'une politique et assimilationiste, l'autre ethnoculturelle et différentialiste. Nous aurons l'occasion de revenir sur ce point dans la deuxième partie du texte.

diverses conceptions, versions, idéaux de la nation, qui déciderait du contenu de la conception nationale dominante. Verdery conçoit la nation comme un symbole et le nationalisme comme ayant des significations multiples, offertes comme options par différents groupes manœuvrant pour contrôler la définition du symbole et jouir de ces effets légitimants (K. VERDERY, 1993, p. 39). Ainsi, au sein même du discours nationaliste québécois, se sont opposées une vision ethnique et une vison civique sur ce que devrait être un Québec indépendant, et sur les critères qui devraient éventuellement présider à l'inclusion des uns ou à l'exclusion des autres par la citoyenneté. Ces questions, constamment débattues, négociées et renégociées, influencent grandement l'articulation du projet souverainiste et ses stratégies politiques. Malgré les tensions entre différentes visions, on constate que c'est un projet davantage civique qui est désormais formulé et défendu par les intellectuels et les élites politiques souverainistes. La tension entre diverses représentations de l'identité nationale québécoise persiste cependant toujours. On remarque, comme en Pologne, un débat concernant ce qu'est un « véritable » Québécois : Québécois de souche, « pure laine », néo-Québécois, « Québécois par choix », etc. Le nouveau visage du Québec semble d'ailleurs nécessiter une redéfinition du système scolaire, jusqu'à ce jour confessionnel, ce qui gêne quelque peu l'intégration de minorités à un Québec que plusieurs voudraient encore plus ouvert. En Pologne, l'avènement d'un État légitime, souverain et démocratique implique la négociation de la forme de l'État et du régime politique, et plus largement la redéfinition des principes au fondement de l'identité de la nation et des critères décidant de l'appartenance à celle-ci.

Charles TILLY (1996) résume et intègre avec une économie de mots les questions et les enjeux ici soulevés, en affirmant qu'il est essentiel :

« To bypass the standard temptations in studies of citizenship and identity, [namely] the lure of primordialism, with its presumption that currently existing social categories bespeak long, continuous histories of shared existence ; the snare of evolutionism, with its supposition that because of its adaptive superiority thick citizenship triumphs inexorably and definitively over thin citizenship or none at all ; the siren call of individualism, with its invention of autonomous, decision-making actors (...). [Rather, we should] opt for *contingency*, *social construction* and *relational analysis*, [and] *see citizenship and public identities as social relations that remain incessantly open to interpretation and renegotiation* » (C. TILLY, 1996, p. 12 ; nous soulignons).

C'est précisément le chemin que nous entendons prendre pour l'analyse empirique qui suit, et comme C. TILLY (1996), K. VERDERY (1993) et R. BRUBAKER (1996)[9], nous sommes d'avis qu'il faut être très attentif à ne pas traiter la nation comme définie idéalement, mais plutôt prendre les termes de cette définition comme objets d'études en soi, en s'interrogeant et en identifiant le contexte dans lequel l'une ou l'autre définition ou symbolisation de la nation opère. Les définitions conceptuelles de la nation sont d'ailleurs

---

9   Dans son plus récent ouvrage R. BRUBAKER (1996), montre que la réification de la nation est un processus social que le chercheur doit expliquer. Il souligne que le chercheur doit éviter de reproduire et de renforcer cette réification de la nation dans la pratique par sa réification théorique. Consulter à ce sujet son premier chapitre.

changeantes d'une époque à l'autre, d'un pays à l'autre, et le terme même de « nation » prend différentes significations selon les auteurs et le contexte dans lequel il est évoqué.

R. BRETON et W. KWASNIEWICZ (1990), dans le cadre d'une étude comparative du processus de formation de la nation au Canada et en Pologne, ont relevé différentes définitions — encyclopédiques et usuelles — de la nation, selon la langue. Ils ont remarqué que les différentes définitions reflètent et mettent en évidence la réalité empirique des différents cas. La place de l'État est cependant au centre de la plupart des débats concernant la définition de la nation et elle ajoute à la problématique du phénomène national. C'est pourquoi on insiste sur l'importance de distinguer les pays où la formation de la nation est survenue dans le cadre d'un État et où, en conséquence, le concept de nation est strictement et intimement lié à l'idée d'un État national et de la citoyenneté, et les pays où le processus n'était pas supporté par une structure étatique et où l'idée de nation est principalement associée à des caractéristiques culturelles distinctives (J. SZACKI, 1990, p. 73 ; R. BRUBAKER, 1992, p. 1-17). Cette distinction est présente dans les différentes logiques des conceptions idéales-typiques de la nation : selon la conception française, élaborée au sein d'un État national, « État » et « nation » sont indissociables. De plus, puisque l'on est membre de la nation indépendamment de son origine ethnique, l'État est chargé de l'homogénéisation culturelle des citoyens (E. WEBER, 1976). Il s'agit de « communaliser » (Vergemeinschaften) le lien politique (Gesellschaft). La nation politique précède donc l'unification culturelle. À l'inverse, selon la conception allemande, articulée dans le contexte d'une Allemagne de principautés non unifiées, la nation précède l'État. L'État doit être institué dans le but de préserver le génie de la nation, mais il n'est pas une condition sine qua non de son existence. Des nations sans État souverain existent : c'est la culture qui définit la nation, pas le corps politique. La communauté de culture précède l'association politique et la formation de l'État qui doit garantir l'unité culturelle, et non la créer. Pour citer Herder, « la politique crée les États, la nature crée les nations » (Herder, dans G. DELANNOI, 1991, p. 25).

Les sociologues et politologues ouest-européens et nord-américains, souscrivant dans une écrasante majorité à la conception dite française, définissent la nation comme une entité politique, fusionnant souvent la nation et l'État en un seul concept, l'État-nation. Verdery a montré que les différents usages du terme « transnational » trahissent une supposition automatique que « nation » et « État » sont synonymes. Cette association est fort problématique pour l'étude des nations sans État et des réalités multinationales qui caractérisent plusieurs États (K. VERDERY, 1994, p. 3 ; A.D. SMITH, 1988, 1991). La nation, en Europe centrale et de l'Est, est principalement pensée — par les idéologues, les masses populaires et les analystes — comme une entité culturelle qui a plus à voir avec l'homogénéité ethnique qu'avec une relation ténue aux limites territoriales d'une unité administrative politique. Les sociologues polonais ont été fort préoccupés par le problème sociologique de la nation et ils ont évidemment été influencés par la réalité et la spécificité polonaises. Pour Florian ZNANIECKI (1952), la nation est une société nationale de culture, dont le fondement repose sur la langue littéraire. Pour Józef Chalasinski (dans Z. MACH, 1993, p. 98), elle est essentiellement une idée d'unité morale, qui fonctionne comme un mythe. Quant à Stanislaw OSSOWSKI (1984), il distingue deux patries : une privée, qui est l'identification de l'individu ou du groupe à une région et à un héritage local, et l'autre idéologique, basée sur l'identification avec une tradition répandue, nationale, et avec un système de valeurs considérées comme attributs de la nation. La nation pour Ossowski n'est donc pas seulement une communauté de culture ou une société politiquement organisée : elle est avant tout une entité idéologique. C'est la conscience nationale et la volonté commune qui créent les nations. Il en ressort que l'État, dans la pensée philosophique, politique et sociale, était secondaire dans la *définition* de la nation. Il était cependant central comme *idéal à atteindre* (ou plutôt, dans le cas polonais, à retrouver) pour préserver l'essence de la nation, c'est-à-dire sa culture.

Il faut cependant souligner que la nation polonaise n'a pas toujours été conçue dans ces termes. Le terme « nation », jusqu'aux Partages[10], avait une connotation politique, détachée de toute considération d'ordre ethnique ou linguistique (WALICKI, 1994). Walicki a habilement montré qu'à l'époque de l'union polono-lituanienne (1569-1795), la nation (ou proto-nation) était conçue comme l'objet de la volonté collective, la volonté nationale étant la seule source de légitimation du pouvoir politique. Elle était en effet un corps politique embrassant tous les citoyens, ceux-ci se limitant cependant à la noblesse, la *szlachta*[11]. La Constitution du 3 Mai 1791, quoiqu'elle n'éliminait pas l'hégémonie de la noblesse, affirmait que « tous les citoyens sont les défenseurs de la nation et de ses libertés ». Elle étendait ainsi le concept de citoyen aux citadins et paysans (TOPOLSKI, 1992, p. 103). La nation polonaise présentait donc, dès la fin du XVIIIᵉ siècle, les modalités d'une nation politique plus ou moins moderne, rappelant certains principes qui sont chers à la nation civique. Elle était déjà construite par une relation politique d'association, dont l'épanouissement fut interrompu par le troisième et dernier partage de la Pologne. La nation fut dès lors ré-imaginée dans des termes ethno-culturels et religieux à l'époque critique de la démocratisation du sentiment national (XIXe et XXᵉ siècles)[12]. La « catholicisation du lien national » (ZAWADZKI, 1996) ne fut accentué et généralisé qu'après la deuxième guerre mondiale, par le dépla-

---

10 Cette appellation désigne la période de 1772 à 1918, période pendant laquelle la Pologne était partagée entre ses trois voisins, les empires prusse, austro-hongrois et russe. Les trois partages (1772, 1793, 1795) ont graduellement amputé la Pologne d'une partie importante de son territoire, jusqu'à la complète disparition de l'État polonais en 1795.

11 Il faut toutefois spécifier que la noblesse polonaise était l'une des plus nombreuses d'Europe. Elle était composée d'environ 10 à 13 % de la population (à titre comparatif la noblesse française, sous Louis Philippe, représentait environ 1,5 % de la population), et avait un pouvoir qu'aucune autre noblesse européenne ne détenait. La Pologne avait, depuis 1493, un système parlementaire dans lequel la Diète (assemblée des nobles) détenait le pouvoir législatif, restreignant ainsi le pouvoir du roi, qui, de plus, était *élu* par les nobles.

12 R. BRUBAKER a nommé ce double processus en Pologne des Partages « the social deepening and ethnic narrowing » de l'idée de nation (1996, p. 84-86).

cement des frontières vers l'Ouest, rendant la population polonaise ethniquement et religieusement homogène[13] et par l'opposition de l'Église catholique au régime communiste. Ce contexte particulier a largement contribué à solidifier l'équation Polonais = catholique.

Les expériences polonaise et québécoise antérieures à la Révolution tranquille font ressortir que la nation peut difficilement être définie politiquement, par des principes civiques. De même, il est difficile de fonder l'identité nationale sur le concept de citoyenneté, si la nation n'a pas d'État, ou d'État qui représente et défend les intérêts de ses membres. Dominique Schnapper se demande en effet si l'on peut parler de nation politique (ou civique) si celle-ci ne dispose d'un État pleinement souverain (D. SCHNAPPER, 1994, p. 47), comme c'est le cas au Québec[14], et comme c'était également le cas dans la Pologne communiste, qui dépendait de la grande puissance soviétique et qui en était même, dans une large mesure, son pantin. Dans un cas pareil, il apparaît fort probable que la nation soit principalement définie sur des bases culturelles. On peut alors observer un processus de légitimation d'une autre institution, à caractère culturel, traditionnellement associée aux valeurs nationales, afin de représenter la nation. L'identité nationale trouverait ainsi une voie de remplacement à son expression. C'est ce que met en évidence le cas québécois après la conquête britannique de 1760 jusqu'à la Révolution tranquille et le cas polonais pendant les Partages et sous le régime communiste (1945-1989), alors qu'il y avait délégitimation de l'État et légitimation (dans sa dimension nationale) de l'Église catholique romaine (E. MORAWSKA, 1984 ; Z. WALASZEK, 1986).

Notons que de telles situations politiques et sociales créent une contradiction entre l'identité nationale et la citoyenneté, entre une identité culturelle et l'appartenance juridique à une unité politique. L'identité collective étant construite sur la base d'une culture commune plutôt que sur un principe politique et légal, il existe dès lors une dichotomie plutôt qu'une correspondance entre la nationalité et la citoyenneté, dichotomie que ces sociétés cherchent souvent à éliminer par un projet nationaliste indépendantiste. La définition du contexte dans lequel se construit le discours sur la nation, son identité et la citoyenneté est donc essentielle pour comprendre non seulement son articulation et sa signification, mais également sa réorientation suivant des changements dans les sphères économique, sociale et politique. En Pologne, la définition de la nation n'est pas la même sous domination étrangère ; la configuration sociale et l'articulation entre l'État, l'identité et la place du religieux sont différentes. Au Québec également, le discours nationaliste est

---

13 90 % de la population de la Pologne est ethniquement polonaise et 95 % est catholique (GLOWNY URZAD STATYSTYCZNY, 1991). Cette homogénéité est le résultat de l'extermination des Juifs pendant l'occupation allemande et du mouvement des frontières vers l'Ouest après la Deuxième Guerre mondiale. La Biélorussie et l'Ukraine de l'Ouest furent annexées à l'Union soviétique, et les populations allemandes de la Silésie et de la Poméranie orientale furent déportées, rendant du coup la Pologne ethniquement et religieusement homogène.

14 Le cas du Québec nécessite cependant plus de nuances, puisque le Québec ne possède pas d'État souverain, mais est représenté par un gouvernement qui défend ses intérêts au sein de la fédération canadienne. Par rapport à la période antérieure aux années 1960, l'État provincial postérieur à la Révolution tranquille est bien différent dans ses aspirations politiques et nationales et dans l'articulation de celles-ci.

différent dans le contexte d'une société rurale, hautement homogène, dont le gouvernement est conservateur et l'Église catholique un élément très important de la société civile, et dans celui d'une société industrielle (ou postindustrielle), multiculturelle et sécularisée, dans laquelle l'État-providence occupe une place centrale.

II
BASES COMPARATIVES ET CONTEXTE HISTORIQUE : LA DOMINATION, LE MESSIANISME ET L'ÉGLISE CATHOLIQUE

La Pologne et le Québec, à cause de leur environnement sociopolitique, économique et culturel respectif, présentent évidemment des différences importantes. La plus apparente est sûrement que l'une est une nation historique, dont l'État remonte au Xe siècle, alors que l'autre est une collectivité neuve (G. BOUCHARD, 1996). Mais ces sociétés partagent également des similarités significatives, telles la condition de nation dominée et la prédominance, à une certaine époque, d'une identité qui accordait une place centrale à la religion.

La Pologne et le Québec ont toutes les deux un passé de sociétés dominées, que ce soit en raison de la conquête britannique de 1760 et la « minorisation » des Canadiens français au sein de la fédération canadienne, ou en raison des Partages de la Pologne entre les empires russe, austro-hongrois et prusse, et plus récemment par sa subordination indirecte à l'Union soviétique. Il y a donc longtemps eu, dans ces sociétés, une vive contradiction entre la nation et l'État, dichotomie rendant difficile, sinon impossible, la construction des identités et de la nation à travers et à l'aide de l'appareil étatique. Dans de telles conditions, le catholicisme est devenu un élément important des identités nationales polonaise et canadienne-française. Outre la langue, la religion permit à ces collectivités de se distinguer de l'environnement dont ils font partie : la Pologne est une culture frontalière se démarquant de ses voisins protestants, orthodoxes et musulmans, et le Québec constitue un îlot de culture française et catholique dans un continent anglo-saxon et protestant. Dans les deux cas, nous observons que la religion est devenue un instrument permettant à ces sociétés de se distinguer de l'Autre, du voisin, du conquérant et du colonisateur, d'où son rôle déterminant dans le développement de la conscience nationale. Ce rôle fut si prédominant qu'on vit naître en Pologne et au Canada français des équations entre l'ethnicité et la religion. Selon Marcel FOURNIER (1990), c'est la condition de société dominée qui serait à la source d'une accentuation de la différence dans la formation de l'identité et du nationalisme. Rogers Brubaker note cependant que la définition « différentialiste » de l'identité serait plutôt le résultat d'une réalité plus globale, enracinée dans la géographie politique et culturelle. C'est, selon lui, l'existence d'une frontière ethnoculturelle qui serait à l'origine d'une telle identité nationale (R. BRUBAKER, 1992, p. 5). Ces deux points de vue ne sont évidemment pas irréconciliables : ils sont même complémentaires. Si l'origine d'une identité ethnonationale fondée sur la différence est généralement le résultat de conditions géopolitiques et culturelles, la condition de société dominée accentue encore les éléments constitutifs de l'identité qui marquent la différence avec l'Autre.

Parallèlement à la formation d'une identité nationale en grande partie ethnique et catholique, s'est formé dans les deux sociétés un « sens d'exceptionnalisme », un messianisme national teinté d'élan religieux, qualifié dans le cas polonais de « religion civile », c'est-à-dire un ensemble de symboles et rituels religio-politiques concernant l'histoire et la destinée d'une nation (E. MORAWSKA, 1984, p. 29). La Pologne, définie par sa foi, s'est même donné la mission, dès le XVIIᵉ siècle, de freiner l'étendue du protestantisme et de préserver l'Europe de l'orthodoxie et de l'Islam[15]. Près de deux siècles plus tard, la nation polonaise était représentée par le mouvement messianique romantique comme le « Christ des nations », crucifiée pour les péchés du monde[16], et qui devait être ressuscitée pour sauver l'humanité :

« Et la Pologne dit enfin : Ceux qui viendront à moi seront libres et égaux, car je suis la LIBERTÉ [...]. Et le troisième jour, l'âme retournera au corps : la Nation ressuscitera, et délivrera de la servitude tous les peuples d'Europe. [...] Or, comme à la résurrection du Christ les sacrifices sanglants cessèrent sur la terre entière, ainsi à la résurrection de la Nation polonaise les guerres cesseront dans la Chrétienté » (A. MICKIEWICZ, 1947).

Les poètes romantiques sont donc devenus de véritables « apôtres » de la nation, ses meneurs, les « missionnaires de l'âme polonaise », autorités éthiques et politiques, décrivant dans leurs œuvres la souffrance de la nation asservie et encourageant le sacrifice de l'individu pour la cause nationale, la patrie, idéal suprême, valeur sacrée (E. MORAWSKA, 1984). Il n'est donc pas étonnant, mais tout de même significatif, qu'un poète romantique soit devenu un héros national, au même titre, par exemple, que le général ayant dirigé une des plus importantes insurrections de l'histoire polonaise (celle de Kosciuszko, en 1794). Nous pensons ici à Adam Mickiewicz, mais on pourrait presque en dire autant de Juliusz Slowacki et Zygmunt Krasinski. On les surnomme en

---

15 En 1683, le Roi de Pologne Jan Sobieski libérait Vienne des Turcs qui assiégeaient la ville depuis plusieurs mois. À partir de la Bataille de Vienne, considérée comme capitale dans l'histoire de l'Europe chrétienne, la Pologne fut consacrée *Antemurale Christianitatis* de l'Europe, le *rempart de la chrétienté*. (On retrouve même une murale représentant la libération de Vienne par l'armée polonaise au Vatican). Une certaine forme de messianisme existait donc avant l'époque romantique.

16 Les maux de l'Europe, selon les romantiques polonais, étaient l'absolutisme et l'impérialisme des grandes puissances européennes. Les empires prusse, austro-hongrois et russe avaient envahi et s'étaient partagé la Pologne sous le prétexte que sa monarchie élective et sa démocratie nobiliaire constituaient un « régime anarchique » menaçant l'ordre européen. Le rétablissement de la République polonaise signifierait la « victoire du républicanisme » et l'émancipation des peuples dominés. Il n'est donc pas surprenant que les Polonais aient pris une part active dans les campagnes napoléoniennes qui, au nom des idéaux révolutionnaires, « libéraient » les peuples sous le joug impérial absolutiste. Les Polonais, par cette participation, espéraient voir Napoléon recréer l'État polonais.

polonais les « Trzej wieszczy », ce qui veut dire à la fois les « trois grands poètes », mais aussi les « trois prophètes ». La tradition romantique — et plus particulièrement le messianisme — a profondément empreint la culture polonaise, que ce soit dans les arts, la vie intellectuelle, l'attitude patriotique ou dans la culture politique. La devise des garnisons polonaises de l'armée napoléonienne (« Pour notre liberté et la vôtre ») illustre bien l'internationalisme romantique, messianique des Polonais, qui à l'époque de *Solidarité* a d'ailleurs refait surface.

Il importe de souligner que le symbolisme religieux employé par le messianisme, ainsi que l'idéal national que celui-ci portait, a facilité et renforcé l'identification de la nation avec l'Église catholique. Cette situation particulière explique en partie la place centrale de l'Église catholique en Pologne et au Québec. Celle-ci a été représentée comme la « gardienne de la foi et de l'identité » dans l'adversité, mais elle a aussi assuré un haut degré de cohésion institutionnelle[17] jusqu'aux années 1960 au Canada français (J.-Y. THÉRIAULT, 1994) ainsi qu'à l'époque des Partages et sous le régime communiste en Pologne. L'Église catholique dans ces deux sociétés a en effet longtemps servi de système légitime de remplacement en assurant des fonctions à la fois symboliques, organisationnelles et institutionnelles. Certains qualifient l'Église au Canada français de « crypto-État » (B. JEWSIEWICKI, 1995, p. 233), ou comme un État dans l'État (F. DUMONT, 1987, p. 256). Il est vrai que l'institution, jusqu'à la Révolution tranquille, exerçait certains attributs de l'État moderne : le contrôle de l'éducation, de la santé, des registres de l'état civil et de la censure. Notons bien cependant que c'est une Église conciliante que l'on retrouve au Québec : l'institution redoutait les effets négatifs de la Révolution française et appréciait en être éloignée par l'appartenance à l'empire britannique. Monseigneur Pâquet résumait la position de l'Église :

« Préoccupés avant tout des intérêts primordiaux de la religion, nos pasteurs eurent, sans doute, après 1760, raison de se réjouir d'un changement de régime qui, tout en retardant notre expansion française, nous permit d'échapper à la Révolution et de garder à peu près intact ce cachet de la vieille France et ce trésor de ses meilleures traditions dont nous sommes si fiers » (L.-A. Pâquet, dans J. MATHIEU, J. LACOURSIÈRE, 1991, p. 338).

Il ne s'agit donc pas d'une Église d'opposition, de résistance souterraine comme celle de Pologne, où elle a servi d'unificateur entre les territoires partagés et a joué un rôle significatif dans la résistance et dans l'organisation des insurrections de 1830 et 1863[18]. L'Église canadienne-française est une Église conservatrice, qui se range du côté du pouvoir et qui en retire des avantages

---

17 Concept que J.-Y. Thériault emprunte à Raymond Breton (*institutional completeness*).

18 Il importe d'apporter ici quelques nuances. Premièrement, c'est dans la partie russe et prusse que l'activité de l'Église a été la plus significative, réagissant aux politiques de russification et à celles du *Kulturkampf* de Bismarck. Deuxièmement, il faut préciser que c'est surtout le bas-clergé qui s'est directement impliqué dans la résistance et les insurrections. Le haut-clergé et l'épiscopat, suivant la ligne de Rome, préféraient limiter ses interventions. Le Vatican avait reconnu les Partages de la Pologne, et par conséquent désapprouvait les mouvements insurrectionnels. Le Saint-Siège, d'une manière plus générale, redoutait quelque peu l'agitation nationale qui commençait à se faire sentir en Europe centrale au début du XIXe siècle, et préconisait le maintien de la carte de l'Europe du Congrès de Vienne (1812) (K. POMIAN, 1982, p. 120-121)

certains en termes de contrôle social. Contrairement au clergé polonais, elle n'a pas été partenaire dans les mouvements politiques et insurrectionnels. La rébellion des Patriotes (1837) était organisée par ses adversaires, les « rouges », libéraux et laïques. Ce n'est qu'après l'échec de la rébellion et l'humiliation du Rapport Durham que l'Église catholique prend en main le flambeau national en posant un regard rétrospectif sur l'histoire de la Nouvelle-France et sur le destin des Canadiens français, et en articulant une idéologie messianique nationale. Si la Pologne est représentée comme le Christ des nations, c'est saint Jean-Baptiste qui devient le symbole du Canada français à partir de la deuxième moitié du XIX⁰ siècle. Comme lui, le peuple canadien-français est porteur de la bonne nouvelle ; il annonce la venue, en Amérique sauvage et païenne, de la civilisation et du christianisme, et assure plus tard la défense de la foi contre l'hérésie des protestants... Le peuple canadien-français est donc un « peuple apôtre », selon Monseigneur Pâquet (1902) ; il est le peuple élu, chargé par la Providence d'une mission dont la langue et la foi constituent les deux piliers (J.-P. Tardivel [1881], dans B. JEWSIEWICKI, 1995, p. 233) :

« Oui, sachons-le bien, nous ne sommes pas seulement une race civilisée, nous sommes des *pionniers* de la civilisation ; nous ne sommes pas seulement un peuple religieux, nous sommes des *messagers* de l'idée religieuse ; nous ne sommes pas seulement des fils soumis de l'Église, nous sommes, nous devons être du nombre de ses *zélateurs*, de ses *défenseurs*, de ses *apôtres*. Notre *mission* est moins de manier des capitaux que de réunir des idées ; elle consiste moins à allumer le feu des usines qu'à entretenir et à faire rayonner au loin le foyer lumineux de la religion et de la pensée » (L.-A. Pâquet [1915], dans G. HOULE, P. LUKASIEWICZ et A. SICINSKI, 1990, p. 173 ; nous soulignons.).

Le sens d'exceptionnalisme canadien-français était donc de portée plus « modeste » : le peuple français d'Amérique n'allait évidemment pas délivrer de la servitude les peuples sous le joug impérial, mais il avait été le pionnier dans la conversion des païens et il serait le sauveur de l'Amérique en la libérant du mal, de son grand péché, le matérialisme anglo-saxon : « Les clochers de Églises seront toujours plus hauts que les cheminées des usines »... Il allait également offrir une leçon exemplaire de persévérance et de survivance malgré les faibles chances du rayonnement français après la conquête :

« Que les Canadiens soient fidèles à eux-mêmes ; qu'ils soient sages et persévérants, qu'ils ne se laissent point séduire par le brillant des nouveautés sociales et politiques. C'est aux grands peuples à faire l'épreuve de nouvelles théories... Pour nous, une partie de notre force vient de nos traditions ; ne nous en éloignons (pas) et ne les changeons que graduellement » (F.-X. Garneau [1840], dans F. DUMONT et alii, 1969, p. 148).

En dépit de sa condition de petite nation, la devise nationale québécoise rappelle avec nostalgie la grandeur d'un temps révolu, mais aussi la promesse de la victoire contre l'assimilation : « Je me souviens... d'être né sous le lys et d'avoir grandi sous la rose » évoque le temps où l'Amérique était française et catholique, rappelle la Conquête, suggère la résistance mais aussi le développement de nouvelles allégeances, etc[19]. Cette devise exclut cependant ceux

---

19 Sur l'histoire et la signification de la devise « Je me souviens », voir B. JEWSIEWICKI, 1995, p. 230-236.

qui ne partagent pas cette mémoire, ceux qui ne sont pas les héritiers de cette histoire et de cette langue. La devise polonaise *Polonia Semper Fidelis*[20], touche des cordes semblables : elle témoigne de la persistance de la foi nationale polonaise malgré les politiques de dé-catholicisation des envahisseurs russe et prusse sous les Partages, et celles d'athéisation sous le régime communiste. Elle évoque également le rôle messianique de la Pologne dans la défense de l'Europe contre l'infidèle et définit l'essence de la nation comme étant son catholicisme, excluant les impies, l'Autre, le non-catholique, c'est-à-dire le non-Polonais[21].

On remarque dans les deux cas une vision de la nation qui, à une certaine époque, puisait son essence dans la tradition et l'importance de la religion dans la constitution des identités. Évidemment, il existait d'autres idéologies, d'autres discours et récits de la nation. Mais nous présentons ici le discours qui fut dominant pendant plusieurs décennies (en particulier durant la seconde moitié du XIXᵉ siècle, en ce qui concerne le Québec). Ernest Gagnon offre un court passage représentatif de cette vision :

« Le passé, c'est l'explication de nos mœurs familiales et publiques, c'est le fondement de nos espérances nationales, c'est ce qui nous retiendrait dans le sentier du patriotisme et du devoir si nous étions tentés de mêler nos destinées à celles des peuples venus de tous les coins du monde et dénués d'homogénéité qui habitent la république voisine. La nation franco-canadienne est de trop noble origine pour consentir à oublier son histoire, à jeter à feu ses livres de raison, à renoncer au rôle distinct qui lui a été assigné par la Providence sur cette terre d'Amérique » (E. Gagnon [1895], dans B. JEWSIEWICKI, 1995, p. 232).

Ce discours se rapproche de celui de l'Église polonaise. Pour le Cardinal Stefan Wyszynski (1901-1981), la nation est un produit du développement naturel, avec Dieu à sa source. La nation est une des structures de base de la création divine, elle comporte des dimensions temporelles et transcendantales. Dans sa dimension temporelle, la nation, selon le Primat, est la plus parfaite des communautés humaines. Ce dernier voyait la nation en tant que « communauté organique ayant un modèle déterminé de vie, de conscience et d'esprit, et à laquelle la tradition concrète, le sort commun et la marque de

---

20 [La Pologne toujours fidèle]. *Polonia semper fidelis* est la devise traditionnelle de la Pologne. Elle trouve vraisemblablement son origine dans les vœux du roi Jan Kazimierz qui, après le Déluge — époque de désastres politiques et militaires au XVIIᵉ siècle — avait offert la Pologne à la Vierge Marie et sacré « Reine de Pologne » l'icône de la Vierge noire de Czestochowa. Le Cardinal Wyszynski a réitéré ces vœux de fidélité au catholicisme et à la Vierge en 1956 (*sluby jasnogorskie*, i.e. les vœux de Jasna Gora, où se trouve l'icône de la Vierge noire) et a notamment accueilli le Pape avec ces paroles lors de sa première visite en Pologne en juin 1979. Jean-Paul II utilise également cette formule pour qualifier « l'héritage profondément chrétien » de la Pologne. Le narratif de la nation ethnique et catholique est donc constitué de plusieurs éléments : il fait référence au « baptême de la Pologne » et à la « naissance » de l'État polonais en 966 ; il rappelle le martyre de Saint Stanislaw, évêque de Cracovie que le roi Boleslaw le Brave a démembré en 1079 et dont le corps, selon la légende, aurait miraculeusement été reconstitué ; il évoque le miracle de la Vierge noire en 1655 et les vœux de Jasna Gora ; il suggère le messianisme romantique du XIXᵉ siècle qui refit surface dans les années 1980 avec Solidarité et confirme le « destin de la nation » par l'élection au Saint-Siège du premier pape slave… Sur les différents narratifs polonais, consulter notamment J. KUBIK (1994) et B. JEWSIEWICKI (1995), p. 236-244.

21 Pour une analyse détaillée du stéréotype du « Polak-katolik », voir en traduction française le texte classique de S. CZARNOWSKI (1988) ; sur sa signification contemporaine, voir E. NOWICKA (1991).

l'existence historique confèrent la force unificatrice » (J. LEWANDOWSKI, 1989, p. 153). La nation est biologique et historique, puisqu'elle est un organisme vivant composé de familles et de terres communes, de destin et de tradition, de langue, de culture et d'esprit commun (C. BARTNIK, 1982, p. 9-10). « La nation », disait Wyszynski, « est un phénomène durable, tout comme la famille dont la nation est issue (...) » (S. Wyszynski, dans G. HOULE, P. LUKASIEWICZ, A. SICINSKI, 1990, p. 153). On est très proche de la fameuse notion allemande du peuple originaire, l'*Urvolk*. On remarque également une très forte individuation de la nation dans la conception de Wyszynski, ce qui la rapproche encore davantage de la nation ethnique, de la *Volk* romantique allemande. Wyszynski parle en effet, par exemple, de la « personnalité » chrétienne de la nation polonaise. Mais si la *Volk* a de très forts accents païens, la conception de la nation de Wyszynski a, quant à elle, une vive teneur chrétienne. La nation est même devenue, dans sa philosophie religieuse, une catégorie ecclésiale.

Il existait évidemment d'autres idéologies nationales en Pologne. En effet, de même que s'affrontent aujourd'hui deux types de nationalisme, l'un ethnique, l'autre civique, deux idéologies nationales s'opposent dans la Pologne dès la fin du XIXe siècle : le romantisme et le positivisme. Cette dualité idéologique, avec les « stratégies nationales » respectives des deux camps et leur rapport différent à l'Église et à la religion, rappelle celles qu'a connues le Québec au XIXe siècle avec les conservateurs et les libéraux.

Le positivisme, à l'instar du romantisme, était un mouvement littéraire, intellectuel et social, mais il se rattachait aux notions de réalisme politique et de travail organique. Très éloigné du positivisme philosophique, avec lequel il n'avait en commun peut-être que le nom, le mot d'ordre des positivistes polonais, réagissant aux effets pervers de la vision romantique de la lutte pour l'indépendance[22], était d'obtenir un maximum de gains pour la cause nationale avec un minimum de pertes. Les solutions au problème national étaient pragmatiques, prônant par exemple l'autonomie économique par la formation de coopératives, une meilleure préparation pour les élites, afin de permettre leur accès aux fonctions publiques, ainsi que l'alphabétisation des masses pour développer leur conscience nationale (N. DAVIES, 1984 ; G. HOULE, P. LUKASIEWICZ, A. SICINSKI, 1990, p. 145). On retrouve également cette dualité dans la période d'entre-deux guerres, alors que l'État polonais était reconstitué. Paul Zawadzki souligne justement que « le jeu politique était structuré par le conflit de deux orientations antagonistes en matière de culture du politique » (ZAWADZKI, 1996, p. 173). Quelle forme devrait avoir la Deuxième République ? Le maréchal Pilsudski était l'avocat d'une Pologne « historique » et donc multi-ethnique et pluri-religieuse, alors que Roman Dmowski défendait une vison ethnique de la nation et avait des aspirations territoriales plus modestes. La dualité idéologique est également présente dans les débats concernant la place et le rôle que devait avoir l'Église catholique dans une Pologne indépendante. Alors que certains défendaient la centralité de l'Église en raison de sa mission unificatrice à l'époque des Partages et de la

---

22 Les échecs insurrectionnels successifs ont causé la déportation de milliers d'insurgés et forcé l'émigration de milliers d'autres.

tradition qu'elle représentait, ses adversaires, les « anticléricaux », dénonçaient quant à eux la rigidité et le conservatisme de l'Église, son étroitesse d'esprit et son obscurantisme qui déteignaient sur la vie sociale et intellectuelle (J.T. GROSS, L. KOLAKOWSKI, 1980, p. 316-317). L'institution ecclésiale, selon eux, menaçait au contraire la culture polonaise en l'empêchant d'évoluer, en causant sa stagnation par l'imposition de restrictions au nom de principes moraux (sous la forme de censure, d'excommunications d'artistes et d'intellectuels).

C'est un discours semblable que tenaient au Québec les signataires du *Refus Global* (1948) et, plus tard, pendant la Révolution tranquille, les libéraux, dénonçant les effets pervers de la « Grande Noirceur » et de « l'esprit de clocher ». L'idéologie du « rattrapage » voyait la solution au problème national dans la modernisation des institutions qui inhibaient le progrès économique et social du Québec ainsi que dans des changements dans le rapport aux affaires. Il fallait se débarrasser de la « tuque et du goupillon », pour utiliser l'expression de Borduas, c'est-à-dire de la vision ethnique de la nation et du catholicisme conservateur (M. FOURNIER, 1990, p. 54). Fournier montre l'opposition entre deux visions : celle qui défend un *groupe ethnique* et sa position au sein de la sphère économique et politique canadienne, et celle qui défend la création d'une *société*, avec le désir de posséder un État fort et des institutions modernes. « Nation » et « société » ont également traditionnellement été opposées dans la langue et le discours polonais. On y oppose une communauté de culture et d'histoire, un « donné intrinsèque » — *naród* (nation) — à une relation d'association, une communauté politique, construite, à laquelle est associé en polonais le terme *spoleczenstwo* (société). Les romantiques glorifiaient la nation, alors que les positivistes mettaient l'accent sur l'importance de la société. L'usage de ces mots reflète donc très souvent la vision que le locuteur a de la Pologne. Le contexte dans lequel ces deux termes sont évoqués et l'identité de ceux qui les utilisent illustrent donc la tension entre les deux visions opposées de la collectivité.

En plus de cette dualité idéologique, on remarque dans le discours du XIXᵉ et d'une partie du XXᵉ siècle — certainement dans celui de l'Église — une glorification, une idéalisation de l'agriculture, qui se traduit entre autres par une réticence envers le monde des affaires, tenu pour moins noble : « Mieux vaut être pauvre qu'avoir les mains sales », dit-on en Pologne, alors qu'au Canada français, Monseigneur Pâquet insistait sur le fait que « les instruments de son destin [celui de la nation canadienne-française] sont la croix et la charrue » (G. HOULE, P. LUKASIEWICZ, A. SICINSKI, 1990, p. 151).

Malgré les nuances qui distinguent les messianismes polonais et canadien-français (l'un étant à la fois religieux et politique et l'autre essentiellement religieux et culturel, dans sa forme la plus traditionnelle), malgré aussi les différences de style et de ressources de l'Église dans ces deux communautés, sans État ou sans État légitime et souverain, les nations polonaise et canadienne-française ont principalement été définies par la culture, c'est-à-dire ethniquement, par le biais de la langue et du catholicisme[23]. Si, dans un nou-

---

23 Dans le cas du Québec, le code civil, hérité du régime français, était un autre trait distinctif.

veau contexte politique, cette définition nationale est appelée à changer, le rôle et la place de l'institution ecclésiale doivent également être redéfinis. Au Québec, l'État-providence provincial a remplacé l'Église à la fois dans l'exercice de fonctions sociales et dans l'articulation du discours nationaliste. Celui-ci est redéfini sur d'autres bases que celui de l'Église. Il ne s'agit plus du destin messianique du peuple élu, chargé d'une mission civilisatrice, comme à la fin du XIXᵉ siècle, mais bien d'un projet politique centré autour d'un État québécois souverain. Après s'être longtemps imaginés comme *minoritaires au sein du Canada*, les Québécois se pensent désormais *majoritaires au Québec*. En redéfinissant ainsi la référence spatiale et politique, on passe d'une identité ethnique à une identité civique (R. BRETON, 1988). Une chose est claire : avec la Révolution tranquille, un nouveau narratif de la nation est en construction. L'expérience de la Révolution tranquille devrait nous donner des pistes utiles pour comprendre la situation polonaise post-communiste.

III
VERS UNE NOUVELLE DÉFINITION DE LA NATION ?

A/ MUTATION IDENTITAIRE EN POLOGNE ET SES ENJEUX POUR L'ÉGLISE CATHOLIQUE

L'effondrement du communisme et la construction d'un État démocratique, légitime et national, entraînent une redéfinition des rôles et des relations qui affecte tout particulièrement l'Église catholique polonaise. Premièrement, l'avènement d'un État polonais légitime fait perdre à l'institution ecclésiale ses fonctions traditionnelles d'opposition à la domination étrangère — que la domination soit directe comme à l'époque des Partages ou indirecte comme sous le communisme — de support symbolique de l'identité nationale et de support institutionnel de la société civile. À la disparition des conditions nécessitant l'exercice de telles fonctions, correspondent la diminution de l'influence sociale et du poids public de l'Église catholique, et par conséquent la remise en question de sa centralité au sein de la société polonaise. Deuxièmement, si l'illégitimité de l'État-parti l'empêchait d'être un partenaire dans la définition des identités (sociale, politique et nationale), l'avènement d'un État démocratique, jouissant d'une légitimité nationale, marque l'arrivée d'un nouvel interlocuteur dans le paysage identitaire polonais. Ce nouvel ordre de choses force donc une redéfinition du religieux et du politique, qui se traduit par une remise en question du rôle de l'Église dans ce pays, de sa relation traditionnelle avec la société civile, mais de manière plus significative encore, de la définition même de la nation et de l'identité.

Irena Borowik explique la chute de 14 % dans la déclaration de foi entre 1989 et 1990 par le fait que la religion et l'Église ne sont plus des forces décisives dans le processus d'identification nationale. Les Polonais auraient trouvé, dans la nouvelle constellation politique, des éléments plus significatifs pour la construction de leur identité sociale et nationale (I. BOROWIK, 1992, p. 162-163). L'identité nationale peut désormais s'exprimer à travers d'autres canaux que ceux de la religion et de l'Église, et il existe maintenant une diversité d'institutions qui s'offrent aux Polonais pour se faire entendre et pour faire valoir leurs droits. L'introduction d'une pluralité d'institutions brise donc le « monopole moral et social » de l'Église catholique.

Cette nouvelle condition a un effet considérable sur l'institution ecclésiale qui s'en trouve affaiblie. L'influence sociale de l'Église est en chute libre depuis l'avènement d'un État démocratique en 1989, comme en témoignent les opinions formulées dans la presse et dans les sondages. L'approbation des activités de l'Église est effectivement passée de 90 % en 1989, à 45 % en 1992, pour se maintenir ensuite autour des 52 % depuis 1993 (CBOS, 1994, p. 11)[24]. Parallèlement, en novembre 1992, jusqu'à 82 % des répondants d'un sondage conduit par CBOS n'acceptaient pas l'implication directe de l'Église dans la vie politique (CBOS, 1992)[25]. CBOS associe cette chute au changement dans les attentes des Polonais à l'égard de l'institution ecclésiale, depuis 1989 (CBOS, 1994, p. 12).

La société polonaise semble vouloir se diriger vers la laïcité, dont le trait principal est la séparation de l'Église et de l'État, le pouvoir étant exclusivement exercé par ce dernier. Ainsi, le lien social n'est plus religieux, mais politique (D. SCHNAPPER, 1994). La laïcité est également caractérisée par la distinction entre la sphère publique et privée en matière religieuse. Le religieux, dans une société laïque, est en principe relégué à la sphère privée. La République Populaire de Pologne était séculière ; il y existait une nette séparation entre l'Église et l'État, *mais la religion et l'Église était d'une importance suprême dans l'identité et les actions collectives*[26]. Avec la chute du régime communiste et sous le « régime Walesa » (1990-1995), cependant, la situation est renversée : l'importance de la religion et de l'Église dans l'identité et les actions collectives est en baisse, alors que leur poids dans la *sphère officielle* est plus grand. Des rituels et discours religieux sont incorporés aux rituels d'État, aux discours politiques officiels, dans les adresses présidentielles, etc. Cette tendance ne semble cependant pas correspondre aux attentes des Polonais à l'endroit de l'État. En 1992, 68 % des répondants à un questionnaire du centre de recherche CBOS se prononçaient contre la démonstration de sentiments religieux de la part des fonctionnaires d'État, et 50 % désapprouvaient que l'on donne un

---

24 1989 : N = 1 497 ; 1992 : N = 1 184, 1993 : N = 1 239, Février 1994 : N = 1 198 ; Avril 1994 : N = 1 207. Les sondages sont fondés sur des échantillons prélevés au hasard, représentatifs de la population adulte polonaise. Il en va de même pour tous les sondages auxquels nous nous référons dans cet article.

25 N = 1 184.

26 Nous pensons ici à *Solidarité* et au symbolisme religieux qui coiffait ses activités, mais également aux nombreux pèlerinages et processions qui ponctuaient la vie collective en Pologne communiste. Ces actions parallèles donnait l'occasion d'affirmer l'identité catholique des Polonais et de manifester leur opposition au régime.

27 N = 1 184.

caractère religieux aux cérémonies d'État (CBOS, 1994, p. 11)[27]. En janvier 1993, 75 % des répondants d'un sondage réalisé pour le journal *Gazeta Wyborcza* étaient d'avis que le principe de séparation de l'Église et de l'État devrait être observé. Seulement 4 % de ces répondants pensaient toutefois que ce principe était appliqué (*Kosciolowi co Koscielne*, OBOB, 1993)[28].

Deux conclusions préliminaires peuvent être tirées de l'analyse de ces statistiques : premièrement, le religieux et le politique sont, depuis le changement de régime, dissociés dans la conscience des répondants et, deuxièmement, il existe un consensus sur le fait que le religieux appartient à la sphère du privé et le politique à celle du public. On pourrait donc interpréter la défaite de la droite catholique, qui a fortement misé sur l'association entre l'identité nationale et le catholicisme lors de la campagne électorale (parlementaire) de 1993, ainsi que la victoire à la présidence d'Aleksander Kwasniewski (un apparatchik de l'ancienne nomenklatura qui a promis une plus grande indépendance de l'État face à l'Église), comme étant la réalisation politique des nouvelles attentes des Polonais. Il est clair que la définition des espaces politique et religieux est centrale dans la Pologne d'après-guerre, et elle est l'objet de négociations constantes. On peut distinguer trois phases dans ce processus : dans la première (1945-1989), il existe une séparation nette de l'État et de l'Église au plan juridique, mais une fusion du religieux et du politique dans la conscience sociale et nationale ; dans la deuxième (1990 à 1995), il y a « fusion » de l'État et de l'Église dans la sphère officielle, mais graduelle séparation du religieux et du politique dans la conscience collective ; et une troisième phase, à peine amorcée, permet d'observer une meilleure correspondance entre, d'une part, les nouvelles attentes des Polonais envers la forme de leur État et sa relation avec l'Église et, d'autre part, les comportements des élites politiques.

L'avènement d'un État légitime a donc provoqué la rupture d'un modèle de relations entre l'Église et la société civile, et instauré une nouvelle dynamique, caractérisée par une critique croissante de l'institution ecclésiale et sa tentative pour conforter sa position en compensant la diminution de son influence sociale par l'augmentation de son poids institutionnel, intervenant ainsi dans la sphère politique. On constate ainsi que les phénomènes simultanés de graduelle sécularisation et d'« intégrisme » sont intimement reliés. En effet, la baisse d'influence sociale de l'Église est attribuable à l'introduction d'un État légitime et d'une pluralité d'institutions. Mais un autre facteur

---

28 N = 1 300.

29 L'interférence politique de l'Église est multiple. Elle consiste à supporter publiquement certains partis et candidats, à publier des listes de « bons » candidats pour lesquels les « bons » catholiques devraient voter, en plus de mener un lobby pour la criminalisation de l'avortement ou le retour de l'instruction religieuse obligatoire à l'école. Si l'interférence de l'Église dans le domaine politique était considérée nécessaire sous le communisme comme à l'époque des Partages, elle est clairement perçue comme inacceptable dans une Pologne indépendante et démocratique. Cette nouvelle situation est très difficile pour l'Église, qui a traditionnellement joué un rôle des plus significatifs dans l'*opposition*. Il semble que l'institution ne sait comment s'adapter aux nouvelles circonstances et tente de revenir à des modèles de comportements passés, éloignant encore davantage plusieurs de ses adhérents. Dans la culture populaire, il est commun de faire référence à l'Église et au clergé comme la « mafia noire » ou à parler du « régime totalitaire noir » qui succède au rouge. Ces observations anecdotiques illustrent le degré du changement d'attitude décrit plus haut.

consiste dans la réaction même de l'Église, qui compense cette baisse de popularité par une certaine ingérence dans les affaires publiques et la vie politique[29], ingérence que la majorité des Polonais trouve inacceptable. Le changement de régime provoque donc des tensions au sein de la société. C'est de l'orientation de la nation qu'il est question, et le débat est articulé autour de questions simples mais fondamentales : une nation avec ou sans la croix ?

B/ DEUX CONCEPTIONS OPPOSÉES DE LA NATION : UN DÉBAT FAMILIER

La nation est un construit dont le sens, écrit Verdery, n'est jamais stable, mais se modifie plutôt avec l'équilibre changeant des forces sociales (K. VERDERY, 1993, p. 41). La chute du communisme a changé la dynamique sociale et la signification de la nation doit donc être redéfinie dans un nouveau contexte ; celui d'un État-nation légitime et démocratique, caractérisé par une pluralité de nouvelles institutions, de groupes politiques et d'associations.

Selon Jan T. GROSS (1992), la transition du socialisme d'État à la démocratie est caractérisée par le passage de la société civile (qu'il définit comme une société qui se forme à l'extérieur du cadre des institutions officielles de l'État communiste) à la nation politique. Ce processus a été initié par les discussions de la Table Ronde de 1989 et l'officialisation subséquente de l'opposition jusque là non officielle. Gross précise que la condition de ce passage est la légitimation des institutions d'État par le biais des élections. La constitution d'États de droit (*Rechtsstaat*) en Europe centrale et de l'Est comporte d'ailleurs deux dimensions : la première concerne l'aspiration démocratique par rapport à un État-parti totalitaire — dont parle Gross — alors que la seconde consiste en un cheminement possible vers une formation sociale *politique* plutôt que celle d'une communauté de *culture* (V. REY, 1992, p. 27). Le processus en cours en Pologne en est un, selon nous, de passage d'une représentation essentiellement ethnoculturelle de l'identité nationale polonaise à une représentation davantage politique, transition provoquée par l'avènement d'un État légitime et de la construction de la démocratie. Jacques Rupnik parle en effet de l'« invention démocratique » en Europe du Centre-Est, qu'il définit comme le passage d'une représentation essentialiste à une représentation politique moderne, c'est-à-dire l'acceptation et la légitimation du conflit comme inhérent à toute société démocratique (J. RUPNIK, 1992, p. 51).

Il va sans dire que l'articulation d'une conception civique de la nation est un processus à long terme. Il semble néanmoins que ce processus soit amorcé, quoiqu'il en soit encore à ses premiers balbutiements. Possédant un État qui les représente, les Polonais peuvent affirmer leur identité sur d'autres bases et étendre les principes fondant la nation à des valeurs plus larges, telles le pluralisme, la laïcité et la citoyenneté. C'est dans ce contexte que l'on remarque les efforts de plusieurs afin de raviver un narratif civique de la nation, évoquant l'héritage démocratique de la République des Nobles et de sa tolérance religieuse, et rappelant les idéaux de la Constitution du 3 Mai 1791. La Pologne n'est plus une nation où la société civile s'organise en marge d'un État oppresseur en constituant des voies d'expression nationale et politique parallèles. Elle est une nation en redéfinition. Et selon J.T. GROSS (1992), ce sont les ambiguïtés qui accompagnent cette transition qui dictent la vie politique en Pologne.

Cette transition est caractérisée par l'affrontement de positions discordantes concernant la forme de l'État et la définition de la nation polonaise : s'opposent en effet la vision d'un État confessionnel et d'un État laïc, mais également et plus largement, la vision d'une nation et d'une société chrétienne, et celle d'une nation et d'une société séculière. Pour reprendre les termes utilisés plus haut, on pourrait parler de conceptions opposées de la nation, conceptions rapprochées des idéaux-types de la nation ethnique et de la nation civique. L'Église[30] et la droite catholique font la propagande de la nation ethnique, alors que le centre et la gauche libérale défendent les principes de la nation civique. Ce débat s'articule dans plusieurs sphères de la vie publique : sur la scène politique et épiscopale, dans la presse et les médias, les milieux universitaires, les groupes de discussion catholiques, les associations étudiantes, etc. Ceci confirme les observations de Verdery, qui voit dans la chute du communisme la réouverture d'un champ de bataille pour une nouvelle légitimation (K. VERDERY, 1994, p. 13).

Une proportion de plus en plus large de la population — comme en témoignent les sondages d'opinion ainsi que les discussions dans la presse — semble être pour une définition plus ouverte de la nation polonaise. Cette ouverture se manifeste entre autres au plan des critères considérés comme significatifs dans la construction de l'identité nationale. C'est le principe de la citoyenneté qui, suivant la logique de la conception de la nation civique, devrait décider de l'appartenance à la nation polonaise[31]. On revendique également la neutralité confessionnelle de l'État afin d'assurer l'égalité des citoyens *de jure* et *de facto*, et garantir une diversité et une pluralité qui feraient la force de la nation. La nation constituerait ainsi cet espace politique commun, défini autour d'un ensemble d'institutions, de valeurs et de projets politiques.

Les fervents d'une Pologne ethnique, catholique, sont quant à eux pour le maintien d'une nation organique, dans laquelle le catholicisme serait toujours le principal marqueur de l'identité nationale, et où la famille, la tradition et

---

30 Nous décrivons et analysons ici la tendance qui prévaut au sein de l'Église catholique polonaise, celle qui est majoritaire et qui a le plus de poids. C'est en effet la position que défendent l'épiscopat, le Pape, la droite catholique et les groupes catholiques conservateurs. Sans pouvoir parler de divisions internes au sein de l'institution — le terme serait trop fort — on remarque cependant différentes tendances : celle d'une Église et d'un catholicisme « fermés » et celle d'une Église plus ouverte, consciente de la nécessité d'une plus grande souplesse, mais surtout du besoin de revenir à l'essence de son rôle, la religion. On parle du catholicisme « ouvert » et « fermé », et de la nécessité de dialogue avec les fidèles (avec les milieux laïques également) afin d'améliorer l'institution, l'aider à s'ajuster à la nouvelle situation et comprendre les critiques qu'on lui adresse.

31 Évidemment, les critères décidant de la citoyenneté sont eux-mêmes débattus : la citoyenneté devrait-elle principalement être attribuée suivant le principe du *jus soli* ou *jus sanguinis*, ou suivant quelle combinaison des deux principes ? Cependant, même si les critères définissant l'appartenance *légale* à l'unité *politique* et *territoriale* polonaise font l'objet de débats, ce qui est significatif ici est l'opposition entre la citoyenneté en tant que principe d'appartenance à la nation et une conception organiciste, selon laquelle l'origine et la culture déterminent l'appartenance ou non à la nation.

l'histoire constitueraient à la fois le point d'origine et d'aboutissement de la nation. Cette conception se situe dans le prolongement de la vision romantique et messianique polonaise, de l'« âme polonaise », que les romantiques allemands appelaient *Volkgeist*, l'esprit, le génie de la nation. Ses défenseurs font la promotion d'un État confessionnel, comme en témoigne le discours de l'un d'eux, Wieslaw Chrzanowski, homme politique de la droite catholique, membre du parti chrétien national ZchN : « La nation », dit-il, « ce sont les gens au sein desquels se forment certaines valeurs, une certaine culture qui est l'héritage du passé ». Et il ajoute : « C'est pourquoi je ne crois pas en la neutralité confessionnelle de l'État » (W. CHRZANOWSKI, 1992). Le discours tenu par la droite catholique supporte clairement une définition ethnique de la nation.

La hiérarchie ecclésiale polonaise penche visiblement vers cette vision ethnique de la nation, celle d'une Pologne régie par les impératifs du catholicisme. Le Cardinal Glemp a maintes fois répété que la nation a préséance sur la société. Selon Jean-Paul II, la nation et la famille constituent les éléments les plus significatifs de l'identité de l'homme (B. LECOMTE, 1992). Rappelons par ailleurs que feu le cardinal Wyszynski a longuement réfléchi sur la nation et son importance pour l'individu. Il a même élaboré une véritable théologie de la nation, caractérisée par sa perspective religieuse et historique, et influencée par la notion biblique du « peuple élu » et le messianisme polonais du XIXᵉ siècle. C'est dans une telle perspective que l'on doit replacer le débat concernant la place de l'Église catholique dans la nouvelle Pologne.

C/EXCLUSION OU INCLUSION ?

C'est évidemment l'Église catholique qui aurait le plus à perdre de cette mutation identitaire, de cette « substitution de l'État à l'Église dans la gestion de la société civile », pour reprendre les termes de J.-Yvon Thériault évoquant la Révolution tranquille au Québec (J.-Y. THÉRIAULT, 1994, p. 24). L'Église se retrouve en effet désarmée et tente, selon l'expression de Patrick MICHEL (1991, p. 54), de « verrouiller » artificiellement l'identité par la religion, dans le but de maintenir une position centrale au sein de la société. C'est ainsi que l'Église désire imposer légalement l'éthique catholique à toute la nation, en s'appuyant sur le fait que l'écrasante majorité de la population polonaise est catholique. En effet, un des principaux enjeux de la question de l'avortement, selon Patrick Michel, était pour l'Église de « catholiciser » au maximum les critères de l'identité polonaise, afin de conforter sa position (P. MICHEL, 1992, p. 135).

Or, un moyen important qui permet de « verrouiller » l'identité est le contrôle de l'éducation. L'école est en effet l'institution par excellence de la nation, puisqu'elle joue un rôle très significatif dans la socialisation. C'est principalement par elle que l'on devient membre d'une collectivité *nationale* (E. WEBER, 1976 ; E.J. HOBSBAWM, 1992 ; E. GELLNER, 1983 ; D. SCHNAPPER, 1994), ou, pour reprendre les catégories conceptuelles de

Stanislaw Ossowski, que l'individu acquiert une « patrie idéologique » en plus de sa « patrie privée » (familiale, locale). D'où l'importance de l'éducation et de ceux qui en ont le contrôle. L'Église s'est par conséquent appliquée, dès l'effondrement du communisme, à forcer le retour de l'enseignement religieux *obligatoire*[32] à l'école. Cette position a provoqué un large débat de société où les uns prêchent le maintien d'une « Pologne catholique, unie sous le signe de la croix », et les autres une définition plus large de la nation et de l'identité nationale, celle de la citoyenneté, évoquant les droits des minorités, des athées et des catholiques non croyants ou non pratiquants. La laïcité est d'ailleurs un trait fondamental de la nation civique, qui se définit par son ambition de transcender, par la citoyenneté, les appartenances particulières (D. SCHNAPPER, 1994, p. 49). Un commentaire de Monseigneur Goclowski, évêque de Gdansk, est représentatif de cette opposition entre les différentes définitions de l'identité et de la position traditionnelle de l'Église à cet égard : « L'école *publique*? Disons plutôt l'école *polonaise*. C'est l'école où 100 % des enfants suivent l'enseignement religieux. La nation doit conserver son identité catholique, comme nous l'enseigne l'histoire polonaise » (Mgr Goclowski, dans P. MICHEL, 1991, p. 54 ; nous soulignons). Ce commentaire confirmerait également les propos de Jacques Rupnik, soulignant que la rupture avec l'héritage communiste repose sur l'idée d'un retour à un ordre *naturel*, une vision *organiciste* de la société et de l'histoire polonaise (J. RUPNIK, 1992, p. 52). C'est ce qu'indique cet extrait d'une lettre pastorale justifiant le retour obligatoire de la catéchèse : « Il s'agit avant tout d'un *retour*, et donc du recouvrement du *bien*, duquel on a privé la nation contre son gré. [...] Nous éloignant de ce passé [communiste et totalitaire], nous désirons revenir aux *racines*, à l'*entière vérité* de ce que nous sommes et de ce que nous voulons être [...] » (EPISKOPAT POLSKI, 1990 ; nous soulignons).

Acceptant mal la nouvelle pluralité qui caractérise l'ère post-communiste, l'Église tente de défendre et d'imposer *sa* vision de la polonité, en en définissant les critères d'une manière restrictive. Son discours en est un d'exclusion, ce qui n'est pas sans causer de vives objections. En outre, il n'est pas le fait que de l'Église. Il s'étend également aux élites politiques. Lech Walesa, au cours des deux campagnes présidentielles de la Pologne post-communiste, a plusieurs fois évoqué que l'on pouvait voter pour lui en toute confiance car, disait-il, n'était-il pas un « vrai » Polonais, un Polonais « pur » — c'est-à-dire catholique ? En 1990, il faisait ainsi référence à la rumeur voulant que le candidat Tadeusz Mazowiecki, intellectuel du centre catholique, soit juif et, en 1995, aux antécédents communistes de son adversaire Aleksander Kwasniewski. Maintes fois, Walesa a misé sur sa piété pour faire valoir sa « bonne » origine polonaise, et il continue de le faire[33].

Or, le drame de l'Église polonaise repose justement sur le fait qu'en durcissant ainsi sa position sur les critères définissant l'appartenance à la nation

---

32 Sous le communisme, le catéchisme se donnait après les heures de cours dans des salles paroissiales ; il ne faisait pas partie du curriculum de l'école.

33 Walesa arbore *toujours* une épinglette de la Vierge noire de Czestochowa, sacrée Reine de Pologne en 1653 par le roi Jan Kazimierz. La Vierge est le symbole par excellence de la résistance et le culte qu'on lui voue en Pologne est inégalé.

polonaise, elle oblige les Polonais à faire un choix qui va souvent dans le sens opposé à ce qu'elle souhaite. Le stéréotype du « Polonais-catholique » est d'ailleurs visiblement en baisse de popularité. Les récents développements politiques pourraient en être un signe.

IV
CONCLUSION

L'analyse comparative a pour but de marquer les similarités, bien sûr, mais aussi de nuancer celles-ci en dégageant des différences parmi les processus communs. En guise de conclusion, nous ferons ressortir les principaux éléments dégagés par notre analyse.

Nous avons remarqué qu'en Pologne comme au Québec, la forme de l'État et la situation politique de domination accentue une identité ethnoculturelle fondée sur la différence et confère une place très importante à l'Église catholique. Un changement dans la forme de l'État — l'avènement d'un État légitime en Pologne et de l'État-providence au Québec — oblige les relations de « communalisation » à acquérir une dimension contractuelle (J.-Y. THÉRIAULT, 1994, p. 26) et remet en question le fondement de l'identité. Le nouvel État se réapproprie et réoriente le discours nationaliste sur d'autres bases que celles de l'Église en plus de se doter d'instruments nationalisants. Dans les deux cas, le processus de sécularisation de la société est intimement relié à ce processus plus large de redéfinition de l'identité nationale.

Ce processus de sécularisation fut tel, au Québec, que l'Église est devenue pratiquement marginale. En Pologne, le processus est plus nuancé : l'Église a perdu de son influence sociale, l'anticléricalisme est à la hausse, mais la pratique religieuse jusqu'à maintenant se maintient[34]. Certains sociologues (W. PIWOWARSKI, 1982 ; W. PIWOWARSKI, W. ZDANIEWICZ, 1990 ; B. STRASSBERG 1988) voient dans le type de religiosité des Polonais — ritualiste et non réflexive — une des causes possibles d'un lent processus de sécularisation. Mais peut-être justement nous faut-il plus de temps pour apprécier le processus en cours. Une chose est certaine : le processus de sécularisation de la société polonaise n'est pas irréversible. L'Église catholique polonaise, consciente de sa position plus « confortable » sous domination, tente de se réinventer un ennemi depuis l'arrivée au pouvoir des néo-communistes, et essaie en vain de rallier les Polonais à sa cause. Mais dans l'éventualité d'une menace *perçue* comme plus plausible, celle d'une Allemagne réunifiée

---

34 Selon un récent sondage de DEMOSKOP, 56 % des Polonais âgés de quinze ans et plus vont à la messe *au moins* une fois par semaine ; 23 % déclarent se rendre parfois à l'Église le dimanche et participer à la messe lors des fêtes religieuses (N = 998, étude privée non publiée, menée pour A. GREELEY et M. HOUT en septembre 1996).

ou d'une Russie fascisante, par exemple, l'Église pourrait regagner du terrain et la pratique religieuse se maintenir.

Nous nous étions proposé d'étudier la relation entre la situation politique de la nation, l'identité de ses membres et la place qu'y tient le religieux. Il s'agit là évidemment d'un premier essai qui ne permet que des conclusions préliminaires, mais il permet d'apercevoir, nous l'espérons, des pistes fécondes pour des futures recherches.

REPÈRES BIBLIOGRAPHIQUES

ANDERSON Benedict (1991). *Imagined Communities : Reflections on the Origin and Spread of Nationalism*. London/New York, Verso/Éd. revue, 223 pages.

BALIBAR Étienne (1996). « The nation form : history and ideology », dans Geoff ELEY, Ronald SUNY (dirs.), *Becoming National : A Reader*, New York, Oxford University Press, p. 131-149. (Réimp. de l'édition de 1991).

BARTNIK Czeslaw (1982). *Chrzescijanska nauka o narodzie wedlug Prymasa Stefana Wyszynskiego* [L'enseignement chrétien de la nation selon le Primat Stefan Wyszynski]. Londres, Odnowa, 20 pages.

BENDIX Reinhard (1967). « Tradition and modernity reconsidered », *Comparative Studies in Society and History*, n° 9, p. 292-346.

BOROWIK Irena (1992). « Miejsce Kosciola i religii w nowej sytuacji społeczno-politycznej Polski » [La place de l'Église et de la religion dans la nouvelle situation sociopolitique polonaise], *Nomos, Kwartalnik religioznawczy*, n° 1, p. 156-172.

BOUCHARD Gérard (1996). *Le Québec entre l'Ancien et le Nouveau Monde. Le Québec comme population neuve et culture fondatrice*. Ottawa, Presses de l'Université d'Ottawa, Conférences C.R. Bronfman, 56 pages.

BRETON Raymond (1988). « From ethnic to civic nationalism : English Canada and Quebec », *Ethnic and Racial Studies*, Vol. 11, n° 1, p. 85-102.

BRETON Raymond et alii (1990). « Canada, Quebec, Poland and comparative studies in sociology », dans Raymond Breton, Gilles Houle, Gary Caldwell, Edmund Mokrzycki, Edmund Wnuk-Lipinski (dirs.), *National Survival in Dependent Societies, Social Change in Canada and Poland*, Ottawa, Carleton University Press, p. 3-25.

BRETON Raymond, KWASNIEWICZ Wladyslaw (1990). « Ethnic groups, regions and nationalism in the formation of Canadian and Polish society », dans Raymond Breton, Gilles Houle, Gary Caldwell, Edmund Mokrzycki, Edmund Wnuk-Lipinski (dirs.), *National Survival in Dependent Societies, Social Change in Canada and Poland*, Ottawa, Carleton University Press, p. 101-135.

BRUBAKER Rogers (1992). *Citizenship and Nationhood in France and Germany*. Cambridge, Harvard University Press, 270 pages.

BRUBAKER Rogers (1996). *Reframing Nationalism : Nationhood and the National Question in the New Europe*. Cambridge, Cambridge University Press, 202 pages.

CENTRUM BADANIA OPINII SPOLECZNEJ (CBOS) (1992). « Polski katolicyzm anno domini 1992 » [Le catholicisme polonais anno domini 1992], *Polityka*, nos. 50-51.

CENTRUM BADANIA OPINII SPOLECZNEJ (CBOS) (1994). *Religijnosc Polakow : 1984-1994, Komunikat z badan* [La religiosité des Polonais : 1984-1994. Communiqué de recherches], Varsovie, CBOS.

CHRZANOWSKI Wieslaw (1992). « Nie wierze w Panstwo neutralne » [Je ne crois pas en la neutralité confessionnelle de l'État — Entrevue avec Wieslaw Chrzanowski], *Tygodnik Powszechny*, 17.

CZARNOWSKI Stefan (1988). « La culture religieuse des paysans polonais », *Archives des sciences sociales des religions*, Vol. 65, nº 1, p. 7-21. (Réimp. de l'édition originale de 1934).

DAVIES Norman (1986). *Heart of Europe : A Short History of Poland*. New York, Oxford University Press, 511 pages.

DELANNOI Gil (1991). « Nations et Lumières, des philosophies de la nation avant le nationalisme : Voltaire et Herder », dans Gil Delannoi, Paul-André Taguieff (dirs.), *Théories du nationalisme*, Paris, Kimé, p. 15-28.

DIECKHOFF Alain (1996). « La déconstruction d'une illusion. L'introuvable opposition entre nationalisme politique et nationalisme culturel », *L'année sociologique*, Vol. 46, nº 1 (*Nation, nationalisme, citoyenneté*), p. 43-55.

DUARA Prasenjit (1995). *Rescuing History from the Nation : Questioning Narratives of Moden China*. Chicago, The University of Chicago Press, 275 pages.

DUMONT Fernand (1987). *Le sort de la culture*. Montréal, L'Hexagone, 331 pages.

DUMONT Fernand et alii (1969). « Les idéologies au Canada français (1850-1900) : quelques réflexions d'ensemble », *Recherches sociographiques*, nº 3, p. 145-156.

ELIAS Norbert (1994). *The Civilizing Process*. Cambridge, Blackwell, 558 pages. (Réimp. de l'édition originale de 1939).

EPISKOPAT Polski (1990). « List pasterski Episkopatu Polski w sprawie powrotu katechizacji do szkoly polskiej » [Lettre pastorale de l'Épiscopat de Pologne concernant le retour de la catéchèse à l'école polonaise], *Tygodnik Powszechny*, nº 26.

FOURNIER Marcel (1990). « Quebec and its cultural specificity, or the construction of an identity », dans Raymond Breton, Gilles Houle, Gary Caldwell, Edmund Mokrzycki, Edmund Wnuk-Lipinski (dirs.), *National Survival in Dependent Societies, Social Change in Canada and Poland*, Ottawa, Carleton University Press, p. 43-69.

GELLNER Ernest (1983). *Nations and Nationalism*. Ithaca, Cornell Uni versity Press, 150 pages.

GLOWNY URZAD STATYSTYCZNY (1991). *Kosciol katolicki w Polsce, 1918-1990, Rocznik Statystyczny* [L'Église catholique en Pologne, 1918-1990, Annuaire statistique], Varsovie, Glowny Urzad Statystyczny, 351 pages.

GREELEY Andrew, HOUT Michael (1996). « Catholics and the next Pope », Chicago-Berkeley, article non publié.

GROSS Jan T., KOLAKOWSKI Leszek (1980). « Church and democracy in Poland : two views », *Dissent*, nº 3, p. 316-320.

GROSS Jan T. (1992). « Poland : from civil society to political nation », dans Ivan BANAC (dir.), *Eastern Europe in Revolution*, Ithaca, Cornell University Press, p. 56-71.

HOBSBAWM Eric J., RANGER Terence (dirs.) (1983). *The Invention of Tradition*. Cambridge, Cambridge Universtity Press, 322 pages.

HOBSBAWM Eric J. (1992). *Nations and Nationalism Since 1780*. New York/London, Éd. Revue/Cambridge University Press, 206 pages.

HOULE Gilles, LUKASIEWICZ Piotr, SICINSKI Andrzej (1990). « Social and national consciousness transformations in dependent societies », dans Raymond Breton, Gilles Houle, Gary Caldwell, Edmund Mokrzycki, Edmund Wnuk-Lipinski (dirs.), *National Survival in Dependent Societies, Social Change in Canada and Poland*, Ottawa, Carleton University Press, p. 137-176.

JEWSIEWICKI Bogumil (1995). « The identity of memory and the memory of identity in the age of commodification and democratization », *Social Identities*, Vol. 1, no 2, p. 227-262.

KOHN Hans (1946). *The Idea of Nationalism : A Study in Its Origins and Background*. New York, Collier-McMillan, 735 pages.

KUBIK Jan (1994). *The Power of Symbols Against the Symbols of Power. The Rise of Solidarity and the Fall of State Socialism in Poland*. Pennsylvania State University Press, University Park, 322 pages.

LECOMTE Bernard (1992). « Le Pape et l'après-communisme européen », dans Georges Mink, Jean-Charles Szurek (dirs.), *Cet étrange post-communisme. Rupture et transitions en Europe centrale et orientale*, Paris, Presse du CNRS/La découverte, p. 115-124.

LEWANDOWSKI Jerzy (1989). *Narod w nauczaniu kardynala Stefana Wyszynskiego* [La nation dans l'enseignement du Cardinal Wyszynski]. Varsovie, WAW, 235 pages.

MACH Zdzislaw (1993). *Symbols, Conflict and Identity, Essays in Political Anthropology*. Albany, State University of New York Press, 297 pages.

MATHIEU Jacques, LACOURSIÈRE Jacques (1991). *Les mémoires québécoises*. Québec, Presses de l'Université Laval, 383 pages.

MICHEL Patrick (1991). « L'Église entre Gdansk, Rome et Varsovie » dans Lydia Flem, *Le religieux dans le politique*, Paris, Éd. du Seuil, p. 183-201.

MICHEL Patrick (1992). « Églises et religion à la croisée des chemins », dans Georges Mink, Jean-Charles Szurek (dirs.), *Cet étrange post-communisme. Rupture et transition en Europe centrale et orientale*, Paris, Presse du CNRS/La découverte, p. 125-139.

MICKIEWICZ Adam (1947). *Le livre des pèlerins polonais*. Paris, Egloff, 138 pages. (Réimp. de l'édition originale de 1832).

MORAWSKA Ewa (1984). « Civil religion vs. state power in Poland », *Society*, Vol. 21, n° 4, p. 29-34.

NAIRN Tom (1993). « Demonising nationalism », *London Review of Books*, 25 Février.

NIELSON Kai (1996/7). « Cultural nationalism, neither ethnic nor civic », *The Philosophical Forum : A Quarterly*, Vol. 28, nos. 1-2 (Special issue on Philosophical Perspectives on National Identity), p. 42-52.

NOWICKA Ewa (1991). « Polak-katolik. O zwiazkach polskosci z katolizmem w spolecznej swiadomosci Polakow » [Le Polonais-catholique. Des liens de la polonité avec le catholicisme dans la conscience sociale des Polonais] dans *Religia a obcosc* [La religion et l'altérité], Cracovie, Nomos, p. 117-138.

OSRODEK BADAN OPINII SPOLECZNEJ (OBOP) (1993). « Kosciolowi co Koscielne » [À l'Église ce qui est à l'Église], *Gazeta Wyborcza*, n° 14.

OSSOWSKI Stanislaw (1984). *O ojczyznie i narodzie* [De la patrie et de la nation]. Varsovie, PWN, 152 pages. (Réimp. de l'édition originale de 1967).

PIWOWARSKI Wladyslaw (1982). « Continuity and change of ritual in Polish folk piety », *Social Compass*, Vol. 32, nos. 2-3, p. 125-134.

PIWOWARSKI Wladyslaw, ZDANIEWICZ Witold (dirs.) (1990). *Religijnosc polska w swietle badan socjologicznych : praca zbiorowa* [La religiosité polonaise à la lumière des recherches sociologiques : ouvrage collectif]. Varsovie, Pallotinum, 264 pages.

PLAMENATZ John (1973). « Two types of nationalism », dans E. Kamenka (dir), *Nationalism. The Nature and Evolution of an Idea*, Canberra, Australian National University Press, p. 22-37.

POMIAN Krzysztof (1982). *Pologne : défi à l'impossible ? De la révolte de Poznan à Solidarité*. Paris, Les éditions ouvrières, 235 pages.

RENAUT Alain (1991). « Logiques de la nation », dans Gil Delannoi, Paul-André Taguieff (dirs.), *Théories du nationalisme*, Paris, Kimé, p. 29-46.

REY Violette (1992). « Nation et État, deux structures rivales en région de semi-périphérie. — Le cas de l'Europe centrale-orientale », dans *Nations, État et territoire en Europe de l'Est et en URSS*, Paris, L'Harmattan. (Coll. : Pays de l'Est).

RUPNIK Jacques (1992). « L'invention démocratique en Europe du Centre-Est », dans G. Mink, J.-C. Szurek (dirs.), *Cet étrange post-communisme. Rupture et transition en Europe centrale et orientale*, Paris, Presse du CNRS/La découverte, p. 51-67.

SAID Edward (1978). *Orientalism*. New York, Vintage Books, 394 pages.

SCHNAPPER Dominique (1992). *L'Europe des immigrés. Essai sur les politiques d'immigration*. Paris, François Bourrin, 196 pages.

SCHNAPPER Dominique (1993). « Ethnies et nations », *Cahiers de recherche sociologique*, n° 20, p. 157-167.

SCHNAPPER Dominique (1994). *La communauté des citoyens. Sur l'idée moderne de la nation*. Paris, Gallimard, 228 pages.

SMITH Anthony D. (1988). « The myth of the 'Modern Nation' and the myths of Nations », *Ethnic and Racial Studies*, Vol. 11, n° 1, p. 1-25.

SMITH Anthony D. (1991). *National Identity*. Reno (Nevada), University of Nevada Press, 227 pages.

STRASSBERG Barbara (1988). « Changes in religious culture in Post War II Poland », *Sociological Analysis*, Vol. 48, n° 4, p. 342-354.

SUGAR Peter (1994). « External and domestic roots of Eastern European nationalism », dans P. Sugar, J. Lederer (dirs.), *Nationalism in Eastern Europe*, Seattle-London, University of Washington Press, p. 3-54.

SZACKI Jerzy (1990). « Polish sociology and problems of Nation-Building », dans Raymond Breton, Gilles Houle, Gary Caldwell, Edmund Mokrzycki, Edmund Wnuk-Lipinski (dirs.), *National Survival in Dependent Societies, Social Change in Canada and Poland*, Ottawa, Carleton University Press, p. 71-81.

THÉRIAULT Joseph-Yvon (1994). « Entre la nation et l'ethnie — Sociologie, société et communautés minoritaires francophones », *Sociologie et Sociétés*, Vol. 26, n° 1, p. 15-32.

TILLY Charles (1996). « Citizenship, identity and social history », dans Charles Tilly (dir.), *Citizenship, Identity and Social History*, International Review of Social History Supplements, n° 3, p. 2-17.

TODOROV Tzvetan (1989). *Nous et les autres. La réflexion française sur la diversité humaine*. Paris, Éditions du Seuil, 452 pages.

TODOROVA Maria (1994). « The Balkans : from discovery to invention », *Slavic Review*, Vol. 53, n° 2, p. 453-482.

TOPOLSKI Jerzy (1992). « Formation de la nation et du nationalisme polonais : des partages à la Première Guerre mondiale », dans B. Jewsiewicki, J. Létourneau (dirs.), *Constructions identitaires : questionnements théoriques et études de cas*, Actes du Célat, n° 6, p. 99-111.

TOURAINE Alain (1996). « Le nationalisme contre la nation », *L'année sociologique*, Vol. 46, n° 1, (*Nation, nationalisme, citoyenneté*), p. 15-41.

VERDERY Katherine (1993). « Whither 'Nation' and 'Nationalism' ? », *Daedalus*, Vol. 122, n° 3.

VERDERY Katherine (1994). « Beyond the Nation in Eastern Europe », *Social Text*, n° 38.

WALASZEK Zdzislawa (1986). « An open issue of legitimacy : the State and the Church in Poland », *The Annals of the American Academy of Political and Social Sciences*, Vol. 48, p. 118-134.

WALICKI Andrzej (1994). *Philosophy and Romantic Nationalism : The Case of Poland.* Notre Dame, University of Notre Dame Press, 415 pages.

WEBER Eugen (1976). *Peasants into Frenchmen : The Modernization of Rural France, 1870-1914.* Stanford, Stanford University Press, 615 pages.

WOLFF Larry (1994). *Inventing Eastern Europe : The Map of Civilization on the Mind of the Enlightenment.* Palo Alto, Stanford University Press, 419 pages.

YACK Bernard (1996). « The myth of the civic nation », *Critical Review*, Vol. 10, n° 2, p. 193-211.

ZAWADZKI Paul (1996). « Le nationalisme contre la citoyenneté », *L'année sociologique*, Vol. 46, n° 1 (*Nation, nationalisme, citoyenneté*), p. 169-185.

ZNANIECKI Franciszek (1952). *Modern Nationalities.* Urbana, The University of Illinois Press, 196 pages.

ZUBRZYCKI Geneviève (1995). *Vers une nouvelle définition de la nation. Mutation identitaire en Pologne et ses enjeux pour l'Église catholique.* Mémoire de maîtrise non-publié, département de sociologie, Université de Montréal, 147 pages.

ZUBRZYCKI Geneviève (1997). « De la nation ethnique à la nation civique : enjeux pour l'Église catholique polonaise », *Social Compass*, Vol. 44, n° 1, p. 41-55.

Chapitre XII

POLITIQUES LINGUISTIQUES ET IDENTITÉ NATIONALE COMPARÉES AU QUÉBEC ET EN CATALOGNE

Guy Rocher,
Bruno Marcotte

Le Québec et la Catalogne présentent à la fois des traits communs et des différences. Toute comparaison que l'on peut faire entre les deux est donc susceptible d'être féconde en éclairage à la fois pratique et théorique. La comparaison est d'autant plus riche et intéressante que le Québec et la Catalogne ont depuis quelques années pris l'habitude de se regarder mutuellement, de se comparer, d'évoquer à l'occasion l'exemple de l'autre et de se visiter réciproquement de plus en plus souvent.

Il se trouve que le Québec et la Catalogne se sont tous deux dotés au cours des dernières décennies de politiques et de législations linguistiques auxquelles on a accordé dans les deux cas beaucoup d'attention et beaucoup d'importance. Ces politiques et législations ont donc valeur symbolique autant que politique, elles sont porteuses de signification sur les identités nationales de l'une et l'autre société. Notre propos sera ici de les comparer dans cette perspective.

I
CATALOGNE ET QUÉBEC : SIMILITUDES ET DIFFÉRENCES

Au départ, soulignons quatre éléments contextuels fondamentaux. La Catalogne a derrière elle une histoire très longue, qui date de plus de dix siècles, sur laquelle s'appuie une identité depuis longtemps exprimée et vécue. Le Québec est un pays très jeune, issu des entreprises européennes de colonisation en Amérique dans les temps modernes, de la part de la France et de l'Angleterre, des luttes et guerres entre ces deux pays, entrecoupés d'accords et désaccords avec les peuples autochtones, premiers occupants, et finalement de compromis faits il n'y a qu'un peu plus d'un siècle pour former le Canada et y intégrer le Québec. C'est là un premier ordre de faits qui distingue nettement la Catalogne du Québec.

Un autre encore les éloigne l'un de l'autre. La Catalogne appartient à l'univers européen, qui est à la fois historiquement, culturellement et politiquement d'un caractère essentiellement multilingue. Le Québec se situe en Amérique du Nord, dans un milieu culturel, social et politique exclusivement anglophone. Il s'y trouve, par sa majorité francophone, dans une position de singularité et de marginalité que la Catalogne ne connaît pas de même manière. En revanche, le français parlé au Québec peut se réclamer d'une langue internationale, il bénéficie de l'appartenance à une vaste francophonie, ce qui n'est évidemment pas le cas de la langue catalane, qui n'est parlée que par quelque six millions de personnes.

Ces éléments contextuels distinguent nettement la Catalogne et le Québec. Par ailleurs, deux autres les rapprochent dans une certaine mesure. La Catalogne et le Québec font tous deux partie d'un État fédératif ou fonctionnant selon le modèle d'un tel État, l'Espagne et le Canada. Ils ont l'un et l'autre certains pouvoirs constitutionnellement reconnus, mais limités par la juridiction d'un pouvoir central. Cependant, la Catalogne s'insère dans un régime fédératif qui accepte d'être plus asymétrique que le fédéralisme canadien.

Enfin, par suite de la majorité catalane en Catalogne et de la majorité francophone au Québec, la Catalogne et le Québec forment l'un et l'autre une société culturellement et linguistiquement distincte au sein de leur pays respectif. La Catalogne a une tradition millénaire de volonté de faire reconnaître son identité distincte ; le Québec le fait de son côté depuis quelque deux siècles. Catalogne et Québec se reconnaissent une identité particulière et s'efforcent de la faire reconnaître à la fois au sein de leur pays respectif et dans la communauté internationale. La Catalogne s'y emploie notamment au sein de l'Europe, le Québec dans le cadre de la francophonie et par ses délégations à l'étranger.

C'est dans ce contexte que les deux sociétés, catalane et québécoise, se sont récemment dotées de politiques et législations linguistiques. Le Québec s'est engagé dans cette voie depuis la fin de la décennie 1960, par une série de lois aboutissant finalement à la *Charte de la langue française* de 1977, encore en vigueur bien qu'elle ait subi depuis lors un bon nombre de modifications, soit par de nouvelles lois, soit par des jugements de tribunaux. En Catalogne, la *Llei de Normalització Lingüística* (Loi de normalisation linguistique) entrait en vigueur le 23 avril 1983, après avoir été approuvée par le Parlement catalan le 6 avril et promulguée le 18 avril par le Président de la *Generalitat*[1], Jordi Pujol i Solé. Il s'agissait alors pour cette région de l'Europe d'un premier pas significatif dans la récupération de sa langue et de sa culture, malmenées par plus de 30 ans de dictature franquiste.

II
LE POIDS DE L'HISTOIRE

Les législations linguistiques de la Catalogne et du Québec comportent des similitudes et d'importantes différences qui s'expliquent à la fois par l'histoire de ces deux sociétés et par leur situation démographique et sociologique respective dans le cadre de leur société globale.

Si semblables la Catalogne et le Québec puissent-ils paraître sous certains de leurs aspects et si différents à d'autres égards, comme nous venons de l'exposer, leur histoire a par ailleurs imposé à ces deux sociétés des sorts bien différents en ce qui a trait à la capacité qu'elles ont aujourd'hui d'affirmer et d'établir sur des bases solides leur identité nationale respective. La Catalogne a subi de la part de l'autorité espagnole des persécutions ouvertes et officielles, avec l'intention explicite de faire disparaître la culture et la langue catalanes, et cela encore récemment. Au Canada, l'intention d'assimiler la minorité francophone n'a pas été absente de l'esprit des anglophones, notamment au cours du XIXe siècle ; elle s'est exprimée dans les divers projets d'Union du Haut et du Bas-Canada de 1810, 1812 et 1824 et dans cette Union telle qu'elle s'est réalisée en 1840. Elle a aussi été particulièrement agissante dans certaines provinces (Ontario, Manitoba). Par ailleurs, ni le gouvernement de Londres ni le gouvernement canadien n'ont jamais interdit l'usage du français au Québec au profit de l'anglais, comme le gouvernement espagnol a pu le faire pour le catalan au profit du castillan.

La Catalogne (l'on parle ici de la Communauté autonome espagnole et non de la Catalogne historique, s'étendant des environs de Perpignan, dans le Languedoc-Roussillon, jusqu'au sud de Valence en passant pas les Iles Baléares)

---

1 Institution catalane historique incarnant le gouvernement.

a dû procéder a un formidable retour de l'arrière. Au cours de sa longue histoire, plus que millénaire, la survie de la langue catalane fut plusieurs fois menacée de diverses manières. Une des pires épreuves fut celle des trente dernières années de la dictature franquiste, pendant lesquelles l'utilisation du catalan dans la vie et les manifestations publiques fut frappée d'illégalité ou encore découragée. Le pouvoir en place mit en œuvre dès le début sa conception d'une Espagne unique, forte et unie. Cela se refléta jusque dans l'interdiction de donner aux nouveau-nés des prénoms ayant une consonance autre que castillane. Cette réalité, qui s'est établie de façon somme toute assez brusque, eut pour effet de conditionner des couches entières de la société au fait de voir le castillan constituer la langue des échanges dans des domaines aussi cruciaux que les affaires et le commerce, les rapports avec l'État, ainsi qu'à l'occasion de ce que l'on pourrait appeler les contacts sociaux élargis, c'est-à-dire ceux se déroulant hors des réseaux restreints et « sécuritaires » — dictature oblige — comme la famille, les voisins ou les proches amis. Bien plus que la langue, la dictature franquiste a aussi eu comme conséquence importante l'abolition de l'institution politique centrale pour les Catalans au plan historique : la *Generalitat*. La possibilité de mettre en œuvre des initiatives au plan local, selon les valeurs portées par des décideurs locaux, était elle aussi évacuée du quotidien des Catalans pour ne devenir qu'une réalité plus ou moins significative pour toute une génération.

Par la même occasion, des populations d'ouvriers provenant de l'extérieur de la Catalogne, surtout d'Andalousie, furent encouragées par le régime franquiste à s'établir dans la région de Barcelone afin de fuir leurs difficiles conditions de vie et, surtout, pour répondre aux besoins en main-d'œuvre des nombreuses industries présentes historiquement dans le secteur. De nouveaux quartiers furent d'ailleurs érigés pratiquement de toute pièce, aux abords du territoire qu'occupait alors la ville, pour faire face à cette migration massive. L'éjection du catalan de la vie publique au sens large fut donc accompagnée d'une certaine dilution, dans la région de Barcelone, de la population autochtone élevée dans cette langue. Le paysage linguistique s'est vu modifié par la présence de plus en plus importante d'individus n'ayant jamais connu le catalan à titre de langue de fonctionnement de la société, à un degré ou à un autre. Le contexte politique particulier dans lequel baignait alors toute l'Espagne les maintenait dans leur vision du castillan comme moteur des échanges entre individus ainsi qu'avec l'État.

Ainsi, même si la transmission du bagage linguistique et culturel catalan continuait à avoir cours au sein des familles de souche catalane, celles-ci se trouvaient confrontées, comme toute personne se trouvant en Catalogne à cette époque, plus précisément à Barcelone, au confinement de la langue catalane à des activités marquées sous le sceau de l'informel et à son absence des domaines où étaient prises les décisions de société ainsi que de la vie économique en général. Cette perte de prestige ne fut évidemment pas sans conséquence quant à la perception qu'ont entretenue les Catalans à l'endroit de leur langue. Il n'en demeure pas moins que celle-ci est encore vigoureuse aujourd'hui et se manifeste dans les comportements de plusieurs individus de langue maternelle catalane, y compris ceux qui proviennent de régions rurales où les bouleversements dus à la dictature franquiste n'ont somme toute rien eu de comparables, une fois la guerre civile terminée, avec la situation dans laquelle se sont retrouvés les Barcelonais. En réalité, dans les faits, les choses étaient comparables. Les ruraux ont eux aussi été confrontés au castillan comme langue de la vie socio-économique et comme clé des relations des citoyens avec l'État.

Ces conditions se sont donc révélées extrêmement défavorables pour la langue catalane, surtout de par leur durée. L'histoire recèle d'ailleurs d'autres épisodes du genre, au cours desquels l'on a retrouvé une volonté du pouvoir de l'État d'uniformiser la diversité linguistique existant en Espagne. L'intérêt principal d'énoncer une politique linguistique en Catalogne a donc découlé directement de ces différents épisodes de l'histoire (M. RENIU I TRESSERRAS, 1994, p. 43).

Le retour à la démocratie en Espagne après la mort du Général Franco en 1975 a permis l'adoption d'une nouvelle Constitution (1978) qui reconnaissait la diversité linguistique existant au sein de l'État. En accord avec celle-ci, des Statuts d'autonomie, sortes de lois énonçant les pouvoirs législatifs de la législature de chacune des divisions politiques de l'État, furent adoptés. Contrairement au Canada, où les pouvoirs des provinces sont énumérés dans la Constitution et sont les mêmes pour chacune, celle de l'Espagne laisse le tout, dans une certaine mesure, aux soins du gouvernement central ainsi qu'aux communautés autonomes. La loi suprême espagnole laisse donc une certaine marge de manœuvre quant aux pouvoirs pouvant être dévolus à chaque division politique au terme de négociations entre les deux niveaux de gouvernement. Ces pouvoirs peuvent être passablement étendus (ex. : Pays Basque), tout comme ils peuvent être plus limités (ex. : Rioja). Le Statut d'autonomie de la Catalogne (1979) fut quant à lui négocié, entre autres, avec l'idée de donner à celle-ci les pouvoirs nécessaires afin de pouvoir légiférer en matière linguistique, tout comme ce fut le cas d'autres communautés autonomes où l'on retrouve des groupes linguistiques non castillans (Galice, Pays Basque, Navarre, Valence et Iles Baléares).

Au plan démo-linguistique, les mouvements de population qu'a connus la Catalogne lui ont conféré un visage bien particulier. Comme au Québec, la communauté a comme langue principale celle qui est majoritaire dans l'ensemble de l'État mais minoritaire au plan local (le castillan en Espagne, l'anglais au Canada) et elle est principalement concentrée à l'intérieur du centre urbain principal, soit Barcelone dans le cas de la Catalogne, ville où vit près de la moitié des six millions de Catalans.

L'on trouve dans l'ensemble de la Catalogne des proportions équivalentes d'individus ayant soit le catalan (50 %), soit l'espagnol (49 %) comme langue principale[2]. Il s'agit pour cet aspect d'une différence importante par rapport au Québec. De plus, 93,8 % des Catalans disent comprendre le catalan et 68,3 % disent savoir le parler[3]. Dans le cas particulier de la région

---

2 Centro de investigaciones sociologicas, *Conocimiento y Uso de las Lenguas en Espana*, à la p. 3. Ces chiffres sont à jour au 1er avril 1993.

3 Generalitat de Catalunya, Institut d'Estadistica de Catalunya, *Dades basiques sobre el coneixement i l'us de la llengua catalana a Catalunya* (Données de base sur la connaissance et l'usage de la langue catalane en Catalogne), 1991, Barcelona, à la p. 3.

métropolitaine de Barcelone, un sondage nous révèle que 34,2 % des personnes interrogées utilisent le catalan en famille, contre 54,5 % qui ont plutôt recours à l'espagnol[4]. Dix pour-cent de ceux-ci affirment faire alterner les deux langues et 1,3 % en utilisent une autre[5]. Pour ce qui est de l'usage de la langue catalane, on est en présence d'une situation favorable au catalan dans l'ensemble de la Communauté autonome. Une moyenne de 44,4 % des Catalans disent utiliser souvent ou presque toujours le catalan dans les différentes dimensions de leur vie, alors que 26,2 % affirment utiliser le castillan dans la même mesure[6].

III
LES LOIS LINGUISTIQUES EN CATALOGNE ET AU QUÉBEC

Les considérations historiques qui précèdent servent à mettre en place les éléments d'une première explication des disparités que l'on retrouve dans le contenu des législations linguistiques catalane et québécoise.

En 1983 fut adoptée la *Llei de Normalització lingüística* (Loi d'aménagement linguistique)[7]. En accord avec le Statut d'autonomie, elle garantit l'usage des langues espagnole et catalane, toutes deux étant déclarées officielles dans le Statut, tout en accordant au catalan le statut de la langue propre de l'Administration du Gouvernement et des organismes publics qui en dépendent. La disposition accordant un statut d'officialité à l'espagnol découle d'une exigence inscrite dans la Constitution ; elle ne pouvait pas non plus, de par le contexte démo-linguistique et politique régnant dans la communauté espagnole et catalane, être contournée. La Loi organise le système d'enseignement sur la base de la nécessaire connaissance des deux langues officielles, quoique dans la pratique actuelle le catalan domine dans les niveaux pré-universitaires. Quoique la loi attribue spécifiquement au Conseil exécutif le devoir de faire la promotion de l'usage du catalan dans divers champs d'activité, l'on voit que, dans sa globalité, la loi ne s'avance pas au-delà d'un schéma dans lequel catalan et castillan ont un statut similaire et qu'elle n'impose pas d'obligation directe dans des domaines comme le secteur privé du monde du travail et, de façon générale, aux personnes physiques et morales.

La forme et les mécanismes retenus dans l'élaboration de cette loi furent l'objet de négociations ardues. Jusqu'à quatre versions différentes du projet de

---

4   *Id.*, à la p. 8.

5   *Id.*

6   *Id.*, à la p. 7.

7   Loi 7/1983.

loi furent requises pour en arriver à un certain consensus parmi les intervenants consultés, avant que le projet ne soit présenté au Parlement[8].

Depuis son adoption, la *Llei de normalització lingüística* n'a fait l'objet
d'aucune modification législative. Il y eut une tentative à cet effet en 1993 —
un projet de loi fut même rédigé — afin d'étendre encore plus le processus de
normalisation linguistique, mais on se résigna à mettre le tout en suspens, car
on jugea que le climat social n'était pas approprié et que, sans l'esprit de consensus que l'on recherchait à tout prix, la nouvelle loi ne serait pas pleinement
appliquée suite à son éventuelle adoption. Notons aussi que deux décisions
judiciaires ont eu pour effet d'invalider deux dispositions de la Loi pour motif
d'inconstitutionnalité.

De son côté, le Québec s'est doté d'une loi qui fait du français la seule
langue officielle du Québec, tout en reconnaissant des droits acquis à la place
et à l'usage de la langue anglaise dans les institutions administratives publiques (enseignement, services de santé, services publics). Cette loi, à laquelle
l'Assemblée nationale du Québec a voulu donner le nom de *Charte de la langue française*, impose également diverses obligations, diverses contraintes et
accords, divers droits reliés à l'usage de la langue française, touchant notamment la francisation des milieux de travail, de l'affichage public, des noms des
entreprises, de l'étiquetage des articles de commerce ; tout particulièrement
elle limite la fréquentation des écoles primaires et secondaires de langue anglaise à la population anglophone déjà établie au Québec.

La législation de 1977 fut l'aboutissement de plusieurs lois linguistiques,
accompagnées d'une longue et assez difficile évolution pour aboutir à ce résultat. De plus, la *Charte de la langue française* a subi un bon nombre de modifications depuis 1977, par le fait de diverses lois dont certaines durent être
adoptées à la suite de décisions des tribunaux mettant en question la constitu-
tionnalité de certaines de ses parties[9].

IV
EN ARRIÈRE-PLAN, DES
PRÉOCCUPATIONS SIMILAIRES

Pourquoi ces deux sociétés ont-elles à peu près dans les mêmes années
ressenti le besoin d'une législation linguistique et quel sens prennent ces nouvelles initiatives politiques et législatives ?

---

8   Pour une historique des travaux préparatoires, consulter : Moll i Marquès, Anna, « Els Tràmits
Preliminars de la Redaccio de la Llei de Normalitzacio Lingüística a Catalunya », (1984) 3 *Revista Llengua i
Dret* 3.

9   On trouvera un historique des législations linguistiques successives au Québec et les modifications subies par la *Charte* dans Michel PLOURDE (1988) et dans Guy ROCHER (1992, Chapitre 15).

Elles répondent tout d'abord à un thème commun aux deux sociétés : celui de la préoccupation de survie de deux minorités culturelles dans des milieux politiques et sociaux qui ne leur sont pas spontanément sympathiques, où elles ont une longue expérience de devoir imposer leur volonté d'exister et de se reproduire. On pourrait ici dire que la crainte de disparaître, ou mieux encore le sentiment qu'autour de soi on souhaite nous voir disparaître, constitue sur le mode négatif un thème fondateur des identités nationales catalane et francophone québécoise. Les politiques et législations linguistiques apparaissent comme une réaction à cette angoisse existentielle, un sursaut de vitalité, un moyen de défense contre l'annihilation.

La même crainte de disparition, vécue également dans les deux communautés, appelle une même réaction : assurer la survie et l'usage de la langue nationale par une législation appropriée. Mais en même temps, ce même moyen n'a pas la même signification dans l'une et l'autre situation. En Catalogne, il s'inspire d'un désir, mieux encore d'un besoin de reconstruction nationale. Le caractère radical de la persécution franquiste mit de l'avant diverses mesures visant plus ou moins directement à entraîner la communauté catalane sur la voie de la disparition. Interdite et mise au banc, la langue catalane fut menacée d'extinction totale. Il fallait la réintroduire dans les différents espaces politiques et sociaux d'où elle avait été chassée et exclue pendant plusieurs décennies. Il s'agissait donc de parer à un état de fait, c'est-à-dire à une disparition nationale en voie de se produire rapidement et déjà même très avancée.

Au Québec, la législation linguistique répondait plutôt à la crainte d'une disparition appréhendée. Il n'y avait pas un besoin de reconstruire, mais il y avait le besoin de prévenir une possible disparition, à partir cependant d'indices assez certains, assez évidents pour justifier la crainte. Ce qui provoquait et justifiait cette crainte, c'était l'anglicisation massive des immigrants arrivant au Québec depuis la Deuxième Guerre mondiale. L'immigration n'est pas nouvelle au Québec. Le Québec avait reçu au XIXe et au début du XXe siècle des immigrants juifs et des immigrants irlandais, sans mentionner les autres immigrants britanniques. Mais à la suite de la Deuxième Guerre mondiale, les vagues d'immigration furent abondantes et incessantes, venant d'un peu partout dans le monde. Et l'immigration s'est annoncée comme un fait qui devenait permanent : le Québec et le Canada comptaient parmi les rares pays d'accueil pour immigrants et réfugiés. Or, la presque totalité des nouveaux citoyens envoyaient leurs enfants à l'école anglaise, n'apprenaient que l'anglais, ne s'abonnaient qu'aux médias de langue anglaise et s'identifiaient à la minorité anglophone du Québec ou plus exactement à la majorité anglophone du Canada et même à la grande anglophonie nord-américaine. La communauté francophone voyait de ce fait sa majorité en voie de fondre dans la seule province canadienne où elle n'était pas minoritaire et en voie d'extinction. Les politiques et législations linguistiques ont été un coup de barre donné pour contrer ce mouvement.

Soulignons ici au passage un élément comparatif significatif. L'immigrant en Catalogne et l'immigrant au Québec sont bien différents. En Catalogne, l'immigrant peut très bien être un espagnol venant de l'intérieur de l'Espagne ;

au Québec, personne n'appellera immigrant un Canadien venant d'une autre province du Canada. L'immigrant du Québec vient nécessairement de l'extérieur du Canada : c'est un nouveau citoyen, au sens strict et légal du terme.

Le contexte de reconstruction, d'une part, celui de prévention, d'autre part, expliquent que les deux lois ne soient pas égales. La législation linguistique québécoise a pu aller beaucoup plus loin, couvrir beaucoup plus de terrain que la loi catalane. Les Catalans repartaient de plus loin que les Québécois, dans un rapport de force plus incertain. En Catalogne, les Catalans ne forment pas une majorité aussi nombreuse qu'au Québec. Ils sortaient au surplus d'une terrible période de noirceur. Il leur fallait refaire progressivement leurs forces. En revanche, le Québec était au contraire engagé depuis le début de la décennie 1960 dans un mouvement de très rapide modernisation, accompagné d'une forte auto-affirmation politique et culturelle. Au nationalisme canadien-français succédait un intense courant autonomiste québécois, allant dans une partie de l'opinion publique jusqu'à l'indépendantisme. Les politiques et législations linguistiques s'inscrivaient d'une manière quelque peu paradoxale dans la suite d'un vaste mouvement d'affirmation nationale en même temps que dans la crainte d'extinction que nous venons d'évoquer.

On peut dire ici que la législation linguistique québécoise a accompagné une rapide transformation de l'identité nationale québécoise : elle a été à la fois la manifestation de cette évolution, elle l'a symbolisée et elle y a contribué. À partir du début des années 1960, l'expression « le Québec » a remplacé « la province de Québec », témoignant que le Québec devenait une sorte de pays particulier au sein du Canada, une entité différente de la simple « province ». De plus, au nationalisme canadien-français traditionnel, s'étendant à tout le Canada, succédait un nationalisme québécois, à travers une lente évolution pour sortir du thème ethnique et adopter un sens territorial et civique apte à inclure tout résident du Québec. Pendant très longtemps, les Canadiens français se sont pensés et dits Canadiens et Québécois. Depuis la décennie 1960, ils se sont dits en nombre croissant plus Québécois que Canadiens, et pour un bon nombre, Québécois tout court. Une certaine citoyenneté québécoise, dans un sens élargi et plus sociologique que strictement légal, émergeait de la sorte, en concurrence plus ou moins ouverte avec la citoyenneté canadienne officielle. Dans cette perspective, distinguer le Québec du reste du Canada par une législation qui faisait du français la seule langue officielle allait dans la continuité d'une identité proprement québécoise de plus en plus affirmée.

V
QUELQUES IMPORTANTES
DIFFÉRENCES

Il est un élément des politiques linguistiques sur lequel la législation linguistique catalane demeurait bien en retrait en comparaison de celle du Québec : c'est le statut de la langue dans la vie et les structures économiques et dans le milieu de travail. Le législateur catalan n'a pas cru nécessaire — ou plus exactement possible — d'imposer des conditions et des pratiques linguistiques aux industries, commerces, maisons d'affaires et bureaux. Le législateur québécois l'a fait, pour toutes les entreprises opérant dans le cadre de la juridiction québécoise, de même pour tous les produits, de quelque provenance qu'ils soient, vendus ou distribués sur le territoire québécois.

Cette partie de la législation linguistique québécoise se rapporte directement à la nouvelle identité québécoise en émergence. Un des thèmes que celle-ci a privilégiés dans les années 1960 et 1970 fut celui du « Maître chez nous », qui voulait exprimer l'intention d'une reprise en main par les Québécois et en particulier par les Québécois francophones des commandes et des rouages de l'économie québécoise. Celle-ci a été longtemps dominée par des capitaux étrangers, par la majorité anglophone canadienne et par la minorité anglophone québécoise. On peut ici considérer comme le mythe fondateur le plus récent du Québec moderne cette idée que les Québécois avaient les moyens et pouvaient développer les moyens de maîtriser leur économie. La législation linguistique venait appuyer et même matérialiser ce projet, par un train de mesures destinées à franciser le milieu de travail des Québécois, de manière à favoriser la promotion de Québécois francophones.

Alors que la *Charte de la langue française* jette les bases d'un cadre global réglementant l'usage du français dans différents secteurs, la Loi catalane n'affecte concrètement que les secteurs de l'administration publique et de l'enseignement. Elle ne comporte pas comme tels de droits à caractère purement socio-économique. L'on a préféré réglementer peu à peu et un à un les autres secteurs de la société, comme ce fut le cas avec l'adoption d'une loi dont l'objectif officiel était de protéger le consommateur et de lui conférer certains droits, mais qui énonçait aussi certaines obligations à caractère linguistique incombant aux commerçants et aux entreprises[10]. On a voulu ainsi éviter que certains groupes ne se braquent suite à un changement trop brusque, ce qui aurait mis en péril l'atteinte des objectifs fixés.

---

10 *Llei 3/1993, de 5 de març, de l'Estatut del Consumidor*, DOGC 1719.

Seule l'Administration, ou l'une de ses divisions, est l'objet d'obligations précises. Dans le cadre de la Loi, les particuliers et les entreprises ne sont pas directement concernés. À titre de principe, c'est ce qu'on a voulu éviter lors de l'élaboration de la Loi pour ne pas éveiller certaines susceptibilités face à d'éventuelles implications de la Loi dans des questions d'ordre personnel, chose qui aurait pu susciter ou engendrer des difficultés à faire accepter le principe de la Loi.

La seule façon par laquelle des particuliers ou des entreprises pourraient être touchés par l'application de la Loi serait par le recours d'un justiciable en vertu d'un des droits que lui confère la Loi, à l'encontre d'un autre justiciable l'empêchant d'exercer pleinement ledit droit. L'on peut penser par exemple au travailleur qui, à une réunion d'employés organisée par la direction de son entreprise, se verrait refuser la possibilité de s'y exprimer en catalan, chose allant à l'encontre de la lettre de l'article 2.

Il est une autre différence de grande importance entre les deux lois : la Loi catalane a institué un bilinguisme castillan/catalan, alors que la Loi québécoise a promulgué l'unilinguisme officiel du Québec avec des mesures destinées à reconnaître à la langue anglaise ce qu'on a pu considérer comme ses droits acquis, notamment dans l'enseignement, les médias, la publicité et l'administration publique. On pourrait ici analyser plus en profondeur deux voies divergentes, deux stratégies différentes pour atteindre un même objectif, celui de promouvoir l'usage d'une langue. Au Québec, le législateur a voulu promouvoir le français en sortant d'un bilinguisme qui avantageait toujours davantage l'anglais avec l'arrivée des immigrants. En Catalogne, le législateur a voulu promouvoir le catalan en lui conférant un statut égal au castillan et en officialisant les deux langues. Deux stratégies différentes, pour atteindre un même objectif d'officialisation d'une langue, dans des contextes différents.

De manière générale, la Loi catalane se donne comme objectif principal de permettre au catalan de retrouver sa vigueur et la place qu'il a occupée au fil des siècles, sans pour autant occulter la langue castillane, qui constitue la langue maternelle d'une bonne partie de la population. En conséquence, il faut avoir à l'esprit que l'un des grands principes qu'énonce la Loi catalane est celui du bilinguisme officiel. À la différence de la *Charte de la langue française* qui pose le principe d'une seule langue officielle, la coofficialité des langues catalane et castillane est reconnue et vaut pour tous les rapports avec l'Administration.

Au-delà du bilinguisme institutionnel, la *Llei de normalització* attribue au catalan un certain statut particulier, en la qualifiant à son article 2 de « langue propre » de la Catalogne, sans donner plus de précisions quant à la signification de ce concept. Cependant, il est bon de noter qu'il n'est pas apparu pour la première fois en 1983 et qu'on le retrouvait aussi dans le Statut de la Catalogne en vigueur avant la guerre civile espagnole, au lendemain de laquelle la langue, la culture et les institutions catalanes firent l'objet d'une répression qui ne prit fin qu'avec la mort du Général Franco.

On peut ici se demander si ce n'est là affaire que de sémantique ou, plus en profondeur, qu'y a-t-il derrière cette sémantique ? La Loi catalane ayant reconnu deux langues officielles déclare le catalan « langue propre » de la

Catalogne. Au Québec, dans différents documents — mais non pas dans la Loi elle-même — le français est déclaré « langue commune » du Québec. Faut-il n'admirer ici que l'imagination créatrice du législateur en matière de linguistique, ou la stratégie politique qu'elle recouvre ?

Une autre importante différence que l'on retrouve entre la *Llei de normalització* et la *Charte de la langue française* est l'absence, dans la Loi catalane, de sanctions pénales ou administratives[11]. On a considéré que le fait que de telles sanctions pèsent sur la tête des citoyens aurait été plus néfaste que bénéfique dans la mise en œuvre de la normalisation linguistique. L'atteinte des objectifs quant à l'emploi du catalan, dans le respect de la coofficialité octroyée au catalan, est favorisée par d'autres moyens, comme l'exigence de la connaissance des deux langues officielles pour pouvoir accéder à certains postes au sein de la Fonction publique et du corps professoral. C'est là une condition de base à la présentation des candidatures. Au Québec, au contraire, l'opinion publique, du moins l'opinion publique nationaliste, se serait insurgée contre une loi linguistique qui, selon l'expression courante, « n'aurait pas eu de dents ». Pour être acceptée et pour satisfaire cette partie puissante de l'opinion publique, la *Charte de la langue française* devait comporter des sanctions et des procédures susceptibles d'appliquer ces sanctions.

Ces constats, quant aux forces et faiblesses des lois linguistiques de chacune des sociétés à l'étude, mettent en relief l'impact que peut avoir le poids des facteurs identitaires d'une collectivité face à une autre se trouvant en situation de domination ou de supériorité au sein du cadre étatique qu'elles partagent. Les considérations démo-linguistiques propres à la Catalogne, bien différentes de celles que l'on retrouve au Québec où elles sont bien plus favorables au français, rendent impossible ou, à tout le moins, difficile, la poursuite d'objectifs supérieurs à ceux énoncés dans la loi catalane d'aménagement linguistique. Ceci, en bonne partie, en raison de la dépréciation dont a souffert le catalan aux yeux d'une large part des individus l'ayant comme langue maternelle au cours de divers épisodes de l'histoire, dont celui marqué par le régime dictatorial du Général Franco et la dynamique sociale ayant résulté de cette situation.

---

11 Notons qu'en Espagne, une sanction peut être directement imposée par l'Administration, sans qu'il soit nécessaire qu'un tribunal ne se prononce. La sanction peut aller bien au-delà de la simple pénalité administrative que l'on retrouve au Québec et au Canada et prendre la forme d'une amende. Il faut cependant qu'un tel pouvoir soit expressément énoncé dans une loi.

VI
L'EFFECTIVITÉ DES LOIS LINGUISTIQUES CATALANE ET QUÉBÉCOISE

L'outil que représentent les lois linguistiques est un excellent révélateur des disparités que l'on retrouve dans les deux cas pour ce qui est de la question bien précise d'assurer la viabilité de la démarche. La légitimité dont jouissent la langue et la culture et par ailleurs, la dynamique interne propre à chacune des collectivités dont il est ici question, au-delà du domaine occupé par l'État dans lequel elles se retrouvent, sont garantes de la facilité ainsi que de l'efficacité avec lesquelles de tels outils pourront atteindre les objectifs qui leurs sont attribués par le législateur, lorsqu'il choisit d'y recourir.

Une loi à caractère linguistique peut comporter plusieurs facettes et dimensions, au-delà de la seule fonction régulatrice. Derrière la loi, il faut chercher bien plus que le simple *mischief* ou situation à réformer, ainsi que l'on conçoit traditionnellement ces notions en interprétation des lois, pour comprendre toute sa portée et, surtout, ses implications. Certaines lois peuvent être vues en quelque sorte comme étant la manifestation par le droit d'un certain nombre de revendications à caractère national d'un groupe sur la base de facteurs historiques, ces facteurs devant toutefois continuer à bénéficier d'un certain degré d'effectivité dans le présent. Ceci, dans un environnement étatique d'une nature telle qu'il y ait des raisons de penser qu'une démarche d'affirmation de ces revendications s'en trouverait compromise.

En même temps, ce genre de loi a un crucial besoin de l'apport de ce groupe qu'elle vient appuyer, dans le cadre de ce que l'on peut décrire comme une relation d'interdépendance où la légitimité que l'un donne à l'autre est le principal facteur d'équilibre. En l'absence de l'idée, chez ce groupe, que les avantages que lui confère la loi répondent à des préoccupations réelles ayant une certaine valeur et dont l'importance est suffisamment grande, à ses yeux, pour justifier de recourir à la légalité, les mesures prises n'auront que des effets mitigés, sanctions ou pas. Autrement dit, dans des sociétés comme le Québec et la Catalogne, l'objectif de consolidation des langues française et catalane dans un statut de langue prépondérante au sein des différents niveaux de rapports qu'ont entre eux les individus qui la composent, ne peut se réaliser que si ceux-ci adoptent des comportements compatibles avec cet objectif, démontrant ainsi son effectivité réelle. Ceci, par la revendication ou, plus simplement, par la voie de l'exemple.

Il n'est pas exagéré de dire que ces deux lois linguistiques ont profondément affecté les deux sociétés, catalane et québécoise.

En treize ans de normalisation linguistique, la société catalane a connu plusieurs changements. Tout citoyen voit, d'une manière ou d'une autre, sa vie affectée par ce processus, que ce soit en fréquentant une institution d'enseignement, en présentant sa candidature à un poste dans l'administration ou en s'adressant à celle-ci. Bref, il s'agit d'un phénomène dont la dimension sociale dépasse de beaucoup sa formulation et sa description dans la Loi. La Loi constitue donc un ensemble de règles devant permettre au catalan de retrouver la place qui est historiquement la sienne en Catalogne, par l'organisation de son usage au sein de l'Administration publique et en lui réservant une place d'importance à titre de langue d'enseignement. Le catalan est devenu, dans l'ensemble du réseau scolaire de la Communauté autonome, la langue générale d'enseignement pré-universitaire. Le castillan occupe une place moindre et, souvent, n'est parlé que dans les classes visant son enseignement. Un arrêt récent du Tribunal constitutionnel espagnol a reconnu la validité de ce système. La prédominance de l'une des langues officielles (le catalan) sur l'autre (le castillan) fut considérée conforme aux exigences de la Constitution et du Statut d'autonomie[12] de la Catalogne.

Au Québec, la Charte a profondément affecté le système scolaire, aux niveaux primaire et secondaire, en grossissant les écoles françaises de l'apport des enfants d'immigrants. Elle a de ce fait modifié l'équilibre ou le déséquilibre entre les communautés allophones, la minorité anglophone et la majorité francophone. Elle a aussi largement introduit le français ou plus de français dans les entreprises, par les programmes de francisation que la Charte leur imposait sous peine de sanctions. Elle a enfin contribué à franciser le visage extérieur du Québec, dans l'affichage notamment. Ce qui témoigne des effets que cette Loi a eus sur la vie québécoise, ce sont les nombreux remous qu'elle a suscités chez les allophones et les anglophones et, à l'occasion, chez les francophones. Cette législation est demeurée et demeure peut-être le symbole et l'indice le plus éloquent des tensions que vit le Québec de cette fin de siècle.

Le Québec connaîtrait cependant des tensions encore bien plus vives si une législation linguistique du genre de la *Charte de la langue française* n'avait pas été adoptée dans les années 1970-1980. L'anglicisation à peu près totale et systématique des immigrants aurait exacerbé le nationalisme des Québécois francophones et entraîné une crise sans précédent dans les rapports entre la majorité francophone — qui se serait sentie toujours plus menacée et fragilisée — et les nouvelles communautés ethniques établies au Québec. Une vague de xénophobie aurait pu se déclencher dans de vastes couches de la majorité francophone. Il est donc permis d'affirmer que la *Charte de la langue française*, même si elle a créé des tensions, en a prévenu de bien plus grandes et l'on peut dire d'elle qu'elle a favorisé une certaine paix sociale au Québec.

Concernant le thème du présent ouvrage, l'étude des lois linguistiques catalane et québécoise pose quelques questions fondamentales. Le point de départ en est la notion de survivance d'une culture minoritaire. Cette notion nous amène à celles de risque et de danger. Ces deux dernières notions sont

---

12 Loi énonçant les pouvoirs des communautés autonomes (divisions politiques) de l'Espagne par rapport à *Las Cortes Generales* (le Parlement espagnol, à Madrid), et dont le contenu peut varier d'une communauté à l'autre. Ce sont ces lois qui établissent réellement le partage des compétences.

devenues l'objet d'une grande attention dans les sociétés industrielles avancées. Les techniques modernes ont créé de nouveaux risques de toute nature : risques d'atteinte à la vie privée, risques d'atteinte à la dignité humaine, etc., etc. Du même coup, la conscience collective dans ces sociétés est devenue plus sensible que jamais aux risques et aux dangers de toute nature. On en a fait l'objet de mesures rigoureuses et qui se veulent scientifiques. On dira, par exemple, que telle intervention chirurgicale présente tel pourcentage de risque d'échec ou d'effets secondaires désagréables.

Le risque et le danger n'existent cependant pas dans l'absolu, d'une manière entièrement objective. L'idée du risque et du danger est un construit social, précisément parce que la conscience du risque et du danger peut être plus ou moins élevée, plus ou moins faible. Le risque et le danger ne sont pas appréciés de la même manière d'une époque à l'autre, d'une civilisation à l'autre, voire d'une classe sociale à l'autre, d'une région à l'autre à l'intérieur d'une même société.

Concernant le risque et le danger de disparition d'une minorité culturelle, comment et par qui se construit l'idée du risque ? Comment et par qui se fait le passage de l'idée du risque à l'idée du danger ? Comment et dans quelle mesure les définiteurs du risque et du danger font-ils passer leur définition et leur évaluation dans le reste de la société ? Quels sont les obstacles et les résistances à la transmission des idées de risque et de danger à travers les différentes couches et strates d'une société ?

Les réponses à ces questions appellent des études très fines destinées à identifier les différents leaderships à l'intérieur de chaque société : leadership politique, leadership des intellectuels, leadership de chefs religieux, leadership de mouvements sociaux ou de groupes de pression, etc. Elles appellent également des études complexes sur les stratégies développées et effectivement utilisées par chacun de ces leaderships et sur l'efficacité réelle de ces stratégies, des actions et interventions qu'elles supposent. Elles appellent enfin des études socio-historiques sur l'évolution de ces leaderships, sur le rôle et l'influence que chacun a pu exercer successivement, sur les relais d'un leadership à l'autre, en même temps que sur les coalitions aussi bien que les oppositions entre ces leaderships. Bref, il s'agit de mettre en place une sociologie des élites, dans une perspective à la fois fonctionnaliste et dynamique d'une sociologie de l'action sociale.

Une autre ligne de questionnement concerne le rôle du droit. En Catalogne et au Québec, on a eu récemment recours à la législation pour assurer la survie ou le statut d'une langue. Mais la loi par elle-même n'est pas de soi efficace. L'effectivité de toute loi est une question complexe à analyser. Dans une étude récente des minorités linguistiques et ethniques dans l'Espagne d'après Franco, Jan Mansvelt BECK (1994) conclut que « le statut d'une langue régionale peut s'améliorer d'une manière notable seulement si les conditions juridiques, linguistiques et politiques lui sont favorables. Si l'une de ces conditions est défavorable, la chance de succès diminue significativement » (p. 637). Concernant les conditions linguistiques, Beck fait référence, d'une part, aux « conditions démo-linguistiques », c'est-à-dire à la proportion de la population de la région parlant la langue menacée et, d'autre part, aux

« conditions sociolinguistiques », c'est-à-dire au statut socio-économique de la tranche de population parlant la langue menacée.

Ces distinctions peuvent servir à éclairer certaines différences entre la législation linguistique de la Catalogne et celle du Québec. Dans l'ensemble de la Catalogne, les Catalans de langue maternelle catalane forment à peine la moitié de la population, alors que les francophones forment une solide majorité de Québécois. Cela explique que le législateur catalan ait dû se montrer beaucoup plus prudent que le législateur québécois et que la législation catalane aille bien moins loin que la législation québécoise. En revanche, la majorité francophone occupe au Québec un statut socio-économique bien moins favorable que celui des Catalans en Catalogne. Cela explique que le législateur québécois ait voulu faire une loi beaucoup plus étendue, plus englobante et dotée de sanctions que ce ne fut le cas en Catalogne, même si la langue catalane avait été mise en danger d'une manière bien plus grave que ce ne fut jamais le cas en français au Québec.

Un troisième ordre de questions s'adresse à la fonction des législations linguistiques. Ne faut-il pas attribuer une fonction symbolique à des législations linguistiques ? Et si oui, laquelle, ou plutôt lesquelles ? Au-delà de l'efficacité directe que recherche le législateur en édictant une loi, il arrive que la loi soit aussi parfois chargée d'une effectivité symbolique. C'est le cas notamment lorsque le législateur lui-même, ou un groupe, ou l'opinion publique ou une partie de l'opinion publique accorde une signification « ajoutée » à une loi particulière. Il semble bien que toute législation soit, de sa nature même, chargée de valeur symbolique. À travers les mesures concrètes qu'elle propose, elle ne peut pas ne pas dire ce qu'est ou ce que veut être la société pour laquelle la loi a été faite. En réalité, on doit plutôt reconnaître que toute législation linguistique porte plusieurs significations différentes, voire divergentes, selon le point de vue de ceux qui la considèrent. Elle peut ainsi se charger d'une signification positive ou négative, d'une symbolique d'appartenance ou de rejet, d'inclusion ou d'exclusion, de rassemblement ou de désunion, de passéisme ou de renouvellement.

VII
CONCLUSION

Ainsi, bien que les facteurs identitaires demeurent présents et continuent d'être transmis de génération en génération, il n'empêche, malgré toute l'importance qu'ils puissent détenir aux yeux de la collectivité concernée, que leur affirmation dans le cadre d'une démarche comme l'adoption d'une loi à caractère linguistique puisse être limitée à la fois par la réalité politique et les valeurs propres à l'État et par la situation régnant au sein de cette même collectivité et résultant de divers événements historiques. Le poids de ces facteurs dans la balance des relations avec le reste de l'État varie d'un cas à l'autre et produit ainsi des disparités au plan de la capacité d'adopter et d'appliquer efficacement des législations comme la *Llei de Normalització Lingüística* et la *Charte de la langue française*.

REPÈRES BIBLIOGRAPHIQUES

BECK Jan Mansvelt (1994). « Ethnic minorities and post-Franco territorial administration in Spain : Changes in the linguistic landscape », *History of European Ideas*, Vol. 19, nos 4-6, p. 637-645. La citation est de la p. 637.

PLOURDE Michel (1988). *La politique linguistique du Québec, 1977-1987*. Québec, Institut québécois de recherche sur la culture.

RENIU I TRESSERRAS Miguel (1994). « Planificació lingüística : estructures i legislació » (Planification linguistique : structures et législation), Barcelona, *Direcció General de Política Lingüística del Departament de Cultura de la Generalitat de Catalunya*, p. 43.

ROCHER Guy (1992). « Autour de la langue : crises et débats, espoirs et tremblements », dans Gérard Daigle (dir.), *Le Québec en jeu*, Montréal, Les Presses de l'Université de Montréal, Chapitre 15.

QUATRIÈME PARTIE

SUR LA CITOYENNETÉ

L'AUTRE RÉVOLUTION TRANQUILLE. L'ÉVOLUTION DES REPRÉSENTATIONS DE L'IDENTITÉ CANADIENNE-ANGLAISE DEPUIS LA DEUXIÈME GUERRE MONDIALE

José E. Igartua

I
INTRODUCTION

[1] La question de l'identité canadienne, ou *canadian,* est à la mode. Depuis les années 1960, alors que le concept même d'identité canadienne a cessé d'aller de soi, la production scientifique sur le sujet a été considérable. Les définitions qui en ont été données ont beaucoup évolué. Dans ses grandes lignes, cette évolution a été présentée de la manière suivante par plusieurs auteurs. L'identité fut d'abord fondée sur l'appartenance à l'empire et à la culture (ou, comme on le disait alors, la « race ») britanniques, puis on observe l'entrée en scène de représentations fondées sur le caractère « biracial » de la société canadienne. L'identité nationale cède ensuite sa place aux identités dites « limitées », ce qui produit une représentation de la nation canadienne comme *community of communities* ; on observe ensuite des définitions fondées sur l'adhésion à la Charte canadienne des droits et libertés de 1982 ou sur

---

1   Version remaniée du texte présenté lors du colloque. Je veux remercier ma collègue Fernande Roy, qui m'a fait profiter de sa lecture critique du texte avec sa perspicacité et sa franchise coutumières. Je remercie également Gerald Friesen, Gérard Bouchard et Yvan Lamonde pour leurs commentaires et suggestions.

l'égalité des dix provinces. Ces mutations de l'identité canadienne sont souvent présentées comme une progression « naturelle » depuis une conception ethnique vers une conception civique de la nation, progression qui se déroulerait à un rythme plus rapide au Canada anglais qu'au Canada français (R. BRETON, 1988). Il est rare qu'on attribue à cette progression un caractère historique, c'est-à-dire produit par un enchaînement de facteurs contingents. On n'explique pas pourquoi telle représentation de la nation canadienne apparaît à tel moment de l'histoire du pays et quelle fonction elle remplit dans la conjoncture où elle se manifeste. Voilà le travail de reconstitution et d'explication qui attend l'historien.

L'enquête dont nous livrons un premier élément ici porte sur l'évolution des représentations de l'identité nationale au Canada anglais depuis la Deuxième Guerre mondiale. Nous cherchons à saisir la multiplicité de ces représentations et à comprendre comment et pourquoi ces représentations évoluent. Nous avons choisi comme point de départ les débats politiques entourant l'adoption de la première loi canadienne sur la citoyenneté, en 1946. Cette année d'après-guerre fut fertile en discussions sur l'identité canadienne et sur les symboles qui la représentent. En même temps que ce projet de loi, le Parlement discuta de l'adoption d'un drapeau canadien, du changement d'appellation de la fête du 1er juillet de *Dominion Day* en *Canada Day* et de l'institution d'une journée nationale de la citoyenneté. Sauf pour la loi sur la citoyenneté, ces tentatives de redéfinition symbolique de la nation ne connurent pas de succès, mais servirent également de révélateur des conceptions de l'identité canadienne qui avaient cours au Canada anglais.

II
CADRE DE L'ENQUÊTE

Avant d'examiner les représentations de l'identité canadienne qui avaient cours au Canada anglais en 1946, il convient d'établir le cadre de notre enquête et de préciser le sens que nous donnons aux termes de nation, d'identité et de Canada anglais.

Les travaux des historiens canadiens-anglais contemporains véhiculent deux définitions opposées de la nation. Pour ceux qui prônent un retour à l'histoire nationale (M. BLISS 1991-1992, J. GRANATSTEIN et al., 1990), la nation s'élabore par la construction d'une entité politique et l'émergence de cette dernière, dans le cas canadien, est intimement liée à l'atteinte de la souveraineté sur le plan international (*Colony to Nation*). La nation s'édifie en construisant de grandes choses ensembles et ses héros sont les *nation-builders*[2]. Pour ceux qui s'opposent à la pratique de l'histoire nationale, la nation est

---

2 Pensons à l'utilisation de l'expression *nation-building* dans les manuels d'histoire récents.

également politique ; mais au lieu d'être un élément unificateur de la société, elle est le terrain des conflits et des luttes de pouvoir entre ses divers segments (définis par *race* ou par *ethnicity*, les deux termes étant à l'occasion employés comme synonymes, de même que par *class,* par *gender,* et quelquefois par *region*) (V. STRONG-BOAG, 1994). La nation est donc inintelligible et mystificatrice si l'on fait le silence sur ces conflits.

Ces conceptions opposées de la nation partagent un élément commun. Dans les deux cas, le concept de nation implique une certaine fixité, une matérialité qui est affirmée ou niée. On met l'accent sur les caractéristiques politiques ou sociologiques de la nation, ou on affirme que ces caractéristiques sont secondaires par rapport à d'autres catégories d'analyse plus fondamentales. Or, l'étude de la nation a beaucoup évolué à la suite des analyses critiques offertes par des auteurs comme E. GELLNER (1983), E. HOBSBAWM (1992) ou B. ANDERSON (1991). Ce dernier conçoit la nation comme représentation partagée, une « communauté imaginée », ce qui ne veut pas dire qu'elle soit une communauté imaginaire[3], sans réalité. La nation est un phénomène historique construit ; c'est en premier lieu une forme d'appartenance collective. Cette appartenance peut se fonder sur le partage de traits communs, tels la langue, la religion, le lieu de résidence ou l'histoire commune, mais la nation n'est pas que la somme de ces traits communs : c'est la croyance en la représentation qui est donnée des traits communs partagés.

Référence construite, comme dirait F. DUMONT (1993), la nation devient à partir du XIXe siècle un élément constitutif des identités collectives. Mais l'identité nationale n'est pas une forme immuable d'identification. C. TILLY (1996, p. 5-6) attire l'attention sur le caractère *relationnel, culturel, historique* et *contingent* des formes d'identité publique. Les identités publiques se constituent dans les liens qui se nouent entre les individus et les groupes ; elles s'instituent par la représentation et le partage de perceptions (*understandings*) communes, ce qui en fait un phénomène culturel. L'identité publique est de plus un phénomène historique, en ce sens qu'elle s'affermit de sa propre mémoire, de ses perceptions et de ses formes d'agir passées. Enfin, les mises en scène de l'identité publique sont contingentes dans la mesure où les interactions qu'elles engendrent sont susceptibles de produire des résultats imprévisibles (voir aussi M. SOMERS, 1993).

Nous abordons l'étude de la nation dans cette perspective. Pour nous, la nation est avant tout une forme d'identité, et donc d'identification, publique. Les représentations de la nation constituent une forme d'identification individuelle et collective au même titre que la classe, le genre, l'ethnie ou la région, même si, en tant que communauté politique, la nation prétend englober ces autres formes d'identification. Au lieu de rechercher les caractéristiques politiques ou sociologiques de la nation, nous entendons cerner la variété des représentations qu'on en donne. Nous voulons étudier le processus historique d'évolution des représentations de la nation : comment elles apparaissent, comment elles évoluent, et comment elles se transforment avec le temps.

Notre enquête se limite aux représentations de l'identité nationale qui se manifestent au Canada anglais. Nous recherchons les représentations que l'on

---

3   En dépit du titre de la version française de son livre.

donne de la « nation canadienne » et non les définitions du concept de nation. Par « nation canadienne », nous faisons référence aux représentations qui visent à décrire l'ensemble du Canada, et non pas aux représentations qui ne porteraient que sur le « Canada anglais ». Nous désirons étudier ces représentations de l'identité nationale canadienne dans leur multiplicité et leurs mutations (J. LÉTOURNEAU, 1995).

Il faut expliquer l'emploi de l'expression « Canada anglais ». On sait que le concept même de « Canada anglais » est sujet de débats. Il ne s'agit pas de définir *a priori* la représentation véhiculée par ce concept. Cependant, pour baliser la présente enquête, nous entendons par l'expression « Canada anglais » le Canada de langue commune anglaise ou, si l'on préfère, la communauté de discours politique énoncé en langue anglaise. Ceci inclut les personnes dont la langue ancestrale est autre que l'anglais mais qui utilisent l'anglais comme langue de communication publique et comme vecteur des représentations de l'identité nationale.

Enfin, nous voulons comparer les représentations de l'identité nationale produites dans différents types de situation, afin d'établir dans quelle mesure les représentations varient selon l'usage auquel elles sont destinées. Pour les fins de l'enquête, nous distinguons des situations argumentatives et des situations énonciatives. Les premières se produisent lorsqu'il s'agit de convaincre un auditoire de la nature de l'identité nationale. Depuis la Seconde Guerre mondiale, l'histoire canadienne a connu un grand nombre d'épisodes où l'identité nationale a été au cœur des débats politiques. Mentionnons entre autres les débats sur la citoyenneté, sur le drapeau et sur l'hymne national immédiatement après la guerre, la Commission Massey sur la culture, les arts et les lettres en 1951, la crise de Suez en 1957, qui a provoqué une remise en question des liens que le Canada entretenait avec la Grande-Bretagne, le *Bill of Rights* adopté par le gouvernement Diefenbaker en 1960, la Commission Laurendeau-Dunton, l'Expo de 1967, l'adoption de la loi sur les langues officielles, la loi sur le multiculturalisme, et enfin l'adoption de la Charte canadienne des droits et libertés. Tous ces débats donnent lieu à l'expression de définitions de l'identité nationale qui fondent les diverses prises de position.

Comme ces énoncés sont argumentatifs de par leur nature même, il est clair qu'ils ne sont pas exprimés comme suscitant l'adhésion générale. On pourrait donc objecter qu'ils ne représentent pas des positions communes. C'est la raison pour laquelle nous entendons également nous pencher sur un deuxième type de situation, où l'auditoire visé est censé partager le point de vue énoncé. Dans cette situation, l'énoncé d'identité nationale s'insère dans un discours portant sur un autre sujet et sert soit à illustrer un propos, soit à appuyer un argument ou un point de vue sur le sujet traité. Les représentations qui sont alors véhiculées ne donnent généralement pas lieu à une description élaborée parce qu'elles sont considérées comme étant de sens commun. Par exemple, les propos entourant la célébration de la Fête de la Reine, le « jour du Dominion » ou le début d'une nouvelle année contiennent parfois des énoncés sur la nature de la nation canadienne. De même, les programmes d'enseignement justifient le choix de l'enseignement de l'histoire, de la géographie ou de l'« éducation civique » par l'évocation d'objectifs de développement de la conscience nationale. La nation est alors définie de façon incidente dans la façon d'aborder les matières à enseigner.

Il est extrêmement difficile d'établir si les diverses représentations de l'identité nationale que l'on peut recenser dans les deux types de situation définis plus haut constituent l'ensemble des représentations qui circulent dans la société. Il faudrait également prendre en compte les représentations identitaires véhiculées par d'autres types de discours que le discours politique[4]. Cependant, le discours politique est sans doute celui qui contient les représentations les plus explicites de l'identité collective. Nous avons donc choisi d'amorcer notre enquête par l'examen de certains épisodes politiques qui donnent lieu à des prises de position sur la nature de la nation canadienne. Il ne s'agit pas de réduire l'éventail des représentations identitaires à celles qui sont énoncées par les seuls leaders politiques; on pourra voir plus bas qu'on retrouve des nuances importantes au sein des principaux partis. Mais on peut sans doute présumer que l'éventail des points de vue exprimés lors des débats politiques correspond en grande partie à ceux qui se retrouvent dans la population[5].

III
LA LOI SUR LA CITOYENNETÉ

La première loi canadienne sur la citoyenneté fut adoptée par le Parlement en mai 1946 et entra en vigueur le 1er janvier 1947. Le projet de loi sur la citoyenneté fut l'objet d'un débat prolongé à la Chambre des Communes ainsi que de reportages et de commentaires dans la presse. Nous retraçons d'abord les circonstances entourant l'élaboration de ce projet de loi. Nous nous pencherons ensuite sur les représentations de la nation canadienne qui furent évoquées lors des débats sur le projet de loi. Nous examinerons enfin les prises de position éditoriales publiées dans les grands journaux du Canada anglais.

---

4 Il est évident que les médias véhiculent des représentations identitaires en dehors du discours politique, que ce soit dans l'art (littérature, théâtre, musique), dans la publicité, ou même dans les comptes rendus de manifestations sportives. Gerald Friesen a récemment esquissé les liens entre le hockey et l'identité nationale pour la population (masculine) des Prairies.

5 Quelques sondages d'opinion apportent des indices utiles sur la diffusion au sein de la population de certains éléments constitutifs des représentations identitaires nationales. Ainsi, en 1953, des sondages Gallup ont porté sur le choix d'un drapeau canadien et sur les relations du Canada avec l'Angleterre. Des sondages subséquents ont porté sur les liens entre le Canada et les États-Unis, sur les sentiments envers la monarchie, ou sur l'hymne national. Les données des sondages effectués par l'Institut canadien des affaires publiques (Gallup) sont disponibles au centre de données ordinolingues de la bibliothèque de l'Université Carleton. Sauf exception, le centre ne dispose pas des données des sondages des années 1945-1949.

A/ ORIGINES DU PROJET DE LOI

L'idée de créer une citoyenneté canadienne fut mise de l'avant par Paul Martin à son entrée au Cabinet comme Secrétaire d'État au printemps de 1945. Inspiré par le sacrifice commun des soldats canadiens lorsqu'il visita le cimetière de Dieppe en février 1945, Martin conçut l'idée d'établir une citoyenneté canadienne et en fit la proposition au premier ministre Mackenzie King, qui l'accueillit avec enthousiasme, selon P. MARTIN (1993, p. 64-68). Le projet fut rendu public lors du lancement de la campagne électorale de 1945, le jour de la Fête de la Reine, à Winnipeg. Dans son discours, King rappela aux électeurs que l'unité canadienne avait toujours constitué le premier objectif de sa carrière. Il promit de parfaire l'édification de la nation canadienne en faisant adopter par le Parlement un drapeau canadien et une loi sur la citoyenneté. « The reality of nationhood has long been achieved, but certain of the appearances, the outward symbols, of nation are still lacking[6] ». C'est cependant à la dernière minute que les promesses de créer une citoyenneté canadienne et d'adopter un drapeau canadien furent incluses dans le texte du discours (J.W. PICKERSGILL, 1960-1970, Vol. II, p. 394-396). Selon Jack Pickersgill, le secrétaire politique de King, l'auditoire applaudit à l'idée de la citoyenneté, mais demeura indifférent au projet de drapeau, ce qui laissait déjà entrevoir ce qu'il adviendrait des deux promesses : l'adoption d'un drapeau canadien dut attendre presque vingt ans.

Après la réélection du gouvernement Libéral, Paul Martin demanda à King d'affecter le haut fonctionnaire Gordon Robertson, alors rattaché au bureau du Premier Ministre, à la préparation du projet de loi sur la citoyenneté. L'affaire n'était pas simple et l'aide de Robertson serait précieuse, car celui-ci avait déjà étudié les dispositions concernant la citoyenneté en vigueur dans les pays du Commonwealth et ailleurs. La législation canadienne d'alors ne fournissait pas de définition explicite de la citoyenneté canadienne. Trois lois différentes comportaient des dispositions sur l'immigration, sur l'attribution du titre de sujet britannique et la naturalisation, de même que sur la définition de la qualité de ressortissant canadien. Ces lois dataient de 1910, 1914 et 1921 respectivement[7]. Leurs dispositions ne concordaient pas toujours et certaines d'entre elles, comme celles qui attribuaient aux épouses la citoyenneté de leur mari de façon automatique, étaient devenues archaïques. Le projet de loi devait donc résoudre ces questions d'ordre technique. De manière plus fondamentale, cependant, les rédacteurs du projet de loi devaient décider du caractère même à donner à la citoyenneté canadienne et du lien à établir entre la citoyenneté canadienne et le statut de sujet britannique que possédaient les Canadiens.

---

6 Address by Mackenzie King, Winnipeg, 24 mai 1945, dans Archives nationales du Canada [ci-après ANC], Fonds Gordon Robertson, MG31 E87, Vol, 3, dossier 3-9.

7 Il s'agit de la loi sur l'immigration de 1910, la loi de naturalisation de 1914, qui définit le statut de sujet britannique, en parallèle avec des lois identiques ailleurs dans l'Empire, et la loi des ressortissants du Canada de 1921, qui détermine qui sont les citoyens canadiens pour les fins de la Société des Nations et pour les nominations éventuelles à la Cour internationale de justice.

B/ PRÉPARATION DU PROJET DE LOI

Soucieux d'éviter la controverse, les fonctionnaires décidèrent de reconduire dans la mesure du possible les dispositions contenues dans les textes de loi alors en vigueur. La plus importante de celles-ci concernait les liens entre les sujets britanniques. Dans ses notes sur l'ébauche du projet de loi, Gordon Robertson écrit : « On the whole, while making the provisions necessary to secure a satisfactory definition of Canadian citizenship, as little change as possible has been made in the qualification. *Thus all the essentials of the common status have been retained*[8] ». On conserve donc aux citoyens canadiens la qualité de sujet britannique qu'ils partagent avec les autres sujets de Sa Majesté. Cette qualité ne connaît pas de « rigid definition », selon Robertson. « There is much to be said, poursuit-il dans une note de service, for retaining many of the traditional symbols of association [avec la Couronne britannique] that do not conflict or interfere in any way with the essentials of separate personality and status for the members of the Commonwealth[9] ». De manière réciproque, les dispositions du projet de loi confèrent automatiquement la citoyenneté canadienne aux sujets britanniques nés à l'extérieur du Canada et qui y auront résidé depuis cinq ans à l'entrée en vigueur de la loi.

Le projet de loi apporte quelques modifications mineures aux conditions d'admission à la qualité de citoyen canadien. La première touche les sujets britanniques nés à l'extérieur du Canada qui arriveront au pays après l'entrée en vigueur de la loi. La réglementation en vigueur exigeait des sujets britanniques cinq ans de résidence au Canada, mais permettait d'accorder la citoyenneté sur simple demande ; dorénavant, des pièces justificatives seront exigées. La deuxième modification autorise le retrait de la citoyenneté aux citoyens naturalisés qui seraient reconnus coupables de crimes par les tribunaux dans les cinq ans suivant leur naturalisation. La troisième exempte les immigrants ayant vécu vingt ans au pays de l'obligation de parler l'une ou l'autre des deux langues officielles. On veut reconnaître de cette façon l'apport d'immigrants qui n'ont pas eu l'occasion de faire l'apprentissage des langues officielles mais dont le labeur a été source de richesse pour le pays. Enfin, on s'inspire des pratiques américaines pour retirer la citoyenneté aux citoyens naturalisés qui résident plus de six ans à l'étranger, pour exiger des nouveaux citoyens qu'ils prennent connaissance des responsabilités qu'implique le statut de citoyen et pour donner plus d'éclat aux cérémonies de naturalisation[10].

En septembre 1945, le gouvernement canadien informe le gouvernement britannique et les autres membres du Commonwealth de son intention de légiférer sur la citoyenneté. Cela est de mise parce que le projet de loi canadien fixe les conditions d'obtention du statut de sujet britannique, statut dont on peut se prévaloir dans l'ensemble du Commonwealth et qui donne, par exemple, le droit de vote. La réaction est très positive : la Grande-Bretagne,

---

8 ANC, MG 31 E87, Vol. 2, Dossier 2-7, Gordon Robertson, « Canadian Citizenship Act Notes on Sections », 14 novembre 1945, p. 38.

9 Ibid., 20 avril 1945, R.G.R./L.F., Memorandum for Paul Martin re : the meaning of British subject.

10 Ibid., p. 19, 26, 44.

qui ne possède pas de loi sur la citoyenneté, est « ... most enthusiastic... » et adoptera à son tour, en 1948, une loi semblable à la loi canadienne[11]. Cependant, le Cabinet canadien n'apparaît pas très enthousiasmé par le projet de loi préparé par le Secrétaire d'État et ses fonctionnaires. « It was obvious, note Martin, that most of my colleagues had other priorities » (P. MARTIN, 1993, p. 70)[12]. En fait, le Cabinet était divisé sur l'article 26, qui déclare que le citoyen canadien est sujet britannique. Pour sa part, le Secrétaire d'État aurait préféré ne pas inclure cet article — « It left Canada with a mark of inferiority » — mais il estimait que le projet de loi ne passerait pas en Chambre s'il ne comprenait pas une telle déclaration. Martin considérait que « ... [t]he compromise was a wise one and ensured passage of a measure that could not, and did not, seek to placate the extremists », c'est-à-dire les irréductibles de l'Empire et les nationalistes canadiens-français qui voulaient éliminer toute référence au statut de sujet britannique, qu'ils considéraient comme une marque d'infériorité (P. MARTIN, 1993, p. 74).

C/ DISCUSSIONS EN CHAMBRE

Les débats à la Chambre des Communes firent ressortir trois prises de position au sujet de l'identité canadienne. La première est la défense de la définition « britannique » de la nation canadienne. C'est à cette défense que s'emploient les députés conservateurs de l'Opposition lors des débats en deuxième lecture et de la discussion article par article du projet de loi en comité plénier. La seconde représentation définit la citoyenneté comme fondée sur l'égalité en droit de tous les citoyens, de quelque langue, race, religion ou croyance qu'ils soient. Ce point de vue est partagé par les députés du parti CCF et par les députés canadiens-français qui s'exprimèrent durant les débats. Chez les députés francophones, l'expression de ce point de vue s'accompagne à l'occasion d'une attaque contre les Conservateurs, traités de colonialistes ou accusés de se considérer supérieurs aux Canadiens qui ne sont pas d'ascendance britannique (par exemple, Liguori Lacombe, CANADA, 1947, p. 621 ; Jean-François Pouliot, p. 1025).

La position du gouvernement s'avère un compromis entre ces deux représentations divergentes de l'identité nationale. Ce compromis penche toutefois beaucoup plus du côté de la première représentation que du côté de la deuxième. Lors de l'introduction du projet de loi aux Communes en octobre 1945, le Secrétaire d'État met l'accent sur la continuité et la fidélité aux traditions incarnées par le projet de loi. Selon Martin, la nouvelle loi ne fait que consacrer une situation de fait qui existe depuis plusieurs années. « Il ne faut pas conclure, soutient-il lors de la discussion en deuxième lecture, que le

---

11 ANC, MG 26 J1, fonds Mackenzie King, Vol. 410 (bobine C-9174), p. 369512, télégramme du Haut Commissaire canadien en Grande-Bretagne au Secrétaire d'État aux Affaires extérieures, 15 janvier 1946. Voir également ANC, MG31 E87, Vol. 2, dossier 2-4, *British Nationality Bill, 1948. Summary of Main Provisions*, Londres, His Majesty's Stationery Office, 1948, p. 2.

12 Même son sous-ministre, qui « belonged to the old school of empire » (P. MARTIN 1993, p. 68), s'opposait à l'idée d'une citoyenneté canadienne.

présent bill apporte un changement radical ni que la nationalité canadienne n'existait pas antérieurement. Nonobstant les avis contraires, il existait une citoyenneté canadienne » (CANADA, 1946, p. 1368). Sur le plan légal, la citoyenneté canadienne avait été définie par les lois de 1910, de 1914 et de 1921. Le projet de loi ne fait que reprendre l'esprit de cette législation, tout en apportant quelques corrections techniques qualifiées de mineures.

Martin insiste ensuite sur le lien entre la citoyenneté canadienne et la qualité de sujet britannique. « Je veux en même temps qu'il soit bien entendu que cela [le projet de loi] n'enlèvera pas à quiconque le possède, ni aux personnes qui naîtront ou seront naturalisées à l'avenir, le statut de sujet britannique... Pour ce qui est du Canada, le fait dominant sera d'être un citoyen canadien. Et, comme corollaire, chose importante dans l'ensemble du Commonwealth, chacun sera aussi sujet britannique » (CANADA, 1946, p. 1368-1369). La citoyenneté canadienne constitue donc une façon d'expliciter la qualité de sujet britannique qui définit les Canadiens.

Indice du peu d'enthousiasme du gouvernement envers le projet de loi, celui-ci meurt au feuilleton de la Chambre. Le Secrétaire d'État l'introduit de nouveau au printemps de 1946. Martin adopte alors une stratégie quelque peu différente de celle de l'automne précédent. Il sollicite en premier lieu l'appui de l'Opposition conservatrice. Il note que son prédécesseur Conservateur, C.H. Cahan, avait déposé un projet de loi semblable en 1931, projet retiré sans explication par la suite. Martin note également qu'en 1937 Cahan avait de nouveau manifesté le désir de voir une telle loi adoptée par le Parlement. Martin évoque ensuite le consensus populaire. « Le moment est certes venu, à en juger par l'état de l'opinion publique dans tout le pays depuis la présentation du bill, où non seulement ceux qui ont eu surtout la responsabilité de représenter le Canada sur les champs de bataille durant la dernière guerre, mais encore tous les Canadiens généralement qui sont fiers de leur pays, désirent, sous l'empire d'une disposition légale, jouir du droit incontestable de s'appeler citoyens canadiens... » (CANADA, 1947, p. 512-513).

En deuxième lieu, le Secrétaire d'État invoque la nécessité de reconnaître et de développer le sentiment national. Il s'agit d'« assurer à tous nos concitoyens une communauté de statut qui raffermira entre eux les liens de Canadiens ». « Le bill vise à établir définitivement une citoyenneté canadienne qui soit la base sur laquelle reposeront les droits et les privilèges des Canadiens » (CANADA, 1947, p. 133, 513). Le projet de loi « ... va de pair avec l'évolution du Canada en tant que nation. Il s'inspire de la fierté que nous inspirent à tous les réalisations de notre pays et les exploits de notre peuple. Il symbolise nos aspirations nationales » (CANADA, 1947, p. 512).

La représentation de la nation qui est évoquée dans le discours de Martin apparaît donc délibérément ambivalente. Elle est à la fois ethnique et civile, celle de la nation historiquement définie et celle de la nation en construction. La nation historique est la nation d'ascendance et de tradition britannique. La nation en construction est la nation où tous les citoyens sont égaux, et où ceux-ci contribuent collectivement à sa définition, sans égard à leur provenance. Même si le projet de loi maintient les liens qui unissent les sujets britanniques et les privilèges qui découlent de ce statut, soutenant ainsi la nation ethnique, c'est sur la nation en construction que Martin met l'accent lors de la discussion du projet de loi. « Le bill à l'étude est destiné à créer, au pays, un sentiment d'unité et de solidarité » (CANADA, 1947, p. 1032). La Deuxième Guerre mondiale a suscité chez les Canadiens des manifestations d'héroïsme et de bravoure sur les champs de bataille et de grandes réalisations économiques dans les ateliers et les usines du pays. On mobilise ce souvenir pour développer le sentiment national et pour continuer l'édification de la nation, car le sentiment national, comme la nation elle-même, est toujours en construction ; les deux demeurent inachevés.

En effet, les adhésions régionales sont encore trop fortes et nuisent à l'attachement à l'ensemble du pays. « Il ne suffit pas d'être un bon citoyen de la Nouvelle-Écosse, un bon ontarien ou un bon albertain. Il faut nous mettre au-dessus des différences et des intérêts régionaux, si nous voulons faire tout ce que nous pouvons pour le Canada. Le seul moyen d'y arriver est d'encourager le sentiment d'un légitime nationalisme canadien ». On distingue ainsi le bon nationalisme que constitue la fierté nationale, du mauvais nationalisme, qui en serait le sentiment exagéré. « Il y a eu trop peu de fierté nationale chez nous ». Il ne faut pas craindre de développer ce sentiment. La loi sur la citoyenneté n'est pas « ... une invitation au nationalisme... », lequel est associé aux atrocités de la guerre. « Ce n'est pas la conscience des liens qui unissent les gens de la collectivité et ceux de la nation qui est dangereuse, mais la perversion et l'exagération d'un tel sentiment » (CANADA, 1947, p. 519-520). Pour le moment, le Canada souffre non pas d'un excès de sentiment national, mais d'une insuffisance. La nouvelle loi sur la citoyenneté contribuera à développer le sentiment national, notamment en prévoyant que les nouveaux Canadiens reçoivent une formation appropriée sur les droits et les devoirs des citoyens, et en les obligeant à prêter serment non seulement comme sujets de Sa Majesté, mais aussi comme citoyens du Canada. Ils s'engageront donc à respecter les lois du Canada et à en remplir les devoirs de citoyens.

Ce n'est que de façon incidente, dans la partie de son discours qui décrit les principales dispositions de son projet de loi, que Martin traite des liens entre la citoyenneté canadienne et la qualité de sujet britannique. Il souligne que la loi ne modifie pas la définition du sujet britannique de naissance qui prévaut au pays (CANADA, 1947, p. 516, 518). De même, l'exigence pour les sujets britanniques qui ne sont pas nés au Canada d'y habiter cinq ans avant de recevoir la citoyenneté canadienne reprend la disposition en vigueur. Seule la procédure de demande de citoyenneté diffère ; il faudra déposer sa demande auprès d'un tribunal, avec des pièces justificatives. Martin réitère cependant que « Les droits dont jouissent présentement les sujets britanniques resteront tels quels. Ce bill n'en supprimera ou n'en affaiblira aucun. Ces droits demeureront précisément ce qu'ils sont actuellement » (CANADA, 1947, p. 1033). Ces droits comprennent notamment le droit de vote aux élections fédérales, provinciales et municipales, selon les conditions de résidence fixées par les différents niveaux de gouvernement.

L'ambivalence fondamentale du projet de loi, qui prétend définir une citoyenneté égale pour tous en même temps qu'il continue à favoriser, par ses dispositions, les sujets britanniques, est relevée par certains députés. Le Libéral Édouard Rinfret, d'Outremont, estime que cette ambivalence est néfaste à l'objet même du projet de loi. Aux États-Unis, rappelle-t-il, tous les immigrants sont traités sur le même pied. « Je ne puis m'empêcher de penser, Monsieur l'Orateur, que le traitement spécial qu'on accorde à cette catégorie de nouveaux venus [les immigrants d'origine britannique] nuit à l'unité canadienne » en privilégiant une classe particulière d'immigrants (CANADA, 1947, p. 608). Plus tard dans le débat, le député conservateur Fulton relèvera la même ambivalence, mais pour mettre en doute l'affirmation du Secrétaire d'État selon lequel les conditions particulières faites aux sujets britanniques seront maintenues (CANADA, 1947, p. 1150).

L'Opposition officielle approuve le projet de loi en principe, sentant sans doute qu'il serait mal vu de rejeter l'idée d'une citoyenneté canadienne. Le Chef de l'Opposition, John Bracken, ne participe pas au débat. C'est le député de Lake-Centre, J.G. Diefenbaker, qui se fait le porte-parole des Conservateurs. Diefenbaker se réjouit du projet de loi, qui « réalise le rêve de ma vie » (CANADA, 1947, p. 520). Les Conservateurs s'emploient par contre à défendre la définition « britannique » du Canada, notamment en défendant les privilèges des sujets britanniques pour l'obtention de la citoyenneté canadienne. Pour eux, le statut de sujet britannique est garant de liberté. Selon Diefenbaker, « Le Canada ... signifie une citoyenneté qui conserve dans cette partie de l'Amérique du Nord le plus bel héritage des peuples britanniques où que ce soit au monde. Il signifie pour les Canadiens, indépendamment de l'origine ethnique, la liberté et la tolérance » (CANADA, 1947, p. 524). Le député C.C.I. Merritt, de Vancouver, insiste sur le fait que le concept de sujet britannique est assimilable à celui de liberté. « Nous avons foi dans le statut de sujet britannique et nous voulons, à titre de Canadiens, demeurer sujets britanniques parce que, pour nous, l'Empire britannique ou la communauté des nations britanniques, comme on voudra l'appeler, a été et restera longtemps le plus puissant bastion de la liberté dans l'univers. Nous voulons demeurer sujets britanniques. Nous sommes fiers aujourd'hui d'être sujets britanniques parce que cette qualité nous est un garant de liberté » (CANADA, 1947, p. 810).

Pour ces députés, la tradition de liberté appartient au premier chef aux sujets britanniques, où qu'ils habitent. Les sujets britanniques sont déjà pénétrés de la tradition britannique et ils n'ont pas besoin d'en faire l'apprentissage avant d'être admis dans les rangs des citoyens canadiens. C'est pourquoi, soutient G.R. Pearkes, député de Nanaimo, il faut maintenir la préférence accordée aux sujets britanniques dans l'obtention de la citoyenneté canadienne, car ceux-ci sont déjà au courant de « ... notre système de gouvernement, de nos coutumes et de nos institutions, coutumes et institutions qui sont en somme identiques dans toutes les parties du Commonwealth britannique » (CANADA, 1947, p. 716). Le député d'Eglinton, Donald Fleming, abonde dans le même sens : le sujet britannique « ... n'a pas à se mettre à l'école de la démocratie. Il a l'habitude d'envisager les choses selon l'attitude traditionnelle des Britanniques en face de la démocratie, des droits de l'homme, de l'égalité des citoyens devant la loi, de leur droit d'élire le gouvernement de leur choix ». Il possède les mêmes traditions et la même philosophie de la vie que les Canadiens (CANADA, 1947, p. 1078, 1089).

Le sujet britannique possède une deuxième qualité. Il parle déjà « l'une ou l'autre des langues officielles » (CANADA, 1947, p. 1089). L'intégration à la société canadienne en est facilitée. Voilà une façon indirecte de dire que l'immigrant britannique renforcera le caractère britannique du Canada. Davie Fulton laissera paraître les véritables sentiments de certains Conservateurs : « Sachons... cultiver un authentique sentiment de solidarité impériale... réaliser l'idéal de l'union de tous les peuples anglophones » (CANADA, 1947, p. 1097). Pour les Conservateurs, la représentation de l'identité canadienne se confond avec celle de sujet britannique, et le concept de sujet britannique n'est pas seulement lié à la tradition politique, mais à l'héritage culturel.

Les Conservateurs ont recours à ces arguments pour presser le gouvernement d'éliminer les dispositions du projet de loi sur la citoyenneté qui leur apparaissent blessantes pour les sujets britanniques. Le député de Broadview (Toronto), T.L. Church, reconnu pour son ardeur impérialiste, s'était prononcé contre le projet de loi, qui « conduira à la désunion » (CANADA, 1947, p. 133, 611). Il n'en voyait pas l'utilité. « Je suis Canadien et sujet britannique. Ce n'est qu'une seule et même chose. C'est ce que le ministre et le cabinet ont oublié quand ils ont rédigé ce projet de loi... Il est singulier que certains de ceux qui appuient ce bill en dehors de la Chambre semblent favoriser une république au Canada semblable à celle que désirent l'Afrique du Sud et l'Eire » (CANADA, 1947, p. 612). Selon Church, le projet de loi n'est demandé que par « ... un petit nombre de gens, venant presque tous d'une même province... « L'adversaire est de cette façon désigné sans être nommé. « À mon sens, poursuit Church, [le projet de loi] est un avis que nous remettons à la mère patrie pour lui signifier que nous ne voulons plus accepter ici ses citoyens, que nos portes leur sont fermées » (CANADA, 1947, p. 608). Le gouvernement donnerait donc des armes à ceux qui veulent renverser la monarchie et rejeter la tradition britannique. Il considère que « ... les sujets britanniques, venant d'autres pays de l'Empire y compris la mère-patrie, sont traités comme des intrus et des étrangers » (CANADA, 1947, p. 613) parce qu'ils doivent déposer devant un tribunal des pièces justificatives attestant leur résidence au Canada et leur statut de sujet britannique. Selon le député Donald Fleming, « le bill à l'étude vise à humilier les sujets britanniques d'autres pays du Commonwealth ; ce n'est pas ainsi que nous réaliserons l'unité si ardemment désirée » (CANADA, 1947, p. 704). Le député de York-Sud, Allan Cockeram, immigrant britannique arrivé au Canada en 1914, évoque sa qualité de soldat canadien durant la Première Guerre et trouve « ... révoltant que le secrétaire d'État soumette des sujets britanniques, qui nous viennent d'autres pays de l'Empire, aux ennuis et à l'humiliation que leur imposera cette loi » (CANADA, 1947, p. 709). Quant au député Kidd, de Kingston, il considère que « ce projet de loi sert d'instrument pour proclamer à la Chambre et au pays qu'il se trouve en cette enceinte des éléments antibritanniques qui n'ont désir d'accorder la préférence aux sujets britanniques ». Il ajoute que « [l]es sujets britanniques du monde entier ne devraient pas, aux fins de l'immigration, être rangés dans la même catégorie que les étrangers qui ont combattu contre l'Empire » (CANADA, 1947, p. 813-814). Le député J.R. MacNicol, ancien président de la British Imperial Association, considère lui aussi que les sujets britanniques ne devraient pas être contraints à attendre cinq ans avant de pouvoir obtenir la citoyenneté canadienne (CANADA, 1947, p. 1014).

Au nom de l'héritage culturel britannique, certains députés conservateurs de Colombie-Britannique profitent du débat sur le projet de loi pour demander au gouvernement quelles mesures il entend prendre pour empêcher que ne retournent sur la côte du Pacifique les Japonais (autant ceux qui sont nés au Japon que ceux qui sont nés au Canada — et donc sujets britanniques) qui en ont été expulsés pendant la guerre. Selon ces députés, les Japonais sont inassimilables sur le plan culturel et politique ; certains d'entre eux auraient maintenu des contacts avec les représentants du Japon au Canada, seraient passés au Japon durant la guerre et auraient combattu au sein des forces japonaises (CANADA, 1947, p. 717-718). Cela autorise les Conservateurs à demander l'exclusion de tous les Japonais de la Colombie-Britannique. « ...[E]n nous plaçant au point de vue élevé du christianisme... », le député Pearkes conseille aux Japonais du Canada, et aux Canadiens d'ascendance japonaise, de retourner au Japon (CANADA, 1947, p. 717-718). La tradition de liberté des sujets britanniques trouve là ses limites.

Même si elle considère le Canada comme société britannique, la députation conservatrice ne peut cependant pas ignorer la présence des Canadiens français au pays. Selon Donald Fleming, le Canada est composé de deux principaux groupes ethniques : les Canadiens d'ascendance britannique et les Canadiens d'ascendance française (CANADA, 1947, p. 700). Il cite une déclaration du parti conservateur qui se targue de « ...la société fructueuse qu'il [le parti] forme entre les deux grands peuples, français et anglais, du pays. Ces deux cultures, nous le croyons sincèrement, sont des parties intégrantes de l'essor futur de notre pays. Le Canada sera grand dans la mesure où s'entendront et s'harmoniseront nos deux peuples originaires, aussi bien que ceux des autres races, dont le travail commun a servi à l'édification de la patrie » (CANADA, 1947, p. 705). Il mentionne l'entente fondatrice entre les deux « races », lors de la Confédération : « ...sans l'article 133 [de l'Acte de l'Amérique du Nord Britannique, qui reconnaît le français comme langue officielle au Parlement fédéral], l'acte fédératif n'eût jamais été signé et, sans lui, la Confédération ne saurait se maintenir » (CANADA, 1947, p. 701).

Mais, à en juger par le peu d'interventions sur le sujet, la présence de l'élément francophone au Canada n'est pas considérée comme un élément fondamental de l'identité canadienne. Les députés conservateurs ne traitent de cette présence que pour rappeler les hésitations des Canadiens français à servir sous les drapeaux lors des deux derniers conflits mondiaux (CANADA, 1947, p. 709). Ces remarques servent de répliques à certains députés francophones qui dénoncent la préférence que les Conservateurs veulent maintenir en faveur des sujets britanniques comme un relent de colonialisme et un manque de loyauté envers le Canada. On leur retourne l'accusation en leur reprochant leur attachement à leur qualité de Canadiens français. « Soyons francs, dit Donald Fleming ; il existe chez nous un problème racial dont la solution n'est pas facile. Il a créé le canadianisme mitigé [traduction par le journal des débats de *hyphenated Canadianism*] qu'il incombe à tout citoyen canadien de combattre. Il nous faut rejeter l'idée du canadianisme à qualificatif [*hyphenated*

Canadianism dans le texte anglais original] qui ne concorde aucunement avec la conception mondiale de la citoyenneté canadienne ou de l'unité canadienne. Ceux qui placent la race au-dessus de l'unité canadienne ou de la citoyenneté canadienne, rendent un très mauvais service au Canada » (CANADA, 1947, p. 700).

Ainsi, lorsque Diefenbaker présente un amendement visant à inclure une déclaration des droits des citoyens dans le projet de loi, il entend par ces droits les droits britanniques traditionnels d'*habeas corpus,* de liberté de parole, et d'égalité de traitement sans égard à la race ou à la religion, mais il n'inclut pas les droits des minorités, comme le fait remarquer le député Lesage de Montmagny-L'Islet (CANADA, 1947, p. 1322). Diefenbaker considère en effet tous les Canadiens égaux, sans égard à leur origine ethnique, et insiste pour qu'on puisse se déclarer de nationalité canadienne lors des recensements (CANADA, 1947, p. 521). Il est donc logique qu'il ne reconnaisse pas de droits spécifiques à des groupes ethniques en particulier.

Les contradictions évidentes dans les prises de position conservatrices sont relevées par les députés du CCF. Le député Knight de Saskatoon dénonce l'attitude de ses collègues conservateurs :

« Peut-être la répugnance de mes amis progressistes-conservateurs à accepter le certificat de citoyenneté est-elle inspirée moins par le sens pratique que par l'orgueil racial et le désir de jouir d'une situation privilégiée dans la société canadienne... Il ne doit pas y avoir de situation ni de groupes privilégiés au Canada, pas plus qu'il ne doit y avoir une ou plusieurs provinces privilégiées. Nous voulons l'égalité pour tous... Comme on pourrait voir dans mes paroles une censure à l'endroit des Canadiens anglophones, je dirai à mes amis libéraux de langue française qu'un bon Canadien ne doit pas limiter son horizon à une seule race ni à une seule province. Au contraire, il nous faut voir l'ensemble des provinces canadiennes, les concevoir comme un seul tout » (CANADA, 1947, p. 1020).

Son collègue MacInnis, député de Vancouver-Est, ne se gêne pas pour mettre en doute l'adhésion des Conservateurs aux principes universalistes inscrits dans l'amendement déposé par Diefenbaker. Il s'en prend aux députés Howard Green et G.R. Pearkes, auxquels il reproche leurs attaques contre les Japonais. Qui, demande-t-il, de Diefenbaker ou de Green, représente le point de vue de l'Opposition officielle (CANADA, 1947, p. 1508, 1515-1517)? « Pour les honorables députés de la Colombie-Britannique de cette partie de la Chambre, la citoyenneté dont il s'agit, autant que je sache, est celle de ceux qui parlent la langue anglaise. Peut-être accepteraient-ils aussi la langue française, car il serait de mauvaise politique de l'exclure » (CANADA, 1947, p. 1508). Il met au défi le gouvernement de soumettre à la Chambre un projet de loi pour priver les Canadiens de souche japonaise de leur citoyenneté, comme le demande son voisin conservateur de Vancouver-Sud, Howard Green : « Nous connaîtrons alors ceux qui appuient la liberté au sens large, c'est-à-dire, indépendamment de la race, de la couleur, des croyances ou de la langue, et ceux qui préconisent la liberté pour le petit nombre des élus » (CANADA, 1947, p. 1516). Voilà donc le contraste établi clairement entre la définition ethnocentrique de l'identité canadienne, sur laquelle s'appuient les Conservateurs, et la position prônée par le CCF.

En effet, le CCF défend une vision universaliste de la nationalité. Ses députés croient en l'égalité de tous les citoyens sans distinction. « Quelles que soient leur couleur, leur race ou leur profession religieuse, affirme le député de Yorkton, G.H. Castleden, tous les êtres humains, dans les limites du Canada, doivent se sentir les égaux de tous leurs concitoyens ». Ces valeurs sont inscrites au programme du parti (CANADA, 1947, p. 733-734). Le député Stewart, de Winnipeg-Nord, réclame le même traitement pour tous les Canadiens sans égard à la façon dont ils ont obtenu la citoyenneté. Cette revendication est nécessaire, car « ...les divers groupes et minorités ne bénéficient pas de l'égalité dans notre pays... Les groupes minoritaires du Canada ont été victimes de distinctions injustes, attribuables à l'ignorance, à l'étroitesse d'esprit et à la stupidité, et ces injustices se perpétuent dans cette Chambre » (CANADA, 1947, p. 712).

Tout comme les Conservateurs, les députés du CCF profitent du débat pour dénoncer certaines dispositions du projet de loi qui contreviennent à leurs principes. Au sujet de l'obtention de la citoyenneté, le député Stewart déclare : « Je ne vois pas pourquoi tous les immigrants, peu importe d'où ils viennent, ne seraient pas tous traités de la même manière » (CANADA, 1947, p. 1145). Le chef du CCF, M.J. Coldwell, voudrait que « ...que tous les citoyens, sans exception, fussent suffisamment protégés par la loi » (CANADA, 1947, p. 1197).

Quant aux représentants du parti créditiste, ils approuvent également le projet de loi dans son principe. Ils soulèvent cependant les mêmes objections que les députés du CCF à propos des différences de traitement prévues par le projet de loi entre différentes catégories de citoyens. « Nos lois devraient être les mêmes pour les Canadiens de naissance et pour les naturalisés » (CANADA, 1947, Hlynka, p. 601-602).

Les divergences des partis ne provoquent cependant pas d'opposition de principe au projet de loi[13]. Tous appuient le projet de donner un caractère explicite à la citoyenneté canadienne. Presque tous les députés qui s'expriment lors du débat appuient également la confirmation de la qualité de sujet britannique qui est l'apanage des Canadiens. L'ambivalence contenue dans le projet de loi reflète l'ambivalence de la majorité des députés quant au sens à donner au concept de citoyenneté. Les députés du CCF et quelques députés libéraux canadiens-français préféreraient toutefois que l'allégeance des Canadiens à la Couronne britannique, qui constitue selon Paul Martin la caractéristique du sujet britannique (CANADA, 1947, p. 1162), soit exprimée autrement dans la loi. Ils proposent en amendement que l'expression « sujet britannique » soit remplacée par celle de « sujet de Sa Majesté en tant que souverain du Canada » (CANADA, 1947, p. 1022, 1182-1185). Cet amendement est défait. De plus, le gouvernement cède aux pressions de l'opposition conservatrice et modifie le projet de loi pour que les sujets britanniques n'aient pas à se présenter devant un tribunal de citoyenneté pour obtenir leur

---

13 Sauf pour le Conservateur T.L. Church.

certificat ; ils pourront s'adresser directement au ministre (CANADA, 1947, p. 1130). Les Conservateurs avaient dénoncé les dispositions originelles du projet de loi sur ce sujet comme une atteinte aux droits des sujets britanniques. Il ne s'agit que d'une question de procédure administrative et non d'une véritable question de droits, mais l'agitation conservatrice a eu son effet et le statut privilégié des sujets britanniques a été confirmé dans la loi.

Ainsi, malgré quelques objections que le ministre Martin qualifie d'« extrémistes » (Martin, CANADA, 1947, p. 1032), le consensus qui se dégage au parlement représente la nation canadienne comme étant composée de sujets britanniques, et favorisant les sujets britanniques par rapport aux autres immigrants dans la société canadienne. Le maintien de la tradition britannique est au centre des interventions des députés conservateurs, comme il est au cœur du projet de loi préparé par le gouvernement libéral. Dans l'éventualité d'une révision de la loi électorale, le chef du CCF, M.J. Coldwell, souhaiterait que l'on accorde aux immigrants de culture anglo-saxonne le droit de vote plus rapidement qu'aux autres immigrants : « Si on vient qu'à modifier la loi sur le cens électoral et la loi sur les élections... je voudrais qu'une distinction fût établie entre les gens venus au Canada d'un pays où les institutions et la langue sont différentes et les gens venus d'autres pays dont les institutions démocratiques sont analogues aux nôtres, qu'il s'agisse des États-Unis, du Royaume-Uni ou de l'une quelconque des nations du Commonwealth » (CANADA, 1947, p. 1021). Cela constitue une position un peu surprenante de la part du chef du CCF, dont les autres porte-parole durant les débats sur le projet de loi insistent plutôt sur l'égalité de tous les citoyens. Quelques députés de la majorité libérale rappellent également l'importance du statut de sujet britannique et souhaitent maintenir les privilèges qui y sont associés pour les immigrants britanniques (par exemple, Reid, CANADA, 1947, p. 1145).

Par ailleurs, la tradition britannique est invoquée pour la défense des droits des citoyens et l'idée d'un *Bill of Rights* reçoit l'approbation en principe de la majorité des intervenants dans le débat parlementaire, même si le projet avancé par Diefenbaker ne passe pas la rampe. La question est d'actualité au printemps de 1946, alors que le Parlement apprend que le Cabinet a eu recours à des décrets secrets, en octobre 1945, pour autoriser la détention prolongée de personnes soupçonnées d'espionnage ou de désertion de l'armée américaine[14]. Cependant, il est clair que la conception universaliste de la citoyenneté est balisée par le principe dominant du maintien de la tradition et de la culture britanniques.

---

14 Ce sont les décrets C.P. 6444, émis le 5 octobre 1945, et C.P. 6577, émis le 22 octobre 2945. Dans les débats sur le projet de loi sur la citoyenneté, Diefenbaker invoque l'existence de ces décrets pour montrer la nécessité d'un *Bill of Rights*. L'amendement qu'il soumet à la Chambre vise de manière spécifique les violations des droits civils contenues dans ces décrets. Sur le sujet, voir les éditoriaux du *Winnipeg Free Press* cités plus bas.

D/ RÉACTIONS DANS LA PRESSE

La grande presse anglophone reprend ces positions dans son analyse du projet de loi, tout en mettant l'accent sur les préoccupations propres à la région qu'elle dessert[15]. Le *Globe and Mail* de Toronto, le *Journal* d'Ottawa, le *Herald* de Calgary et la *Gazette* de Montréal offrent un point de vue qui se rapproche de celui de l'opposition conservatrice, tandis que le *Free Press* de Winnipeg, le *Sun* de Vancouver et le *Star* de Montréal sont davantage favorables aux dispositions du projet de loi, les deux premiers défendant une conception universaliste de la citoyenneté. À l'autre extrémité du pays, le *Chronicle Herald*, de Halifax, ne juge pas opportun de prendre position en page éditoriale.

Le *Globe and Mail*, organe conservateur, approuve le projet de loi, car il considère que le temps est venu de créer une citoyenneté canadienne. Le journal ne publie qu'un seul éditorial sur la question : il porte sur le projet de loi déposé en octobre 1945 (24 octobre 1945, p. 6, « A Canadian is a Canadian »). La seule réserve exprimée porte sur la reconnaissance de la citoyenneté canadienne dans les pays qui n'ont pas de représentation diplomatique canadienne. On voudrait l'assurance que des dispositions ont été prises avec le gouvernement britannique pour qu'il continue de s'occuper des sujets canadiens là où le Canada n'a pas de représentation diplomatique, « ...pending the day when all the gaps in our diplomatic representation abroad are filled... ».

Le journal suit de près le déroulement des débats sur le projet de loi. Une dizaine d'articles rendent compte des principales interventions en Chambre. Ces articles mettent surtout l'accent sur l'amendement présenté par Diefenbaker pour inclure une déclaration des droits dans la loi sur la citoyenneté, de même que sur les efforts des Conservateurs pour préserver les privilèges des sujets britanniques immigrant au Canada. Le journal accorde également beaucoup d'attention aux rapports entre francophones et anglophones qui font l'objet d'interventions durant le débat parlementaire. Le journaliste du *Globe and Mail* est particulièrement frappé par l'intervention d'Édouard Rinfret, député d'Outremont, dont le long discours vise à remplacer l'expression « sujet britannique » par « sujet canadien de Sa Majesté ». Rinfret condamne les formes étroites d'appartenance, tant chez les Canadiens français que chez les anglophones. « He struck from the shoulder at narrow 'French nationalism' of Quebec, and turned with no less a blow on those of British stock who insisted on being more British than the citizens of Great Britain. These were Canadians only in name—in soul they were still French, English, Irish or Scottish... Opposition Leader John Bracken was among the loudest in his applause as the Quebec member resumed his seat, and was joined by a scattered number of his party group » (« First Speech Holds House Spellbound », 6 avril 1946, p. 1)[16].

---

15 Nous n'avons pu dépouiller que les journaux dont on trouve des copies sur microfilm à Montréal.

16 La dernière partie de la phrase fait allusion aux tensions qui existent au sein du parti conservateur entre son chef, John Bracken, qui se déclare en faveur de l'égalité entre francophones et anglophones, et l'aile pro-britannique, dont T. L. Church est le représentant le plus fervent.

Le *Globe and Mail* affiche sa conception de l'identité nationale à propos d'un autre projet de loi qui est débattu en Chambre au début d'avril 1946. Il s'agit du projet n° 8, qui a pour objet de changer le titre de la fête du 1er juillet de *Dominion Day* en *Canada Day*. Le journal y voit le même esprit anti-britannique qui se manifeste dans les dispositions du projet de loi sur la citoyenneté. Il est éclairant de citer l'éditorial (« What's In a Name ? », 8 avril 1946, p. 6) :

"This newspaper has frequently declared that it favors a strong Canadian consciousness. It would favor the abandonment of all hyphenated distinctions between Canadians of different national origins. It favors a recognized Canadian citizenship. It fails to see, however, how any of these things is hindered by the fact that this country is known as 'The Dominion of Canada'. How ridiculous to think of that honorable and historic phrase as an 'outmoded connotation of colonialism!'

"A nation without a past is an anomaly. It is as imperfect an entity as a person who has lost his memory. To attempt a deliberate erasure of historical fact is to injure, not augment, national consciousness... There is more than a thread of connection between this strange bill and the clause in the Canadian Citizenship Bill, which would force British subjects from other parts of the world to go through the same form of naturalization which people of non-British nationality are required to accept. The philosophy behind the two is the same. It will be a sorry day for Canadians when legitimate and worthy national pride turns into a species of racial arrogance, which lays about it with hatred or contempt, for all outside our borders. Whether July 1 is called Dominion Day, or Canada Day, is in itself of no great moment. What is significant is the spirit which demands the change."

On remarque dans ce passage à la fois une déclaration de foi dans un canadianisme sans trait d'union, une défense de la tradition britannique et une accusation de *racial arrogance* proférée à l'endroit des députés libéraux canadiens-français qui préconisent un nationalisme canadien sans attache à la Grande-Bretagne. Au Canada, toutes les « races » sont égales, à condition que la « race » britannique maintienne ses privilèges. Le journal appuie la position de la plupart des députés conservateurs qui interviennent dans le débat aux Communes.

Le *Journal* d'Ottawa adopte une position semblable à celle du *Globe and Mail*. Il publie également une dizaine de reportages sur le projet de loi, mais ceux-ci paraissent plus loin dans les pages intérieures du journal, ce qui indique un intérêt moindre pour les péripéties du débat parlementaire. Toutefois, la direction du journal considère que le projet de loi sur la citoyenneté fait partie d'un complot « ultra-nationaliste » pour détacher le Canada de la Grande-Bretagne. Ce complot comprend l'adoption d'un drapeau canadien et d'un hymne national ainsi que la transformation du *Dominion Day* en *Canada Day*. Cette dernière mesure provoque deux éditoriaux qui attaquent l'étroitesse d'esprit de ceux qui l'ont proposée (6 avril 1946, p. 8 ; 11 avril 1946, p. 8). La condamnation est reprise en bloc dans l'éditorial du 16 avril, intitulé « Young Men in a Hurry », qu'il vaut la peine de citer un peu longuement :

"Why are our young ultra-nationalists, so influential with the present Government, in such an infernal hurry with their ultra-nationalist schemes? In a single session of Parliament we have measures to change 'Dominion Day' to 'Canada Day', to make Canadian citizenship more narrowly Canadian, and to create a 'distinctive Canadian flag'. This at a time when this country is beset with tremendous problems, when the question of housing for our people has become desperately acute, and when the lack of reconversion generally is grave.'

"Taken singly, or even collectively, these nationalist bills are of small consequence ; contain little about which any adult mind needs to grow excited. What we dislike about them is what they show of the unseemly haste of certain people in this country, many of them very close to the Government, to rid Canada of anything suggesting the British connection. This country is free ; is absolutely self-governing. What is the sense, the underlying spirit, of feverish haste in emphasizing the matter by a quick procession of narrow, ultra-nationalist laws which, while they mean practically nothing, are yet offensive, in a sentimental way, to many of our people? Surely it is possible to love Canada, to give her our first affection and loyalty, without going about with a chip on our shoulders in narrow nationalism, and seemingly in dislike and suspicion of other countries of our own British Commonwealth? That sort of thing isn't Canadianism ; it is an inferiority complex."

Le complot serait le fait d'une faction canadienne-française du parti Libéral, quoique cela ne soit pas dit clairement ; l'expression *ultra-nationalist* sert ici de code pour désigner l'ennemi anti-britannique, qui ne peut être que le nationalisme canadien manifesté par les Canadiens français du parti Libéral. Il semble que le journal inclue le Secrétaire d'État, Paul Martin, dans la catégorie des ultra-nationalistes. Martin s'était dit être « aux trois quarts » canadien-français lors du débat sur le projet de loi (CANADA, 1947, p. 1104).

Quelques jours plus tard, la rédaction du *Journal* demande en éditorial le report du projet de loi sur le drapeau (17 mai 1946, p. 4). Le drapeau devrait susciter l'adhésion de la grande majorité de la population, ce qui n'est pas encore le cas. Il n'y a pas d'urgence à adopter un drapeau canadien : « We still have the Union Jack, have the Union Jack until we decide upon something else, and it has given us reasonably good satisfaction ». Heureusement, note le *Journal* dans son éditorial du 23 mai 1946, la province d'Ontario sert de rempart aux traditions britanniques. La tradition du *Empire Day* se maintient malgré les nationalistes de la Chambre des Communes. Citons encore une fois :

"Happily Empire Day, May 23, is an institution of the province of Ontario, specifically of the Department of Education for Ontario, and so it cannot be touched by the zealous gentlemen of the House of Commons whose nationalistic ideas are hurt by calling July 1 Dominion Day.'

"Empire Day remains Empire Day, without apologies or excuses...'

"Our children must not be left unacquainted with the proud story of the British Empire in war and peace, must not be imbued with the impression that 'Empire', in this connection, is a term of contempt or reproach. At least in Ontario we must maintain our traditions, must 'remember with gratitude and with hope', as Premier Drew puts it, 'all that the British Empire stands for in the world today."

Pour le *Journal*, la loi sur la citoyenneté est donc entachée du même nationalisme virulent que les autres mesures de mise à jour des symboles nationaux canadiens présentées au Parlement au printemps de 1946. La direction du journal n'offre donc pas son appui au projet de loi en page éditoriale, mais elle n'ose pas non plus le condamner explicitement.

À Calgary, le *Herald*, de la chaîne Southam, appuie le projet de loi en 1945, lorsqu'il est présenté pour la première fois à la Chambre des Communes (23 octobre 1945, p. 7 ; 26 octobre 1945, p. 4). Le projet de loi, lit-on en page éditoriale, devrait généralement recevoir l'approbation des Canadiens comme des futurs citoyens. Au printemps 1946, cependant, le journal adopte la même position que les députés de l'Opposition conservatrice concernant les conditions imposées aux futurs immigrants britanniques pour l'obtention de la citoyenneté canadienne. Dans un éditorial intitulé « British Subjects Should Not Be Affronted », on peut lire : « The five-year residence rule should be omitted from the new act as it applies to them because it is to be presumed that they already understand and appreciate the principles of democracy and democratic government. It is an affront to the people of Britain, for instance, to oblige them to pass through a period of probation before winning Canadian citizenship ». Le journal consacre cependant moins d'espace à la question de la citoyenneté et rapporte les débats parlementaires dans des articles de nouvelles assez brefs. La défense des traditions britanniques préoccupe moins la rédaction de ce journal que celles du *Globe and Mail* ou du *Journal*.

À Montréal, la *Gazette* donne son accord au projet de loi lors de sa présentation à l'automne de 1945. L'éditorial du 24 octobre attire l'attention sur le maintien des liens entre les sujets britanniques à travers le monde. « The bill quite rightly preserves and clarifies the reciprocal rights of citizenship and voting privileges assured British subjects taking up domicile in Canada, and Canadians moving to other British territories ». Le projet de loi fournit enfin une définition de la nationalité canadienne, ce qui est particulièrement important au Québec, dont la loi sur les élections stipule la nationalité canadienne comme condition d'éligibilité. Les comptes rendus des débats font souvent la première page et mettent l'accent sur les critiques adressées aux nationalistes canadiens-français par leurs compatriotes (22 mars 1946, p. 6 ; 10 avril 1946, p. 1). Mais on ne se préoccupe guère de la question des Canadiens d'origine japonaise, qui agite la Colombie-Britannique.

Le *Winnipeg Free Press*, d'orientation libérale, défend une conception universaliste de la citoyenneté. Il n'hésite pas à critiquer le gouvernement au sujet des décrets secrets, dans des éditoriaux aux titres mordants : « Civil Liberty Restored » (3 avril 1946, p. 13), « Running Wild With Power » (4 avril 1946, p. 15) et « Star Chamber Methods » (30 avril 1946, p. 11). Le journal sera cité par Diefenbaker à l'appui de son amendement (CANADA 1947, p. 1327). Il réclame le retrait de ces décrets et félicite le député conservateur d'avoir attiré l'attention de la Chambre sur leur existence (p. 15). Le quotidien l'appuie dans sa défense des droits civils et souligne que « [t]he struggle for the protection of civil liberties in Canada has been a continuous one... the struggle for a Bill of Rights for Canada must go on » (9 mai 1946, p. 13).

Conséquent dans ses prises de positions, le journal dénonce le discours « *racialist* » du député conservateur Howard Green à l'endroit des Canadiens de souche japonaise et considère que ce discours représente la position du parti conservateur : « ...the Conservative Party now raises the doctrine of racial persecution at a time when it is solemnly pledged to condemn it » de par son adhésion à la Charte des Nations-Unies. Selon le journal, la demande d'exclusion des Japonais du littoral du Pacifique est « ...purely fascist... if this principle is once accepted it can be applied to any racial minority on behalf of any majority in any province. The possibilities of such a process in a nation of minorities are obvious » (13 avril 1946, p. 17).

Quelques jours avant d'exprimer son désaccord avec le gouvernement sur la question des droits civils, le *Winnipeg Free Press* fait une large place, dans ses pages, au projet de loi sur la citoyenneté. Une série de cinq articles, signés par Grant Dexter, paraît à la fin mars 1946 (22 mars, p. 13 ; 23 mars, p. 13 ; 25 mars, p. 11 ; 26 mars, p. 11 ; 27 mars, p. 13). Ces articles sont manifestement inspirés par le gouvernement (P. MARTIN, 1993, p. 70) : le texte ressemble fort au discours de présentation que Paul Martin fera au début d'avril à la Chambre des Communes. Dexter explique notamment que « Many people would have preferred to keep Canadian citizenship entirely separate from the status of a British subject. And from the nationalist point of view there is a great deal to be said for doing so ». Néanmoins, le gouvernement a décidé de donner aux « ...British subjects a higher status in this country than is extended to aliens » et il s'imposait de maintenir la qualité de sujets britanniques aux Canadiens pour leur permettre de conserver les avantages que cela leur confère dans les pays du Commonwealth (26 mars 1946, p. 11). Le journal ne conteste pas cette orientation dans ses pages éditoriales.

Sur la côte ouest, le *Vancouver Sun*, de tendance libérale, publie une dizaine d'articles qui rendent compte du débat en Chambre. Il s'agit le plus souvent de dépêches de la Presse canadienne. Trois des articles sont coiffés de titres qui attirent l'attention sur « le problème japonais » sur la côte ouest et rendent compte des discours des députés conservateurs de la Colombie-Britannique sur le sujet. En page éditoriale, le journal prend position en faveur du gouvernement dans le traitement accordé aux Japonais. « Japanese born in this country can stay here as long as they wish. The only citizenship that the government proposes to cancel is that formerly held by several thousands of naturalized Japs whose loyalty to the land which adopted them was shown to be inferior to their loyalty to the land of their birth. While Canada was at war with Japan they asked to be sent home. Canada has acquiesced in the choice of those who didn't change their minds until they discovered that Japan had been defeated. Nothing could be fairer than that » (11 mai 1946, p. 4).

Le *Sun* appuie le projet de loi sur la citoyenneté et rappelle que les privilèges accordés aux sujets britanniques sont maintenus (6 mai 1946, p. 4 ; 18 mai 1946, p. 4). Le journal exprime également sa surprise devant le projet de loi sur la fête du 1er juillet et souligne que le Canada reçut le titre de 'Dominion' de manière un peu accidentelle. Il exprime son désaccord avec les parrains du projet de loi, qui considèrent que le terme possède une connotation péjorative d'assujettissement à la Grande-Bretagne, mais il ne prend pas parti sur le fond (13 avril 1946, p. 13). Un autre éditorial, intitulé « Developing a *Canadian* Spirit » (9 avril 1946, p. 4), prêche la tolérance pour combattre le sectionalisme :

"Sectionalism in Canada has more than one cause. Geography is one of these. But geography is not insurmountable in these days of rapid communication. Racial and religious differences are more potent... But the fact has to be faced that prejudice which is basically religious persists in Canada generations after French-Catholic Quebec and English-Protestant Ontario agreed to make the best of it and live within the same national bounds. The only cure for this sectionalism is a new birth of tolerance... On the credit side, the common experience of the war, which have lent a new and prideful meaning to Canadianism, have been a powerful forger of unified feeling. The fact that we have today an agitation for a distinctive Canadian flag, another agitation for a new definition of citizenship, are among the straws in the wind."

L'analyse du *Sun* diffère un peu de celles qu'on retrouve ailleurs dans la presse et aux Communes en mettant l'accent sur les différences de religion, mais elle adopte une définition « raciale » des deux principaux groupes ethniques en présence au Canada, comme c'est la pratique dans la plupart des énoncés sur le sujet. On remarque également que la création de *national bounds* est le fait d'un accord entre ces deux principaux groupes, définis à la fois par la langue et la religion.

Le commentateur politique du journal, Elmore Philpott, affiche de son côté une position critique envers les Conservateurs préoccupés par les atteintes aux privilèges des sujets britanniques. « The trouble with the super-imperialists is that, right down in their hearts they resent the fact of Canada's national status. They are colonials still. They oppose every change which would help crystallize Canadian national unity—for foolish fear that the strength of such feeling would weaken and not strengthen the Britannic world kingdom » (6 avril 1946, p. 4). Sa chronique du 16 mai 1946 (p. 4) insiste sur les avantages du projet de loi sur la citoyenneté. Les Canadiens de naissance réclament depuis longtemps de pouvoir se déclarer Canadiens, sans précision d'origine ethnique, dans les documents officiels.

C'est là également le souhait exprimé par Diefenbaker. Les exhortations en faveur du *unhyphenated Canadianism*, qu'on retrouve de tous les côtés de la Chambre des Communes, visent à constituer au Canada une citoyenneté et une culture politique commune, sans égard aux particularismes ethniques. Ce discours se fonde cependant sur le fait que cette citoyenneté est britannique dans son esprit et que la culture politique canadienne exprime les valeurs britanniques. Or, les valeurs britanniques ne comprennent pas que le respect des libertés incarné par la *Magna Carta* et *habeas corpus* ; elles véhiculent en même temps le concept de la supériorité morale de la culture britannique (S. LACOMBE, 1993) et c'est au nom de cette supériorité morale que les sujets britanniques ont droit à des privilèges dans l'obtention de la citoyenneté canadienne.

Le *Daily Star* de Montréal abonde dans le même sens. Son éditorial du 23 octobre 1945 (p. 10), intitulé « Civis Canadensis Sum », se contente de résumer le contenu du projet de loi et formule son appui de la façon suivante : « For the first time in history Canadians will enjoy clear and unequivocal status. They do not cease to be British subjects, but in addition they become Canadian citizens ». La rédaction n'accorde pas une importance très grande au projet de loi, si l'on en juge par la place faite dans ses pages aux comptes rendus des débats parlementaires. Le correspondant du journal à Ottawa signe une dizaine d'articles assez longs rapportant les débats parlementaires sur le projet de loi, mais ceux-ci se retrouvent loin à l'intérieur du journal.

Sur la côte est, l'intérêt pour le projet de loi apparaît plutôt faible. Il ne semble pas lié à des questions d'intérêt local comme en Colombie-Britannique. Le *Halifax Chronicle Herald* ne publie aucun éditorial sur le sujet. Le journal reproduit une dizaine de dépêches de la Presse canadienne et les coiffe de manchettes anodines. La position du journal se manifeste plutôt dans deux caricatures (13 mai 1946, p. 6 ; 17 mai 1946, p. 6) qui font allusion au projet de loi sur la citoyenneté et aux projets de loi connexes sur les symboles nationaux. La première caricature est intitulée « What Is A Canadian ? » Elle montre un petit homme, portant complet, parapluie, lunettes et moustache, examiné par une énorme loupe tenue par un poignet marqué *Parliament*. Au-dessus de la tête du petit homme, un point d'interrogation manifeste son étonnement. La deuxième caricature, « A Study in Preoccupation », montre un homme de dos, *Parliament*, assis à une table de travail, perplexe devant les projets de drapeau, de nationalité et de titre pour la Fête du Canada, alors que derrière la porte du cabinet de travail bouillonnent des *unsolved vital problems*. On sent un certain agacement que tant d'importance soit accordée à des questions de symbole plutôt qu'à des problèmes concrets.

Dans l'ensemble, donc, les grands journaux anglophones appuient le projet de loi sur la citoyenneté et ne perçoivent aucune difficulté dans l'ajout du statut de citoyen canadien à celui de sujet britannique. La plupart des journaux soulignent que le statut de sujet britannique sera maintenu. Seul le *Free Press* de Winnipeg, dont le lectorat est très hétérogène sur le plan ethnique, appuie carrément une définition universaliste de la citoyenneté et condamne la définition ethnique défendue par les Conservateurs.

IV
CONCLUSION

L'examen des représentations de l'identité nationale lors des débats entourant l'adoption de la loi sur la citoyenneté révèle deux pôles d'identification. Le premier, qui affiche une nette dominance, est celui de la représentation ethnique et culturelle de la nation canadienne : la nation canadienne est britannique par sa population, sa tradition politique et sa culture. Le projet de loi est essentiellement élaboré dans cette perspective, même si le Secrétaire d'État met l'accent, dans la présentation qu'il en fait au printemps 1946, sur le caractère universaliste de la nation à construire et sur le rôle que le projet de loi joue dans cette édification. De même, la grande majorité des interventions à la Chambre des Communes portent sur le maintien de cette définition de la nation, en insistant pour que les sujets britanniques jouissent de privilèges par rapport aux autres immigrants. Le fondement même du statut de citoyen, au Canada, se trouverait dans la tradition des droits civils et dans l'héritage de la liberté politique britannique.

Cependant, les principes de la tradition britannique ne s'appliquent pas uniformément à tous les citoyens. On en perçoit le caractère limité dans l'association qui est faite, par certains députés de l'Opposition, entre la définition de la citoyenneté et la nécessité d'en priver certains Canadiens de souche japonaise. Cette revendication met en évidence la conception ethnique que ces députés se font de la nation. Les quelques intervenants qui font allusion à la « race » canadienne-française la considèrent comme associée à la race anglo-saxonne dans l'élaboration du Canada, mais dans une association où elle constitue implicitement un *junior partner*. Le recours fréquent au vocable de « race » constitue une manifestation révélatrice de la forte conception ethnique de la nation.

Le deuxième pôle de représentation de l'identité nationale est celui de la nation civique, universaliste, où tous les citoyens jouissent des mêmes droits et ont les mêmes obligations. C'est la représentation mise de l'avant par les députés du CCF. Cette représentation est le prolongement logique des droits civils et politiques issus de la tradition britannique (T.H. MARSHALL, 1949, p. 10-11). Elle n'appartient pas uniquement aux représentants du CCF, comme on l'a constaté dans les pages du *Winnipeg Free Press* ; le projet de *Bill of Rights* de Diefenbaker s'en inspire également. Mais même cette représentation ne s'est pas complètement détachée de sa gousse britannique. Le caractère historique et culturel de la nation se perpétue dans le maintien du lien avec la monarchie britannique ; celui-ci n'est pas remis en cause dans son fond, mais seulement dans sa forme.

La position du gouvernement libéral, délibérément ambivalente, ne constitue pas une représentation médiane, qui se situerait entre les deux pôles définis ci-haut, mais un compromis entre les tenants de ces deux pôles à l'intérieur du gouvernement. Ce compromis vise à obtenir l'appui des modérés de tous les côtés de la Chambre des Communes et dans l'ensemble du pays. À ce titre, il obtient le succès escompté. Le projet de loi s'inspire davantage du premier pôle de représentation, mais la constitution même d'une citoyenneté canadienne, en sus du statut de sujet britannique, s'inscrit dans la progression vers une conception universaliste de la citoyenneté et s'appuie sur la tradition politique britannique pour édifier son existence distincte. Cependant, cette progression rencontre des résistances de la part des tenants de la représentation ethnique de la nation et ces résistances feront échouer les autres projets de redéfinition symbolique de la nation qui font l'objet de discussions en même temps que le projet de loi sur la citoyenneté, à savoir le projet de drapeau national et celui d'une nouvelle désignation pour la fête du 1er juillet.

Il convient de souligner ces résistances pour nuancer la lecture que font G. BOURQUE et J. DUCHASTEL (1996) du passage de la représentation « ethniciste » de la nation dans les années 1930 à la représentation universaliste qui naîtrait avec l'État-providence (p. 47). La proclamation de la citoyenneté canadienne n'induit pas en soi une mutation importante vers le nationalisme civique pancanadien. On peut certes convenir que la représentation civique de la nation est en ascendance au sein du gouvernement fédéral de 1945 à 1960, mais elle n'évacue pas la forme britannique plus ancienne ; de plus, elle coexiste avec un troisième pôle de représentations qui met l'accent sur le caractère « biracial » du Canada, que nous mettrons en évidence dans une prochaine étape de cette recherche. En fait, ces trois pôles de représentations se retrouvent souvent entremêlés. La conceptualisation du discours identitaire proposée par Tilly s'avérera très utile pour démêler cet écheveau.

REPÈRES BIBLIOGRAPHIQUES

ANDERSON Benedict (1991). *Imagined Communities : Reflections on the Origin and Spread of Nationalism*, éd. revue, New York, Verso, 224 pages. Traduction française parue en 1996 sous le titre *L'imaginaire national*. Paris, La Découverte, 212 pages.

BLISS Michael (1991-1992). « Privatizing the mind : The sundering of canadian history, the sundering of Canada », *Journal of Canadian Studies/Revue d'études canadiennes*, Vol. 26, n° 4, p. 5-17.

BOURQUE Gilles, Jules DUCHASTEL (1996). *L'identité fragmentée. Nation et citoyenneté dans les débats constitutionnels canadiens, 1941-1992*. Montréal, Fides, 383 pages.

BRETON Raymond (1988). « From ethnic to civic nationalism : English Canada and Quebec », *Ethnic and Racial Studies*, Vol. 11, n° 1, (janvier), p. 85-102.

CANADA (1946). *Compte rendu officiel des débats de la Chambre des Communes, Première session de la vingtième législature, 10 George VI, 1945*. Vol. II. Ottawa, Imprimeur du Roi.

CANADA (1947). *Compte rendu officiel des débats de la Chambre des Communes, Deuxième session de la vingtième législature, 10 George VI, 1946*, Vols. I, II. Ottawa, Imprimeur du Roi.

DUMONT Fernand (1993). *Genèse de la société québécoise*. Montréal, Boréal, 393 pages.

GELLNER Ernest (1983). *Nations and Nationalism*. Ithaca (N.Y.), Cornell University Press, viii, 150 pages. Version française de 1989 : *Nations et nationalisme*. Paris, Payot, 208 pages.

GRANATSTEIN Jack et al. (1990). *Nation : Canada Since Confederation*. 3e éd. Toronto, McGraw-Hill Ryerson, 567 pages.

HOBSBAWM Eric (1992). *Nations and Nationalism Since 1780*. 2e éd. Cambridge, Angleterre, University Press, 206 pages.

LACOMBE Sylvie (1993). *Race et liberté : l'individualisme politique au Canada, 1896-1920*. Doctorat, Université Paris V, 391 pages.

LÉTOURNEAU Jocelyn (1995). « La production historienne courante portant sur le Québec et ses rapports avec la construction des figures identitaires d'une communauté communicationnelle », *Recherches sociographiques*, Vol. XXXVI, n° 1 (janvier-avril), p. 9-45.

MARSHALL T.H. (1950). *Citizenship and Social Class and Other Essays*. Cambridge, Angleterre, University Press, 154 pages.

MARTIN Paul (1983-1985). *A Very Public Life*. Ottawa, Deneau, 2 vols.

MARTIN Paul (1993). « Citizenship and the people's world » dans William Kaplan, dir., *Belonging : The Meaning and Future of Canadian Citizenship*, Montréal/Kingston, McGill/Queen's, p. 64-78.

PICKERSGILL J.W. (1960-1970). *The Mackenzie King Record*, 4 vols. Toronto, University of Toronto.

SOMERS Margaret (1993). « Citizenship and the place of the public sphere : Law, community, and political culture in the transition to democracy », *American Sociological Review*, Vol. 58, (octobre), p. 587-620.

STRONG-BOAG Veronica (1994). « Contested space : The politics of canadian memory », *Journal of the Canadian Historical Association/Revue de la Société historique du Canada*, nouv. série, Vol. 5, p. 3-17.

TILLY Charles (1996). *Citizenship, Identity and Social History*. International Review of Social History Supplement 3. Cambridge, Angleterre, University Press, p. 1-17.

CHAPITRE XIV

EVOLUTION OF THE CONCEPT OF CITIZENSHIP (1945-1995): AN ENGLISH CANADIAN PERSPECTIVE

GARY CADLWELL

I
INTRODUCTION

In this paper we have undertaken to capture the evolution of the concept of citizenship in English Canada. The significance of that concept (not to mention its very existence) is, obviously, very much a function of ideology, particularly the political culture of the day. In the case of English and French Canada the prevailing political culture has changed dramatically, perhaps much more in English Canada where British imperialism, English Canadian nationalism and contemporary pan-Canadian nationalism of a neo-liberal inspiration have succeeded one after another in quick succession. In Quebec, North American liberalism, French Canadian nationalism of both the "survivance" and the "libération nationale" varieties and Quebec nationalism of a republican inspiration have ebbed and flowed over the fifty year period 1945-1995. In the course of the following exploration of the emergence and change in the notion of citizenship in English Canada the adjacent ideological context will be regularly invoked.

However, the ideological context is not entirely specific to English Canada. Because English Canada and French Canada have participated in and practiced political discourse in the same political context—that of the federal government of Canada—the two ideological itineraries with respect to the notion of citizenship are not entirely independent. Indeed, G. BOURQUE, J. DUCHASTEL (1996) in their *L'identité fragmentée*, of which the sub-title is *Nation et citoyenneté dans les débats constitutionnels canadiens, 1941-1992*, make a very strong case for this interdependence. In order to avoid disincarnating the evolution of the notion of citizenship in English Canada from this shared ideological context, we will evoke the very revealing Bourque-Duchastel analysis both as a horizon of this common ideological reference, and as a fail for our argument.

The Canadian case is particularly instructive in so far as the concept of citizenship is concerned for the very compelling reason that the political status of Canadian citizen simply did not exist until after World War II. Indeed, it was not until 1947 that Canadian citizenship came into existence (cf. in this collection, the chapter by J. Igartua). Before that date all Canadians, native born or naturalized, were "British subjects living in Canada".

Although Canada has exercised control over immigration since 1867 (Confederation) and over foreign relations since 1931 (Statute of New Westminster), the need had not arisen to create a Canadian citizenship. What is intriguing in so far as our present inquiry is concerned—the role of ideology in determining the concept of citizenship—is that most native-born Canadians over fifty, if they were ever aware of it, have forgotten that they were not born citizens. Indeed, although they were not born Canadian citizens, most of them have projected onto themselves the contemporary ideological view of the matter whereby we are all, and always were, Canadian citizens.

However, although at the time (before 1947) Canadians—at least English Canadians—were sure of what their political status was, to wit, British subjects living in Canada, contemporary Canadians are less sure of what the "Canadian" in Canadian citizenship means. So unsure, in fact, that in the early nineties both houses of the Canadian parliament struck committees to define what Canadian citizenship means. Their two reports provide a revealing end-of-era bench mark (*Canadian Citizenship*, 1993 and 1994).

What was the ideological transformation that led to the abandoning of the status of British subject for that of Canadian citizenship that we are at some loss to give a precise meaning to today? Interestingly G. BOURQUE and J. DUCHASTEL (1996) argue, convincingly, that the very primacy of the concept of citizenship in the contemporary English Canadian political discourse is the outcome of the research for "national" identity in an ideological context in which English and French Canadian nationalisms are irreconcilable. It would be too ambitious to pretend that we have another answer as to why citizenship has become so important; we shall attempt here rather to characterize the change that took place in English Canada in the rather short period (in historical terms) of fifty years... less than a contemporary lifetime.

We have divided the fifty years 1945-1995 into three periods. The first (1945-1962) we have called the "traditional" period; the second (1963 to 1981), the "transitional period"; and the last (1982 to the present) the neo-liberal era. Obviously, these appellations are, as opposed to being intrinsic to the period in question, in reference to the end-product of the ideological evolution that took place: the accomplishment of what is now called the neo-liberal political culture, that which is generally shared by all "Charter Canadians"... those socialized after the entrenchment of the 1982 "Charter of Rights and Freedom".

II
THE TRADITIONAL PERIOD 1945-1962

The first thing English Canadians did as they proceeded to take up normal life after the conclusion of the war was to honour those who had died for "King and Country". Every school, every church, every community association posted its honour roll, alongside that of the First World War, of its graduates or members who had made the supreme sacrifice for their British King and their country Canada.

Those who were educated in the immediate post-war period learned that they were the inheritors of British liberties, and that until India became independent in 1949, the sun never set on the British Empire become the British Commonwealth. Those who went on to post-secondary education learned why the political institutions of British inspiration, notably constitutional monarchy, parliamentary sovereignty and the unwritten Constitution, were, although imperfect, superior to all others; notably they were preferable to the republican institutions of our powerful yet ever menacing neighbour who had twice invaded Canada. These institutions were seen to be superior because they allowed for more adaptation and evolution, more social justice and more liberty than was possible in even a republican regime. John FARTHING's *Freedom Wears a Crown* (1963), published in this period, is an exemplary statement of this political culture.

And the principal reason for the superiority of these institutions was that they provided for a transcendent political reality which was identified with the common good, which was an object worthy of our respect and loyalty, and for which self-sacrifice was a duty. This transcendant reality was the "Crown-in-Parliament". It was for this transcendant reality, symbolized by the person of the monarch subjected to the will of parliament that our fathers and uncles had died, defending the liberty it represented for them: they had been part of the "thin red line" protecting "peace, order and good government".

299

When the sovereign visited Canada in 1952 those who flocked to see him in Toronto, Montreal and Quebec City were reaffirming their loyalty as his majesty's Canadian subjects. Despite the introduction of Canadian citizenship in 1947, they remained British subjects. A few years later, television allowed us all, British subjects in the Commonwealth that circled the globe, to participate in the coronation of our new sovereign Elizabeth II for whose well-being and wisdom we implored God in our anthem "God Save the Queen" which was sung at the beginning of every school assembly until the middle sixties.

⚜

During this "traditional" period which come to a close in the early sixties, Canadians were not conscious of being equal Citizens in one nation, but rather of being subjects of a polity (Canada) equal before the law. Furthermore, all Canadians, irrespective of race, ethnicity or religion, were all equally loyal "subjects" of the Canadian crown, and in this capacity were the happy beneficiaries of British liberties. W.L. MORTON's essays in the *Canadian Identity* (1961) are very explicative in this respect.

Equal before the law and equally loyal, but *not* equal in their capacity qua individuals. Apart from the legal and political framework of the polity, there was a recognized societal reality in which individuals unequal in talent and endowment made their appropriate (and unequal) contribution to the functioning and maintenance of the good society; which society assured the public interest. The public interest, by definition, included preserving the common good. One corollary of the existence of the common good was that social justice that applied to all required that no one be left abandoned in distress or misery; and that we submit to restrictions to our liberty to maintain the common good that made social justice possible.

As for the concept of citizenship it of course existed and was in use, in Canadian socio-political discourse before 1947; however, it was a generic term used to invoke the idea of political equality as it prevailed in Western literature, and to reinforce adhesion to a Canadian identity, in which we all participated as equal citizens. One did not speak often of oneself as a "Canadian subject", but rather as a citizen of Canada. In fact reference to oneself as a British subject and a Canadian citizen were both current in the discourse of the time, and often concurrently by the same person. What was clear was that one was not a "citizen" in the sense of citizen "Paine" or citizen "Kane". It would never have occurred to a Canadian of this period to present himself in public as "citizen so and so".

In terms of liberty of movement and travel there were certain specific consequences of this regime which no longer exist. Canadians were free to travel anywhere in the Commonwealth—one seventh of the world at the time—and the reverse was true, members of other Commonwealth countries were free to come to Canada. By dint of their status of British subject they would automatically, or quite readily, become naturalized Canadians; or for that matter, members of British society itself. In fact, when one entered the United Kingdom, members of Commonwealth countries and residents of the

300

United Kingdom passed through the same customs control. Moreover, as British subjects, Canadians enjoyed (until as late as 1977) the protection of and recourse to the facilities of the British government anywhere in the world; as indeed was the case of Africans or Asiatics who were also British subjects and who had passports. For instance, a French Canadian caucasian and a negroid Nigerian could be married in a British consular office in Paris in 1962, and then leave for or take up residence as full "citizens" in either Britain, Canada or Nigeria!

What is fascinating is how thoroughly the "British" dimension of our political culture, both English and French Canadian, has been displaced, and in the discourse of those who once identified with it. The very contemporary Bourque and Duchastel analysis covering the period in question is a good example of this: reading it one would never suspect that this political culture and its symbolic manifestations were dominant in English Canada at least, as late as the fifties.

III
THE TRANSITIONAL PERIOD
1963-1981

In 1963 Canada adopted its own distinctive flag, free of British symbols—the Red Ensign (the former Canadian flag) bore a Union Jack in the upper left-hand corner—and bestowed upon itself a Bill of Rights, be it an ordinary law of parliament. The last major Canada-wide royal tour took place in the same year (1963).

In the course of the sixties, the monarchy was relegated to the dustbin of history in the English Canadian consciousness. The practice of singing *God Save the Queen* was abandoned in schools in English Canada, the Union Jack was discretely displaced while the new Maple Leaf flag was displayed during rendition of "Oh Canada", one of available patriotic anthems now raised to the status of the "national" anthem.

Concurrently, public insignia and institutional designations were discretely purged of all references to the monarchy, even the word "Royal" disappeared from circulation. The Royal Canadian Air Force and the Royal Canadian Navy became the Canadian Air Force and Navy respectively. The Royal Mail became Canada Post and provincial highways ceased to be the Queen's highways, to become, simply, numbered highways.

Very present as ideological influences during this period, in addition to a much more omni-present Canadian nationalism reinforced by the war experience, were two new experiences. One was the American civil liberties movement, and the other, marxism in the universities. The former mobilized the idealism of a whole generation of university students, and the other resulted in a new orthodoxy in so far as imperialism was concerned. Hithertofore imperialism was an evil; and all imperialisms were indiscriminately evil. Not surprisingly, the British imperial past of Canada was disavowed.

Against this ideological background, the struggle for civil liberties and decolonization, there emerged in the university milieu the women's and native people's movements, both taking hold on the consciousness of the generation of the early seventies. Both of these movements were infused with the notions, borrowed directly from the civil liberties movement, but very much in conformity with the greco-judaic christian heritage, that any political or social condition that prevented equality was discrimination, and hence wrong.

The consequences in so far as the concept of citizenship is concerned were considerable. A subsequent overhaul of the 1947 Citizenship Act in 1977 produced significant changes, the most notable of which were the reduction of the probation period from five to three years, and the allowing of double citizenship. Henceforth, one could become a Canadian citizen while retaining, for instance, French or American citizenship. Yet, the oath of allegiance to the reigning sovereign and her heirs was retained.

At this time provisions dating back to Confederation allowing for deportation of Canadian British subjects, or later, Canadian citizens, were nullified by the express statement that Citizenship could not be taken away, or citizens deported except in the case of naturalized citizens found guilty of fraud or illegality in the acquisition of citizenship. Citizenship became inalienable, except by free choice. All children, regardless of whether their parents were Canadians, born on Canadian soil became explicitly entitled to Canadian citizenship; and the legitimate children born abroad of Canadians were also entitled to Canadian citizenship, as were the children of a Canadian born and living abroad.

Some years previously (1966), another Canadian Immigration law had been purged of anything that smacked of discrimination. British or Commonwealth preference, or preference based on cultural origins previously judged to be indicative of a better integration into Canadian society did not meet the non-discrimination criteria and were removed. Quota's for specific countries were abolished to be replaced by a point score based on occupation, education, knowledge of English or French and health. All except the last characteristic were presumably "acquired" characteristic and hence not discriminatory.

IV
THE NEO-LIBERAL PERIOD
1982 TO 1995

In 1982 the Parliament of Canada "expatriated the Constitution" from England and entrenched a "Charter of Rights and Freedoms" in the legislative form of the "Canada Act". Henceforth Canada had a "written" constitution and "codified" rights and freedoms, two features that the traditional period political culture prided itself on *not* having... even disdained.

The Charter, or rather the ideological disposition underlying it, unleashed an avalanche of rights claims in Canada; and before long there were institutionalized children's rights, rights of homosexuals, prisoner's rights, etc. And to overcome structural discrimination the concept of positive discrimination was introduced into our jurisprudence. Members of disadvantaged groups, social, ethnic or otherwise, were granted collective rights to help them catch up in the enjoyment of individual rights.

All forms of religious or cultural preference in the public domain became discrimination. Christmas celebration for all had to disappear from schools and employers could no longer constrain employees to take the Christian religious holidays; rather the holidays of the religion of the individual in question were to be respected.

Reference to the past and founding myths that privileged one religious or ethnic tradition also became discriminatory. The traditional Canadian concept of Canada being a country originating in the action of two founding nations had to be abandoned as this was discrimination in favour of British or French culture. Canada became a country of many cultures, with no official culture!

We have here the accomplishment of neo-liberal ideology whereby individuals possess rights and all citizens are equal without distinction. Society is an aggregate of rights-bearing individuals and, as for the common good—if it exists at all—it is the sum of all individual goods. In a neo-liberal perspective ideological energy is directed to realizing a future State of equal interacting individuals, freed of a past in which ethnics and religious distinctions were institutionalized. Hence Canadian political culture broke with its past: even the legislative instrument of the creation of the Confederation, the "British North America Act", was renamed, retroactively, to become the "Constitution Act of 1867"; and what were at the origin, unequal provinces both in terms of size and seniority in the Confederation, were now to be equal according to the doctrine of "provincial equality".

What are the consequences of this ideological realignment in terms of the concept of citizenship? In 1993 Canada began preparing for another major overhaul of the Citizenship Act, and to this end both houses of parliament,

303

the Commons and the Senate, held (as mentioned earlier) Committee hearings. Both committees have now reported (*Canadian Citizenship: A Sense of Belonging*, 1994; *Canadian Citizenship; Sharing the Responsibility*, 1993) and their findings are instructive.

In the case of the Commons' report there is a complete rupture with the past, that is to say there is no effort to establish a continuity with the past... one begins in the present. In their report the Senate committee, however, attempts to put present questioning in historical context. Yet, in both cases there is an expressed need to create a symbolic affirmation of what citizenship means (hence the report sub-titles): a curious turn of history; after having totally desacralized the public domain one now feels the need to re-create a symbolic transcendence.

In more precise terms, the Commons committee speaks of the necessity of re-affirming the values that Canadian citizenship represents, and to symbolically confirm a "sense of belonging". To go to the crux of the issue, there is here an effort to provide contemporary Canadians a definition of what their citizenship means... presumably because they do not know!

As it turns out the values proposed are totally abstract and rigorously universal: diversity, tolerance, democracy, and respect for the environment. As for the "sense of belonging", what one belongs to is delimited by geographical space; in other words, one acquires the sense of belonging by spending time in Canada and by "participating". As for the nature of what one belongs to, the only analogy or metaphor available to the authors of the report is "family". Effectively, our present prime minister refers frequently to the "Canadian" family. The only reference to loyalty, one of the hallmarks of the traditional political culture, is to decry it in favour of participation: "one must go beyond the old passive loyalty to an active participation".

The Senate Committee report which is more critical, as witnessed by its historical perspective and its analysis of the contemporary rhetoric on Canadian citizenship, arrives at the following conclusion: citizenship is a "disposition" learned by participation in public debate. Commenting on the numerous submissions made, largely by university professors (to a committee the chairman of which was also a university professor) the report (written by committee research staff) contrasts the contemporary Canadian sense of citizenship to that of the citizen of Athens at the time of Socrates in the following terms:

"It was Socrates who best exemplified the classical commitment to citizenship and the public good. For him, life lived in exile from his fellow citizens was a fate worse than death. Citizenship, and the belonging it conferred, involved an existential commitment. However, while death rather than life in exile proved a logical choice for Socrates, it is unlikely that any of our contemporary professorate would partake of the hemlock for either love of students or community" (p. 4).

What a refreshing eruption of candour in an official document (one wonders how the research staff sneaked that by the senators). Indeed, the Senate committee goes on to note approvingly that Canadians have a flag that has never been borne in battle!

We are a long way from the loyalty of those who willingly sacrificed themselves for their King and their Country as late as the World War II. As a matter of fact, their consciousness of what they were doing has been officially, revised, ex post facto. On a monument raised in London upon the occasion of the fiftieth anniversary of the end of World War II, and intended to commemorate Canadians dead in both world wars, it is inscribed that they died "for Liberty and to participate in the defense of their British friends". How strange, to have put such words into the mouths of those who can no longer protest, those who saw themselves as being British (they were in fact British subjects); and as being prepared to die for "King and Country", which were for them the guarantee of liberty in their time. In the minds of those still imbued with the traditional political culture such rewriting of history is an anomaly that only a revolutionary would be capable of.

To return to the contemporary vision of citizenship as vehiculed in the two reports, this "neo-liberal" vision based on the ideal of the rights-bearing individual who participate in the Canadian civic family by formulating and subsequently obeying law, effectively vitiates the old distinction whereby there is a specific public ethic which applies to the public sector... and which involved more than participating and obeying the law.

What then have been the consequences, over the period 1982 to present, of consecration of this concept of citizenship? Among many the most evident are: one, the blurring of the distinction between a citizen and a non-citizen, they are both rights-bearing individuals subject to the rule of law; secondly, the change in the criteria used for eligibility for attaining citizenship, cultural, religious or racial characteristics no longer being eligible, acquired characteristics such as education, occupation and state of health and wealth become more important. Admittedly, economic considerations such as the need for farmers and unskilled labour or certain professions (according to the needs of the time) have always played an important role in the Canadian immigrant selection process, and still do.

Yet the last criteria, that of the wealth of the immigrant who is a potential business man or investor is a post-1982 development, not, perhaps, unrelated to the changing nature of the Canadian economy. Nonetheless, it is particularly revealing of the essentially bourgeois nature of the neo-liberal ideology. It is now possible, strictly speaking, to buy Canadian citizenship as long as one meets the public security and health limitations. One might argue that money always opened the door to Canada: yet what is now different is that apart from refugees and family reunion category citizenship grants, immigrant business and investor class immigrants as a group have displaced "independent" immigrants.

Another and third consequence of the contemporary concept whereby citizenship has nothing to do with culture has been, paradoxically, the strengthening of ethnicity in Canada. As Canada is now a "multicultural" society in which there is no official culture, citizens are free and (for want of a new

Canadian culture) inclined to reaffirm immigrant cultures. G. BOURQUE and J. DUCHASTEL (1996) in their formulation of the notion of "a citizenship of particularisms" have very aptly captured this.

And finally, the fact of dual (or triple, etc) citizenship represents a significant change while reflecting the vitiation of the cultural content of citizenship. Presumably problems of divided allegiance do not arise in the new conception of citizenship as one's obligation to the political community are now much more limited. Here again, this outcome is very much central to the Bourque and Duchastel analysis. There are also consequences in terms of individual responsibility. Under a regime of exclusive citizenship one knew a fellow citizen with whom one had dealings could be held to account, if only because he was answerable to the same "règles de jeu". Now one cannot be sure: the person one is dealing with could in fact have double citizenship and be gone when the going gets tough.

In all of this, the post-1982 development, there is one revealing anachronism. Immigrants are still required to take an oath that most (but not all) Canadian born have never taken and consider, quite simply, ridiculous: an oath of allegiance to the Queen of Canada, Elizabeth II and her heirs. Interestingly enough, the two parliamentary committees decided in favour of retaining the oath of allegiance to the Queen, albeit adding allegiance to Canada and dropping the heirs. The Bloc québécois members of the Commons committee registered a minority opinion, asking for the retention of the existing oath which requires allegiance to the monarchy only and not to Canada as such!

It is altogether paradoxical that such a traditional symbolic expression, clearly an anachronism in the neo-liberal world view, should be retained so long after the political culture of which it is an expression has been so thoroughly depreciated. The desire to retain the oath of allegiance to the Queen is perhaps a manifestation of the failure to have generated any satisfactory symbolic replacement. The Canadian passport still calls upon one and all to let the bearer pass, *in the name of the Queen!*

V
CONCLUSION

Upon several occasions in the course of this description I have invoked what I consider to be the very revealing and insightful analysis of post-war Canadian official political discourse to be found in *L'identité fragmentée* by Gilles Bourque and Jules Duchastel. Their content analysis provides, as I suggested at the outset, a very reliable and distinguished foil for my concluding remarks.

Both Bourque and Duchastel and I agree that there has been enormous evolution in the political culture of both English and French Canada in the half century since the war: for instance in the former the concept of Canadian citizenship has taken on a new and central role in political discourse on who Canadians are; whereas in the latter a more culturally bounded identification with the territory of Quebec has emerged. While I contest neither of these affirmations I have some qualifications which are major.

The first of these is the proposition that although what is being affirmed—the emergence of a "stato-civique" pancanadianism in Canada outside of Quebec and a cultural and territorial nationalism in Quebec—may well be true, it is not true that this change is operative in the consciousness of all members of the polity, far from it. For instance, products of what has been called in this paper the "traditional political culture", have not (and will not) eschewed the new "stato-civique" pancanadian nationalism. One does not re-tool a consciousness acquired in the formative first twenty years as one changes cars. By way of illustration, the notion of "British liberties" continues to have meaning and pertinence for these people; as do the notions of "parliamentary sovereignty" and the superiority of an "unwritten constitution". Interestingly enough Bourque and Duchastel, in the general conclusion, make a plea for the virtues of parliamentary sovereignty and an uncodified constitution, but in the abstract; without giving them their proper "cultural" denomination, leaving the impression that they have rediscovered what were general percepts in our Canadian political culture until quite recently. One need only read the historical and constitutional chapters of the "Tremblay Commission" report prepared in the fifties in Quebec to have one's memory refreshed as to the pertinence of such notion in the political discourse in Quebec of the immediate post-war period.

In other words Bourque and Duchastel make an argument for the desirability of legislative pre-eminence and the undesirability of codifications without acknowledging that both were indeed articles of faith of the Canadian political discourse at the beginning of the period examined. Either their content analysis methodology was not designed to flag such notions, which is strange in light of their own position on the subject; or their own historical consciousness has been sufficiently "re-tooled" that they are themselves unaware of this previous discourse. This second possibility seems very unlikely, given the importance they attach (in their "pre-history", the choice of terms is significant) to related historical developments such as the Quebec Act (1774), the Constitutional Act (1791) and the struggle for Responsible Government.

Yet, what is insidious about all of this is that the failure of such sophisticated analysts as Bourque and Duchastel to establish the historical continuity between their own conclusions, and the fact that what they are advancing was indeed an integral component of political discourse of fifty years ago, contributes to the cultural isolation and disqualification of individuals like myself (and presumably a goodly proportion of the over fifty years old intelligentsia). One begins to wonder if one is imagining what one thought thirty years ago... one begins inspecting inscriptions on monuments and public memorials of the time as a "reality check".

307

Or, to put the issue otherwise: how gratifying for people like myself (the unreformed) to see Quebec francophone intellectuals arriving at the conclusion that one of the problems of contemporary Canadian political thinking is that parliamentary sovereignty and the un-written Constitution, both major constituents of our traditional British-inspired political culture, are being undermined. My point is that the more one scratches the surface—an instance is René Lévesque's autobiography *Attendez que je me rappelle*—the more individuals one finds who have not acquiesced in the new discourse. If the new discourse is, as we have argued, revolutionary, then Bourque and Duchastel are counter-revolutionaries. Even their proposed union of associated states, the division of jurisdictions between the common elected parliament and the pre-existing states smacks of the B.N.A.A. as interpreted in the "compact" theory of the 1861 Confederation.

The question then arises, how has it come to pass that there has been such a revolution in political consciousness? Within a single generation—approximately the late fifties to the late eighties—the political consciousness of an entire population (in all of Canada, and here we invoke Bourque and Duchastel) was melted down and recast!

It occurs to me that the most obvious manifestation of the cause is a discontinuity in historical consciousness. As witness I take Joanne Harris Burgess' recent observation (*Globe and Mail*, January 4th, 1997) that of one hundred of her York University (Canadian Studies) students, all of whom had taken the available Canadian history in high school, not a single was able to say anything about the significance of 1791 in Canadian history. Or, to take the context of this paper, how many Canadians know that Canadian citizenship did not exist until 1947 and that all Canadians were British subjects as late as 1977?

The next question that comes to mind is whether it is the neo-liberal ideology, that Bourque and Duchastel also finger by the way, that has created this discontinuity in historical consciousness; or is it the discontinuity that has made us so receptive to neo-liberal ideology?

I suspect the dynamic works both ways: it is the neo-liberal influence that leads intellectuals like Bourque and Duchastel to abstract themselves from their own history; and it is historical ignorance that leads us to acquiesce in neo-liberal distortions of our own cultural traditions. In this last respect I invoke a particular but pivotal instance in the post-war political discourse. It was the pretention of some English Canadian intellectuals that we should divest ourselves of British references in our political discourse and imagery because it offended French Canadians who were, by definition, anti-British. Educated English Canadians acquiesced in and became accomplices in this distortion.

I submit that neo-liberal ideology has played a large part, by omission and by distortion, in the disappropriation of the historical consciousness of at least two complete generations (those born between 1945 and 1975) in English

Canada, and if Bourque and Duchastel are indicative, in Quebec as well. Not that historical disappropriation is unique to this period in Canada: rather I hypothesize that it was more thorough and more rapid than in the past... In Quebec the delegitimatization of the pre-Quiet Revolution Quebec historical experience, the so-called "période de la grande noirceur" is an equivalent example of this kind of disappropriation. Jocelyn Létourneau, in his analyses of high school essays was among the first to signal and document this process (cf. for instance, J. LÉTOURNEAU, 1995). Another instance is that most educated Quebecers under fifty years of age have become convinced that during the Duplessis era school attendance was low; whereas, in fact, primary school attendance—which at the time consisted of eight years—was very high, over 95% of the eligible age group, at least up until grade six. Indeed, Duplessis opened 3,000 consolidated schools (to replace one-rooms schools), more than one for every working day (six days a week then) of his regime!

As these distortions are submitted to criticism, and if there is a debate on such matters, one can be allowed to contemplate the possibility that the neo-liberal ideological revolution may stimulate a counter-revolution at least in so far as the context and extent of our historical consciousness is concerned. One fascinating and very palpable manifestation of this counter-revolution in English Canada is the growing criticism of the 1982 Charter of Rights. This current of criticisms takes several forms, one of which is the increasingly documented claim that the Charter has led to the creation of a "court party" which is subverting representative parliamentary government in Canada (the work of F.L. Mortoy at the University of Calgary is exemplary in this regard). Now in 1997 it is conceivable that English Canada may some day decide to retrograde the 1982 Constitution to the status of a simple act of parliament, as was the 1867 Constitution (of the British parliament). Another manifestation of this counter-revolution is the emerging opposition—sparked by the recent change in Newfoundland—to the removal of the dispositions in the B.N.A.A. (article 93) which provide for roman catholic and protestant public schools in four provinces, including Quebec. They predict that the governments of Quebec and Ottawa will not succeed in their present pretention that the constitutional change proposed for Quebec (exclusion of Quebec from article 93) concerns only Quebec and the federal government. Furthermore, the claim that there is a wide consensus in Quebec in favour of "déconfessionnalisation" is obviously at adds with what the population said during the "États généraux sur l'éducation" hearings of only a year and a half ago. Such an intellectual counter-revolution might lead others to take their distance from the vacuous notion of Canadian citizenship that, as Bourque and Duchastel have shown, neo-liberal pancanadian nationalists have foisted upon a population disappropriated of their rich cultural tradition. Were such to happen it would not appear ridiculous for a contemporary Canadian over fifty to proclaim in 1997: a British subject I was born, a defender of our British cultural traditions I will die... Canadian citizen or not.

REPÈRES BIBLIOGRAPHIQUES

BOURQUE Gilles, DUCHASTEL Jules (1996). *L'identité fragmentée*. Montréal, Fides, 383 pages.

Canadian Citizenship: Sharing the Responsibility (1993). Standing Senate Committee on Social Affairs, Science and Technology, May, 32 pages.

Canadian Citizenship: A Sense of Belonging (1994). Report of the Standing Committee on Citizenship and Immigration, House of Commons, June, 54 pages.

DELISLE Esther (1993). *The Traitor and the Jew*. Montréal, Robert Davies, 215 pages.

FARTHING John (1957). *Freedom Wears a Crown*. Toronto, Kingswood House, 181 pages.

LÉTOURNEAU Jocelyn (1991). "Science et imaginaire. Essai d'archéologie du récit savant portant sur le 'Québec moderne' ", dans Jacques Mathieu (dir.), *Les dynamismes de la recherche au Québec*, Sainte-Foy (Québec), P.U.L., p. 93-107. (Coll. CEFAN "Culture française d'Amérique").

MORTON W.L. (1961). *The Canadian Identity*. Toronto, University of Toronto Press.

QUEBEC GOVERNMENT (1953). *The Royal Commission on the Constitution* ("Tremblay Report"). Québec.

Chapitre xv

LES TRANSFORMATIONS DE L'IDÉE DE NATION

Denise Helly

I
INTRODUCTION :
LA QUESTION POSÉE

En Occident, à l'exception notable du Royaume-Uni, toutes les sociétés existantes ont créé des mythes pour rendre compte de leurs frontières territoriales et de leur souveraineté politique. Ces interprétations servent à l'identification des individus comme membres d'une entité collective particulière, dite nationale, et elles représentent de puissantes et efficaces bases de mobilisation politique et, autrefois, de mobilisation militaire. Les principaux référents invoqués sont, selon les cas, l'histoire de l'implantation géographique, la langue et la tradition écrite, la religion, les luttes pour l'érection d'un État démocratique, l'existence d'un État pré-moderne monarchique et, dans certains cas, comme l'Allemagne nazie, la « race ».

Ce constat historique soulève des questions qu'ont ravivées depuis une dizaine d'années la multiplication des conflits ethniques et l'érosion du champ d'action des États nationaux par la réorganisation technologique et la globalisation de la production[1]. Quels référents un État démocratique doit-il invoquer pour fonder son existence et sa légitimité : les seules rationalité et autonomie individuelles et les droits qui en découlent selon la philosophie

---

[1] Délocalisation vers les régions de main-d'œuvre moins coûteuse, croissance des migrations internationales, constitution d'entités économiques transnationales : multinationales, Union économique européenne, Alena, etc.

moderne des Lumières ? ou aussi « l'histoire » et la « culture » particulières de la société qu'il représente ? L'État repose-t-il sur un partage de référents individuels similaires ou aussi sur la mémoire de certains événements et sur une tradition ? La représentation d'un lien culturel est-elle un fondement nécessaire de tout État moderne ou n'aurait-elle été qu'une manifestation historique, rendue de plus en plus inopérante par l'interdépendance des économies nationales et la mondialisation des marchés et des migrations ? Nation culturelle et principe universaliste s'opposent-ils ? L'État est-il l'émanation, l'incarnation de cette nation ou, au contraire, en est-il totalement autonome et son unique responsabilité serait la mise en œuvre du contrat passé entre les résidents, contrat sans cesse renouvelé lors des élections et des débats publics ? Le sentiment national ne serait-il qu'une construction de certaines catégories sociales monopolisant l'État et légitimant leur pouvoir ? Est-il au contraire inéluctable, car toute identification collective serait fondée sur l'expérience, laquelle demeure acquise dans des cadres territoriaux et sociaux limités ? Nombre de questions corollaires sont soulevées par le débat sur les fondements premiers de l'État moderne. Une reconnaissance de la diversité culturelle au sein d'une société, soit un différencialisme à la fois linguistique, juridique et scolaire est-il possible ? Des sociétés étatiques ont connu de telles diversités : sociétés coloniales, dites « plurales », de l'Asie du Sud-Est, Empires chinois et ottoman mais aussi Malaisie contemporaine. Qu'en serait-il d'un multiculturalisme multilingue dans des systèmes démocratiques ? Selon quels critères accorder la citoyenneté à des individus, la jouissance de droits politiques, la naissance sur le territoire contrôlé par l'État, l'ascendance, la participation aux coûts collectifs, l'héritage culturel, la langue, la religion ? Selon quels critères définir l'appartenance d'un individu à une société, si la société civile et l'État sont deux réalités différentes ? Doit-on parler de sens individuel d'appartenance ou de « droit » d'appartenance, vu que celle-ci est, de fait, selon les débats actuels, définie par une majorité culturelle ou politique ?

Le questionnement sur les fondements de l'État et ses liens avec la « nation », la « culture », la « communauté », peut être abordé du point de vue de l'histoire ou de la philosophie politique. Il est au cœur de deux cercles de débat académique, très actifs depuis une dizaine d'années, l'un sur les origines historiques de la « nation » et sur la réalité que celle-ci recouvre, l'autre sur le statut du principe juridique comme racine de l'État moderne. Nous nous limiterons ici à rappeler les connaissances et les débats entourant les formes historiques de la « nation ».

II
ORIGINES ET RÉALITÉS DE LA NATION

Tous les auteurs s'entendent pour dire que la communauté d'origine ou de langue associée à la notion de nation est une fiction. La notion de communauté des origines est sans aucune validité en raison de migrations et de conquêtes, comme de nombreux historiens l'ont démontré dans le cas de chaque nation européenne. La notion de communauté nationale de langue et culture est aussi inopérante (E. GELLNER, 1983, p. 44-46). Il existe actuellement environ 8 000 langues et 200 États et des nationalismes se sont construits à partir non pas de la défense d'une langue et d'une culture mais d'un idéal politique (États-Unis, France, États latino-américains), de l'histoire (écossais) ou de la religion (irlandais). Si la représentation de cultures et langues nationales compose une invention historique, une double question surgit : quelles sont les conditions d'apparition de cette représentation ? Comment a-t-elle pu s'actualiser si efficacement au long de l'histoire moderne ?

Nous examinerons les positions de cinq auteurs sur la question des liens entre culture, État et nation dans l'histoire : B. ANDERSON (1983), E. GELLNER (1983), E. HOBSBAWN (1990), L. GREENFELD (1992) et H. SETON-WATSON (1965). Le choix de ces auteurs tient à la représentativité de leurs positions théoriques dans le débat en cause.

A/ LA COMMUNAUTÉ DE LANGUE IMAGINÉE AU XVIIᵉ SIÈCLE (B. ANDERSON, 1983)

Selon Anderson, la notion de nation doit être comprise comme le fruit d'un changement culturel. Son utilisation et sa codification par les États sont des processus autres, plus tardifs. B. Anderson cherche plutôt à repérer la logique d'articulation des représentations qui ont permis l'apparition de la notion de nation *avant* la fondation des États modernes, américains et français. À ses yeux, le fondement premier est la *communauté imaginée de langue*[2] qui apparaît durant le XVIIᵉ siècle en raison de l'extension de l'usage des langues vernaculaires et de la diffusion des textes grâce à l'imprimerie et à l'invention de la presse. L'écrit donne le sens d'une permanence et d'une continuité aux langues, fait central pour la notion de nation si imprégnée de continuité. Pour cet auteur, l'idée d'égalité et de communauté des égaux a

---

2 Selon B. Anderson, E. Gellner a tort de penser que cette création est une fabrication fausse, car cela sous-entendrait que de vraies communautés existeraient et qu'en leur sein les individus auraient une expérience concrète les uns des autres. Toutes les communautés sont, au contraire, imaginées à moins de pouvoir permettre un face-à-face de leurs membres, comme dans les villages.

seulement permis la mobilisation de la communauté de langue qui lui préexistait. Sans ces trois facteurs, langue en commun, invention de la presse[3] et diffusion de l'imprimé, la communauté d'égaux n'aurait pu être divulguée, ni donner lieu aux transformations radicales des États absolutistes. B. Anderson parle de « communauté imaginée » à propos de cette communauté de langue, car les locuteurs d'une même langue ou les membres d'une nation, même la plus petite, ne se connaissent jamais, bien que, dans leur esprit, existe une image de « camaderie horizontale », sans regard aux différenciations entre individus.

B. ANDERSON (1983, p. 18-19) voit un second fondement au nationalisme. Le nationalisme représente un mode d'endiguement de la contingence et de la mort, une forme de *religion laïcisée, civile*, remplaçant l'ordre divin aboli par les Lumières. La destruction de l'ordre divin est la fin de la fatalité et l'avènement du sens historique. Comme les grandes religions centrées sur l'explication de la contingence et son dépassement, « la magie du nationalisme est de changer le hasard en destin » (p. 19). Les nations sont dites exister de temps immémoriaux et avoir un avenir. Elles seraient une réponse au vide laissé par le détrônement des grandes religions par le rationalisme. La mutation culturelle invoquée par B. Anderson, dont le déclin de la cosmologie religieuse est le signe, peut être résumée en quelques points :

— La conception du temps change au cours des XIVᵉ et XVIIᵉ siècles : le monde médiéval n'a de conception de l'histoire que comme une chaîne sans fin de causes et effets ou encore comme séparation radicale entre présent, futur et passé.

— L'idée que la « société est naturellement organisée autour et au-dessous de centres, les monarques, des êtres hors de l'univers humain et investis d'un pouvoir divin » (p. 40) les dépassant se transforme, rendant caduque l'indistinction entre cosmologie et histoire, entre les origines des hommes et du monde. La fin de cette certitude signifie que l'existence humaine est enracinée dans l'histoire, dans la matérialité et crée son propre sens.

— L'idée que le langage est une voie d'accès privilégiée à une vérité ontologique et non un simple système de signes s'érode.

— Les langues sacrées (grec, latin, hébreu) perdent leur statut premier au profit de langues vernaculaires sous l'effet de l'imprimerie et de l'alphabétisation, notamment dans le cas des langues anglaise, française et espagnole[4].

— L'usage des langues vernaculaires est étendu par les administrations royales dès le XIVᵉ siècle en Angleterre et dès le XVᵉ siècle en France (1529), et une codification de ces langues s'opère au XVIIIᵉ siècle (créations de dictionnaires et études philologiques). Enseignants, écrivains, avocats, prêtres, bureaucrates ont un rôle majeur dans la création de la notion de communauté de langue, puis de nation.

— La Réforme comme contestation de l'ordre religieux, de la langue des élites religieuses et comme premier mouvement de diffusion d'idées dans une langue vernaculaire (p. 43-44) joue également un rôle.

---

3 Aux États-Unis au XVIIIᵉ siècle.

4 Environ 50 % de la population en France et en Angleterre sait lire à la fin des années 1840.

Comme E. Hobsbawm et E. Gellner, B. Anderson attache une grande importance à la diffusion de textes rédigés en langue vernaculaire pour expliquer l'apparition de la nation. À la différence des noblesses, liées par des mariages et des alliances, la bourgeoisie est la première classe liée par une communauté imaginée, celle créée par la lecture d'écrits. Un bourgeois par occupation doit savoir lire et compter ; il n'y a pas de bourgeoisie illettrée.

Les premières nations modernes apparaissent entre 1776 et 1838, comme républiques en France, aux États-Unis et en Amérique latine (à l'exception du Brésil). B. Anderson s'attarde sur les cas d'Amérique latine pour démontrer la non-validité des théories selon lesquelles la défense d'une langue et le rôle de la classe moyenne seraient des facteurs fondamentaux de l'apparition du nationalisme. En Amérique latine et à Cuba plus tard (1898), la langue des Créoles est celle de la métropole et les classes moyennes sont quasi absentes au XVIIIᵉ siècle. Les révolutions sont réalisées par des propriétaires terriens effrayés par les rébellions noires ou indiennes et par les limites au commerce et à leurs droits imposées par la métropole (p. 50-51)[5].

La dynamique à l'œuvre dans ces cas est :

— Une diffusion rapide de la philosophie des Lumières de la France et des colonies d'Amérique, grâce à la présence d'une seule langue, l'espagnol.

— La présence d'une autonomie administrative depuis le XVIᵉ siècle, reposant sur une bureaucratie coloniale espagnole qui surplombe une bureaucratie créole sans pouvoir, ni mobilité vers le centre madrilène. La population créole est d'origine espagnole mais est déconsidérée par la métropole.

— Une autarcie économique à cause du protectionnisme espagnol qui interdit tout commerce de pays à pays sans passage par l'Espagne (B. ANDERSON, 1983, p. 54-55).

— Une gestion centrale plus efficace à partir de 1760 et une hausse des prélèvements par la métropole.

Selon B. Anderson, il n'est pas valide d'invoquer la défense d'une langue par des classes moyennes montantes pour voir la notion de nation apparaître en Amérique latine et aux États-Unis. Une communauté imaginée de langue y existe avant la création des États. Comme en Europe, aux XVIIIᵉ et XIXᵉ siècles, ce sont les catégories minoritaires de la population qui sont alphabétisées, qui fomentent les révolutions. Elles le font non pas au nom de la défense d'une spécificité linguistique et culturelle mais au nom de leurs droits et de la transformation du pouvoir politique[6]. Au XVIIIᵉ siècle et avant, les débats sur le statut des langues vernaculaires sont menés uniquement par des élites intellectuelles et littéraires. L'expérience de la langue comme marqueur commun ne correspond pas à l'expérience des populations incluses dans un même État. Celles-ci sont illettrées, ont des pratiques culturelles diverses, comme de multiples langues ou dialectes, et ne développent aucune représentation d'une communauté de territoire. Les référents culturels et

---

5 Ces révolutions s'opposent à des monarchies absolutistes pour obtenir des droits pour les classes nanties et éduquées et, pour se légitimer et réussir, elles doivent s'assurer une base populaire et devenir républicaines.

6 B. Anderson convient que la communauté imaginée de langue permet celle de groupe linguistique particulier, base du nationalisme culturel.

linguistiques n'ont pas de réalité au XVIIIe siècle. De surcroît, les premiers États modernes républicains sont érigés en Amérique Latine, aux États-Unis et en France, alors que l'Amérique latine et les treize colonies d'Amérique partagent, avec l'Espagne ou la Grande-Bretagne, une même langue ou que la majorité des Français parlent divers dialectes et non le français. La logique de la distinction communautaire s'opère plutôt selon l'allégeance à un Roi ou à un noble, selon la parenté, le phénotype, l'histoire, la religion, la région ou des usages de production. Dans d'autres cas, la religion crée un sens de communauté[7] depuis le XVIIe siècle, comme au sein des populations russe, polonaise et irlandaise (E. HOBSBAWM, 1990, p. 71). Enfin, si la représentation de communautés plus larges que celles connues dans la vie quotidienne existe avant le XVIIIe siècle, encore faut-il expliquer, pour B. Anderson, le lien fait à partir de cette période entre communauté, État et culture. Les faits présentés par B. Anderson et les études des révolutions américaine et française démontrent que la notion de communauté culturelle ou linguistique ne fut pas le fondement de la notion de nation développée durant les révolutions politiques du XVIIIe siècle et du début du XIXe siècle, en Occident.

B/ LA PATRIE (E. HOBSBAWM, 1990)

Jusqu'au XVIIIe siècle, le mot de nation et ses équivalents anglais et américain (*nation*), hollandais (*natie*), allemand (*volk*) et espagnol (*nacion*) convoient le sens de guilde, de corporation, d'association et de lieu de naissance[8]. Il équivaut au mot de pays. Le rattachement de cette notion à des institutions politiques date du XVIIIe siècle ou d'une période plus tardive dans le cas des Empires (1884 en Espagne). La première mention d'un lien entre communauté et institutions politiques daterait des années 1740, sous la plume d'un auteur allemand, décrivant une nation comme un ensemble de territoires regroupant des populations de cultures et langues hétérogènes et partageant les *mêmes lois*.

Au XVIIIe siècle, les termes de nation, État et peuple souverain sont liés entre eux par celui de citoyenneté comme partage d'intérêts politiques communs, lutte contre les privilèges et acquisition de libertés politiques. Jusqu'en 1800, le terme de nation est peu utilisé, notamment aux États-Unis où celui d'Américain le remplace (P. VILAR, 1978). Les Révolutionnaires français parlent de patrie et non de nation, le patriotisme étant la manifestation de l'amour d'un pays au travers du désir de le réformer politiquement. La patrie a une connotation politique et non culturelle ou territoriale. L'un des plus difficiles débats des Révolutionnaires français concerna la définition des frontières lorsque les attaques armées des puissances européennes limitèrent l'extension de la Révolution (J.Y. GUIOMAR, 1974). Autre exemple, Napoléon

---

7 Ou protonationalisme pour certains auteurs, dont E. HOBSBAWM (1990).

8 L'étymologie latine est *nacere*, naître.

étend la notion de nation à l'Europe lors de ses guerres de conquête (E. HOBSBAWM, 1990).

C/ LA NATION POLITIQUE : DIGNITÉ ET DÉMOCRATIE (L. GREENFELD, 1992)

L. Greenfeld conteste les thèses fonctionnelles ou instrumentales du nationalisme, car elles assimilent celui-ci à la lutte pour l'égalité des droits qui s'accentue au XVIIIe siècle. L'identité nationale naît d'un besoin d'authenticité, d'égale dignité, de la lutte pour les franchises et du ressentiment provoqué par un statut précaire, notamment chez les intellectuels. Les premiers inventeurs de la nation furent les aristocrates henriciens (Angleterre) qui établirent l'équivalence entre peuple et nation et voulurent élever chaque individu à la dignité des membres de l'élite. Le principe de reconnaissance qu'ils poursuivaient était individualiste. La souveraineté du peuple résidait dans les individus et si ces derniers l'exerçaient, ils étaient membres de la nation. Nation et démocratie sont associées chez les inventeurs du nationalisme même si la diffusion du nationalisme ne s'est pas toujours accompagnée de démocratie. En raison de la dissociation de ces deux termes, la notion et la réalité de la nation et du nationalisme se sont réifiées et elles ont donné lieu à celle de communauté nationale, ainsi qu'à la multiplication d'interprètes de la volonté collective[9], tous aussi disqualifiés les uns que les autres pour cet auteur. L. Greenfeld maintient le propos du nationalisme, démocratique et égalitaire à ses origines.

D/ LA COMMUNAUTÉ D'INTÉRÊTS ET L'ÉCONOMIE NATIONALE (E. HOBSBAWM, 1990)

La consolidation des bourgeoisies et des États républicains français et américain, la présence de la puissance britannique et la concurrence économique entre ces trois pays donnent une impulsion nouvelle à la notion de nation à partir des années 1830. À travers leurs intellectuels, ces pays livrent une bataille contre les tenants du libéralisme économique classique opposés à la création de liens entre la notion de nation et l'État. Se déroule un débat d'importance historique sur la notion d'économie nationale, alors que les empires coloniaux, britannique, français, hollandais, espagnol et portugais se divisent le monde. Adam Smith[10] et le courant qui lui est rattaché s'opposent à tout traitement de l'économie d'un pays comme un ensemble devant être défendu par une politique étatique. Ils considèrent les politiques de

---

9 Passage repris d'un article de M. ELBAZ, D. HELLY (1995, p. 15-35).

10 Et aussi J.E. CAIRNES (1874), parmi les auteurs les plus connus.

développement économique menées par chacun des États comme des formes de contrôle nuisibles à l'enrichissement individuel. Ils craignent tout prélèvement ou confiscation de biens par l'État. Au XIXᵉ siècle, la théorie du libéralisme économique est basée sur la primauté des entreprises individuelles et des organisations privées, ainsi que sur l'évitement de tout empiétement de l'État sur le droit de propriété.

Un autre courant affirme la thèse selon laquelle les intérêts individuels ne contribuent pas à la richesse collective d'un pays, à la richesse « nationale », notamment quand le pays est de faible taille et de faible puissance et doit concurrencer des économies fortes, comme celle de la Grande-Bretagne. De plus, observent certains auteurs comme Molinari en 1854 (E. HOBSBAWM, 1990, p. 28), les politiques étatiques de contrôle des finances, de la monnaie et de la fiscalité existent et certains de leurs bénéfices sont difficiles à nier. Un débat au sein de ce courant, auquel participent les économistes de l'école historique allemande, des auteurs américains (A. Hamilton), français (E. Renan, E. Regnault), italiens (Mazzini, Molinari, Cavour) et anglais (J.S. Mill) ainsi que nombre de tenants du libéralisme économique, concerne la définition des critères d'un ensemble économique territorialisé, géré par un État. La notion d'*économie nationale* apparaît et la première acception de la notion de nation, comme *communauté d'intérêts* rattachée à la fois à un *État* et à un *territoire*, trouve là ses origines.

Une économie nationale est celle qui s'appuie sur un territoire permettant à la fois sa viabilité actuelle et son expansion. La nation est conçue comme pouvant, sinon devant, élargir ses frontières. Des possibilités d'économies et d'entités nationales irlandaise, sicilienne ou tchèque, voire belge et portugaise, sont exclues par certains de ces auteurs. Le principe de la nationalité ne semble pouvoir s'appliquer qu'aux entités de large dimension, soit à l'époque, celles française, anglaise, espagnole, russe, allemande, polonaise et italienne. Vu la viabilité économique recherchée et la nécessité d'un large territoire, les nations peuvent comprendre des populations de cultures hétérogènes. Ces « minorités » sont vouées à se fondre dans l'entité nationale et, selon les auteurs de ce courant, souvent membres de « minorités » culturelles, la fusion en cause n'implique aucune tonalité discriminatoire, péjorative ou nostalgique, mais exprime plutôt un désir de participation et d'inclusion dans un ensemble viable.

Cette superposition de la nation et d'une économie territoriale sous la poussée des forces économiques participe d'une conception d'une évolution de la tribu à la région, de la région à la nation. La nation est conçue comme un ensemble dirigé par un État historique, en concurrence économique avec d'autres, offrant aux individus plus de possibilités de promotion sociale que la région, et ouvert à quiconque, sans distinction de culture ou de langue. Selon E. HOBSBAWM (1990), telle est la vision, à la fin du XIXᵉ siècle, de la bourgeoisie européenne libérale qui, après avoir conquis l'État, lui adjoint la nation. Les principes révolutionnaires universalistes du XVIIIᵉ siècle cèdent le pas aux intérêts économiques des États et le lien entre territoire, communauté d'intérêts et État moderne naît au XIXᵉ siècle.

E/ L'HOMOGÉNÉISATION CULTURELLE
(E. GELLNER, 1983)

Une explication complémentaire de la précédente est formulée pour rendre compte du lien entre nation et culture qui se formalise au XIXᵉ siècle. La nation est une entité culturelle et le nationalisme l'idéologie de la superposition de l'État et de la nation. Celle-ci est dite une et indivisible, les frontières des groupes culturels ne pouvant mettre en cause les frontières politiques et aucun groupe culturel particulier ne détenant l'exercice exclusif du pouvoir. Pour E. Gellner, cette superposition apparaît sous l'effet de la construction de la culture nationale que secrète et nécessite tout système industriel. Nationalisme, gestion industrielle et État moderne sont inséparables. Pour asseoir cette idée, il oppose les fondements de la société agraire, féodale et de la société industrielle.

Dans les sociétés agraires, la superposition de l'État et d'une culture est un impensé[11]. La majorité des populations est illettrée et les techniques de diffusion des idées (imprimerie, presse, communications) n'existent pas. La recherche d'homogénéité culturelle est un autre impensé, car la société repose sur une hiérarchie rigide de classes ou castes qui cherchent à prélever un surplus fiscal et à obtenir l'obéissance et non le consentement de leurs sujets. Il n'existe aucune mobilité ou forme permanente de contact entre les catégories dirigeantes et la masse paysanne. La seule culture reconnue est celle des minorités gestionnaires et dirigeantes qui sont recrutées selon la naissance (noblesse, brahmins), l'acquisition d'un savoir codifié accessible à quelques-uns (mandarins chinois, prêtres), ou encore l'assujettissement obligatoire à l'État (eunuques chinois, janissaires de l'Empire ottoman). La culture et les langues de la masse paysanne sont extrêmement différenciées et cette diversité est valorisée.

Une culture homogène naît au contraire de la société industrielle et rend possible la représentation d'une expérience commune, d'une communauté de culture, que renforcent diverses formes de socialisation gérées par l'État. Selon E. Gellner, les facteurs suivants sont à l'œuvre :

1. Structure de classe ouverte et idéologie de la mobilité sociale et géographique, de l'égalité et de la communication entre les groupes et les individus.

2. Conception du savoir comme acquisition et application de la rationalité en vue d'une maîtrise et d'une efficacité, et notion d'une continuité de l'univers à reconstruire, à la différence des sociétés agraires qui concevaient l'ordre humain et matériel comme une multiplicité d'univers distincts, sans liens entre eux.

3. Vision d'un progrès et d'un enrichissement permanent, constant.

4. Division du travail évolutive et complexe selon laquelle les rôles occupationnels ne sont pas assignés et permanents.

---

11 Le rattachement d'une religion officielle aux monarchies ou principautés est considéré comme secondaire car il ne fonde pas le pouvoir.

5. Scolarisation minimale de tous, nécessaire en raison de la multiplication des tâches techniques et de la division et de la distribution des rôles selon le savoir et non selon la naissance ; une formation générale de base (alphabétisation, calcul) est indispensable à l'industrialisation.

6. Présence d'un corps d'agences chargées du maintien de l'ordre et de la gestion, l'État, et vu la division avancée du travail, les individus désignés pour remplir les fonctions de l'État ne peuvent en remplir d'autres, comme dans les sociétés pastorales ou agraires.

Le trait premier de la société industrielle serait la nécessité d'une formation minimale des populations à des techniques de base utiles à son développement : capacité minimale de lecture et de calcul (dénommée éducation primaire). La société industrielle nécessiterait et produirait une homogénéité culturelle, car elle est basée sur une diffusion d'un savoir uniforme, offert, sinon imposé, à toutes les classes sociales. Par ailleurs, l'État détient seul la légitimité et les moyens d'imposer cette culture. La superposition de l'État et de cette culture commune, diffusée par l'école et les corps de métier, devient la base à la fois d'une nouvelle forme d'identification collective et de la création, pour la première fois dans l'histoire, d'un lien direct entre État et individu[12].

Néanmoins, les États modernes naissent d'États historiques, implantés territorialement, et les marchés et économies nationales se concurrencent. Les États adoptent des modalités différentes pour implanter la culture industrielle ; ils se particularisent. Si, dans tout pays industrialisé, les individus s'identifient selon leur rôle occupationnel, leur savoir, et non plus selon leur lieu de naissance et de vie ou leur religion, ils le font au sein d'institutions particulières, localisées. Ils s'identifient à une culture commune apprise dans des institutions distinctes selon les pays, l'école, l'armée, les syndicats, les corps de métier, les partis, les associations, autant de corps essentiels de la consolidation du nationalisme. Les bases du nationalisme sont ancrées dans ce processus et nullement, comme le voudraient les discours nationalistes, dans la pérennité de la nation ou, selon d'autres courants théoriques, dans l'imposition d'une homogénéité par « une autorité ou une classe possédée par l'idéologie nationaliste ». Le nationalisme ne fait que « refléter » la nécessité d'homogénéisation des sociétés industrielles (E. GELLNER, 1983, p. 46-47), « C'est un culte d'une société à elle-même » (p. 56). L'État moderne étant toujours particulier, territorialisé, non universel, non planétaire, le nationalisme n'est donc que l'avatar de la culture industrielle.

Mais, pour qu'un discours nationaliste puisse mobiliser une population, il faut non seulement que l'identification à une société particulière présente un intérêt matériel ou symbolique, mais aussi que l'État ou le mouvement nationaliste militant pour la création d'un État aient les moyens de l'affirmer et de la perpétuer. E. Gellner cite le cas de nationalismes africains avortés en

---

12 Ce seront, fait remarquer (E. GELLNER, 1983, p. 41), les philosophies insistant sur une relation directe de l'individu et les instances dominantes, religieuses à l'époque, qui appuieront la modernisation politique et industrielle : protestantisme en Europe, shintoïsme au Japon, courant réformiste de l'Islam (en Algérie au XIXe siècle, par exemple, p. 73).

raison de l'impossibilité d'imposer une culture commune faute d'une langue commune ou d'une culture écrite (p. 83-84).

L'expérience concrète d'une culture commune au sens de savoir de base, l'imposition d'une langue officielle unique pour transmettre ce savoir et la nécessité pour chaque État d'instituer cette culture et de l'opposer à celle d'autres États semblent les facteurs de la transformation d'une culture commune technique, écrite et égalitaire, en une culture nationale, faisant appel à des référents culturels et historiques, souvent fictifs, toujours construits. Cette transformation ne serait qu'un effet du contrôle de l'État par les classes initiant et gérant l'industrialisation ; elle n'est aussi qu'une illusion, selon E. Gellner, car les États ou les mouvements nationalistes arrivés au pouvoir ne favorisent pas la reproduction de la culture historique qu'ils valorisent. Ils la romanticisent et la transforment en objet de consommation ; en fait, ils renforcent le pouvoir de l'État d'imposer la culture commune nécessaire à une société industrielle (p. 57-58). E. Gellner précise qu'au début du développement des sociétés industrielles, l'imposition et l'acceptation de la culture de base ont été difficiles en raison des inégalités sociales, des limites d'accès à l'éducation écrite et de la diversité culturelle des populations (p.61). Il décrit trois cas de figure historiques et théoriques dans lesquels apparaît une résistance à la valorisation et à l'intériorisation de la nouvelle culture écrite du système industriel, telle qu'imposée par un État. Ces situations sont celles porteuses d'ethnonationalismes.

Des populations partageant une langue autre que celle imposée par une classe dominante sont marginalisées dans leur accès à l'éducation, à la mobilité sociale et au pouvoir. Elles réinventent leur langue comme le fondement et le symbole d'une culture commune que, selon les préceptes égalitaires, un État doit incarner. Tel est le cas des minorités de l'Empire austro-hongrois au XIXᵉ siècle. Des populations de langue autre que celle de l'État sont écartées du pouvoir politique, comme l'Italie d'avant 1860 contrôlée par des étrangers, et les Allemands dispersés dans plusieurs États européens. Ces situations sont « corrigées » en créant des États servant de « toit politique » à des cultures et des langues écrites existantes. Enfin, des minorités immigrées disposant d'un statut socio-économique et politique avantageux dans les sociétés agraires deviennent l'objet de persécution dans des sociétés nationales : Arméniens et Grecs de l'Empire ottoman, Chinois et Indiens en Asie du Sud-Est, Juifs en Europe, Ibos au Nigéria. Elles peuvent tenter l'invisibilité et l'assimilation, s'insérer comme groupe ethnique ou créer un État (Israël, Arménie, Singapour).

III
LA FORMATION DU SENTIMENT NATIONAL ET DE L'IDENTITÉ NATIONALE

A/ TROIS NOUVELLES IDÉES

Dès le XVIIIe siècle, sous l'influence allemande et en réaction à l'hégémonie politicoculturelle française, des auteurs romantisent le « peuple », représenté par la paysannerie et ses usages. Les sociétés folkloriques se multiplient en Europe et des distinctions de folklore et de groupe culturel sont formulées. Le travail d'homogénéisation linguistique et culturelle des États modernes européens (anglais et surtout français), leur création de symboles et de patrimoines nationaux, les débats sur l'exclusion politique, voire économique, de minorités linguistiques dans des sociétés absolutistes ou monarchiques renforcent, au long du XIXe siècle, la notion que chaque langue appartient à un groupe propre. Les communautés linguistiques deviennent, dans les représentations, des communautés spécifiques, autonomes.

Durant la seconde moitié du XIXe siècle, les théories racistes se renforcent. Elles distinguent trois ou quatre races et élaborent des différences au sein de la race blanche[13]. Le darwinisme désigne, pour sa part, des éléments indésirables au sein d'un groupe et donne une impulsion à la thèse du nationalisme ethnique (E. HOBSBAWM, 1990, p. 107-109) développée timidement par des auteurs issus de populations en quête d'État. « Race » et nation commencent à être assimilées. Mais, selon B. Anderson, l'identification de la nation comme naturelle, primordiale, fatalité enracinée dans l'histoire, est à distinguer du racisme qui voit des contaminations propagées par des nations inférieures ou maudites. Une autre idée est diffusée, celle de l'exploitation inhérente au système capitaliste et de la segmentation des sociétés nationales en classes antagonistes, idée que théorise le marxisme et à laquelle s'alimentent les revendications ouvrières et socialistes.

---

13 Aryens par opposition à Sémites, les premiers étant divisés en Nordiques, Alpins et Méditerranéens (E. HOBSBAWM, 1990, p. 108).

B/ L'HOMOGÉNÉISATION CULTURELLE

Les corps administratifs étatiques utilisent un même langage écrit. En France, la bureaucratie administrative, après avoir été un des piliers de la conquête du pouvoir, en devient un de la consolidation du pouvoir étatique et de la diffusion du français comme langue écrite première. En 1789, la moitié des Français ne parlent pas cette langue qui est surtout utilisée dans les villes de la région de langue oï ; mais les dialectes régionaux sont progressivement supplantés par le français au XIXᵉ siècle. En 1860, au moment de l'unification de l'Italie, 2,5 % de la population parle l'italien. Les exemples peuvent être multipliés à l'échelle de la Grande-Bretagne, de l'Europe centrale et du Nord, de l'Allemagne, de l'Amérique du Nord, des Balkans et d'autres pays.

L'homogénéité linguistique et le poids politique des « bureaucraties » étatiques consolident le sens d'une communauté imaginée de langue et le lien entre *territoire*, *langue* et *pouvoir politique* dans les États modernes du XIXᵉ siècle. Ce lien s'opère à travers la conscription, l'administration locale (état civil, tribunaux, police, recensement, fiscalité), l'école et les communications (transports, poste). Ces administrations sont encore peu importantes en terme de personnes employées à l'échelle des populations qu'elles servent, mais elles constituent des lieux de pratiques propres à un État et des lieux d'apprentissage de liens avec celui-ci. Elles créent une langue *commune publique*.

Les bourgeoisies européennes ne sont pas enthousiastes à l'égard du nationalisme linguistique et c'est au sein des petites bourgeoisies scolarisées que la question de la langue prend de l'intérêt et devient à partir des années 1870 un mode de définition d'une population. Le Congrès international des Statisticiens demande, en 1873, l'inclusion d'une question sur la langue parlée dans tous les recensements (E. HOBSBAWM, 1990, p. 97).

C/ LA CRÉATION DES SYMBOLES

P. NORA (1986) illustre abondamment la construction de la « nation » par les instances politiques, intellectuelles et savantes dans le cas de la France. Il décrit les définitions topologiques du pays relatives à la nation, les codifications linguistiques, les symboles inventés (objets, fêtes, dates). A. PESSIN (1992) expose, quant à lui, la construction de la notion de peuple en France. E. MARIENSTRAS (1988) fait de même à propos des États-Unis. Autre illustration de la construction et de la reconstruction des mythes fondateurs au fil du temps : les débats sur la personne du fondateur de la nation française, le roi franc Clovis, héros du christianisme et emblème des nostalgiques de la monarchie au XIXᵉ siècle, ou Vercingétorix, païen patriote (G. TESSIER, 1996 ; M. ROUCHE, 1996 ; L. THEIS, 1996). Il en est de même des débats provoqués par la désignation de lieux patrimoniaux, des célébrations historiques

(E. JOHNSTON, 1992) et de la multiplication des musées commémorant tel ou tel autre événement (R. HEWISON, 1987).

D/ INÉGALITÉS ET CONFLITS EUROPÉENS

L'économisme que convoie peu à peu la notion de nation au XIXᵉ siècle, va devenir inopérant sous la pression des guerres européennes, de la disparition des derniers grands empires monarchiques en Occident (austro-hongrois et ottoman) et des contestations populaires sur le partage du pouvoir et des bénéfices économiques. Jusqu'à l'irruption de ces nouveaux facteurs, peu d'attention est portée à la mobilisation populaire et au sentiment national, comme à l'intégration des populations minoritaires.

Une période s'amorce à partir des années 1870-1880 (1870 marque le début de la guerre franco-allemande). La nécessité d'une légitimation de l'engagement militaire des grandes puissances européennes, qui commence alors pour durer jusqu'en 1945, conduit à une forte intervention des États occidentaux en vue de consolider leur capacité de mobilisation, puis leur reconstruction économique. Afin de mener l'effort de guerre, une offensive d'affirmation des identités nationales et de construction de symboles nationaux distinctifs s'intensifie. L'État crée le sentiment national, comme l'exprime avec clarté et cynisme un député lors de la première session du parlement italien après l'unification en 1860 : « Nous avons fait l'Italie, maintenant nous avons à créer des Italiens » (E. HOBSBAWM, 1990, p. 44). L'État moderne a été créé à partir de la notion de nation politique ; il va créer le nationalisme, c'est-à-dire l'attachement populaire à la nation. Le patriotisme d'État, révolutionnaire, va céder la place au chauvinisme.

La guerre n'est pas la seule force déstabilisatrice, les idées égalitaires et socialisantes en sont une autre. Les États modernes se sont proclamés démocratiques et égalitaires à leur fondation, mais ils ne le sont pas. Le droit de vote est alors réservé aux hommes détenant un titre de propriété ou/et un certain niveau de scolarisation et aucun pays ne dispose d'une franchise de vote universelle. Dès la seconde moitié du XIXᵉ siècle, des tensions sociales internes et des clivages au sein des groupes dominants font de l'appui populaire et de la démocratisation des élections des enjeux dans de nombreux pays européens et aux États-Unis, alors que de surcroît, en Europe, l'ampleur des conflits militaires va exiger un appel à tous les citoyens et non plus à des volontaires. La montée des revendications socialistes et syndicales illustre la pénétration des idées démocratiques ; elle induit des tentatives d'endiguement par les États, par les élites politiques dominantes et par les catégories sociales réfractaires à la modernisation. Par ailleurs, fait majeur, la montée des petites bourgeoisies favorise la mutation de la notion de la nation, de politique à culturelle. Ces classes veulent maintenir ou accroître leur statut et une idéologie nationaliste les sert face aux forces déstabilisatrices de gauche. Enfin, le mouvement migratoire vers l'Amérique du Nord détruit, dans certaines régions d'Europe, les attaches communautaires locales et révèle des différences de socialisation et de culture.

E/ LES REVENDICATIONS NATIONALITAIRES

D'autres évolutions au XIXe siècle alimentent la mutation de la notion de nation. L'idéologie de la nation politique avancée depuis le XVIIe siècle soutient les demandes d'égalité de populations régionales sous la tutelle d'États centraux ou fédéraux forts. Le principe de la nationalité est une idéologie libératrice pour des populations désireuses d'accéder au pouvoir politique. Des régions ou ensembles comme l'Allemagne, l'Italie, la Belgique, la Pologne, l'Irlande, la Norvège, la Suède, la Finlande et les pays des Balkans (futures Grèce, Roumanie, Serbie, Bulgarie) désirent leur indépendance et des conflits nationalitaires surgissent dans les Empires austro-hongrois et ottoman, en Belgique, en Espagne et dans les Balkans.

Faute d'État historique, de volonté ou de capacité de transformer l'État central existant, ces minorités d'Empire invoquent l'existence de communautés de langue et d'histoire pour délimiter les frontières, légitimer les États qu'elles veulent créer et acquérir de nouveaux droits. Par exemple, le slovène, le serbo-croate, le bulgare, le finnois et le norvégien sont des langues codifiées entre 1830 et 1850. Leur « découverte » précède de peu les mouvements nationalistes dans ces régions (B. ANDERSON, 1983, p. 72). La langue est aussi le critère de la notion de la nation pour les auteurs italiens et allemands, en raison de l'absence d'État historique unitaire allemand ou italien, de l'existence d'une littérature reconnue et de la dispersion des communautés parlant des dialectes allemands en Europe de l'Est (E. HOBSBAWM, 1990, p. 99). L'œuvre de M. HROCH (1985) est là pour montrer comment la représentation d'une communauté de langue et de culture constitua un des référents primordiaux de la demande de constitution d'États autonomes ou de droits dans les sociétés régionales de l'Europe de l'Est, sans tradition étatique et assujetties à des pouvoirs impériaux[14].

Le lien entre langue, culture, oppression politique et légitimité des demandes indépendantistes apparaît nettement à partir des années 1870-1880 dans les cas de l'Italie, de la Macédoine, de la Catalogne, de la Finlande et, au début du XXe siècle, dans le cas de l'Irlande. Dans le cas des indépendances belge et polonaise et des pays des Balkans, fondées sur d'autres référents, la prégnance du critère linguistique et culturel pour définir la nation apparaît à la fin du XIXe siècle. Ce mouvement s'alimente à la définition de plus en plus culturaliste de la nation par les États européens, définition pourtant nullement libératrice dans ces cas, mais forme plutôt de contrôle social, de création de

---

14 M. HROCH (1985) décrit trois phases de la construction historique de la notion de nation culturelle en Europe de l'Est, au XIXe siècle :

a) Enracinement culturel, littéraire et folklorique, décrit par des élites culturelles sans visée idéologique affirmée.

b) Invention par des minorités agissantes de la notion de communauté partageant les mêmes institutions politiques.

c) Étape la plus significative, diffusion massive de l'idée de nation au sein d'une population.

Ce type de position a un écho dans les discours voulant que la fin des mythes collectifs, nationaux et autres, serait la fin de la vie collective et de son sens et donnerait lieu à un repli sur une subjectivité anomique, vide, dépréciable.

cohésion sociale, que confortent les classes montantes face aux classes populaires. Comme toute catégorie idéologique, le nationalisme culturel a des usages et sens différents selon la position des acteurs et des groupes sociaux.

E/ LES « NATIONALISMES OFFICIELS » (H. SETON-WATSON, 1965)

Face à la puissance des États laïcs, aux conflits militaires et aux contestations minoritaires, les monarchies européennes, constitutionnelles ou autoritaires, tentent de consolider leur légitimité et leur capacité de mobilisation des sujets. À la fin du XIXe siècle, ce nationalisme par « piratage » (B. Anderson) et réaction aux Révolutions ne vise pas l'imposition d'une langue nationale comme symbole de l'unité du peuple souverain mais l'unification des Empires et le contrôle des élites locales. Il doit, néanmoins, suivre la logique nationaliste que lui opposent les États concurrents et les minorités qui contestent son pouvoir. Les monarchies européennes imposent une langue officielle ou en élargissent l'usage. Elles superposent nation et monarchie sans procéder à une réforme politique de l'État. Les Romanovs deviennent les grands Russes et la russification de l'Empire russe est réelle à partir de 1881. Les Hohenzollerns deviennent les Allemands.

Par contre, une identité nationale n'a nullement été fondatrice de l'État britannique (J. CROWLEY, 1995). Le contrôle d'un Empire multiculturel ne permit pas une telle dynamique en raison de l'inégalité de droits des résidents du territoire impérial et de l'absence d'une culture commune entre l'Écosse et l'Angleterre. Une logique similaire exista dans l'Empire Ottoman. Pour endiguer les effets des nationalismes culturels du continent européen et de la montée des idées républicaines au cours de la seconde moitié du XIXe siècle, une idéologie de l'allégeance personnelle à un monarque servit de ciment entre les sujets des diverses sociétés et régions constituant l'Empire.

Les rituels de vénération publique de la monarchie sont totalement absents jusqu'à la fin du XIXe siècle et la participation des monarques aux événements publics rare[15]. En Angleterre, la multiplication des clubs républicains durant les années 1870 et l'extension de la franchise de vote changent toutefois la situation. En 1867, Bagehot publie un volume (*The English Constitution*) décrivant la fonction du gouvernement et celle d'un roi au sein d'une monarchie constitutionnelle. Selon cet auteur anti-démocrate, le rôle de la monarchie est de distraire la multitude des affaires du gouvernement, qu'elle est inapte à comprendre. Le respect de la monarchie doit être assuré au travers de cérémoniaux car : « A family on the throne is an interesting idea. It brings down the pride of sovereignty to the level of petty life. No feeling could seem more childish than the enthusiasm of the English at the marriage of the Prince of Wales... But the women—one half of the human race at least—care 50 times more for a marriage than a ministry ».

---

15 Durant le XIXe siècle, le rituel du discours du Trône lors des débuts de session du Parlement n'existe guère. Entre 1862 et 1901, la reine Victoria n'« ouvrit » que huit fois le Parlement.

À partir des années 1870, les cérémoniaux royaux publics, comme symboles de prestige national, sont multipliés et des rituels du Moyen Âge repris, comme l'investiture du Duc de Galles (1911). Cette invention et cette formalisation de l'identité monarchique comme symbole de l'Empire britannique aboutissent en 1917 à l'anglicisation de la famille royale, qui était allemande à l'origine, et à l'invention de son nom. Les Saxe-Cobourg et Gotha deviennent les Windsor, les Hanovériens les Anglais. L'anglicisation de l'Empire britannique (Inde, Australie, Antilles) s'ensuit et des élites locales, bilingues, blanches ou indigènes, subordonnées à Londres, sont créées comme l'avaient été les élites créoles d'origine et de langue espagnoles de l'Empire espagnol aux XVIᵉ et XVIIᵉ siècles (B. ANDERSON, 1983, p. 88-89).

Se constitue aussi à la fin du XIXᵉ siècle le nationalisme impérial japonais enraciné dans une lutte réelle et imaginaire contre les Barbares et l'Occident et dans la personne de l'Empereur, puissance politique et divinité. La dynastie des Meiji adopte une réforme du régime foncier, supprime le système féodal, industrialise le pays, donne le droit de vote aux hommes en 1889, mais impose aussi une langue, permet la diffusion de l'écrit et crée un système scolaire[16]. Elle poursuit et renforce l'homogénéité culturelle de la société japonaise. L'Empire s'étend aussi territorialement et les territoires conquis (1895 : Taïwan, Mandchourie ; 1905 : guerre contre la Russie ; 1910 : Corée) sont « japonifiés » (B. ANDERSON, 1983, p. 90-92).

Ce phénomène des « nationalismes officiels » porte à distinguer plusieurs catégories de nationalisme :

— Les premiers sont français, américain et latino-américains, ils ne réfèrent aucunement au critère linguistique.

— Ces nationalismes provoquent, à la fin du XIXᵉ siècle, la formation des nations impériales anglaise, russe, japonaise, austro-hongroise, allemande et portugaise, qui imposent une langue officielle, notamment dans les monarchies où la langue des dominants n'est pas celle des sujets (Autriche-Hongrie).

— Ils enclenchent la formation des nations d'Europe centrale et des Balkans.

— Ce mouvement s'accélère hors de l'Europe, après 1945, quand les « nationalismes coloniaux » attaquent l'impérialisme, en raison, comme en Amérique latine aux XVIIIᵉ et XIXᵉ siècles, de leur assujettissement politique et du racisme des métropoles à l'égard des élites locales non admises dans les centres de pouvoir de Londres, Paris, Berlin, Amsterdam et Lisbonne. À la différence des indépendances latino-américaines, ces colonies ne sont pas isolées économiquement et ont joui d'un essor rapide de la thèse du nationalisme linguistique grâce à sa diffusion auprès de leurs intelligentsia formées en Europe. Elles adoptent une politique d'homogénéisation linguistique très rapide et dure. Dans ces pays, le nationalisme est le fait de jeunes instruits, qui composent la première génération éduquée à l'écrit et à l'histoire européenne (Indonésie, Vietnam, Algérie).

---

16 Université créée en 1877.

F/ L'APOGÉE DU NATIONALISME CULTUREL EUROPÉEN : 1918-1939

La guerre de 1914-1918 est marquée par la fin des empires multinationaux allemand et austro-hongrois et russe. Selon la notion de la nation comme entité culturelle, notion consolidée par certaines élites intellectuelles et les bureaucraties étatiques à la fin du XIXe siècle, les minorités des deux premiers empires se voient dessiner des frontières territoriales selon leur langue. Elles deviennent en réalité des États multinationaux (Tchécoslovaquie, Pologne, Roumanie, Yougoslavie, Italie, Républiques socialistes de l'Asie centrale et du Caucase) où surviennent des expulsions massives de population.

La fin de la Première Guerre mondiale marque la fin de la vocation libératrice et de la capacité d'unification du projet nationaliste. En Occident, les projets d'indépendance politique et d'acquisition de droits politiques sont terminés ; les principaux États territoriaux sont fondés et ne seront pas modifiés jusqu'à une date très récente[17]. Le nationalisme culturel européen connaît son apogée chauviniste, affirmant son assise culturelle ; puis il se transforme définitivement pour devenir, selon l'expression de E. HOBSBAWM (1990, p. 130), « la matrice du fascisme » et perdre, au fil des années 1930-50, sa légitimité. De cette période date l'assimilation entre nationalisme et autoritarisme politique, quand le nationalisme devient un mode de mobilisation contre l'internationalisme révolutionnaire communiste et contre toute révolution sociale. Les Conservateurs britanniques, le courant pétainiste français et le franquisme se disent des patriotes. Toutefois, le nationalisme, dans sa version libératrice, demeure largement diffusé dans les colonies, où idées de gauche, anti-impérialisme, internationalisme et nationalisme se superposent dans les mouvements de libération nationale entre 1930 et 1970.

La présence flagrante des inégalités et les luttes sociales qu'elles ne cessent de susciter vont exiger des modes de gestion et de contrôle social nouveaux, et provoquer un recul du nationalisme culturel supplanté par le thème de la guerre froide et de l'anticommunisme.

---

17 Même si des minorités dites culturelles demeurent sans État : Hongrois en Roumanie, Basques et Catalans en Espagne, Slovènes en Autriche, Flamands en Belgique.

IV
DE LA NATION CULTURELLE À L'ÉTAT-PROVIDENCE À LA COMMUNAUTÉ

L'idéal de la philosophie politique libérale a été maintes fois démenti au cours des XIXᵉ et XXᵉ siècles et des luttes sont sans cesse survenues pour voir ses principes appliqués. L'impossibilité structurelle du système socio-économique libéral de concrétiser son idéal démocratique et égalitaire est apparue très prononcée à certaines périodes et l'histoire des deux derniers siècles est une répétition de conflits sociaux scandée de séquences d'avancement et de recul d'acquis égalitaires, selon les transformations des marchés intérieurs et internationaux et les rapports de force au sein des sociétés nationales. Il est utile de suivre les grandes étapes de cette évolution historique. L'État a, en effet, déplacé le centre de ses discours et de ses pratiques de la notion de communauté nationale au XIXᵉ siècle et au début du XXᵉ siècle, pour mettre l'accent, durant près d'un demi-siècle (1930-1980), sur la notion et des programmes de solidarité nationale, de protection sociale, puis, depuis les années 1980, sur les notions de responsabilité individuelle et de flexibilité du marché, lesquelles remettent en cause la solidarité nationale. Cette dernière évolution a conduit à la prolifération actuelle de l'idéologie identitaire (*Politics of Identity*), qui ne conçoit plus la sphère politique comme une lutte entre citoyens aux intérêts divergents mais comme une lutte de communautés aux histoires et destins particuliers contre l'hégémonie idéologique de groupes dominants.

A/ PREMIÈRE BRÈCHE

L'État démocratique est ultra-libéral en matière économique jusqu'à la fin du XIXᵉ siècle. L'État et le Droit sont supposés assurer la protection des libertés formelles et ne prennent nullement en considération les handicaps sociaux ou culturels bloquant la promotion et l'insertion sociales des individus. Ceux-ci sont considérés comme différents en termes d'aptitudes et l'État de même que le Droit leur offrent des conditions semblables d'application et d'exercice de leurs aptitudes respectives. Néanmoins, l'actualisation du principe démocratique et égalitaire demeure un leurre jusqu'à la fin du XIXᵉ siècle quand, face au paupérisme croissant provoqué par l'industrialisation, les États allemand, français et britannique reconnaissent des droits ouvriers (grève, association), étendent le droit de vote et créent les premiers codes du travail et programmes sociaux[18] : pensions de retraite, cotisations patronales pour couvrir les accidents du travail (1898 en France). Des mutuelles et des bourses du travail ouvrières s'organisent aussi. Cette forme d'intervention étatique se prolonge durant les années 1900-1930.

B/ DEUXIÈME BRÈCHE

Le chômage massif des années 1930 et la déstructuration des marchés de l'emploi et de la consommation conduisent l'État américain (comme l'État nazi) à intervenir pour assurer l'activité économique et, ce faisant, à introduire la notion de déterminisme et à annuler la notion de responsabilité individuelle dans certaines situations (maladie, chômage, par exemple). Sous les pressions ouvrières, de nouvelles protections sont acquises au fil des années 1930-1950 : assurance-maladie/accident, congés payés. Les États-providences se constituent et leur action est accentuée par la destruction des économies européennes durant la Seconde Guerre mondiale. À la conception juridique et formelle de la citoyenneté de l'idéal démocratique libéral, se superpose une conception sociale de la citoyenneté, i.e. du droit de chacun non seulement à l'intégrité physique, à l'exercice de libertés fondamentales mais aussi à des conditions de vie matérielles minimales.

C/ TROISIÈME BRÈCHE

Après 1945, des déclarations de principe affirment l'interdiction de discrimination selon la culture, la race et la religion et reconnaissent l'existence de communautés de culture, créant la notion de démocratie culturelle. L'idée de la culture comme partie intégrante de la sphère privée et uniquement déterminée par les goûts librement choisis des individus est battue en brèche selon deux arguments[19]. Une mutation s'amorce qui réintroduira la notion de culture dans la sphère publique et relancera le débat sur la nature de la communauté et de la culture nationales.

18 Selon l'article 21 de la Déclaration des droits de l'homme de 1793 en France : « Les secours publics sont une dette sacrée. La société doit la subsistance aux citoyens malheureux, soit en leur procurant du travail, soit en assurant les moyens d'existence à ceux qui sont hors d'état de travailler ».

19 En 1961, le Conseil de l'Europe demande l'addition d'un article dans la Convention européenne des droits de l'Homme, formulé comme suit : les personnes appartenant à une minorité ne peuvent être privées du droit d'avoir leur propre vie culturelle, d'employer leur propre langue, d'ouvrir des écoles qui leur soient propres et de recevoir l'enseignement dans la langue de leur choix. Cette demande est réitérée à maintes reprises par la suite par des représentants de minorités, par le Conseil de l'Europe et, en 1975, lors des Accords d'Helsinki. La Conférence sur la Sécurité et la Coopération en Europe donne place à la reconnaissance des droits des langues et des cultures minoritaires. En 1976 est entré en vigueur le Pacte international relatif aux droits civils et politiques des Nations Unies, lequel stipule : « Dans les États où existent des minorités ethniques, religieuses ou linguistiques, les personnes appartenant à ces minorités ne peuvent être privées du droit d'avoir *en commun* avec les autres membres de leur groupe, leur propre vie culturelle, de professer et de pratiquer leur propre langue ». De telles déclarations ouvrent la possibilité pour les minorités concernées de faire appel à l'État pour maintenir leurs pratiques culturelles particulières et les institutions utiles à cela (écoles, par exemple). Ainsi sont nés la notion de démocratie culturelle et le droit de reproduction des cultures et langues minoritaires, même si la mise en exercice de ce droit demeure hypothétique dans nombre de pays européens.

La pratique nazie d'extermination de populations au nom d'une pureté raciale et culturelle allemande a soulevé la question de la discrimination selon la culture, la race et la religion. D'autres épisodes marquants avaient déjà montré l'ampleur du problème existant : affaire Dreyfus, extermination de minorités culturelles dans les Balkans durant les années 1900-1910, des Arméniens en Turquie et d'autres minorités culturelles du Caucase et d'Asie centrale par le régime soviétique. Toutefois, ces derniers épisodes avaient été considérés comme « excentriques », le fait de régimes non démocratiques.

Durant les années 1960, une seconde argumentation procède de l'observation des mécanismes du marché et de la nouvelle valeur économique des productions culturelles. Lors de l'instauration de régimes démocratiques aux XVIIIe et XIXe siècles, la culture est conçue comme le cumul historique de savoirs scientifiques et de productions artistiques auquel chaque individu a libre accès par son droit à une scolarisation gratuite. Cette définition de l'accès à la culture n'a pu tenir compte de la large commercialisation de produits culturels, apparue après-guerre et soumise non seulement aux règles du marché mais aussi à une régulation de plus en plus présente de l'État à travers des subventions des réseaux de production et de diffusion (théâtres, cinéma, livres, musées, etc). En Europe, ces lois du marché et cette régulation sont critiquées afin de montrer comment les produits culturels créés hors des grands centres urbains ou non subventionnés par l'État perdent toute capacité d'être diffusés et connus. Une source d'inégalité est pointée entre les biens culturels périphériques, régionaux, non rattachés aux cultures savante et populaire prédominantes, nationales et aux marchés restreints, et ceux liés à la culture de masse ou d'élites, produits et distribués avec l'aide de l'État à l'échelle de la société. La forte croissance économique d'après-guerre qui ne profite pas également à toutes les régions des pays européens est aussi en cause dans ce débat.

Cette critique, vive dans les pays où existe une intervention importante de l'État dans le domaine de la production des biens culturels, donne une légitimité accrue aux défenseurs des cultures dites minoritaires, c'est-à-dire des cultures régionales placées par l'histoire en statut second par rapport à la culture érigée en culture nationale. Objet de débat en Europe depuis le XVIIIe siècle, la question du statut des langues et cultures minoritaires apparaît à nouveau un enjeu politique légitime, alors que parallèlement le principe de l'autodétermination des peuples, notamment colonisés, au nom de leur spécificité culturelle et historique, connaît une popularité grandissante. Les revendications nationalitaires en Europe s'alimentent au nationalisme, contrairement à l'image selon laquelle elles seraient le signe de sa fin (W. CONNOR, 1977 ; A. SMITH, 1981).

L'intervention étatique qui découle de cette évolution se centre sur l'enseignement des langues minoritaires, incluses, comme les langues nationales, dans le curriculum scolaire des niveaux secondaire ou universitaire (France, par exemple). Les mesures visant l'assistance de l'État à la reproduction et à la transmission d'usages culturels et religieux de minorités nationales ou immigrées sont demeurées rares en Europe et concernent les immigrés. Les usages culturels spécifiques de minorités territoriales sont intégrés

au patrimoine national sous forme de folklores et de matières d'enseignement pour la population nationale, alors que, dans le cas des immigrés,
d'autres éléments sont parfois pris en compte[20].

D/ QUATRIÈME BRÈCHE

Une autre rupture de la logique libérale réactive le débat sur la communauté et la culture nationales. Elle survient durant les années 1940-1960 aux
États-Unis, avant de connaître une diffusion en Europe. La lutte en vue de
l'égalité des droits civils des Noirs fait naître la notion de discrimination sys-
témique. La demande des Noirs pour un meilleur accès au marché du travail
et du logement date des années 1930. Mais ce n'est qu'en 1964 que l'Acte des
droits civils met en place des programmes interdisant la discrimination raciale dans l'emploi dans le secteur privé. Puis, durant les années 1970, notamment après le jugement de 1971 (*Griggs versus Duke Power*, W. TAYLOR,
S.M. LISS, 1992), la discrimination indirecte est un concept de plus en plus
invoqué. Ce concept réfère à des actes apparemment neutres mais qui en
réalité portent préjudice à certains individus ou groupes d'individus.

Des programmes de discrimination positive en faveur des femmes et des
minorités nationales et immigrées sont implantés à partir des années 1970
tant aux États-Unis qu'au Canada, en Hollande et en Grande-Bretagne. Des
catégories sociales acquièrent, sous la protection de l'État, le droit et la capacité de s'organiser et de contester des hiérarchies basées sur la race, la culture
et l'histoire. En conséquence, la culture et l'histoire deviennent des facteurs
d'inégalité sociale reconnus ; elles intègrent le domaine public même si les
droits créés demeurent portés par des individus et non des groupes. La
croyance que le formalisme universaliste du libéralisme politique participe
de la réduction des inégalités sociales est mise en cause.

Quant à l'intervention étatique croissante dans la sphère familiale et con-
jugale et sur des comportements sanitaires, elle réduit encore l'espace du
privé durant les années 1980-1990 et accroît le statut de pratiques culturelles particulières comme facteurs de hiérarchie sociale. Cette intervention correspond toutefois à une nouvelle forme d'individualisation et à une
psychologisation accrue des relations sociales et des histoires individuelles,
et non à une reconnaissance d'effets de socialisation et d'histoire collectives,
communautaires.

---

20 Par exemple, en France, depuis 1989, l'enseignement de la religion musulmane a été introduit
dans les écoles publiques, au sein de programmes non réguliers, ouverts à tous les élèves.

E/ LA GLOBALISATION ET LE RETOUR EN FORCE DE LA COMMUNAUTÉ

La multiplication des conflits ethnopolitiques en Europe du Sud et de l'Est et dans l'ex-URSS tient à l'inclusion des pays de l'ancien glacis soviétique dans l'économie de marché et à l'instauration de systèmes politiques plus démocratiques. Il n'existait pas d'organisations universalistes autonomes au sein des sociétés civiles de ces pays, si ce n'étaient celles des partis communistes, et les inégalités régionales et ethniques étaient endiguées par une politique de subventions et d'allocations de ressources de l'État central, ainsi que par des alliances entre les élites administratives locales et les appareils des partis communistes. Lorsque l'État central a abandonné ce rôle, la capacité de contrôle des partis s'est amenuisée et les élites locales ont assis leur pouvoir sur d'autres bases, les seules potentielles et parfois organisées, étant religieuses ou ethnoreligieuses (Pologne, Asie centrale soviétique, Caucase, ex-Yougoslavie).

Le retour de la notion de communauté dans les sociétés capitalistes occidentales tient à d'autres raisons. La globalisation des marchés commence à limiter la capacité des États nationaux de gérer leurs économies[21] ; pour certains, elle signe l'échec de l'État-providence, communiste et libéral. Elle induit la création de zones monétaires et commerciales transnationales et l'imposition de critères de gestion publique dans ces zones ; elle expose les secteurs de production consommateurs de main-d'œuvre à la concurrence internationale et elle s'accompagne d'une montée des inégalités socio-économiques et de la perte de droits sociaux acquis durant les années 1950-60 ; elle symbolise un échec de l'État-providence comme État redistributeur et redresseur d'inégalités.

La croissance et la globalisation des industries culturelles, notamment en langue anglaise, homogénéisent la culture populaire et réduisent la place des spécificités et des identifications culturelles et linguistiques, nationales et régionales, provoquant des réactions de défense de ces spécificités. La croissance et la globalisation des industries de l'information facilitent, quant à elles, l'organisation de mouvements de contestation transnationaux et l'apparition de formes de citoyenneté ou d'identification transnationale (diasporas aux identités hybrides, mouvements internationaux écologique, féministe, autochtone). Enfin, l'arrivée en Occident de populations de réfugiés fuyant des régions en proie à des conflits politiques et guerres ou sous contrôle de régimes dictatoriaux confirme la représentation dans certains secteurs des opinions publiques nationales des effets négatifs de la globalisation. Ces populations sont perçues comme accroissant la charge financière de l'État et mettant en péril le lien national construit historiquement.

---

21 Il faut rappeler que la souveraineté nationale a toujours été limitée par la circulation du capital financier, des populations et des biens culturels. Le caractère nouveau de l'internationalisation en cours est le déplacement et la réorganisation des activités de production qu'elle provoque ainsi que la capacité nouvelle de larges fractions des opinions publiques de prendre connaissance d'événements survenant à l'échelle de la planète et de les intégrer à sa représentation des rapports internationaux.

Ces effets de la mondialisation des échanges économiques, démographiques et culturels sont, en effet, perçus par les catégories sociales les subissant le plus fortement comme détruisant les bases de la communauté nationale (culture et langue), en vertu desquelles elles ont acquis des droits, des avantages. À leurs yeux, la qualité de national leur est déniée et elles sont tentées de remettre en question le droit des étrangers et des « marginaux » à y accéder. Le nationalisme culturel, comme la notion de communauté de tradition, de valeurs, reprennent force. L'exemple britannique peut être invoqué comme illustration *a contrario*. La tentative récente de la droite britannique d'activer un sentiment national à partir de l'exclusion des immigrés bute sur la difficulté, sinon l'impossibilité, de donner un contenu au terme « Britannique » en raison des contestations écossaise et irlandaise et des droits politiques de résidents de territoires de l'Empire autres que le Royaume-Uni (J. CROWLEY, 1995).

En résumé, les contestations de catégories sociales exclues ou défavorisées (femmes, minorités raciales, minorités culturelles territorialisées ou immigrées) ainsi que l'intervention de l'État dans le champ de pratiques privées (famille, santé) ont conduit depuis l'après-guerre à une transformation des politiques de gestion des inégalités et à la reconnaissance par l'État de facteurs culturels et historiques pour expliquer des différences de statut et de condition sociale. Les médiations universalistes, formelles (libertés fondamentales, droits sociaux) ont fait place, dans les États d'Amérique du Nord, d'Europe du Nord et en Grande-Bretagne, à d'autres ancrées à des réalités culturelles, raciales ou de genre, dont la globalisation des échanges marchands et des migrations ne fait que renforcer la pertinence.

Cette évolution est contestée par les groupes sociaux auxquels les nouvelles médiations et la libéralisation du marché n'apportent aucun avantage réel ou symbolique (détenteurs d'emplois peu qualifiés ou en voie de disparition ; résidents de zones rurales périphériques ; membres d'élites en perte de statut et de pouvoir). Ces catégories sociales veulent réintroduire la nation culturelle et historique et, surtout, la préférence nationale. On assiste ainsi à la montée de mouvements ethno-nationalistes voulant réserver des droits et des privilèges aux seuls descendants d'un peuple imaginaire constitué, selon les sociétés, depuis trois à dix siècles. Mouvements qui signifient que la médiation étatique universaliste ne suffit pas à assurer l'exercice des droits et l'égalité des conditions (travail) et que d'autres médiations doivent être imposées pour légitimer un partage inégal. L'État doit devenir sectoriel, segmentaire et non pas universel.

V
CONCLUSION

Depuis, il y a plus de deux siècles, l'invention, en Angleterre, des notions de liberté personnelle et d'égalité et depuis la fondation des États britanniques, français et américain sur la base de droits individuels, la question de la nature fondamentalement juridicopolitique de l'État, de sa vocation universaliste et égalitariste et de son caractère historicoculturel a toujours été présente, certes de manière le plus souvent non explicite, non dite. L'enjeu des luttes politiques à ce propos n'a jamais été la défense de « cultures nationales » préexistant aux États, mais, au contraire, la construction par les élites dominant l'État de représentations de cultures et de patrimoines nationaux visant à faciliter la mobilisation économique, politique, voire militaire, des populations sous leur contrôle.

La question soulevée est donc celle de la visée de cette mobilisation. Fait significatif, les périodes de forte mobilisation de l'idéologie de la culture nationale par des gouvernements n'ont nullement correspondu à des périodes d'intervention égalitaire ou redistributrice de la part de ces derniers. D'une façon similaire, les regroupements politiques mettant de l'avant la notion de culture nationale ont toujours défendu l'idée d'une préférence nationale, i.e. d'une répartition inégalitaire des droits et des richesses.

De manière encore une fois exemplaire, cette notion est au cœur des revendications des mouvements de droite, américains ou européens, défendant actuellement le principe de la protection des « nationaux », le déni de droits politiques et sociaux aux immigrés non naturalisés et l'abolition des programmes d'action positive envers les minorités racialisées. Ces mouvements sont en faveur d'un État sectoriel, représentant exclusivement les détenteurs d'une ascendance nationale imaginaire, alors que la mondialisation des échanges oblige à la circulation accélérée de populations immigrées, constituées de plus en plus souvent en groupes de pression visant un État civique, pluriculturel. La même mondialisation porte les élites politiques et économiques à réduire l'intervention redistributive de l'État-providence et à militer en faveur d'un État universaliste, formaliste, laissant plus de place à l'action du marché. L'enjeu de la définition de la nation culturelle se révèle nullement être l'histoire et la culture d'un groupe originel, putatif, mais la visée et le contrôle de l'intervention étatique.

REPÈRES BIBLIOGRAPHIQUES

ANDERSON Benedict (1983). *Imagined Communities*. Londres, Verso, 160 pages.

CAIRNES John Elliott (1874). *Some Leading Principles of Political Economy Newly Expounded*. Londres, Harper, 421 pages.

CONNOR Walker (1977). « Ethnonationalism in the first world : The present in historical perspective », dans M. Esman (dir.), *Ethnic Conflict in the Western World*, Ithaca, Cornell University Press.

CROWLEY John (1995). « État, identité nationale et ethnicité au Royaume-Uni », *Anthropologie et Sociétés*, Vol. 19, no 3, p. 53-70.

ELBAZ Mikhaël, HELLY Denise (1995). « Modernité et postmodernité des identités nationales », *Anthropologie et Sociétés*, Vol. 19, no 3, p. 15-35.

GELLNER Ernest (1983). *Nations and Nationalism*. Oxford, Blackwell, 150 pages.

GREENFELD Liah (1992). *Nationalism. Five Roads to Modernity*. Cambridge, Harvard University Press, 81 pages.

GUIOMAR Jean-Yves (1974). *L'idéologie nationale. Nation Représentation Propriété*. Paris, Champ Libre, 285 pages.

HEWISON R. (1987). *The Heritage Industry*. Londres.

HOBSBAWM E. (1990). *Nations and Nationalism Since 1780*. Cambridge, Cambridge University Press, 191 pages.

HROCH Miroslaw (1985). *The Social Reconditions of National Revival in Europe*. Cambridge, Cambridge University Press.

JOHNSTON E. (1992). *Post-Modernisme et Bimillénaire*. Paris, PUF.

MARIENSTRAS Élise (1988). *Nous, le peuple. Les origines du nationalisme américain*. Paris, Gallimard, 479 pages.

NORA Pierre (1986). *Les lieux de la mémoire. La nation* (Tome 2). Paris, PUF.

PESSIN Alain (1992). *Le mythe du peuple et la société française au XIXe siècle*. Paris, PUF, 280 pages.

ROUCHE Michel (1996). *Clovis*. Paris, Fayard, 611 pages.

SETON-WATSON H. (1965). *Nationalism : Old and New*. Sydney, Sydney University Press, 24 pages.

SMITH Anthony (1981). *The Ethnic Revival in the Modern World*. Cambridge, Cambridge University Press, 240 pages.

SMITH Anthony (1990). « Toward a global culture », *Theory, Culture and Society*, Vol. 7, nos 2-3.

TAYLOR W., LISS M. (1992). « Affirmative action in the 1990s : Staying the course », *The Annals of the American Academy of Political and Social Science*, Vol. 17, p. 31-32.

TESSIER George (1996). *Le Baptême de Clovis*. Paris, Gallimard, 428 pages.

THEIS Laurent (1996). *Clovis : de l'histoire au mythe*. Paris, Éditions Complexe, 225 pages.

VILAR Pierre (1978). « Sobre los fundamentos de las estructuras nacionales », *Historia* 16 (extra V) : 11.

CONCLUSION GÉNÉRALE : LA NATION COMME IMAGINAIRE ET COMME RÉALITÉ

Gérard Bouchard

Comme il est rappelé dans l'introduction de l'ouvrage, l'objectif poursuivi dans la présente entreprise collective était double. Celle-ci visait d'abord à explorer l'idée et le fait national dans toute leur diversité, sous diverses latitudes et à diverses périodes. Nous voulions ensuite amorcer certaines démarches comparatives, dans des directions variées, en prenant la collectivité québécoise comme terme commun de référence. Dans tous les cas — du moins dans l'esprit des deux initiateurs de l'ouvrage — il s'agissait de désenclaver la réflexion sur la société québécoise en la dépaysant, soit par l'examen d'expériences historiques autres, soit par l'analyse des rapports étroits que cette société a entretenus avec ses métropoles ou avec ses voisines, soit enfin par l'exercice comparatif au sens strict. Jusqu'ici au Québec, ce genre de démarche a été peu pratiquée au sein des sciences sociales et historiques. Il convenait donc, dans la présente étape, de ratisser large, quitte à ajuster, à préciser le tir dans des efforts subséquents. C'est peut-être, précisément, l'apport essentiel de cet ouvrage que d'étaler les matériaux divers à partir desquels nous voudrons nourrir les interrogations à venir.

Mais il convient d'abord de faire le point sur ce qui est d'ores et déjà acquis, non pas en résumant les textes qui précèdent, mais en balisant un itinéraire scientifique à partir des questions qu'ils posent, des perspectives qu'ils ouvrent, des impasses qu'ils révèlent.

I
SUR L'ESSOR DE LA NATION

On le savait déjà : la nation est multiforme, des contextes divers lui ont donné naissance, elle a connu des évolutions contrastées suivant des calendriers déphasés, elle a servi des fins collectives variées et elle a été associée à des idéologies divergentes. Dès lors, comment dater la naissance de la nation, comme référence collective réunissant dans une appartenance symbolique plus ou moins spécifique les individus d'une population, d'un territoire ou d'un ensemble politique quelconque ? À cause des diverses figures empiriques qu'elle a empruntées, il n'est guère possible de se reporter à une définition qui les rassemblerait toutes ; le plus commode, en un premier temps, est de s'en remettre aux trames historiques elles-mêmes. On observe alors que dans le courant du XVIIIe siècle principalement (plus tôt encore en Belgique ?), la nation est d'abord apparue, dans certains pays d'Europe, comme principe d'organisation politique articulé autour de l'État ; la nation, comme sentiment d'appartenance et comme culture, s'y est ensuite élaborée progressivement, sous l'action même de l'État[1] qui y trouvait son intérêt sous divers rapports (infra), mais aussi à la faveur d'expériences collectives (par exemple le déploiement de la société industrielle) qui diffusaient des valeurs uniformes et nourrissaient la fibre identitaire. Comme le rappelle D. Helly (Chapitre XV), c'est alors que se sont mis en place les référents culturels familiers (langue, traditions, symboles...), comme fondements des cultures nationales, cette évolution se poursuivant jusqu'au XXe siècle. Dans ce cas (clairement illustré par des pays comme la France, les États-Unis ou l'Italie), il est évidemment inapproprié d'imputer l'essor de la *nation* à des impératifs de survivance ou d'émancipation ethnique, la référence nationale première recouvrant plutôt une communauté d'intérêts plus ou moins programmée.

Mais dans d'autres cas aussi, la nation culturelle (ou ethnique ?) a précédé la nation politique ; on pense ici à l'Allemagne de Herder ou au Québec du XIXe siècle. Les trames historiques sont alors inversées : la *nation* réalise peu à peu son arrimage à l'État, au territoire et à la citoyenneté. Certains pays d'Amérique latine (le Mexique et le Venezuela, par exemple) peuvent être rangés — du moins en partie — au sein de cette catégorie, dans la mesure où des éléments d'un sentiment national s'y sont manifestés avant l'accession à l'indépendance politique au début du XIXe siècle (cf. G. Bouchard, Chapitre I). Par certains aspects, on peut y rattacher également la Pologne, dont le destin culturel a dû être assuré pendant une longue période dans une sorte de marginalité aménagée au sein de structures politiques qui lui étaient imposées de

---

1 Cette action prenant la forme tantôt de vastes entreprises autoritaires d'acculturation (dans la France des XVIIIe et XIXe siècles, par exemple), tantôt d'initiatives plutôt inoffensives (assez candides même : pensons aux concours infructueux de l'Académie Royale de Belgique, évoqués par J. Stengers au Chapitre IV).

l'extérieur (G. Zubrzycki, Chapitre XI). Enfin, les luttes de décolonisation qui se sont nourries du sentiment national et d'une conscience historique se rangent aussi dans cette catégorie.

Il importe de marquer cette dualité dans les itinéraires qui ont conduit à l'éventail des nations modernes. La référence historique s'avère en effet essentielle pour en comprendre les spécificités mais aussi toute la complexité puisqu'en cette fin de XXe siècle, toutes les trames politiques sont soumises à des tendances et pressions convergentes vers un modèle commun qui fonde la nation sur le droit et en extrait l'ethnicité.

Sans surprise, on voit l'idée nationale servir diverses finalités, s'accommodant de contenus idéologiques très divers, de gauche comme de droite. Les sentiments d'appartenance et de solidarité sont mobilisés pour la défense et pour l'extension du territoire, pour affronter vaillamment les malheurs (crises intérieures, disettes, épidémies...) qui affligent la patrie, pour appuyer des causes communautaires, des idéaux de développement, des luttes de libération ou d'émancipation. L'État libéral exploite aussi la fibre nationale pour occulter les divisions sociales creusées par l'économie capitaliste et pour assurer la cohésion collective contre les assauts des mouvements de gauche. L'uniformisation culturelle, enfin, facilite la circulation des idées, des biens et des capitaux, et elle dresse le lit des valeurs qui fondent la modernisation.

Quant au nationalisme, qui est une forme exacerbée de l'idée nationale, il se charge lui aussi de contenus très divers, allant des dérèglements agressifs et dangereux de l'ethnicisme aux revendications de survivance culturelle et aux mouvements sociaux anti-impérialistes ou anti-totalitaires. Encore là, et comme le rappelle justement D. Helly, il est avisé de bien reconnaître les contenus idéologiques et symboliques en présence, de même que les usages visés, lesquels diffèrent selon la position des acteurs sociaux. C'est pourquoi il paraît imprudent de prononcer, d'une manière a priori, que le nationalisme est incompatible avec le libéralisme, ou qu'il est synonyme d'aliénation, de manipulation des masses, d'anti-démocratie, et le reste (A.-J. BÉLANGER, Chapitre III). Nul ne constatera que de tels énoncés conviennent à de nombreuses expériences historiques, dont certaines sont très récentes. Mais l'horreur qu'elles inspirent à juste titre ne doit pas gommer ces autres cas de figure où le nationalisme s'est trouvé du côté de la démocratie alors que les élites officiellement libérales étaient du côté de l'impérialisme et du racisme. On en trouve des exemples en Afrique et en Amérique latine — dans l'Argentine du XIXe siècle par exemple, où Sarmiento, l'homme des Lumières, rejetait hors de la nation les Indiens (dont il préconisait jusqu'à l'extermination), les métis et les gauchos de la pampa, défendus par le parti nationaliste de Rosas. Il en va un peu de même avec l'énoncé selon lequel le nationalisme serait la forme moderne, laïcisée, de la religion, s'arrogeant lui aussi une sorte de transcendance et d'absolu. Certaines formes de nationalisme vérifient en effet ce modèle, d'autres non.

En conclusion de cette partie, on ne peut que s'étonner de la place centrale occupée par un concept aussi flou et aussi hétéroclite que celui de nation. La grande diversité des réalités historiques qu'il recouvre fait un peu échec aux tentatives de définition formelle. Pour la même raison, sa naissance ne peut être datée avec précision — quitte à la faire coïncider avec la première collectivité qui s'en est réclamée, indépendamment de la réalité qu'on lui faisait alors coiffer. Il y a certes des éléments d'un dénominateur commun. Historiquement, la nation est associée à de nouveaux regroupements collectifs, qui voulaient récuser les anciennes féodalités et régions. Mais au-delà, la référence nationale demeure chargée de contradictions. Elle est née politiquement, en Europe, dans le même lit que la démocratie et elle a grandi avec elle. En lutte contre les tyrans et les monarques, elle militait en faveur du droit, des Lumières et de l'universel. Mais se trouvait aussi dans son berceau le capitalisme, dont elle a soutenu l'essor jusque dans ses excès colonialistes. Dans une autre direction, qui est celle de l'ethnie mais qui s'entremêle avec la première trame de multiples façons, la nation a tiré du côté des particularismes, des replis, des exclusions autoritaires. Finalement, c'est bien comme notion et comme réalité polyvalente contradictoire que la nation s'impose. C'est pourquoi elle ne peut être étudiée utilement qu'en rapport étroit avec les grands courants sociaux, économiques et politiques qui ont traversé l'Occident depuis le XVIIIe siècle et en référence avec l'évolution des collectivités où elle est apparue. Il est impossible de faire son histoire en l'abstrayant de la praxis plurielle qui lui a donné forme.

II
LA NATION ET SA REPRÉSENTATION

Dissipons d'abord un malentendu. À la suite de B. ANDERSON (1983), de nombreux auteurs ont dénoncé la nation sous prétexte qu'elle était un construit, un produit de l'imaginaire, et partant un montage artificiel, une invention, une machination. À ce propos, il est utile de rappeler qu'il pourrait bien en être ainsi de toutes les représentations collectives : les idéaux sociaux, les images du passé, les sentiments identitaires, les valeurs partagées, les symboles les plus universels, voilà autant de construits, d'abstractions, de produits d'un imaginaire ; pour autant, doivent-ils être tous assimilés à des procédés de fabrication arbitraires, sinon manipulateurs ? La solidarité et la mémoire familiales ne sont-elles pas le fruit d'une histoire au fond assez arbitraire elle aussi et n'ont-elles pas à être continuellement entretenues par tout un dispositif rituel de conventions, d'anniversaires, de commémorations ? N'en va-t-il pas de même avec toute la mythologie des origines et des racines qui fondent bien des fidélités, même les plus authentiques ? Et les philosophies du dernier siècle ne nous ont-elles pas appris que toutes les croyances, même les plus profondes, n'avaient rien d'absolu ?

Deux remarques s'imposent ici. D'abord, et comme le rappelle fort à propos José E. Igartua (Chapitre XIII), la notion de « imagined communities », chez Anderson, vient non pas de ce que ces représentations sont sans fondement dans la réalité mais de ce qu'elles désignent des appartenances et des solidarités qui rayonnent au-delà des relations inter-personnelles ; elles se déploient dans une sphère qui déborde celle des individus. Dès lors, faute de pouvoir les appréhender dans leur vécu quotidien, ceux-ci les intériorisent et y adhèrent par le truchement de symboles, par une connaissance indirecte, par une abstraction de l'esprit. En deuxième lieu, ces imaginaires collectifs peuvent en tout temps être critiqués et dénoncés. C'est précisément la fonction première des intellectuels : désamorcer les idéologies dominantes pour les remplacer par d'autres représentations, d'autres définitions de la société. Mais en quoi ces produits de substitution seraient-ils substantiellement, constitutionnellement, différents des autres, sous le rapport considéré ici ? Ils créent simplement une dualité ou une pluralité de visions dont chacune garde sa légitimité intrinsèque comme projet et comme pari sur l'avenir de la collectivité. Il ne saurait y avoir de bons et de mauvais imaginaires, comme il ne saurait exister de hiérarchie a priori entre les savoirs, telle que les uns seraient naturels et authentiques, en ce qu'ils refléteraient la réalité, les autres artificiels et contrefaits. Ceci n'exclut évidemment pas, comme nous le verrons, le risque de bricolage et de distorsion qui guette tous les *imaginaires*, y compris ceux que propose en définitive la connaissance scientifique.

Nous abordons ici le terrain fertile et controversé des mythes fondateurs. Le vocable lui-même reproduit l'ambiguïté qui vient d'être évoquée. Quel statut faut-il en effet accorder au mythe ? Celui d'un procédé par lequel une collectivité cède au besoin légitime de construire sa mémoire et d'ériger des symboles qui entretiendront sa cohésion et ses valeurs identitaires ? ou le statut péjoratif d'une entreprise de déformation ou de réinvention de la réalité ? Pour les fins de notre démarche, cette question — si fondamentale soit-elle — peut être écartée. L'un des objectifs de ce collectif était de rechercher comment les nations construisent leurs représentations fondatrices et à quels problèmes ces dernières sont censées apporter une solution. Ainsi, pourquoi les religieux mexicains des XVIe et XVIIe siècles étaient-ils si préoccupés de trouver un dénominateur commun entre le catholicisme et les religions aztèques ? Pourquoi leur était-il si important d'assigner à ces religions des origines chrétiennes ? De la même façon, pourquoi les intellectuels créoles ont-ils à un certain moment récusé leur ascendance ibérique pour se réclamer désormais du passé lointain de l'indianité ? Il est révélateur que toutes les nations aient éprouvé ce besoin de se représenter a posteriori, de s'incarner dans des scénarios singuliers et remarquables qui leur procuraient à la fois une transcendance et une légitimité : plus la nation est ancienne, moins elle est arbitraire. Loin du présent, elle sort un peu hors du temps ; elle devient imperméable à ses contingences, elle ne peut être la création intéressée d'un parti, d'une faction ; elle est digne de sacrifices, d'abnégation collective.

Il est vain de dénoncer ces stratégies de l'imaginaire sous prétexte qu'elles ne sont pas scientifiques. Rappelons en effet qu'elles sont en grande partie le produit de la science historique elle-même. Jean Stengers le montre bien pour la Belgique. La référence à César atteste la bravoure qui est au cœur du caractère national du peuple belge. Les actes de résistance aux dominations étrangères en font une tradition collective. Et c'est le grand historien Henri Pirenne lui-même qui trouve au Moyen Âge les racines de la civilisation nationale. Plus récemment encore, ce sont d'autres historiens qui font de la Belgique le fruit de l'union des Flamands et des Wallons (le mythe « communautaire »).

Mais le mythe national se construit et s'accrédite selon bien d'autres voies, parmi lesquelles la littérature est l'une des plus transparentes. Ici, le procédé énonciatif est plus libre ; il peut se nourrir directement de l'événement remarquable et l'amplifier à sa guise, au gré de la fiction. C'est pourquoi on trouve partout le littéraire étroitement associé au processus de création et à la promotion de la conscience nationale. En réalité, dans cette association, c'est non seulement l'image de la nation qui naît, mais la littérature elle-même, comme le montrent Earl E. Fitz et Jean Morency (Chapitres VI et VII). Sous cet éclairage, le premier souligne le rôle initiateur du Baron de Lahontan et de Marc Lescarbot au Québec (ou, plus précisément, en Nouvelle-France). Le second rappelle le problème particulier qui se posait aux littératures du Nouveau Monde. Les vieux genres littéraires qui avaient donné de grandes épopées fondatrices à la Grèce et à l'Europe étaient tombés en désuétude ; il fallait donc réinventer un langage, d'où, aux États-Unis en particulier mais au Québec et au Canada aussi, la quête toujours déçue du « grand roman ». J. Morency peut terminer son chapitre en évoquant « les limbes de l'écriture où s'agitent les textes morts-nés d'une nation encore à venir ».

Autre figure de la représentation nationale : sa pluralité souvent irréductible. Le fractionnement des classes ou des ethnies ainsi que les luttes de pouvoir font souvent se confronter, au sein d'une même société, divers projets nationaux dont aucun n'arrive à dominer vraiment les autres. En Belgique, après 1830, c'est la vision libérale et la vision catholique du caractère national qui s'affrontent. En Pologne, ce sont les tenants de la nation civique et ceux de la nation ethnique (Geneviève Zubrzycki, Chapitre XI). En Argentine, pendant plus d'un siècle, ce sont les libéraux et les rosistes (Diana Quattrocchi-Woisson, Chapitre II). Au Canada aussi, des modèles concurrents se disputent les faveurs de l'histoire. Dans les dernières décennies du XIXe et au début du XXe siècle, c'est le rêve impérial contre le projet nationaliste et le double pacte constitutionnel (Sylvie Lacombe, Chapitre X). Dans les années 1940, la controverse autour du projet de citoyenneté canadienne montre que ce clivage idéologique est toujours bien vivant, sous d'autres mots, d'autres étiquettes (José E. Igartua, Chapitre XIII).

Tous ces aléas dans les contenus et les représentations de la nation appellent et justifient une critique du concept, mais ils n'arrivent pas à récuser la nation comme catégorie historique plurielle, contradictoire même, toujours renouvelée et renaissante, en prise directe avec les divisions de classes, les conflits de pouvoir et le changement social.

III
LA CONSTRUCTION DU PASSÉ

Revenons brièvement sur la fonction mémorielle, en tant qu'elle reproduit la pluralité souvent irréductible des visions (et des visées) nationales. Comme nous l'avons signalé, c'est pour en établir la pérennité et le caractère indélébile que les tenants de la nation éprouvent le besoin de la projeter dans le temps long et de célébrer les actes qui jalonnent son histoire. Mais on se doute bien que ces entreprises symboliques, qui se reposent largement sur les reconstitutions de la *science* historique et font appel à l'autorité des *faits*, ne sont pas innocentes. Il est devenu banal de rappeler que ces rappels du passé donnent lieu à une sélection méthodique dictée par les idéologies et les intérêts à faire valoir. Il est déjà plus intéressant, en inversant la proposition, de rechercher les pensées non avouées à travers les montages auxquels se prêtent les événementiels. Mais surtout, d'un point de vue épistémologique, il y a grand profit à examiner comment se construit la mémoire, comment les procédés qui sont mis en œuvre mêlent la rigueur et la distorsion, la naïveté et la contrefaçon. L'Irlande, le Québec (Ronald Rudin, Chapitre IX), l'Argentine (Diana Quattrocchi-Woisson, Chapitre II) et le Mexique (Gérard Bouchard, Chapitre I) en offrent des exemples passionnants.

En Irlande, pendant la majeure partie du XIXe siècle, la grande insurrection de 1798 reste silencieuse. C'est l'année du centenaire qui la remet à l'actualité, dans le contexte difficile des rapports avec l'Angleterre. Pas moins de trois scénarios du même événement seront proposés par les United Irishmen (version laïque modérée), le groupe de Maud Gonne (version laïque radicale) et le clergé (version conservatrice). Rudin montre que chacune de ces reconstitutions fait voir le déroulement de l'Insurrection sous un jour différent, en jouant sur le choix des éclairages, des acteurs et des épisodes. Par exemple, le clergé est remarquablement absent dans la représentation des United Irishmen. Par contre, il tiendra les premiers rôles dans le troisième scénario, d'où a été soigneusement gommée la participation de la France, ce pays sans-Dieu.

Une situation analogue prévaut vers la même époque à Québec où, en 1908, on commémore simultanément le tricentenaire de la fondation de la ville par Champlain et le bicentenaire du décès de Mgr Laval. Diverses visées symboliques ou idéologiques entrent ici en compétition. Au-delà des finalités officielles de chacun de ces anniversaires, certains voudraient en faire une célébration conjointe de l'union de l'Église et de l'État. D'autres entendent plutôt y mettre en vedette la nation canadienne. Enfin, allant plus loin, Lord Grey et Wilfrid Laurier tentent de profiter de l'événement pour promouvoir l'image de l'Empire. Un moment, le Prince de Galles menace d'éclipser les deux héros du jour. Au milieu de bien des remous, la fête se scinde, se ramifie, s'enrichit encore d'un hommage à l'entente cordiale entre la Grande-Bretagne et la France... Mais la mémoire ultérieure oubliera ces entreprises plurielles, concurrentes, fébriles, qui, au cours des mois de juin et juillet 1908, s'expriment dans un programme hétéroclite offert à un public sans doute assez ignorant des stratégies qui se jouent en coulisses. Jusqu'à ce que les mêmes protagonistes s'affrontent à nouveau sur un autre terrain mémoriel...

Sur un autre terrain, Diana QUATTROCCHI-WOISSON (1992) a consacré une thèse de doctorat à l'étude de l'historiographie argentine, divisée pendant un siècle entre les paradigmes libéral et rosiste. Cette fois, la science historique est directement mise en cause dans la mesure où elle sert à la fois, et avec la même compétence, les deux paradigmes. Quattrocchi nous présente une société en proie à une profonde division qui s'exprime à travers diverses figures : unitaires contre fédéraux, Buenos Aires contre les provinces, civilisation contre barbarie, culture savante contre culture populaire... Aussi bien, cette nation argentine a deux dates fondatrices (25 mai 1810 et 9 juillet 1816), elle nourrit des références littéraires et des mythes fondateurs concurrents et sa mémoire est assurée par deux écoles opposées (l'Institut de Recherche historique de l'Université de Buenos Aires et l'Institut de Recherche historique Juan Manuel de Rosas). Ayant noté tout cela, on s'étonne tout de même un peu de constater que la nation argentine s'est faite néanmoins, politiquement et culturellement. Compte tenu de l'ampleur et de la diversité de l'immigration que ce pays a accueillie depuis le milieu du XIXe siècle, on peut même y voir un phénomène remarquable d'homogénéisation, sur le même pied que le melting-pot américain. D'autre part, il convient sans doute de relativiser l'analyse des clivages. Il y avait bien sans doute de la culture savante dans les provinces et de la culture populaire à Buenos Aires. Au plan de la littérature, il y eut aussi (Quattrocchi y fait allusion) des courants qui ont échappé au dualisme structurel, et qui s'employaient même à le réduire (Lugones, par exemple).

Le dernier exemple est emprunté au Mexique, où les dichotomies de la nation se présentent sous un jour différent en ce que les stratégies de la culture savante parviennent en quelque sorte à les surmonter. Une préoccupation constante de la pensée créole était de réduire la grande diversité ethnique de la nation. Parmi les initiatives mises de l'avant à cette fin, l'une des plus fascinantes réside dans la tentative pour démontrer les origines communes du catholicisme et des religions aztèques. Une autre consiste dans la théorie du métissage généralisée, d'où naîtrait une race nouvelle, supérieure (la race « cosmique ») : assez curieusement, la théorie affirmait l'égalité des partenaires (Blancs et Indiens) mais elle établissait aussi que la nouvelle race serait blanche... Enfin, pour se dédouaner de l'opprobre de la Conquête espagnole mais aussi pour se donner une crédibilité face à la vieille civilisation espagnole, les Créoles décident tout de go de se refaire une conscience historique en répudiant leur ascendance ibérique et en plantant désormais leurs racines dans le passé multi-millénaire de l'indianité. Cette référence à une vieille indianité christianisée bien avant la Conquête procurait à la conscience créole les titres qui lui manquaient pour récuser les prétentions espagnoles à une sorte de magistère culturel sur un Nouveau Monde plus ou moins livré à la barbarie.

Tous ces exemples, qui donnent en spectacle les ruses de l'imaginaire, sont instructifs. La grammaire du discours national a ses règles, qu'il est utile de connaître. Et il n'est pas moins éclairant d'y voir le rôle tenu par l'historiographie, qui s'en fait volontiers complice. Tout cela suggère l'idée que, comme exercice scientifique, l'histoire s'épanouit parfois davantage dans la critique des énoncés dominants sur le passé plus que dans l'affirmation de nouveaux énoncés.

IV
COLLECTIVITÉS NEUVES ET LIEN COLONIAL

L'analyse de la nation ne peut être dissociée de celle du colonialisme. Aux deux bouts du lien colonial se trouve en effet une figure de la dynamique nationale. D'un côté, c'est la nation arrivée à maturité, forte de sa croissance, avide d'expansion et conquérante. De l'autre, c'est la nation en puissance qui tantôt s'insurge, tantôt s'accommode de compromis, et parfois se résigne. Yvan Lamonde (Chapitre VIII) rappelle la double perspective d'analyse qui en découle. D'une part, le sort des colonies ne se comprend pas bien sans une étude comparée des métropoles, de leur pouvoir économique et militaire, de leurs traditions politiques, de leur philosophie administrative. D'autre part, il importe de cultiver une perspective latérale, inter-coloniale, pour enrichir notre compréhension de chaque cas. Sous ce rapport, le Québec et les collectivités d'Amérique latine représentent en quelque sorte deux extrêmes : ici une métropole industrielle dynamique, au sommet de sa puissance, là deux vieux régimes fatigués qui avaient un peu raté le coche de la modernité européenne et qui se trouvent tout à coup mis en déroute par un envahisseur. Toujours à propos du Québec, le texte de Lamonde attire aussi l'attention sur les styles de gestion pratiqués dans la vallée du Saint-Laurent, d'abord par Paris puis par Londres, l'un apparemment beaucoup plus autoritaire et centralisateur que l'autre.

On perçoit ici deux perspectives de recherche qu'il serait utile d'explorer plus à fond. La première, qui prend pour objet le rapport colonie-métropole, est ancienne ; mais la dimension comparative promet de la renouveler. Que savons-nous, par exemple, de la politique coloniale de Londres dans l'ensemble des collectivités de l'Empire : quelle est l'ampleur de l'a-symétrie dans la gestion de chacun de ces liens coloniaux ? Qu'en est-il du calendrier des concessions, des réformes et des stratégies y ayant présidé ? Pourquoi octroyait-on le gouvernement responsable ici et le refusait-on là ? Comment parvenait-on à orchestrer tant bien que mal l'évolution de trames et de conjonctures aussi diverses, traversées par quatre continents et tant de cultures diamétralement opposées ? La seconde perspective est celle des itinéraires collectifs des morceaux d'empire, placés devant le choix de la continuité ou de la rupture, s'appropriant d'une façon ou d'une autre les « nouveaux » espaces et inventant mille façons, plus ou moins brutales, de refouler leurs occupants primitifs. À cet égard, le Québec est un riche terrain d'études. Il change de métropole en 1763 et vit ensuite une dépendance multiple : au plan politique (Angleterre), au plan religieux (Vatican), au plan culturel en général (France) et plus tard au plan économique (États-Unis). Au plan culturel, il va et vient entre continuité et rupture, et au plan politique, il est l'une des rares collectivités des Amériques à ne pas avoir réalisé sa souveraineté.

En regard, le Canada présente une trajectoire plus linéaire, dans la mesure où la rupture du lien colonial s'y effectue en quelque sorte dans la continuité britannique, pratiquement jusqu'au milieu du XXᵉ siècle. Contrairement aux États-Unis, le Canada n'a jamais été emporté par le discours radical. Le décrochage colonial y a été réalisé à petits pas, en faisant l'économie du grand événement fondateur. Ainsi, l'Acte de l'Amérique du Nord Britannique de 1867 semblait marquer un tournant décisif vers l'affranchissement. Il en fut autrement, les dernières décennies du siècle étant au contraire marquées par une grande ferveur impériale qui a réduit à l'impuissance les aspirations indépendantistes dont Henri Bourassa fut l'un des principaux porte-parole (Sylvie Lacombe, Chapitre X). Un autre épisode tout à fait révélateur du modèle canadien de décrochage est l'adoption de la loi créant une citoyenneté canadienne en 1946. Le caractère relativement tardif de cette loi est en lui-même significatif, et plus encore le train de controverses et de compromis auxquels elle a donné lieu (José Igartua, Chapitre XIII). Il est utile aussi de rappeler qu'en 1946, le Canada n'avait encore ni drapeau, ni hymne, ni fête nationale, et qu'on pouvait toujours en appeler auprès de Londres des jugements de son plus haut tribunal. Enfin, Gary Caldwell (Chapitre XIV) montre comment, dans les décennies subséquentes, le sentiment à l'endroit des institutions et de la philosophie britanniques, tenues pour supérieures, sinon irremplaçables, va se transformer. Discrètement, en évitant encore une fois les coups d'éclat, l'édification de la nation canadienne se poursuit. Une étape marquante de cette évolution est l'adoption en 1977 d'une nouvelle loi de la citoyenneté, dont l'esprit est nettement plus canadien — mais qui n'en retient pas moins le serment d'allégeance à la couronne britannique.

Que la rupture s'étale dans le temps ou qu'elle soit concentrée dans un acte fondateur, la construction de l'État a toujours besoin de symboles, de mythes, d'utopies. On peut évoquer ici les grands rêves de recommencement des collectivités latino-américaines, séduites par les idéaux de métissage des races et des cultures, d'où, espère-t-on, jaillira une grande civilisation, supérieure à celle des métropoles ibériques. Dans la même veine, pensons à la grande mission évangélisatrice que la Pologne se donne dès le XVIIᵉ siècle : d'un côté, freiner l'expansion du protestantisme ; de l'autre, préserver l'Europe de l'Église orthodoxe et de l'Islam (Geneviève Zubrzycki, Chapitre XI). Mais la continuité se nourrit elle aussi de mythes, comme on le voit au Canada où, vers la fin du siècle dernier, plusieurs idéologues assignent au pays l'immense tâche de réconcilier au sein de l'Empire les deux sœurs séparées de la grande civilisation anglo-saxonne, en ramenant les États-Unis dans le giron de la mère patrie.

V
NATION ETHNIQUE, NATION CIVIQUE

Toutes les collectivités nationales — neuves et anciennes — étudiées dans cet ouvrage se sont engagées, à un moment ou l'autre de leur histoire, dans cette mouvance qui a poussé les États occidentaux à prendre leur distance par rapport à l'ethnicité et à fonder la citoyenneté sur des paramètres exclusivement juridiques. Comme nous l'avons signalé, cette évolution, à quelques exceptions près, a touché l'ensemble des nations d'Occident et elle s'impose dès lors comme une figure dominante de l'histoire contemporaine. La distinction entre nation ethnique et nation civique est devenue familière. Dans le premier cas, la citoyenneté est restrictive et exclusive parce qu'on la rattache à des critères particularistes comme la langue, la filiation généalogique, la religion et d'autres traits culturels. Dans l'autre cas, la citoyenneté repose sur des critères à caractère universel et elle évite toute discrimination. Au plan historique, s'il est vrai que l'histoire récente a marqué un passage du premier au second modèle, il faut se garder d'un évolutionnisme simplificateur. En réalité, le XIXe siècle offre aussi des exemples de nations civiques, pluriethniques, qui se sont par la suite ethnicisées. On pense au démembrement des empires austro-hongrois et ottoman, et à tous ces pays où la nation a existé comme entité politique avant de se constituer comme culture. Les changements observés ne sont donc pas irréversibles.

Sur cette toile de fond, les études présentées dans ce collectif donnent à voir un éventail de configurations assez hétéroclite. Ainsi, D. Helly (Chapitre XV) rappelle comment plusieurs États libéraux d'Occident ont été amenés à ouvrir ce qu'elle appelle des « brèches » dans leur credo. Le principe de la liberté individuelle y a fait place à des impératifs sociaux, collectifs ; certains aspects de la réalité culturelle sont sortis également de la sphère privée et ont acquis droit de cité dans la sphère publique. Ces transformations viennent un peu brouiller les modèles purs de la nation civique et de la nation ethnique. Une configuration analogue ressort des analyses de J.E. Igartua ; la nation canadienne du milieu du XXe siècle serait le produit d'une sorte de syncrétisme où se mêlent des références civiques et ethniques (et même raciales). Quant à la Pologne actuelle, elle se trouverait dans un entre-deux qui reflète à la fois l'évolution récente du pays, engagé dans une importante transition, et les divisions idéologiques qui semblent pour l'instant compromettre l'émergence d'un modèle libéral de citoyenneté.

Ces remarques attirent d'abord l'attention sur un problème de définition. Il existe en effet une confusion dans l'acception de la notion d'ethnicité, à laquelle on associe une connotation péjorative mais que l'on distingue mal de la notion de culture ; en fait, plusieurs auteurs insèrent la culture dans l'ethnicité ou donnent les notions comme synonymes, ou encore évitent tout

347

simplement de les définir. Il y a ici un problème qui se manifeste de diverses façons. Par exemple, la conception libérale de la citoyenneté se justifie par référence à des valeurs, à des traditions politiques, à des orientations collectives qui relèvent de toute évidence de la culture. De même, les « procédures » mises de l'avant par le droit pour orchestrer la vie en société doivent être acceptées par les acteurs et, en définitive, convenir au type de collectivité à laquelle elles s'adressent, ce qui renvoie, encore une fois, à des prémisses culturelles nécessaires au fonctionnement de la société civile et que l'État a tout intérêt à préserver[2]. C'est précisément ce qu'on voit à l'œuvre au Canada, par exemple. Les textes de Lacombe, Igartua et Caldwell font percevoir, à différentes périodes, la marche vers la nation civique. Mais ils donnent à voir aussi l'évolution concomitante des paramètres symboliques et culturels de ces mutations. L'exemple canadien est particulièrement révélateur à cet égard puisque, dans les années 1990, le modèle de la nation civique, de la société de droit, en viendra justement à prendre valeur identitaire, à être en quelque sorte récupéré et renommé par la culture.

On réalise ici la complexité des rapports entre droit et culture (ou entre droit et ethnicité, selon la portée que l'on voudra donner à ce concept) et le besoin urgent de clarifications qui a) fassent mieux voir le droit dans son environnement et dans son enracinement social et culturel, b) qui débordent le clivage un peu réducteur de la nation civique et de la nation ethnique (ou culturelle).

VI
LE QUÉBEC EN COMPARAISON

Sans surprise, les démarches comparatives présentées dans ce livre révèlent d'abord de nombreux points de ressemblance entre le Québec et diverses collectivités d'Europe et d'Amérique. En ce qui concerne les populations latino-américaines, on pense aux processus d'appropriation symbolique en marche dans la culture populaire, là même où les élites continuaient à cultiver leurs références européennes. On pense aussi aux stratégies de réduction de la diversité destinées à accommoder l'idée nationale, aux avatars de la quête identitaire, au difficile renouvellement des utopies, etc. (G. Bouchard, Chapitre I). Dans la même veine, G. Zubrzycki nous fait découvrir une sorte de Révolution tranquille en Pologne, au cours des dernières années[3] ; André-J. Bélanger attire l'attention sur le syndrome du retard et du rattrapage qu'a suscité, en Amérique latine et au Québec, la proximité des États-Unis ; Guy Rocher, Bruno Marcotte (Chapitre XII) et Albert Bastardas-Boada (Chapitre V)

---

2 Pour une brève réflexion sur ce sujet : G. BOUCHARD (1997a).

3 À mettre aussi en relation aussi avec les importantes transformations qu'a connues l'Irlande depuis la décennie 1960 (R. RUDIN, 1994).

antisémitisme polonais

commentent la situation de langue minoritaire où se trouvent le français au Québec et le catalan en Espagne. Mais là comme ailleurs, la comparaison s'avère plus instructive lorsque, sur un fond de similitude, elle fait ressortir les différences. C'est en effet ce volet de l'analyse comparative surtout qui fait avancer la connaissance de soi et de l'autre, en révélant les véritables spécificités et en faisant entrevoir dans chaque cas de possibles destins que l'histoire a esquivés pour une raison ou pour une autre. L'évolution des rapports entre l'Église et l'État en Pologne et au Québec en offre un exemple. Dans le premier cas, l'Église a assuré la défense de la nation polonaise en se dressant contre l'État totalitaire ; dans le second, elle a su assurer sa mission tutélaire en prenant le parti de l'État impérial et en collaborant avec lui. Mais dans les deux cas, l'Église s'est trouvée marginalisée par l'État lorsque celui-ci a entrepris de se réformer. L'étude comparée des lois linguistiques en Catalogne et au Québec offre un autre exemple ; les spécificités de part et d'autre reflètent non seulement des accommodements dictés par les contextes (démographiques, économiques et autres) mais aussi les traditions, les symboles, les *mythes* qui les sous-tendent et qu'elles révèlent. Sur le même terrain, A. Bastardas-Boada, s'interrogeant sur l'évolution très contrastée des situations de diglossie, montre l'action décisive de facteurs sociaux et politiques dans la dynamique des écosystèmes linguistiques. L'exercice n'est pas gratuit : l'auteur est à la recherche de dispositions ou d'aménagements qui permettraient de contrer les courants actuels d'homogénéisation et aideraient à sauvegarder la diversité des écosystèmes. Du point de vue du Québec, il y a peut-être là une manière neuve de réfléchir sur un problème ancien.

Comme on s'y attendait, le parcours esquissé par ce livre ouvre sur une série de questions que nous pouvons maintenant mieux formuler. Certaines sont très fondamentales et engagent la longue durée : faut-il préparer la société post-nationale ou tenter de réparer la nation, de l'aiguiller sur d'autres rails ? Comment concilier le principe individualiste de la société de droit avec les idéaux de solidarité, de mobilisation et de développement collectif ? Comment reconstruire l'identité sans l'ethnicité, l'appartenance sans l'intolérance, la nation sans la fiction, la solidarité sans l'homogénéité ? D'autres questions interpellent plus particulièrement l'historien : comment réécrire le passé national ? Quels doivent être les usages et les fonctions de la mémoire ? Comment délimiter le *je* collectif qui commande le récit historiographique ? À quelles conditions un tel récit peut-il prétendre relever du discours dit scientifique ? Comment l'historien, tout en restant fidèle à son métier, peut-il contribuer à réduire les divisions qui affectent sa société ? D'autres interrogations, enfin, sont de nature plus méthodologique. Elles concernent l'étude des collectivités neuves, dont la problématique et les voies restent encore à affiner[4]. Elles mettent en cause la démarche comparative, toujours tiraillée entre l'ethnocentrisme et l'académisme. Et elles rouvrent, pour la millième fois, le procès des sciences de la culture qui, dès qu'elles ont fixé leur objet, sont coupables soit de l'annihiler en le déconstruisant, soit de l'accréditer en le soumettant à ses procédés d'objectivation.

---

4   Pour deux énoncés préliminaires : G. BOUCHARD (1995, 1997b).

REPÈRES BIBLIOGRAPHIQUES

ANDERSON Benedict (1983). *Imagined Communities : Reflections on the Origin and Spread of Nationalism*. London, Verso, 160 pages.

BOUCHARD Gérard (1995). « Le Québec comme collectivité neuve. Le refus de l'américanité dans le discours de la survivance », dans Gérard Bouchard et Yvan Lamonde (dirs.), *Québécois et Américains : La culture québécoise aux XIXᵉ et XXᵉ siècles*, Montréal, Fides, p. 15-60.

BOUCHARD Gérard (1997a). « Ouvrir le cercle de la nation. Activer la cohésion sociale », *L'Action nationale*, Vol. LXXXVII, no 4 (avril), p. 107-137.

BOUCHARD Gérard (1997b). « Le Québec et le Canada comme collectivités neuves. Esquisse d'étude comparée ». À paraître dans *Recherches sociographiques*.

QUATTROCCHI-WOISSON Diana (1992). *Un nationalisme de déracinés. L'Argentine pays malade de sa mémoire*. Paris/Toulouse, Éditions du Centre National de la Recherche Scientifique/Centre Régional de Publication de Toulouse, 420 pages.

RUDIN Ronald (1994). One model, two responses : Quebec, Ireland and the study of rural society, *Canadian Papers in Rural History*, Vol. IX, p. 259-289.

LISTE DES COLLABORATEURS ET COLLABORATRICES

Albert BASTARDAS-BOADA, Professeur à la Section de Linguistique Générale de l'Université de Barcelone (Catalogne, Espagne)

André-J. BÉLANGER, Professeur, Département de Science politique, Université de Montréal

Gérard BOUCHARD, Directeur, Institut interuniversitaire de recherches sur les populations (IREP)

Gary CALDWELL, Sociologue

Earl E. FITZ, Professeur de portugais et de littérature espagnole comparée, Université d'État de Pennsylvanie

Denyse HELLY, INRS - Culture et Société

José E. IGARTUA, Département d'Histoire, Université du Québec à Montréal

Sylvie LACOMBE, Professeure, Département de Sociologie, Université Laval

Yvan LAMONDE, Professeur, Département de Langue et Littérature françaises, Université McGill

Bruno MARCOTTE, Agent de recherche, Centre de recherche en droit public, Université de Montréal

Jean MORENCY, Professeur, Département d'Études françaises, Faculté des arts, Université de Moncton

Guy ROCHER, Professeur, Faculté de droit, Centre de recherche en droit public, Université de Montréal

Ronald RUDIN, Professeur, Département d'Histoire, Université Concordia

Jean STENGERS, Université Libre de Bruxelles, Professeur honoraire, Académie Royale de Belgique

Diana QUATTROCCHI-WOISSONCNRS, Université Paris VII

Geneviève ZUBRZYCKI, Chercheure, Université de Chicago

Achevé d'imprimer en octobre 1997 chez

à Boucherville, Québec

HOW TO

SURVIVE

  the

SCHOOL

HOLIDAYS

Verity Davidson

summersdale

CONTENTS

School's out and you have weeks ahead of you to fill by entertaining your child (or children). It can seem like a daunting task and kids can sometimes be lacking in imagination, all too ready to let you know they're bored or that 'there's nothing to do'. This book will be your best friend by providing prompts, suggestions and instructions for simple and cost-free or inexpensive activities to suit your taste, tolerance and available space.

Generally, these activities are aimed at school-aged children from 5 to 16, but you'll be the best judge of what your child or children can cope with, depending on the activity in question. The term 'child' has been used in the singular throughout the book for stylistic reasons, but clearly there will be times when the word 'children' is more suitable.

So, what's stopping you? Get reading and start enjoying your time together.

AT HOME

(IF THE WEATHER'S BAD)

Your task as entertainer can be made particularly hard if you cannot get outside to help your child burn off any pent-up energy. Look no further than this selection of great ideas to spark their imagination when the weather dictates that you must stay inside. Split into sections, with ideas ranging from the outrageously simple to those that require a little more organisation, this chapter provides a host of suggestions to keep kids occupied and amused.

LITTLE TO NO EQUIPMENT NEEDED

The following ideas can be played out with the minimum of organisation, so they can be lifesavers when you need a quick solution to boredom.

WINK MURDER

No. of players required: five or more (the more the better)

What you will need: a pen or pencil, paper and your best poker face

Tear pieces of paper according to the number of players: write the letter 'M' for murderer on one, 'D' for detective on another and leave all the others blank. Fold up the pieces of paper and place in a container. All players should sit in a circle and choose a piece of paper. Only the detective should reveal themselves; the remaining players just need to be vigilant by looking around the circle. The murderer needs to catch the eye of a victim and wink secretly, without the others noticing. The player who has been winked at should pretend to die (as dramatically as possible) – they are then out of the game. The detective must identify the murderer before all the other players are killed.

SLEEPING LIONS

No. of players required: two or more

What you will need: a nice, clean floor

If you fancy a bit of peace and quiet, look no further than this game. All the players except one lie down and 'sleep' on the floor like dozing lions. The hunter (hopefully another child, so you can really put your feet up) moves about the room, trying to spot any movement. Anyone who stirs is 'caught' and has to join the hunter in catching the other lions out. Although the hunter cannot touch the lions, it is fully permissible to try to make them laugh to encourage a twitch.

HIDE-AND-SEEK

No. of players required: two or more

What you will need: stealth

Here's a game that couldn't be easier to instigate. One player covers their eyes and counts to 50, while the others sneak off and hide. The person counting shouts, 'Coming, ready or not!' and then sets off to look for the hiders. The last person to be found is the winner and becomes the next seeker.

SARDINES

No. of players required: four or more

What you will need: the ability to squeeze into tight spaces

'Sardines' is a step up from hide-and-seek, and it works best with a crowd – the more the merrier. One player hides while the others count to 50. The players then split up to look for the hider and, when they find them, they must join them in their hiding place until all the players but one are crammed in! Children and adults alike love this game – just be sure to protect any breakables before you start, as it can get a bit boisterous.

No. of people required: one

What you will need: a quiet spot

Mindfulness is a practice that can help us to relax and focus on the present, driving away unwanted thoughts and worries. As such, this is an ideal activity for you, as you're the responsible adult, but it's also a sneaky way to calm your child down when necessary.

1. Find a quiet space where you won't be interrupted.

2. Sit up straight on the floor with your legs crossed, or in a chair, and with your hands on your knees.

3. Close your eyes.

4. Breathe deeply: in through your nose and out through your mouth.

5. Concentrate only on your breath and notice the sensations.

6. If you begin to think about something else, gently steer yourself back to your breath.

7. Do this for 10 minutes every day (or whenever you can) to feel calm and collected.

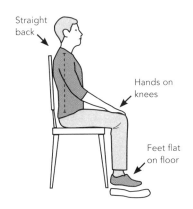

Straight back

Hands on knees

Feet flat on floor

HOLD A TREE POSE

No. of people required: one

What you will need: a quiet spot and good balance

Once you've managed to calm your child down and they're in a Zen state, why not try this activity? Essentially, it's a classic yoga pose, but it can be turned into a balancing trick.

1. Stand with your feet together and your hands in prayer position against your chest.

2. Spread your toes and press them firmly into the ground.

3. Take one of your feet off the ground and rest the sole either against your other ankle or your inner thigh, if you can manage it, with toes pointing to the floor.

4. Keep your breath steady and try not to wobble. Staring at a fixed point can help you to keep your balance.

DISAPPEARING FLOOR TRICK

No. of people required: one

What you will need: a space big enough to lie down and a bit of imagination

This trick will leave your child wondering what's happened to the floor, and they'll want to try it out on all their friends. Ask your child to lie down on the floor with their arms beside their body and their eyes closed. Now ask them to raise one arm to be perpendicular to the floor. Once in this position, you can either just instruct them to keep their arm straight and lower it gradually or you can build some suspense by asking them to imagine that they are on the edge of a cliff, where any sudden movement will cause them to fall. Ask them to carefully and very slowly lower their arm, while still keeping their eyes closed. As their arm nears the floor, a strange sensation will take over, as though the floor had disappeared from under them and they were indeed about to fall off a cliff.

LEARN SEMAPHORE

No. of people required: one or more

What you will need: square pieces of card, half-painted in a diagonal fashion, to create 'flags'

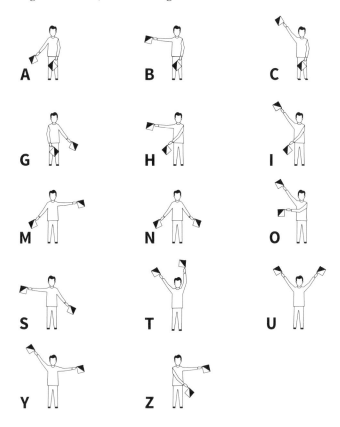

A

B

C

G

H

I

M

N

O

S

T

U

Y

Z

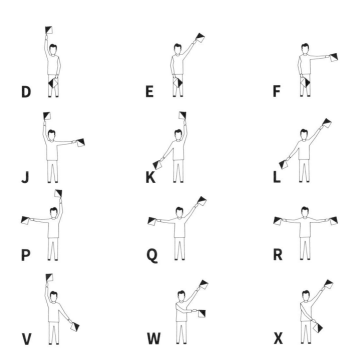

MINIMAL EQUIPMENT REQUIRED

This next set of ideas does involve a little preparation, as you'll need to gather bits and bobs to get you started. It's likely that you'll be able to find the items required around the house, and some suggestions involve recycling stuff. On the whole, none of the activities are going to break the bank, and they are not time-consuming to prepare.

STICK A BALLOON TO THE WALL

No. of people required: one or more

What you will need: a balloon and a bare wall (and a sense of wonder)

This is a good activity to impress young children. Inflate a balloon and rub it against your clothing or hair for 10 seconds to create static electricity, then hold it against a wall and watch how it stays put when you remove your hand.

INDOOR BALLOON RACE

No. of players required: two

What you will need: two balloons (and maybe a few spare in case of accidents)

Clear a space across the room and perhaps temporarily rehouse any obvious breakables in cupboards. This game requires two inflated balloons – one for each player – and the aim is to get to the other side of the room first, with your balloon but without touching it. Wave your arms about to create a breeze or blow it across the room, but no hands!

DID YOU KNOW?

The common balloon was devised by serial inventor Michael Faraday in 1824 and was made from rubber; the latex versions we know and love were not widely manufactured until 1847.

No. of players required: two or more

What you will need: a tray and a collection of small objects from around the house, e.g. a match, a corkscrew, the TV remote, etc.

This is a good game to sharpen powers of observation. Simply place your random selection of objects on to a tray – the more the better. Get one person to study the tray for a minute and then ask them to look away. When their head is turned, remove one of the objects. The aim is for the player to look back at the tray and say which object has gone missing – sounds simple but the more ordinary the object, the harder this is.

No. of players required: two or more

What you will need: a toy brick or something equally tiny, along with your powers of observation

Originally played with a thimble, this game has been around for centuries. One player looks away, or preferably goes into another room, while the other player hides the toy brick and the 'seeker' has one minute to find it. If frustration starts to build, you or other players can help out by offering instructions such as 'warm', if the seeker is getting close, or 'cold' if they are nowhere near.

No. of players required: two or more, and a caller

What you will need: some sheets of paper cut up into small pieces – on which you need to write the numbers 1 to 100 – further sheets of paper, pens and a good calling voice

Two fat ladies: 88! Who doesn't love a game of bingo? Fold up each numbered scrap of paper and place in a bowl. Now each player needs to create a bingo card by drawing a grid of five-by-three squares and filling each one with any number from 1 to 100. It makes sense not to repeat any digits, as you can only cross off one at a time and there will only be one of each in the bowl.

Players will need to take it in turns to be 'caller' for a round of bingo. The caller must select bits of paper from the bowl, one at a time, and read the numbers out for the other players to cross off on their bingo cards. This is best played at great speed. Once a player has crossed off all the numbers on their card, they need to shout, 'Bingo!' loud and clear – and they win the round. Play best of five or ten, or until you can't stand it any longer.

Here are some classic Bingo calls, if you want to spice the game up.

13: Unlucky for some

17: Dancing queen

23: Thee and me

44: Droopy drawers

50: Half a century

57: Heinz varieties

66: Clickety-click

74: Candy store

88: Two fat ladies

PASS-THE-PARCEL DARE GAME

No. of players required: four or more

What you will need: a prize, plenty of newspaper, sticky tape, paper and pen, a source of music, and a bit of bravery

This is an old favourite from parties but there's nothing stopping you playing it at any time. Find a prize (an apple, chocolate bar or something more elaborate) and wrap it in a sheet of newspaper. On a clean piece of paper write a dare that you would like the players to undertake and slip the paper inside the next piece of newspaper wrapping. Continue to wrap your parcel with dare sheets and newspaper as many times as you like. Then sit the players in a circle, turn on some music and start passing the parcel. Once the music stops (you'll be in control of this), the player holding the parcel unwraps the first sheet and performs the first dare. When this is complete, restart the music and get the parcel sent on its way around the circle. Repeat the activity until one lucky person opens the prize.

GUESS WHO?

No. of players required: two or more

What you will need: pen and paper – or ideally some sticky notes – and a good memory

Each player should write the name of someone they like – it could be a celebrity, a fictional character or a person in the family – on a piece of paper or sticky note and gently press it to the forehead of another player so it stays put. Players then take it in turns to ask questions about the name on their own forehead. Each question should elicit only a 'yes' or 'no' answer. If the answer is affirmative, the player may continue asking questions; as soon as the reply is 'no', the player's turn is over and it's the next person's turn to ask questions. The first player to guess correctly is the winner, but it's fun to keep playing until everyone has guessed the name attached to their forehead.

A pack of cards can go a long way as an entertainment tool. There are so many games to choose from – and if you tire of them, you can always revert to solitaire. Here's a selection of some favourite games.

CHEAT

Number of players required	two or more
What you will need	a pack of cards

Deal out all the cards. Players should take it in turns to place up to four cards of the same rank, face down, in the centre and announce what they are – but they don't have to tell the truth; it's up to the other players to decide. Cards should be played in sequence. For example, the first player might say, 'Two aces!' – the next player must then put down kings or twos. If you suspect a player is lying, shout: 'Cheat!' and check the cards they have just put down – if you are right, they must pick up the whole pile, but if you have accused incorrectly then that pile is yours. The winner is the first to get rid of all of their cards.

No. of players required: two or more

What you will need: a pack of cards

After choosing who goes first, players are dealt five cards each and the remaining ones are placed face down in a stack. Play begins with the top card of the face-down deck being turned over and placed by the side of it, creating a discard pile. The aim of the game is to be the first to get rid of all your cards and players take it in turns, going anticlockwise, to place a card on the discard pile. This card must be either the same number or suit as the last card that was placed on the pile. If you can't go, you have to draw a card from the unused deck. Special cards change the play of the game.

- Jack – changes the suit. A jack can't be followed by another jack.
- 9 – reverses the direction of play. For two players, play another card.
- 8 – next player skips a turn.
- 7 – next player picks up two cards. If they're able to play a 7, the number of cards that the following player has to pick up is doubled to four. If the following player also has a 7, then the next player must pick up eight cards.

Once you've discarded your second-to-last card, you must say: 'Mau.' You must then say, 'Mau Mau' before discarding your last card, otherwise you have to pick up a card.

No. of players required: two or more

What you will need: a pack of cards

This is a good one to play when you have plenty of table space. Give the cards a good shuffle and deal five of them to each player (or seven, if there are fewer than four players). Take the remaining cards, give them another healthy shuffle and spread them out, face down, in the middle of the table (which is the 'sea'). There's no order here – they can be in a big messy pile, as long as no one can see what they are.

Choose a player to start – it's often easiest to begin with the youngest. The starting player should assess what they have been dealt and ask one of the other players for a type of card; but they must already have a card of that kind to request one. For example, they might say, 'Do you have any aces?' But they must have an ace in their hand to be able to ask the question. Honesty is important in Go Fish! If you hold a card in your hand that has been requested by another player, you must give it up.

If the player is successful, their turn continues; if they are unsuccessful, they will be told to 'Go Fish!' and must select a card from the 'sea' in front of them. Once you have collected four of a kind (e.g. aces, threes, etc.), you must place the cards face up in a pile in front of you. The game continues until a player has got rid of all their cards, and the winner is the player with the most sets of four. Don't be the one who doesn't catch any fish!

No. of players required: between two and seven players

What you will need: a pack of cards for five or fewer players, or two packs of cards for more than five players

Each player starts with eight cards – or seven if there are only two players. Place the remaining cards in a stack, face down, in the middle of the table. The top card is turned over and play starts as the player to the dealer's left discards a card from their hand that is the same suit or same number. Play continues in this way, with the aim being to become the first person to get rid of all their cards. If a player can't go but they have a card bearing the number eight, they can use this and announce a suit that the next player must put down. If the next player doesn't have any of these cards, they must pick one up from the face-down deck.

Once a player has got rid of all their cards, the other players must add up their scores. Eights score 50, court cards score ten each and all other cards are scored at face value. These points are then passed to the winner. The overall winner is the person who scores a total that is decided before the game – usually this is 100 points for two players, 150 points for three, 200 for four, 250 for five, 300 for six and 350 for seven.

DICE GAMES

Like cards, dice offer a great way to while away the hours. There are stacks of games to be played with these dotty little cubes, but here are just a few to get things rolling.

50!

No. of players required two or more
What you will need two dice, a piece of paper and a pen

This is an extremely simple, yet addictive, dice game. Players take it in turns to roll both dice, add the two numbers together and make a note of the score. The aim is to be the first player to get to 50. Make things more challenging and enforce a rule that you have to hit the number exactly or play to 100 – obviously, you'll have to change the name of the game if you up the number.

No. of players required: two or more

What you will need: five dice, a scoresheet per person and a pen or pencil

For something a little more challenging, try this game that requires more dice – you may recognise it by the name of its branded counterpart, Yahtzee. It can become very competitive, not to mention addictive. The aim of the game is to be the first to throw all the dice combinations on your scoresheet.

First you will each need to draw up a scoresheet. Draw two columns with the headings 'Trick' and 'Score'. In the left-hand column write the tricks: Bonzo (five of a kind), big straight (2, 3, 4, 5), little straight (1, 2, 3, 4), four of a kind, full house (three of a kind plus two of a kind), choice (add up dice total), sixes, fives, fours, threes, twos, ones. Bonzo scores 50 points, and big and little straights score 30 points each. For all other tricks, simply add up the total of the dice.

Take it in turns to throw all five dice; you are permitted three throws per turn and can save as many dice as you wish after the first roll. The idea is to fill in your entire scoresheet, all the while trying to obtain the maximum points possible per trick.

BUILD AN INDOOR DEN

No. of players required: one or more

What you will need: imagination, and a sheet or blanket or a big cardboard box

From the simple to the elaborate, dens can provide endless hours of entertainment: challenge your child to be their own architect or help them with the construction. A simple version is to throw a blanket over a table to create a sort of cave – cushions can be added for comfort. A large cardboard box can be very useful as a starting point, as it can be cut up or painted to create a more personalised space. Let your imagination run wild.

STAIRCASE SLIDE

No. of players required: one or more

What you will need: a staircase, a large piece of cardboard, sticky tape and a pile of cushions

This game is not for the faint-hearted, so use your discretion: based on your child's ability and the style or steepness of your staircase, you might feel it is an accident waiting to happen. All you need to do is cover all of the steps with cardboard to create a slide. Place the cushions at the base of the stairs and let the fun begin. (If you are worried about the safety of your child, you could get them to wear a helmet.)

GET POWER FROM A POTATO

No. of people required: one or more

What you will need: a potato, a knife, two pennies, three pieces of copper wire, two zinc-plated nails and a light bulb

Get your child's scientific mind whirring with this simple experiment.

1. Chop a potato in half and cut a small slit into the flat side of each half.

2. Take two pennies and two pieces of copper wire. Wrap a piece of copper wire around each penny a few times.

3. Place a penny into the slit in each potato half.

4. Take another copper wire and wrap it around a zinc-plated nail, then stick the nail into one of the potato halves.

5. Take the wire connected to the penny in the half of potato with the nail and wrap some of it around another nail. Stick that second nail into the other potato half.

6. When you connect the two loose ends of the copper wires to a small light bulb or LED, it will light up (though it might not be very bright).

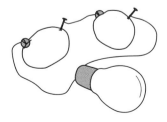

GROW CRYSTALS

No. of people required: one or more

What you will need: a clean, empty jar, hot water, alum or copper sulphate, a pencil, a piece of string or thread and a bit of patience

This is an activity that you can start at the beginning of the holidays as a longer-term project. By the time it's back-to-school week, you should have a beautiful cluster of crystals. Alum and copper sulphate are good crystal-growing substances to experiment with. (Find alum at your local chemist and copper sulphate online.) Whichever you choose, start by taking a clean jar and filling it two-thirds full of hot water. Add some of your substance and stir until it dissolves. Keep adding and stirring until no more of the substance will dissolve. Tie a piece of string or thread to the middle of a pencil and rest it on the rim of the jar, with the thread dipped into the solution. Leave it in a quiet corner, undisturbed, for a week and see the crystals build up on the thread. Add food colouring or ink for more colourful results!

No. of people required: two or more

What you will need: an eyeliner pencil and a lipstick or face paints, a blanket or scarf, and your imagination

This will have you reeling with laughter – guaranteed! One person paints some eyes (simple circles with a pupil at the centre, and maybe some eyebrows) and a small dash for a nose on the chin of the other person. Get the latter to lie down on a sofa or chair with their back on the seat and their legs up in the air on the supporting back cushion, so their head is perched on the edge of the seat cushion. Use the scarf or blanket to hide the person's actual nose and mouth. Now, all you need to do is start a conversation with the face. The results are hilarious.

WHOSE ARMS?

No. of people required: three or more

What you will need: a chair, a stool, an oversized shirt, coat or cardigan and some props (e.g. a toothbrush, hairbrush, cup of water, piece of fruit, etc.)

This activity is another crowd-pleaser. One person sits on the stool with their arms held behind their back. Another person sits on a chair placed immediately behind the stool. The person on the chair wears the oversized garment back to front, placing one arm in the arm of the garment, wrapping the back of the garment around the person sat on the stool, and then placing their other arm in the other free garment arm. Essentially, you have one person at the front incapacitated by not having the use of their arms, with the person behind acting as their arms, without being able to see what is going on. The 'crowd' then asks the duo to conduct certain activities, such as brushing their hair, cleaning their teeth, drinking a cup of water, rubbing their chin, etc. Hours of entertainment can be had with this game.

CRAFTING

OK, so it's not everybody's cup of tea, which is
why this isn't a long section, but the ideas here
are designed to be fun and bring out your child's
creative spirit with the least mess possible.

No. of people required: one or more

What you will need: a square piece of paper – any will do, even newspaper, but specially decorated origami paper will look lovely

This activity will instil a sense of calm in the home, as those participating have to focus and concentrate hard for a successful result. Here's how to construct an origami bird.

Take a square piece of paper (origami paper will look the nicest) and fold the top corner to the bottom corner.

Now fold the left corner over to the right corner.

Open the top flap and fold the top corner to meet the bottom corner, then flip over and do the same on the other side.

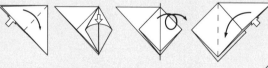

On one side, fold the left and right corners to meet in the centre and fold down the top triangle.

Unfold step 4 and open up the top layer; using the creases as guides, fold the left and right sides into the centre. Do the same on the other side.

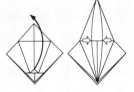

Take the top layer from the right side and fold it to the left. Do the same on the other side.

Take the bottom corner of the top layer and fold it up. Do the same on the other side.

Take hold of the two wedges in the middle and pull them out to the sides. Crease along the bottom to hold these in place.

Open the left wedge and fold it in on itself to create the bird's head, fold the wings down, and voila!

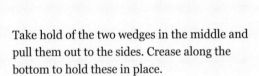

The end results are perfect for suspending on thread as decorations.

PAPER FORTUNE TELLER

No. of people required: one or more

What you will need: a 15-cm-square piece of paper and a pen or pencil

Whilst you're in the origami mood, this is an old classic that your child can embellish with their own ideas.

1. Place the square paper on a flat surface and fold in half diagonally, from one corner to another to create a fold line, and repeat to create an X fold.

2. Take one of the four corners and fold into the centre of the X, and repeat until each of them is at the centre of the X, so that you have created a smaller square.

3. Flip the paper over and fold each of the four corners into the centre to create another smaller square. Your fortune teller is beginning to take shape.

4. Now fold and unfold the square in half both ways. The outside part of the fortune teller should be on the outer part of the fold, ensuring that your creation will work.

5. Open up the bottom of the fortune teller and push out the flaps – this is where you will put your fingers.

6. Once your fortune teller is created, you can add your fortunes. On the outside set of folds write the numbers 1 to 8 and on the inside folds write the names of eight colours (red, yellow, etc.).

7. Lift the flaps of the colours and write eight different 'fortunes'.

8. Now put your fingers into the flaps and ask someone to choose a number – open and close the fortune teller to match the number chosen.

9. Then ask that person to select a colour – open and close the fortune teller to spell out the colour (e.g. three times for red). Now open the flap and reveal the fortune.

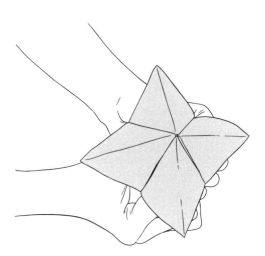

BUILD A BIRD FEEDER

No. of people required: one or more

What you will need: an empty tin can, opener, sandpaper, cardboard, glue, two wooden rods, string, birdseed and a good spot to hang it

1. Take an empty tin can of any size and use an opener to remove the bottom. Use a piece of thick sandpaper to carefully smooth any rough edges.

2. Take a thick piece of cardboard and trace around one end of the tin can, then cut out the circle. Do this twice.

3. Take the cardboard circles and remove the middle third.

4. Glue a cardboard ring to each end to cover the edges of the can. This will stop the seed from escaping when the can is hanging.

5. Take two wooden rods or sticks, at least half the length of the can, and glue to the inside, so that a good amount protrudes. (You might need to make a hole through the cardboard ring to do this.) These will form perches at either end of your feeder.

6. Tie string around the middle of the can, fill it with birdseed and hang from a tree so that it stays horizontal.

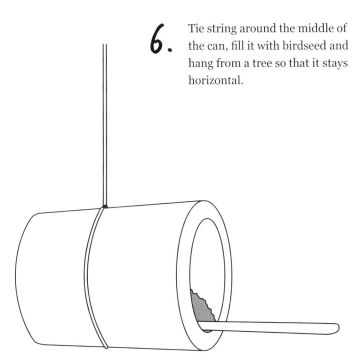

POM-POMS

No. of people required: two or more

What you will need: cardboard, scissors, yarn, needle and thread, and nimble fingers

Cut out two cardboard discs of equal size – the bigger the disc, the bigger the pom-pom. Cut a small hole in the middle of each disc, big enough to pass the yarn through, and lay them on top of each other. Loop the yarn through the holes and around the outer edges of the discs, holding it in place with your fingers to begin with to make sure it doesn't unravel. Repeat until the discs are completely covered. Place the scissors between the two discs of cardboard and cut through the yarn on the outer edge. Carefully wrap a long piece of thread between each disc – around the yarn that's between the two discs – and tie a knot to hold the pom-pom together. Once the yarn is securely tied, cut the cardboard and pull it away from the pom-pom.

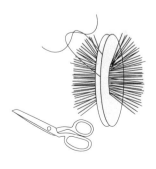

No. of people required: one or more

What you will need: at least two large bin liners, scissors, sticky tape and your best catwalk stance

This craft will have your child feeling like the world is their very own catwalk. A basic 'dress' can be made by cutting a head-sized hole in the bottom of the bag, and two arm slits in the sides. Part of the top of the bag can be trimmed off and snipped to create a length that can then be tied as a belt at the waist. Pleats can be created by folding and taping the plastic – or further strips can be cut from the length of the bag and used to create bows, frills or sleeves. For a jacket, cut the bag in half across the middle, cut up the middle of one side to the bottom of the bag. Make a slit in the bottom wide enough for your neck then stick the two edges of the front back to create lapels. Use the top section of the bag to make sleeves by cutting and sticking with tape. Add pockets or a fringe by cutting and sticking further bits of plastic bag. Once you've tailored your creations, why not stage a fashion shoot?

FINGER PAINTING

No. of people required: one or more

What you will need: paper, a plate, a sponge dishcloth and ink or poster paint (and maybe some newspaper to keep your work surfaces clean)

Be prepared to get a bit messy with this craft – but it's definitely worth it for the creative freedom and fun you'll have. Dampen the sponge dishcloth and place on the plate; then pour several drops of ink or some of the poster paint on to it. Place a piece of paper on a flat surface (on top of the newspaper), dab your finger onto the sponge dishcloth and pat it on to the paper. Use your imagination to create an image of your choice.

No. of people required: one or more plus adult supervision

What you will need: a large mixing bowl, 50 g table salt, 100 g plain flour, 50 ml water, an oven (and a baking tray) or microwave (and a flat microwave-safe plate) and a cooling rack

Place the salt and flour in the bowl, and gradually stir in the water to create a stiff dough (you may not need all of the water – if it gets sticky, add more flour). Knead the dough to make sure all the ingredients are well mixed. Use the dough to model any shape you like, or use a cutter to create tricky shapes like stars or hearts. You can either bake the dough in an oven, on a low heat for about three hours, or place your creations in a microwave, where you should cook them for 20 seconds at a time, checking on each occasion to see if they are hardening. Once they are hard, leave them to cool on a cooling rack and then paint, if desired.

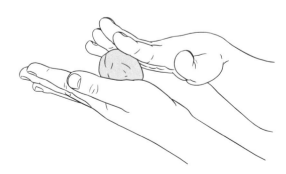

FINGER KNITTING

No. of people required: one or more

What you will need: yarn, scissors and two fingers

Take a length of yarn (it's best to just take the end of a ball of yarn, as you can decide how long or short to make your knitting as you go along, rather than limiting yourself from the outset). 'Cast on' by making a loop to fit loosely over your index finger and tying a knot to secure it. Loop the yarn behind your index finger and bring to the front to sit loosely beside the first loop. Now bring the first loop over the second loop and off the end of your finger, keeping the second loop on your finger. Slide the knot that you've formed, up towards the lower part of your finger and then repeat the process by looping the yarn attached to the ball behind your finger and bringing the first loop over the second. As you proceed, a row of 'knitting' will appear beneath your index finger. Carry on until you feel that your knitting is long enough. To 'cast off', or stop your knitting, slide the loop off your finger and bring the yarn through to form a knot, and then snip the yarn from the ball. You can use your knitting as a bookmark, or coil it and stitch it together to create a coaster, or coil it up further to create a mini-basket. Beware: this activity is completely addictive, but it beats endless hours on your phone!

THINGS TO DO
THAT COULD GET MESSY

You might be the type of parent who likes to keep all mess out of your home – some of us prefer to let playgroups and schools take the brunt when it comes to this kind of thing (especially if glitter is involved). The trouble is, these activities are often the most alluring for your child – and the messier they are, the better. With that in mind, some of the following ideas will need to be arranged outside to avoid really messing up your home.

BUSH TUCKER TRIAL

No. of people required: one or more

What you will need: a tray, a selection of small pots (ramekin dishes work well), ingredients of your choice (make sure it's all edible and pre-check for allergies), a blindfold and a cloth for finger wiping to avoid double-dipping

This activity is a favourite among kids, and the more revolting the concoctions created, the more fun is had. To compile a 'bush tucker trial' you will need to place ingredients into small vessels arranged on a tray, into which a blindfolded player must dip their finger and try to distinguish what they have tasted. It's all about texture here – the more disgusting the feel of the substance, the less appetising it will be when it comes to eating it. Choose from weird stuff in the fridge (pickles, mayonnaise, cottage cheese, etc.) or cupboards (peanut butter, Marmite, mint sauce, etc.), and mix and match if you like: honey and mustard, horseradish relish and jam, and so on. The winner is the person who identifies each substance correctly, but this game is less about the winning and more about the playing. If you want to play in teams, make sure the 'chef' is the only person who knows what's in each dish!

MAKE A HOME-MADE VOLCANO

No. of people required: one or more

What you will need: a large plastic bottle, newspaper, tape, glue, paint (colour of your choice), bicarbonate of soda, food colouring, 250 ml vinegar, a funnel and maybe a phone to record the eruption

Always a winner with kids because of its explosive results, this is a great experiment to try out – and it also serves as a science lesson. Here's how to cause an eruption of wonder.

1. Take a large plastic bottle, cut out the middle segment and reattach the top with tape.

2. Using wet strips of newspaper and glue, build up a volcano shape around the bottle.

3. Once dry, paint it an appropriate colour.

4. Now for the eruption – best to move out into the garden for this. Spoon 4 tbsp bicarbonate of soda into the bottle and, in a separate container, add a few drops of red and yellow food colouring to 250 ml of vinegar.

5. Use a funnel to pour the vinegar into the bottle, but remove it quickly, as your eruption will follow soon after!

GROW YOUR NAME

No. of people required: one or more

What you will need: a piece of cotton fabric or gauze and cress seeds

This activity is not an instant win, so start it off at the beginning of the holidays and monitor it over time. On a flat piece of damp cotton or gauze, sprinkle small seeds (cress seeds are ideal) in the shape of the letters of the desired name. Keep the cotton moist, and in a few days the name will start to appear. This is an ideal gift for someone who might need cheering up or something for your own kitchen windowsill.

EAT A DOUGHNUT FROM A STRING

No. of people required: one or more

What you will need: a length of string and as many doughnuts as you are likely to eat

This is a real test for your self-control. Sugared ring doughnuts are best for this game, as they are easy to attach. Simply tie a length of string between two points, making sure it's high enough so that the dangling doughnuts will be roughly at mouth height when strung up. The aim of the game is to try to eat the doughnut without touching it by hand – and under no circumstances can you lick your lips until every bit of the treat has been swallowed.

No. of people required: one or more

What you will need: a bar of chocolate, a bag of flour, a knife and fork, a plate, and a pair of mittens

This is a kids' party classic, but one that can be played at any time. It's more fun with a crowd, as the laughter that ensues makes the game trickier, since the player ends up spurting flour everywhere. Place the bar of chocolate on a plate covered with flour. The player must don the mittens and then attempt to cut a single square of chocolate, using the knife and fork. Once this has been completed, the player must, using only their mouth, retrieve their prize – the square of chocolate – from the flour.

No. of people required: one or more

What you will need: a bucket of water, some apples (with stalks removed) and a towel at the ready

Traditionally a Halloween special, this game can be played at any time, although ideally it's an outdoors sort of activity, due to the water element. Fill a bucket with water and add the apples so that they bob about. The player must, using only their mouth, attempt to bite into and retrieve an apple from the water.

MARBLED PAPER

No. of people required: one or more

What you will need: a large baking or plastic tray, water, nail varnish or ink, a cocktail stick, paper and plenty of places to leave the masterpieces to dry

Try this simple yet effective method of creating frameable prints or reams of wrapping paper.

1. Take a large baking or plastic tray – something that will fit your desired paper size.

2. Add water to the tray to fill it to a depth of 1–2 cm from the bottom.

3. Take a few different colours of nail varnish or ink and add a few drops of each to the surface of the water.

4. Using a cocktail stick, move the water around gently to create a marbling effect.

5. Place your paper carefully on to the surface of the water – don't let it go under.

6. Take a corner of the paper and gently lift it away from the water.

7. Leave it to dry and then admire your creation!

SLIME

No. of people required: one or more

What you will need: a washable tablecloth, a large mixing bowl, a metal spoon for mixing, an airtight container for storage (up to a month in a cool place), approximately 60 g of water-based glue, 1 tsp baking soda, 20 ml contact lens cleaning solution, food colouring (optional) and 2 tsp glitter (optional)

Slime has taken the world by storm, probably because it's so satisfying to play with and it's very easy to make (and the making is part of the fun). Pour the glue into the bowl, and stir in a few drops of food colouring and glitter, if desired. Next add the baking soda and stir until smooth; then pour in the contact lens solution and stir slowly. The mixture should begin to firm up and become elastic. Continue mixing slowly until a ball of slime forms. Once mixed, you can play with the slime immediately or store for future play. Remember to soak the mixing tools in warm soapy water straight away, and be sure to give all work surfaces a quick wipe-down when you are done.

GIANT BUBBLES

No. of people required: one or more

What you will need: a washing-up bowl, water, washing-up liquid, 2 tsp glycerine (optional), two lengths of dowelling rod approx. 30 cm long, a length of string and a metal nut

This is another great outdoor activity that can be enjoyed by all ages.

1. Make your own bubble mixture by mixing washing-up liquid and water in a washing-up bowl, and then supercharge it by adding glycerine, available from chemists and craft shops.

2. To make a wand, you'll need two lengths of dowelling rod about 30 cm long (or you could use two large wooden spoons), some string and a small weight, like a threaded metal nut.

3. Cut a 90 cm length of string, thread it through the nut and tie the two ends together. Create an upside-down triangle shape with the string, with the nut at the bottom, and then attach the top two corners to the ends of your wands with tape.

4. Holding the wands together, dip the string into the bubble mixture and gently lift it out, parting the sticks and waving the string to make your giant bubbles.

BOTTLE ROCKETS

No. of people required: one or more

What you will need: an empty plastic bottle, paper and glue to decorate your rocket, water, cork, needle bicycle adaptor and pump, and plenty of open space to set it off

This is definitely another outdoor activity. Before the big launch, cut the paper to make triangle-shaped fins for the base and a cone for the head of the rocket, and glue them in place. Push the needle adaptor of the pump all the way through the cork (if your cork is too long, you might have to cut a bit off). Fill about a quarter of the bottle with water and then push the cork into the neck. Head out to your chosen launch pad, connect your pump to the needle adaptor and pump air into the bottle. As soon as the pressure is high enough, the rocket will lift off into the air.

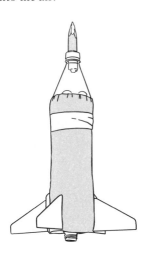

IN THE KITCHEN

Summer holidays wouldn't be the same without some experimentation in the kitchen. Here are a few simple suggestions to hone your child's culinary skills.

Mocktails are a great way of getting busy in the kitchen and the end results are perfect to enjoy with friends of all ages on a summer's day.

VIRGIN MOJITO

5 mint leaves
1 tbsp fresh lime juice
1 tsp sugar
Crushed ice
250 ml ginger ale, soda water or lemonade

Place the mint leaves, lime juice and sugar in a tall glass and muddle well. Add a handful or two of crushed ice and top with ginger ale, soda water or lemonade, depending on how sweet you want the end result to be. Give the whole lot a good stir and then top with more crushed ice, if needed, and a sprig of mint to garnish.

Ingredients

- 125 ml ginger ale
- 5 mint leaves
- 25 ml mango puree
- 25 ml lime juice
- 25 ml sugar syrup
- Crushed ice

Method

Place the mint, sugar syrup, lime juice and mango puree in a tall glass and muddle gently. Add a handful or two of crushed ice, until the glass is two-thirds full, and top up with ginger ale. Give the whole thing a good stir, add more crushed ice if needed and garnish with a sprig of mint.

- 1 tbsp grenadine syrup
- 60 ml chilled orange juice

Take a tall glass and place the grenadine syrup in the bottom. Very gently, pour the orange juice into the glass by tilting it and letting the liquid flow down the inside. As the orange reaches the grenadine, it will gently blend and create the effect of a red-to-orange sunrise.

- 1 slice watermelon
- 1 tbsp lime juice
- 1 tsp runny honey or agave syrup
- 75 ml chilled soda water

Cut the flesh of the melon into chunks, making sure to remove any seeds, and then put the fruit into the freezer for an hour. Remove the watermelon from the freezer and add to a blender, along with the honey or agave syrup, the lime juice and the chilled soda water. Blitz until all ingredients are combined. Serve immediately.

The following recipes are ideal for smaller children, as no cooking is required, so you can leave them to follow the instructions by themselves – although you might have to intervene when melting chocolate or using a sharp knife.

CHOCOLATE FRIDGE CAKE

You will need: two mixing bowls, a microwave or pan of simmering water, a square baking tin and baking parchment

Ingredients

- 300 g dark chocolate
- 100 g butter
- 150 g golden syrup
- 250 g digestive biscuits
- 1 tbsp each of your choice of raisins, glacé cherries, nuts or mini marshmallows

Method

Melt the chocolate in a glass bowl, either in a microwave or over a saucepan of simmering water. Add the butter and golden syrup, and stir until smooth. In a separate bowl, crush the digestive biscuits. Add the raisins, glacé cherries, nuts or mini marshmallows to the biscuits, if you desire. Mix the wet and dry mixtures together, and pack into a lined square baking tin. Place in the fridge for a few hours, then remove and cut into squares. This recipe makes approximately 20 squares, depending how big you'd like them to be.

You will need: a mixing bowl, a microwave or pan of simmering water, a cupcake tin and paper cupcake cases

- 100 g milk chocolate
- 200 g rice crispies

Melt the chocolate in a glass bowl, either in a microwave or over a saucepan of simmering water. Allow to cool for a few minutes and then pour in the rice crispies; mix gently until they are fully coated with the chocolate. Spoon the mixture into the cupcake cases and place in the fridge for about an hour to harden. This recipe makes about 20 cakes.

You will need: a chopping board, a knife, skewers (wooden or metal) and fruit of your choice (e.g. strawberries, melon, pineapple, bananas)

Simply slice the fruit into 2 cm chunks and thread on to the skewers to create a pleasing pattern. These make an ideal snack or dessert. If you'd like to be indulgent, you could drizzle chocolate sauce over the fruit.

You will need: a heatproof bowl, a microwave or pan of simmering water, a small bowl and a handheld food processor

- 125 g ground almonds
- 50 g coconut flour
- 75 g rolled oats
- 3 tbsp coconut oil
- 3 tbsp honey
- 1 tsp vanilla essence
- 100 g dark chocolate (blitzed)
- a pinch of salt
- 2 tbsp cocoa powder mixed with 2 tsp sugar (to coat)

Method

Add the dry ingredients (including the chocolate) in a bowl and mix well. In a heatproof bowl, melt the coconut oil and honey – either in a microwave or over a saucepan of simmering water – and mix well. Pour the dry ingredients mix into the wet mixture and bind together to form a dough.

In a separate small bowl, mix the sugar and cocoa powder. Make 3 cm round balls by spooning some mixture into the palm of your hand and rolling it to make a sphere (speed is of the essence here, as coconut oil can get rather sticky). Place the balls in the sugar-and-cocoa mix, rolling them about until fully coated, and then place on a cool plate. Place in a freezer for up to one hour to harden. This recipe makes about 25 balls.

The following recipes require some adult help, but they are basic enough for children to be able to assist – with weighing and stirring, for instance, and licking the utensils clean!

EASY CUPCAKES

You will need: two mixing bowls, an electric whisk (or muscle power), a 16-hole cupcake baking tin, paper cupcake cases and a wire cooling rack

125 g caster sugar

125 g softened butter or butter substitute

2 eggs, beaten

1 tsp vanilla essence

125 g self-raising flour

1 tsp baking powder

50 g icing sugar for decoration

Preheat the oven to 175°C (gas mark 5). Line the cake tin with paper cases. Place the sugar and butter into a large bowl and beat together with a spoon (or an electric whisk for speed) until pale and creamy. Beat the eggs into the mixture, along with the vanilla essence. Then sift in the flour and baking powder, and fold into the mix. Spoon the mixture into 16 cupcake cases and place in the oven to bake for 15 minutes. Cool on a wire rack. Mix 1 tsp of water with the icing sugar to create a glaze to decorate your cupcakes.

You will need: a mixing bowl, a wooden spoon, a tablespoon, a baking tray, baking paper and a wire cooling rack

Ingredients

- 225 g caster sugar
- 300 g plain flour (sifted)
- 200 g butter, melted
- 1 tsp vanilla extract
- 1 tsp baking powder
- a pinch of salt
- 1 egg
- 100 g chocolate chips

Method

Preheat the oven to 180°C (gas mark 5). Line a baking tray with baking paper. Place all of the ingredients into a mixing bowl and mix well to form a dough. Take tablespoonful-sized amounts of the mixture and shape into balls; then place each one on the paper-covered tray with enough space between them to allow for spreading. Place the tray in the oven for 15–20 minutes, until the cookies start to brown. Remove from the oven and allow to cool on the cooling rack. This recipe makes around 24 cookies.

ON THE MOVE

At some point during the school holidays, you'll undoubtedly find yourself out and about. Travel can often be challenging with children, as boredom thresholds will sometimes exceed the excitement of a trip. This section is devoted to helping you out during these times, with a host of ideas and suggestions to keep your child occupied.

ON THE ROAD

We'll spare you the rules of 'I spy' and instead suggest some alternative ideas that might help to avoid the dreaded chimes of: 'Are we nearly there yet?' With motion sickness prevalent among many children, it's best not to get them involved in anything that requires looking down in concentration. This selection allows them to keep their minds sharp and their eyes on the horizon.

GRANDMA'S PICNIC

No. of players required: two or more

What you will need: a very good memory

The player chosen to start should say, 'I went to Grandma's picnic and brought...' followed by one item – this could be sausage rolls, sandwiches, jelly, cakes, a Frisbee, a football, etc. Players then take it in turns to add items – reciting the growing list on each turn – and the aim is to make it as long as possible. If a player forgets an item or the order of the list, they must sit out until the next game.

THE SCHOOLMASTER'S CAT

No. of players required: two or more

What you will need: a good memory and vocabulary

The player chosen to start should say, 'The schoolmaster's cat is a...' and follows this with an adjective to describe the feline, starting with the letter A. So, for instance, 'The schoolmaster's cat is an anxious cat.' The next player repeats what the first player said and adds a second adjective, starting with B (e.g. 'The schoolmaster's cat is an anxious and beautiful cat.'). The next player repeats this phrase and continues with the next letter in the alphabet. If a player makes a mistake, they're out of the game. The winner is the last person able to correctly recall all the adjectives.

No. of players required: four or more

What you will need: to know your alphabet

This is an ideal game for when you are waiting in traffic or to be served at a restaurant. The aim is to let the conversation flow around the table, with each player's contribution starting with the next letter of the alphabet.

The player chosen to start kicks off a conversation beginning with the letter A (for example, they might say: 'Are you enjoying your meal?'). The next player must then form a response that begins with B (for example, they might say: 'But of course!'). The next player must carry things on – all the while keeping an eye on the alphabet – and might say: 'Can we get things moving? I'm nearly ready for dessert.' A typical conversation might continue a little something like this...

'Do elephants eat apples?'

'Every day, I think.'

'For breakfast?'

'Gosh, just as a snack I would have thought.'

'Heaps of them would be necessary to fill them up.'

'I agree with you.'

'Just apples would be a bit boring – what about bananas too?'

And so on! Try going through the alphabet twice for even more of a challenge.

No. of players required: two or more

What you will need: quick reactions

For this game you need to choose a word to start – this can be anything, but for this example, we'll say 'tiger'. The aim of the game is to say a word associated in some way with the previous word and carry on from there, as quickly as you can, without hesitation or repetition. An exchange between the players might go something like this: 'tiger', 'lion', 'cub', 'scout', 'brownie', 'rainbow', 'colours', 'red', 'strawberries', 'cream', 'tennis', and so on! The possibilities are pretty much endless and you can revisit a subject in the same round, as long as you don't repeat a word.

SPOT THE PURPLE CAR

No. of players required: two or more

What you will need: your wits about you

This game is ideal if you have a long car journey. Quite simply, players have to spot a purple car. The first person to see one, and have their find verified by other players, wins the round and keeps a note of their score. The first player to spot five purple cars is the winner. You can choose an alternative colour to spot, but purple seems to be a good one, as it's not such a common colour and the rarity allows the game to last a little longer.

HIGHWAY SWEEP

No. of players required: two or more

What you will need: a long drive, and pen and paper

This is another game for the road where, quite simply, you need to look out for certain vehicles as you drive along. It can help if you write a list of those you'd like to spot and then tick them off as and when they appear on your journey. Good staples to include are the following: caravan, articulated truck, police car, ambulance and fire engine. And some unusual finds are worth adding, such as a tractor, tank or ice-cream van. Use your imagination. There need not be a winner. All occupants of the car can keep their eyes peeled and the driver can enjoy the miles being eaten up during play.

BACKWARD SPELLING

No. of players required: three or more

What you will need: a sharp mind and a keen vocabulary

As the name of the game would suggest, all you need is for players to take it in turns to spell out words backwards, while the others attempt to guess the word. Start with shorter words and build up to the longer ones once everyone has got into the swing of things. You could even restrict the words to things you can see from where you are sitting. Each correct guess scores a point.

RHYMING WORDS

No. of players required: two or more

What you will need: to be on the ball

This is a great game to play on the move, as it requires no equipment at all. Players take it in turns to choose a one- or two-syllable word and the others must quickly come up with a word that rhymes. For example, 'meat', 'heat', 'beat', 'cheat', and so on. No repetition and no hesitation are permitted – the person who fails to find a rhyming word when it's their turn is out of the game. At the end, the winner must think of a new word to start the next round.

ON A PLANE
OR TRAIN

These journeys – especially those on a plane – can be more tedious, as kids will generally be obliged to sit tight and not move about for more time than they're used to. Added to this, there is no view or passing traffic to record. To avoid carrying masses of equipment in your hand luggage, the following games rely simply on pen and paper.

No. of players required: two or more

What you will need: some paper and a pen or pencil each

Each player should take a piece of paper and draw a scribble on it. Draw whatever you like, but it shouldn't really look like anything and shouldn't take up the whole page. Then pass your scribble to another player so that they can let their creative juices flow. The idea is to add to the scribble in order to turn it into a 'squiggle' of something recognisable. It's then the second player's turn to prepare a scribble ready for the next player to turn it into a 'squiggle'.

BATTLESHIPS

No. of players required: two

What you will need: two rulers, four sheets of paper and two pens or pencils

Each player will need two sheets of paper, a pen or pencil and a ruler. Using the ruler and pen, draw a grid on each piece of paper – say ten-by-ten squares, with each square being roughly 1 cm². Now number your grids down the left-hand side and write letters, starting with 'A', along the top. Without letting your opponent sneak a peek, you need to shade in a few sequences on one of the grids – these are your 'battleships'. You can adapt this game as you see fit, but it tends to be played with five different vessels (positioned horizontally or vertically only) – one of five shaded squares, one of four, two of three and one of two squares.

Once your battleships are in place, players should take it in turns to guess where the other's vessels might be lurking, by offering up target grid references (for example, B2 or E9). This is where you will need your blank grid, in order to record your successful and failed attempts to attack your opponent's vessels. The aim of the game is to sink all of your opponent's battleships before they get yours.

SQUARES

No. of players required: two

What you will need: a ruler, a sheet of paper and two pens or pencils

Using the pen and ruler, draw a grid of dots on the piece of paper – three-by-three dots, say, with each dot being roughly 1 cm apart. Player 1 starts the game by drawing a line to connect two dots and player 2 draws another line connecting two more dots. Players continue to take it in turns to connect dots across the grid. The aim of the game is to create a square by connecting all four corners, at which point you can claim the square by marking it with your initial. If you claim a square, you can take an extra go. The winner is the person who claims the most squares. You can increase the number of dots in the grid if you'd like a longer or more challenging game.

No. of players required: two

What you will need: a piece of paper and a pen

This old classic can be played on anything, such as a scrap of paper or even the back of a paper napkin when you are waiting for your supper to be served.

Player 1 thinks of something – be it a film, TV show, song, band or phrase – and draws underscores for each letter on the piece of paper. For example, if they choose the film Toy Story, the spaces would look like this: _ _ _ / _ _ _ _ _. Player 1 tells their opponent the theme of the round and player 2 must then guess the answer, letter by letter.

For every incorrect guess, player 1 draws a part of the hangman's scaffold – starting with a horizontal line for the ground, followed by a vertical line coming out of the ground, then a horizontal line to the right at the top of that and a diagonal line across the corner. Then, one body part at a time, player 1 draws a hanged stick person. The aim of the game is to guess the word(s) without meeting a grisly end.

CONSEQUENCES

No. of players required: two or more (the more the merrier with this game)

What you will need: paper and pens or pencils

This game has six rounds and, between each one, the paper will be passed to the player on the left. The first player should write the name of a person, before folding over the paper enough to cover what they have written and passing it on. Then during the following rounds the players should each write: the name of another person, a place (where they met), what person 1 said to person 2, what person 2 said back and the consequence (what happened next). Each time something is written, the paper is folded over enough to cover it. Pass it on a final time, unfold and read out, to much hilarity.

PICTURE CONSEQUENCES

Try the above, but with pictures instead and just three rounds – one each for the head, the middle and the bottom half. Nothing is off limits, so animals, monsters and mythical beasts, as well as humans, are all welcome.

DRAW A FACE

No. of players required: one or more

What you will need: pencil, pen, paper and an eraser

Why not get your child to embrace their artistic skills by learning to draw a face? The instructions below will set them on their way. It's obviously nice to try to draw a real person's face, so you can volunteer to sit still as a model.

1. Using a pencil, draw the shape of the head.

2. Halfway from the top, lightly draw a horizontal line (this is where the eyes will go).

3. Lightly draw a vertical line down the middle (this will help to keep the features in the right place).

4   Halfway between the eyeline and the chin, draw a short line (this will become the nose).

5   Slightly above the halfway point between the nose and chin, draw a longer line (this will become the mouth).

6   Using an art pencil or pen for the next steps, draw two curves on the eyeline, and then study the eyes you are drawing and adjust the shape accordingly below the line. See the example on this page.

7   Draw on a nose and a mouth, using your guide lines. Then add hair; remember: it needs to sit above and below the skull outline.

8   Erase all your pencil guidelines and there you have it.

100-WORD CHALLENGE

No. of players required: one or more

What you will need: pen and paper; however, it could be played on a gadget, too

Players must all attempt to write a 100-word story. That's not all, though: each word can only be used once and the story has to make sense, but it can be as odd as you like. You can set a time limit to the game; at the end, pass your story on to the next person to read aloud.

CREATE YOUR OWN CODE

No. of players required: one or more

What you will need: pen and paper; however, this game could be played on a gadget, too

This activity will allow you to create your own method of communicating in code among your friends or family. One way of starting this is to mix up the alphabet by coming up with a pattern that you could use to assign each letter to a new counterpart. For example, you could flip the alphabet, so A = Z, B = Y, C = X, etc. Alternatively, you could jump ahead two letters, so A = C, B = D, C = E, and so on.

No. of players required: two

What you will need: just your hand and a good supply of quick reactions

You must already know this, but just in case you've been living under a rock, here are the rules: players make a fist with one hand, and shake it up and down in front of them. On the count of three, they either keep the fist closed (rock), flatten their hand (paper) or make a sideways 'V' with their first two fingers (scissors). The rules for who wins are simple: rock blunts scissors, paper wraps rock and scissors cut paper. Try best of three or five to determine the champion.

DID YOU KNOW?

The game of rock, paper, scissors allegedly dates back to the time of the Chinese Han dynasty (206 BCE to 220 CE).

No. of players required: one or more

What you will need: pen and paper

If you have a long journey ahead of you, why not put the time to good use and learn Morse code? See if you can decipher secret messages to each other.

A	. –		I	. .
B	– . . .		J	. – – –
C	– . – .		K	– . –
D	– . .		L	. – . .
E	.		M	– –
F	. . – .		N	– .
G	– – .		O	– – –
H	. . . .		P	. – – .

Q	– – . –	V	. . . –
R	. – .	W	. – –
S	. . .	X	– . . –
T	–	Y	– . – –
U	. . –	Z	– – . .

1	. – – – –	6	– . . . .
2	. . – – –	7	– – . . .
3	. . . – –	8	– – – . .
4	. . . . –	9	– – – – .
5	. . . . .	0	– – – – –

OUTSIDE

If luck is on your side and the weather is half decent, the scope for entertainment widens dramatically. Being able to go outside opens up so many more opportunities for play and is far preferable to being cooped up inside. The best thing about it is that outdoor activities are usually far more physical, so you get the double bonus of being able to wear your child out a bit while the endorphins released through exercise will make you feel good, too. Win-win.

IN THE GARDEN OR OUTDOOR
RECREATIONAL SPACE

IN THE GARDEN OR OUTDOOR RECREATIONAL SPACE

The ideas in this section can be carried out in
a garden, if you are lucky enough to have one,
or in a local park or recreational space.

CAPTURE THE FLAG

No. of players required: eight or more (it works best with lots of players)

What you will need: a flag (or something that acts as a flag substitute – a sweater, for instance) and a large-sized garden or area of a park

Players are split into two teams and each team has 5 minutes to hide their flag on their designated half of the playing area. Each team should also choose a base area. You should be able to see a bit of the flag poking out from its hiding place and it should be easy enough to grab, so don't bury it or tie it to anything. The aim is to capture the other team's flag and bring it back to your own territory without getting caught. Players should try their hardest to get hold of the other team's flag – by hiding behind trees, crawling on their hands and knees, and generally being swift as anything – and bring it back to their base without being tagged (caught) by a member of the other team. If you do get caught, you get put in 'prison' (a designated patch of grass) but can be freed at the touch of one of your team members. Whoever gets back to base first carrying the other team's flag, and with their own team intact, wins.

Number of players required: four or more

What you will need: lots of energy

Choose a player to be seeker and a base. The seeker stands on the base, either blindfolded or with their eyes closed, and counts to 100 while the other players hide. The seeker must then go to hunt the hiders and, after spotting them, run back to base to announce this by shouting the name of the person they've seen and 'out' to catch them out. The player who has been caught must come out of hiding and wait for all other players to be found. If a hider gets back to base before the seeker, they shout: 'Pom pom 123 in!' and they are not out. The last hider to be found is the winner. The game can then recommence with a different seeker.

No. of players required: four or more

What you will need: a bit of space, a wall, stealth and good balance

Begin by choosing a player to be Mr Wolf. This player should stand, facing the wall, while the others face in the same direction 20 paces away. Players take it in turns to ask Mr Wolf the time and all players take steps forwards, according to the reply, i.e. 5 o'clock = five steps or 12 o'clock = 12 steps. Mr Wolf can, at any time of their choosing, announce it to be 'Dinner time!' and turn to chase the players with the aim of catching one of them, who will then become Mr Wolf for the next round of the game. The aim of the game is to reach the wall without being caught by Mr Wolf.

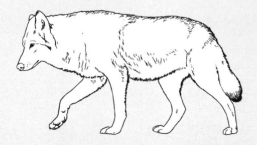

No. of players required: two or more

What you will need: six glow sticks, six plastic water or fizzy drink bottles (labels removed) nearly full of water, a ball such as a basketball or football, and something to keep score

This is a great game to play at dusk for the best effect. Add a glow stick to each water-filled bottle (don't forget to replace the tops) and set up your 'bowling pins' in a triangle formation. Using the ball, try to bowl the pins down – the winner is the person who manages to get the most bowling pins down in three throws.

BUILD UP TO A 5K RUN

No. of players required: one or more

What you will need: stamina, some good running shoes and a recreational park space or your neighbourhood pathways (provided adult supervision is in place)

This is an activity that you could start at the beginning of the holidays, as it's something you can build up to completing after a while. It's best suited for active children aged 11 and upwards. Where possible, training should take place every other day, three times a week.

Week 1

Brisk 5-minute walk; 1 minute running alternated with 1.5 minutes walking for a total of 20 minutes

Week 2

Brisk 5-minute walk; 1.5 minutes running alternated with 2 minutes walking for a total of 20 minutes

Week 3

Brisk 5-minute walk; two rounds of 1.5 minutes running, 1.5 minutes walking, 3 minutes running, 3 minutes walking

Brisk 5-minute walk; 3 minutes running, 1.5 minutes walking, 5 minutes running, 2.5 minutes walking, 3 minutes running, 1.5 minutes walking, 5 minutes running

Run one: Brisk 5-minute walk; 5 minutes running, 3 minutes walking, 5 minutes running, 3 minutes walking, 5 minutes running
Run two: Brisk 5-minute walk; 8 minutes running, 5 minutes walking, 8 minutes running
Run three: Brisk 5-minute walk; 20 minutes running with no walking

Run one: Brisk 5-minute walk; 5 minutes running, 3 minutes walking, 8 minutes running, 3 minutes walking, 5 minutes running
Run two: Brisk 5-minute walk; 10 minutes running, 3 minutes walking, 10 minutes running
Run three: Brisk 5-minute walk; 25 minutes running with no walking

Brisk 5-minute walk; 25 minutes running

Brisk 5-minute walk; 28 minutes running

Brisk 5-minute walk; 30 minutes running

PAINT THE PATIO

No. of players required: one or more

What you will need: paintbrushes and poster paint

Clearly this is only feasible if you have a patio. Children will love the freedom of being able to express themselves outside by literally painting on to the patio. The beauty is that at the end of a session you can just hose down the creations and start again once the floor has dried.

BATTLE WITH WATER BOMBS

No. of players required: two or more

What you will need: small balloons and a tap to fill them

If the sun is shining, this is a great game to play to cool down. Players need to fill the balloons with water and then take up position opposite each other, ready for battle to commence. Don't forget to tidy up afterwards, as the balloons will explode and leave scraps across the ground.

No. of players required: four or more

What you will need: lots of water balloons

Split the group into teams of no fewer than two and no more than four. Decide at the start how many laps you want to do. Players must carry a water balloon from one side of the garden or field to the other without using their hands. Once they reach the other side, they tag their teammate, who carries it back again. If the balloon bursts, that team loses instantly.

No. of players required: two or more

What you will need: a length of plastic or waterproof sheeting, buckets of water and swimwear

This is another great game for good weather. Place the waterproof sheeting on the ground, making sure there are no stones or other obstacles beneath it – if you have a slope, it's even more fun. Then douse the sheet with water and get sliding!

OBSTACLE COURSE

No. of players required: one or more

What you will need: a stopwatch and 'obstacles' to go over, around or under

This is a game that can be played by one or more people. Simply find some stuff that can be turned into obstacles, e.g. a blanket to crawl under, an upturned chair to jump over, cushions to step onto, a scarf to tie a player's legs together so they have to hop, and so on. Set up the obstacles with a decent distance between each one, and decide on a start and finish line, which can be the same. If your child is playing alone, get your stopwatch ready to record their personal best. If your child is playing with others, record everyone's times, so afterwards you can pretend to award gold, silver and bronze medals to the fastest three.

SEVENS CATCH

No. of players required: two or more

What you will need: a ball each and an outside space

Who said number games were all about rainy days? In this game, players must attempt to be the first to throw/catch the ball in the seven different ways that follow.

1. Throw it against the wall and catch it (seven times).

2. Throw it against the wall and catch it after it bounces on the ground (six times).

3. Bounce it on the ground and catch it (five times).

4. Throw it under your leg, against the wall and catch it (four times).

5. Throw it against the wall, let it bounce, hit it back against the wall and catch it (three times).

6. Throw it against the wall and touch the ground before catching it (twice).

7. Throw it against the wall and turn a full 360 degrees before catching it (once).

Everyone got that? Off you go!

No. of players required: six or more (must be an even number)

What you will need: an old rag or scarf per pair

This sports day classic never fails to entertain all players involved. Grab a partner and, using an old rag, scarf or something reasonably soft, tie your left and their right leg together. Now you have three legs between you. Players should line up with their partners and race the other three-legged players. Whoever crosses the line first, wins.

No. of players required: one or more

What you will need: a bicycle each and a stopwatch

Decide on a start and finish line for the race, and add a few obstacles if you feel that way inclined. The aim of the game is to ride your bicycle as slowly as possible, without falling off or letting your feet touch the ground. Unlike most of the other games here, the last rider over the finish line wins! If your child is playing this game alone, set a stopwatch to record their personal best.

WELLY THROWING

No. of players required: one or more (the more the better, so that you all feel silly together)

What you will need: one welly per player and a large open space

To get started, make a line on the ground from where you will be launching your wellies. Take it in turns to throw your trusty boot as far as you possibly can – overarm, underarm or any way you please. Once all wellies have been thrown, wander over to the boots to find out who threw theirs the furthest – they will be pronounced the winner. Try best of five. Mark your initials on the sole of your welly, just in case they all look the same! If playing alone, just try to throw a personal best by leaving a marker after each throw.

DOUCHE!

No. of players required: four or more

What you will need: a small bottle of water, water, paper and a pen

Players sit in a circle and someone is nominated to be the doucher. The latter calls out a category, such as 'cars', and writes down an example that they must not tell anyone else. The player to their left must think of an example in the category, such as 'BMW', and say it aloud. As this is happening, the doucher holds a small bottle of water over the person's head. If what they say is different to what the doucher has written down, then they are safe and play continues. If they say the same word, the doucher must show their answer and tip the water over the player's head. That player then becomes the doucher.

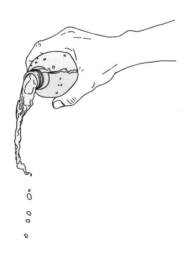

DAISY CHAINS

No. of players required: one or more

What you will need: daisies grown on a lawn

This extremely relaxing activity can be almost meditative. Simply pick some daisies, use your thumbnail to split the stem of one of them and then thread the next flower through the hole. Continue until a string is created. You can join the first and last daisies to create a crown or necklace that you can wear or gift to someone.

FRENCH CRICKET

No. of players required: two or more

What you will need: a bat and a ball

Simpler than traditional cricket, which requires stumps and wickets, this game can be played with just a bat and a ball. The aim of the game is for the bowler to hit the legs of the batter. The latter needs to defend their legs by batting the ball away in any direction. This ends up being a good workout for the bowler, who can get a rest once the batter is bowled out – then the roles can be switched.

GARDEN CAMPING

No. of players required: one or more

What you will need: a tent, sleeping mat, sleeping bag and a lantern, plus any provisions required

This activity has been included, as it's not always the most obvious idea but, if you are lucky enough to have a garden – and one that's secure – there's nothing more fun for a child than a change of scenery and the opportunity to camp in it. Depending on the age of the child and any other factors that you as a parent deem important, this activity is not only fun as a solo adventure but develops independence for your child. It's more fun with more people but don't expect much sleeping to take place!

ABOUT TOWN

If you live in an urban area, the options for finding free or inexpensive activities on your doorstep are scarcer. However, with a bit of creative thought, there are lots of things to do without travelling too far from home. Unless otherwise specified, each of these activities can be done single-handedly or in a group, but adult supervision is always recommended.

TURN RIGHT

What you will need: a sense of adventure

For this activity, all you need is yourself. The rules are simple: go outside and start walking. Each time you reach a junction, you can only keep going forward or turn right. It's deceptively simple – this is a great way to discover something new. You may even find a hidden gem of a place right round the corner! Try this in a car or on a bike if you want to travel further. Remember to keep track of how far you've walked, and if your route doesn't allow you to come full circle back to the beginning, you'll have to decide on how long the outward journey should be, so that you can reach a point and turn round to get home again.

GO ON A
RANDOM-ACT-OF-KINDNESS WALK

What you will need: comfortable shoes and your good nature

Not only will this activity give your legs a stretch, but you and your child will feel good at the same time – research shows that giving rather than taking delivers a host of benefits to the body and brain. Decide on a route, set off together and think of things that would be kind gestures to others, such as simply smiling, opening doors, picking up dropped items and helping someone across a road. Get your child to come up with suggestions, too.

GO LITTER PICKING

What you will need: a bag and some gloves

This might not seem like 'the most fun ever' sort of activity, but research suggests that those who volunteer live longer and have happier lives, so why not start now? You could select a nearby park or just the street you live in to begin your get-tidy campaign. Why not take a 'before' and 'after' photo to see the difference you've made? Or, if there are a few of you, turn it into a competition to see who can collect the most rubbish. Be careful not to pick up sharp objects and always dispose of what you have collected in a litter bin.

What you will need: some preparation in advance, a printout of the treasure hunt and a pen

This activity is a great way to get to know the place where you live in a way that you haven't before. As the parent or carer, you'll have to put in some homework before this activity can take place. Decide on a route that your child can manage to walk (both from a distance and security perspective) and then find things that they'll need to spot along the way. You could write or type out a sheet where they tick off or enter their answers.

If you are stumped for ideas, here are a few prompts to get your creative juices flowing. They will require the use of both detective skills and powers of observation.

- Note down the number of chimney pots at No. 3 or the name of the house at No. 10.

- Record the time the post office or corner shop shuts.

- Which famous person lived in [name of house]? (This is an option if you have blue plaques in your town.)

- What is the name of the pub/cafe/restaurant in [name of place]?

- Which year was [name of building] built in?

Make sure there's a prize or treat at the end of the hunt to keep your child's enthusiasm going.

What you will need: to be relatively quiet and considerate to others

If you are not a regular visitor, make the time during the school holidays to go to the library. There's so much to do there, aside from the obvious book borrowing. Set your child a task that will keep them busy – here are some ideas.

- Research something about the local area from information leaflets.

- Find out some facts about a famous person by searching the shelves rather than looking for information online.

- Find the cookery section and choose a recipe that they would like you to cook for them – they should write down the ingredients and method, and then together you can buy the food on your way home.

- Check out the travel section and plan a dream holiday.

- Look at atlases and speculate on how long it would take to get from X to Y or list the countries they'd have to go through to circumnavigate the globe in a straight line, starting from home.

- See if the library has a microfilm section and find out what was happening on their birthday 100 years ago.

- Try to find a book written by someone with their name.

URBAN ART

What you will need: a plain T-shirt (ironed flat), a roller or paintbrush, some fabric paint, a piece of card cut into a frame to fit the size of your T-shirt and a rag or wipes

Head out walking until you find a manhole cover in a quiet place (on a pavement, not a road). Place the cardboard frame over your chosen manhole cover and then apply the fabric paint – on the raised sections of the metal within the frame – with the roller or paintbrush, making sure you have a good covering. Next, remove the cardboard frame and carefully place the T-shirt over the painted area in the place where you'd like your design to print; press down firmly so that the paint makes a design on your fabric. Lift the T-shirt off and voila – your own unique design! Remember to remove any residual paint from the metal with a rag or wipes.

THE GREAT OUTDOORS

If you get the opportunity to get away from it all, your job as entertainer becomes much easier, as there are countless activities that can be enjoyed in nature. Whether you find yourself in a forest, on open ground, near water or on the beach, different environments offer a wealth of options. Best of all, children seem to get more tired out when they are out in the fresh air. Here are some suggestions to get things going. It goes without saying that children who require supervision should always be accompanied by a responsible adult when out and about.

IN THE WOODS

The health benefits of spending time among trees are well documented, as seen in the recent trend for 'forest bathing' that has emerged from Japan. But let's face it: it's just plain fun to be at one with nature and simply play in the woods. Unless otherwise specified, each of these activities can be done single-handedly or in a group, but adult supervision is always recommended.

What you will need: some decent walking shoes and the ability to switch off for a bit

The concept is simple: walk through the forest, taking your time, and suggest to those who are with you that they simply notice their surroundings and absorb the atmosphere (e.g. the clean, green air, the sunlight filtering through the trees, the birdsong piercing the silence, the wind rustling the leaves and the ground underfoot). As you wander, focus only on this, and allow your mind to switch off and relax. This peaceful way of spending time has many health benefits, including reducing blood pressure, increasing your energy levels and improving your mood. So, just by being among trees, you'll find that your child has a positive, restorative experience.

HUG A TREE

What you will need: just your arms

Wrap your arms around the trunk of a tree and link your fingers, if you can. Rest your cheek against the bark, close your eyes and feel your heartbeat slow. Feel the stillness and steadiness of the tree – imagine both its roots anchored into the ground and the branches that reach upwards. Soon this feeling of being grounded will transfer to you. This is an ideal activity to do while forest bathing.

TREE CLIMBING

What you will need: fearlessness and a good grip

If your child is looking for the thrill of adventure, reach for new heights and let them try tree climbing. This great year-round activity is the perfect way to embrace what the forest has to offer, and has the added benefits of improving muscle strength and giving the climber a sense of accomplishment. Find a tree with sturdy, low-hanging branches, and let your child clamber over and around them, noticing the new perspectives from above.

Note: Do not let your child climb trees on their own. Always ensure that the tree is safe to climb and can hold their weight. Never let them climb higher than they can safely get down from.

TREE-BARK RUBBING

What you will need: paper, wax crayons and soft-leaded pencils or charcoal sticks

This activity couldn't be simpler. All you need to do is find a tree with a gnarly textured bark. Hold the paper flat against the bark and then move your crayon, pencil or charcoal stick over the covered area until you start to see the texture appearing on your sheet. You could divide your paper into a grid and 'rub' various different trees so that you create a patchwork of textures.

What you will need: deep pockets and a backpack or another handy place to put your 'pick-upable' treasure

Sometimes persuading smaller children (and teenagers!) to go for a walk can be a challenge, but distraction is one of the best ways to get them out and about, and wandering further than they'd normally choose to go. Simply set your child a list of 'treasures' to find in the woods – either physical objects that can be picked up or things to point out. It's worth having a quick recce of your environment to make this task achievable, and you can either turn the hunt into a race or simply offer a prize for whoever has collected everything on the list of treasures to be found. Here are some suggestions:

- a feather

- a pine cone or seed pod from whichever trees are most prevalent

- a stone

- a yellow leaf

- catching sight of a butterfly (to be evidenced by the responsible adult)

- finding an animal track (ditto)

- animal droppings (note them but don't pick them up!)

- seeing a bird (you could specify the type).

ANIMAL TRACKING

What you will need: your investigative and observational powers

Woods and forests are bursting with life and are a good place to start if you want to catch a glimpse of an animal in the wild. Finding and following animal tracks require patience, but can be very rewarding once you learn to identify the clues. This activity requires no equipment and can become a totally absorbing way of whiling away the hours.

TOP TRACKING TIPS

- Look up the animals that are likely to inhabit the woods and forests near you. What do their prints look like? What are the features of their habitats? What kind of food do they eat?

- If you're tracking a particular animal, establish whether it is predator or prey. Its status in the food chain will have an effect on its activity and help you to narrow down where it might be.

- The best time for tracking is early in the morning or late afternoon/early evening. Animals tend to be more active around these times of day, so you're more likely to see fresh tracks.

- Some of the best clues are animal prints, which can be found in mud or puddles, or in scuffed dirt and leaves. When you find them, check the prints for the number of toes, the shape of the pads or whether it has claws. Make sure to check the print pattern to see how the animal was moving, as this also provides clues about the species. Bounding (four prints, where all feet have landed in one clump) could mean badgers or ferrets; galloping (four prints, where the back feet land on the outside of the front feet) could mean a rabbit; walking with staggered tracks (more similar to the pattern of human prints) could mean hoofed animals, such as deer.

- 'Animal tracks' are not just footprints – a track is made up of any evidence that an animal has left behind. This means that burrows and holes, droppings, and any evidence of grazing, foraging or kill-sites can also be helpful clues as to what you're following and where it might be.

- Check whether the trail you're following is recent. New footprints and droppings will often be smoother around the edges, whereas older ones will be dry and cracked. Displaced leaves and undergrowth will often appear darker than the surrounding area if they have been recently disturbed.

- Some animals will be easier to track than others – for instance, it's easier to find evidence of larger animals with heavy hoof-prints than it is to find soft-footed ones. As long as you're patient and keep looking, you're sure to spot an animal in its natural habitat.

- A paw print with five toes could be an otter or a badger. If there's a large pad behind the toe pads, it's probably the latter.

- A paw print with four toes could belong to a fox or a dog. Look at the size of the rear pad – foxes have rear pads that are the same size as their toe pads, whereas a dog's rear pad is larger.

fox   dog

- Deer tracks are easily identifiable by the two sausage-shaped slots made by their hooves.

If there is a stream or other waterway, aside from tracks, look out for burrows near the water's edge, often with a patch of nibbled grass around the entrance, and piles of grass and stems with diagonal cuts at the end – these are all signs of water voles. Rats dig similar holes to water voles but they often have a heap of soil outside the entrance and the holes are connected by well-trampled paths. It's rare to see an otter but you might spot their droppings – these are 2–7 cm long, and contain fish bone and scales.

BASIC BUSHCRAFT

Bushcraft has become extremely popular in recent years, as we are seemingly tired of the relentless pace of life and hanker after something slower and more in tune with nature – away from gadgets. In essence, bushcraft is the catch-all name for skills to help you survive in the wild. There are countless to learn but here are some that will get you started. It would be wise to practise these suggestions as fun activities rather than for real life-saving purposes. Various pieces of equipment will be required for these bushcraft adventures, so tool up before you head out. Once again, unless otherwise specified, each of these activities can be done single-handedly or with a group, but it's advisable that a responsible adult is always present.

FINDING WATER

What you will need: a tarpaulin, rope, bucket and T-shirts

Water will always run downwards, so starting your search by finding lower ground is a smart move. Keep an eye out for places where water could have collected, such as in the hollows of trees. You could also look out for the surrounding wildlife: if there are tracks around you, or lots of signs of life, it's likely that there is a water source somewhere nearby.

If you can't find water, there are numerous ways to collect it. If it's raining, attach a tarpaulin between several trees and angle it so that the water it collects runs down into a bucket. If it's early morning, tie T-shirts to your legs and run through dewy grass. The garments will collect the moisture, which you can squeeze out into a receptacle.

DID YOU KNOW?

Humans can survive for up to three weeks without food but can last only around three days without water.

HOW TO PURIFY WATER

What you will need: water collected from the previous activity, a sock, sand, pebbles, straw, a bucket, a camping stove, matches and a pan

Water collected in the wild runs the risk of being contaminated with mud, bacteria or chemicals, so you should always purify it before consuming. You can make your own simple filter by stuffing a sock with layers of sand, small pebbles and finally straw. Pour the water you have collected from the previous exercise through this makeshift filter (remembering to catch it at the bottom with a bucket) to remove mud, soil, grit, etc. Then boil the water on a rolling boil for at least four minutes to kill any remaining bacteria.

BUILD A SHELTER

What you will need: a tarpaulin or groundsheet, rope and some large stones, logs or tent pegs

Building a shelter is easy when you know what to look for, and the skill isn't just good for keeping you dry in a storm. Shelters are great fun to build and can provide a cosy nook in the forest from which to watch the birds, a windbreak for your camping stove or a sheltered space to sit and enjoy.

Find two trees growing a few meters apart and tie your rope between them, like a washing line. Then simply drape your tarpaulin over the rope and secure the outer corners to the ground by using stones, logs or tent pegs.

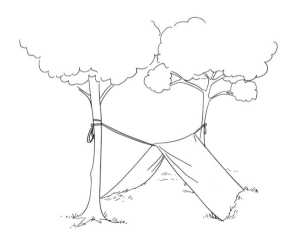

What you will need: rocks, dry twigs, grass, tree branches – several large dead tree branches and lots of short ones (i.e. approximately the length of your forearm and the width of your wrist) – a clear and sheltered spot away from overhanging branches, and some waterproof matches or a lighter

You can have as much fun in collecting the fuel for your fire as in lighting it. Gather the various elements you need and place them into separate piles, ready for constructing your fire. Make sure the area where you will be setting up is clear, in order to avoid the fire spreading out of control. Firstly, lay down several large pieces of wood to create a platform on which you can build your fire. Then criss-cross some smaller twigs and scatter some dry grass over the foundation. Over this, build a pyramid shape with smaller branches and push dry grass between them. Place the rocks you've collected around the wood to create a barrier to prevent the fire from spreading.

Begin by lighting the dry grass between the twigs, using either a lighter or match. As it begins to burn, gently blow on the flame to help it spread to the centre. This might not happen on your first attempt so don't give up. Once your fire is going at the centre, you could poke in some dry twigs and, once they're lit, place them on other areas to ignite your pyramid structure. As the flames grow and begin to consume the wood, push the large pieces of your structure into the fire towards the centre. You can now add larger pieces of wood on to the blaze to keep the fire going.

OUT IN THE OPEN

The feeling of freedom to be found from being in an open environment, particularly one with sweeping views, is second to none. Watch as your child feels the urge to run free – just being outside means your job is mostly done, but if they are struggling to be 'entertained', here are some ideas to keep them busy. Once again, unless otherwise specified, each of these activities can be done single-handedly or with a group, but supervision by a responsible adult is always recommended.

CLOUD WATCHING

What you will need: all the time in the world to just lie back and gaze at the sky

They often go forgotten, but if you take time to look up, you'll catch one of nature's most impressive and beautiful displays: the clouds. Each one is as unique as a snowflake and is constantly shape-shifting. You can just lie back and imagine what shapes they are making: a lion, a dinosaur, a flower... Alternatively, you can take this activity seriously and work out what you are seeing by using real scientific classifications. Here's a brief field guide.

- Cirrus: Thin, wispy, high-level clouds, which often appear on sunny days, and at sunrise and sunset.

- Altostratus: A thin, mid-level layer of grey cloud, which is spread over a wide area. The sun is often faintly visible through it.

- Altocumulus: These mid-level clouds appear as fluffy patches and make the sky look as if it has a thin covering of wool.

- Cumulonimbus: Thick and billowing, these are storm clouds. They usually have a flat base, which is fairly close to ground level, but tower high up into the sky. They can be white or grey.

- Cumulus: Fluffy, rounded, picture-perfect clouds – usually bright white and appearing on sunny days.

- Stratocumulus: Low-level cloud that gives the sky a wide, patchy cover. Spots of blue sky are usually visible through the gaps.

- Stratus: Long, flat, uniform grey clouds that hang low in the sky, creating overcast days. They appear as fog or mist at ground level.

CALCULATE HOW NEAR YOU ARE TO A THUNDERSTORM

What you will need: possibly a wet-weather coat or an umbrella

This is an activity you'll possibly wish you were taking part in from inside, but if the skies blacken and you need to work out how far away from a downpour you might be, try it.

Count the seconds between lightning and thunder, and multiply by 344 to work out how far away (in metres) the lightning struck. During a storm, you'll always hear the thunder after the lightning because light travels faster than sound. With the speed of light being 299,792,458 metres per second, and the speed of sound 343 metres per second, you can understand why there's quite a delay. Alternatively, count the number of seconds and divide by five for the number of miles – so 10 seconds between flash and crash would equal 2 miles.

No. of players required: a minimum of five people per team and no maximum

What you will need: a bat, a ball, a large flat space and four 'posts' (sweaters or drinks bottles can mark these)

This is a game for a lot of players. Split the group into two teams, making sure the weighting of strength and running ability is fair between the two sides. One team bats, while the other fields and bowls – flip a coin to see who starts. Those on the fielding side position themselves on the 'posts', which are evenly spread in a wide circle: the pitch. The bowler stands in the middle of the pitch and throws the ball to the batter, who should try to hit the ball forwards. If successful, the batter runs to as many posts as possible before the fielders stop their progress by touching the post they are heading for with the ball. The aim of the batter is to make it around all four posts to gain a 'rounder', but if they only get to second or third base, they score half a rounder. The batter can be caught out if the ball they've hit is caught before it hits the ground or if the post they are running for is reached before them. The next player in the batting team repeats the process by following their team member, but they cannot outrun the first batter. Play continues until all batters are 'out', then the teams swap roles. A tally of rounders can be kept to see which side wins, but really it's the taking part that's so much fun.

FLY A KITE

What you will need: a kite, a wide and open space, and a good breeze

Flying a kite is one of life's simple pleasures, or so it would seem. However, those who've tried it can find it frustrating, as success can depend heavily on your technique. The following tips will help to make kite-flying fun.

- It sounds obvious, but make sure you have enough wind to lift your kite. Different kites suit different winds: a diamond shape works best in light winds, whereas box kites require more of a blow.

- Make sure you fly your kite safely – away from trees, overhead wires or power lines, where the kite could get tangled. Avoid being near roads and railway lines as well.

- It's best to work in pairs, where one of you holds the kite and the other launches it. The former should stand with their back to the wind and hold the kite up at the point where the tethering line (the bit you hold on to when it's up in the air) is attached to the kite. The launcher should face the holder and run backwards, holding the kite high and trying to get it to catch the breeze.

- If it goes up straight away, the holder should let it fly for a bit and then pull on the tethering line slightly so that the tip points upwards. Then away you go – see how long you can keep it aloft!

- To bring the kite down, pull hard on the line and start winding it in as the kite lowers.

What you will need: a GPS system or mobile device, a map of the area you're visiting or good local knowledge, a 'cache' to replace what you find, the geocaching app (www.geocaching.com), a sense of adventure and the co-ordinates of the cache you're seeking

This is a high-tech hide-and-seek game and is something that can be done in many places around the world, as the craze for the activity has captured the imagination of millions – there are now geocaches hidden all over the globe. Decide where you'd like to go hunting and check the app to see if there are any caches in the area. Now use the coordinates to try to locate one. The caches vary from place to place but, generally, they take the form of a waterproof container filled with trinkets that have been left to swap. If you take anything from the cache, be sure to replace it with your own treasures that you have brought along. Don't put perishable items in a cache. The best part of this activity is actually being able to find the cache.

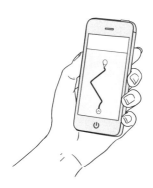

What you will need: just yourself and a peaceful place to wander

Mindfulness is the practice of bringing your attention to the present moment as a means of relaxation and sometimes meditation. It's an incredibly calming thing to do and something you can get your child and their friends involved in, without really labelling the activity. Set off and just ask your charges to look around. Get them to tell you: what colours do they see? Take notice of the birds flying, swooping through the skies, feeding on the ground. Ask them to think about the way their feet fall on the ground, or consider how the breeze or sun feels against their skin. Encourage them to spy the tiniest thing they can see. In actively getting children to think about the whole of their experience, you will, by stealth, relax them as they walk.

GO CAMPING

Kids love camping. What's not to like about a sleepover outdoors with the added challenge of not having electricity or running water in your tent (unless the weather takes a horrible turn)? Without four walls to restrain you, you'll enjoy a level of freedom not to be found at home, and spending all that time in the fresh air tends to tire children out wonderfully. This section offers some top tips to make your camping trip even more fun.

CAMPING BASICS

- Never pitch your tent at the bottom of a hill or slope – it might feel sheltered there but if it rains you'll soon know about it, when your tent and all the ground around it become waterlogged. Instead, choose somewhere level and preferably with slightly soft ground to aid hammering in tent pegs.

- Make sure there are no hazards above you, such as power lines and trees, because if there are high winds, these could cost you your life.

- Pitch your tent so that the back of it is facing into the wind for maximum protection from the elements.

- Even if you love being near water, don't camp closer than 100 m to the source – 200 m away is preferable. This is to ensure the preservation of the ecosystem it supports and is in line with wild camping's main rule of 'leave no trace'.

- If you're staying at a campsite, maintain a respectful distance from your neighbours, don't create excessive noise, and leave your pitch area as clean as you found it. Let your child know beforehand what's expected of them during their time at the campsite.

CHOOSING A TENT

A family expedition to the shops can be part of the fun of camping and helps to build the excitement. The best advice for choosing a tent is to consider how you will be using it, how many people (and how much stuff) you are going to want to put in it, where you are going to store it after your camping trip and, realistically, how often you are going to use it, as this will help you to decide on the budget. Luckily, there is a huge choice available, from simple pop-up or inflatable tents to multiroomed versions.

CAMPING KIT

Aside from a decent tent, make sure you have plenty of kit to keep you warm and dry. There's nothing worse than miserable campers when they get cold. The following might seem like obvious choices, but it's very easy to forget the basics:

- waterproof coats
- hat, scarves and gloves – even if it's warm during the day, once the sun goes down it can get really chilly sitting out in the evening
- footwear for the evening (particularly if you've rocked up wearing summer flip-flops or sandals). Wellington boots, or trainers, are a safe bet – and don't forget some socks!

- pillows – if you like your creature comforts

- sleeping bags, and possibly extra blankets, depending on the climate

- roll mats (padded and waterproof) to go under your sleeping bag, or inflatable mattresses or pop-up beds if you have the space/budget

- lamps/lanterns/torches – once the light goes, you are very much in the dark

- water bottles – filled with fresh, clean water

- waterproof matches or a lighter

- a small portable stove of some sort, be it oil- or gas-fuelled, and the fuel it requires. There are loads of lightweight options to choose from

- a pan and a wooden spoon

- cups, plates, knives and forks

- a washing-up bowl, dishcloth, washing-up liquid and a tea towel

- a rubber mallet if you need to bash in tent pegs.

CAMPING MEALS

If you have a portable stove, you can have some fun cooking hot meals for your camping crew. Don't plan anything too fancy, though, as you'll have limited space, appliances and utensils. Also, if you don't have access to a fridge, the food items that you purchase and carry with you need to be non-perishable. Here's a list of staples to take with you:

- bread
- porridge
- eggs
- bacon
- tinned baked beans
- tortilla chips
- pasta
- noodles
- tinned tomatoes

- tinned tuna or salmon
- tinned sausages
- marshmallows – don't forget the sticks for holding them over your campfire!
- cooking oil
- teabags, instant coffee and hot chocolate
- long-life milk
- water.

MARSHMALLOW TOASTING

What you will need: sticks sharpened to a point or wooden skewers (best soaked in water to avoid burning), an open fire and as many marshmallows as you can manage

If you are lucky enough to be camping in a place where you can light a fire, this activity marks the perfect end to any day. Wait until a fire has burnt down and sit at a safe distance around it. Spear the marshmallows on to the sticks and hold above the glowing embers: after a few moments they will start to brown and caramelise around the edges. Keep holding them until the surface has coloured all over and then remove from the heat. Be careful to wait a couple of minutes before eating, as the molten sugar can burn.

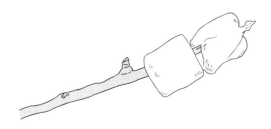

What you will need: some sticks gathered from your camping area (approximately 50 cm long), an open fire and bread dough

Although you could transport all of the individual ingredients with you for this activity, the best approach is to prepare the dough for your bread ahead of time and transport it in a sealed container.

Ingredients for the dough

- 200 g flour
- 2 tsp baking powder
- 1 tsp sugar
- ½ tsp salt
- 50 ml vegetable oil or sunflower oil
- 100 ml water

Method

Mix the dry ingredients in a bowl and then add the wet, combining all to form a dough – add a little more liquid if the mix is too stiff.

Once you are camping, portion the dough into 12 equal-sized balls and roll into a ribbon shape – about 5 cm wide and long enough to fit around your stick. Wind the dough around your stick so that it doesn't slip off and place over the embers of a fire, turning continuously until the whole thing browns. This should take approximately 5 minutes. Remove from the heat, cool for a few minutes and eat.

What you will need: your bearings, a clear night and a bit of forward planning to read up on how to recognise the constellations

Invariably, the countryside offers the best environment for stargazing because there's usually less light pollution from street lights and homes. For best results, find the darkest place you can, a wide open or high spot and a clear night. Stargazing can become a bit addictive, so you might want to think about taking something comfortable to sit or lie back on – and don't forget that clear nights often result in heavy dew, so make sure you have waterproofs.

It can take a little while for your eyes to adjust to the darkness, so try not to look at bright lights, such as a torch, when you begin. As you look up to the sky, start to get your bearings by locating some of the more obvious elements: the moon and some of the brighter planets. If you have done your homework, you'll have an idea of some of the shapes to look out for from the many constellations above you. Once you've been able to pinpoint one of them, such as the Plough, you will be able to spot others, as they maintain their position in relation to each other. You can also download an app to help you identify what's up there – as long as you have good reception!

NIGHT HIKE

What you will need: appropriate clothing for the weather, handheld or head torches, extra batteries and a route that you know

If you struggle to get your kids walking anywhere, a night hike is a great way to get them interested. The dynamics of walking change completely, making for a much more exciting experience. The great thing about night hiking is that your other senses are much more alert when you can see less: you'll hear noises that you perhaps wouldn't in the daytime, you'll have a keener sense of smell and the ground under your feet can seem very different. You have to work together more as a team and rely on each other for support, so this can be a great bonding activity. The most important thing to do is find a route that you are very familiar with and don't let children do this alone. Make sure you have torches to lead the way, but also be prepared to stop from time to time and turn them off to really get a feel for being out in the dark. You might also have the opportunity of spotting nocturnal animals. Here are some creatures to look and listen out for in the dark:

- owls
- badgers
- mice
- rats
- foxes
- slow-worms.

NEAR WATER

Water is a big draw for children and adults alike. The sense of peace that comes from being near it is well documented, with psychological studies indicating that proximity to water is helpful for stress relief. Besides the obvious activities of paddling or swimming, there's a host of things you can do that don't require a lot of expensive kit – or even getting wet. Once again, any activity described here will require adult supervision and safety precautions need to be in place to avoid accidents.

What you will need: a collection of straight sticks or logs (depending on how big you want your raft to be – dead wood floats better), string or rope and a means of cutting it

Although you could be ambitious and build a raft to hold a person, we wouldn't recommend this for amateurs. Even though a raft is one of the simplest watercraft around, it takes skill and know-how to make one that's waterworthy. It's just as much fun to make a mini-raft – one you can float a leaf or pine cone on.

It's best to start making the raft near the water's edge to avoid having to carry the finished product any distance, as it could be heavy. Construction begins by laying your sticks or logs down next to each other and tying one end of your string or rope around the end of the first stick/log, securing with a knot. Then use the string/rope to bind the sticks/logs together, wrapping it around the end of each several times and around the whole structure twice. Make sure to pull the string/rope tight at all times and tie knots where you feel it could do with extra strength. Lay an extra stick or log on top of the raft at each end, at right angles to the base, to strengthen the structure. Wrap the string/rope around the individual base sticks/logs and criss-cross for extra security. Make sure you have a tether for your raft before setting it afloat in shallow water.

WATER WILDLIFE DIPPING

What you will need: a net, a clear container, a magnifying glass (optional) and maybe a field guide to identify species you find

Rivers, streams, lakes and ponds are bursting with wildlife of all shapes and sizes, and all you need to do is take the time to notice it. Dipping is the perfect way to do this, and spending an hour or so getting to know the wildlife that's in your area is not only rewarding, but also a chance to reconnect with parts of nature that we don't often encounter. Here are some top tips to make the most of the activity.

1. Keep noise levels low, as many creatures are sensitive to sound. The quieter you are and the slower you move, the more likely you are to see wildlife.

2. Before you scoop anything from the water with the net, dip your clear container in the water to fill it. When you do find something, you'll be able to lift it straight into the container, causing minimal distress.

3. When using the net, lower it gently into the water. If you are dipping in a river or stream, hold it still and let the current run through it. If you are dipping in a pond or lake, lower the net into the pond vertically and leave for a few minutes. Gently lift it from the water and transfer the contents immediately into your prepared container to see what you've found.

4. If you're not having any luck, try holding your net in different areas of the water or moving it slowly in a figure-of-eight motion

to increase your chances. You could even wade in a little way to reach a different spot, if it's safe to do so, or walk to a different side. If you're patient, you're bound to discover some wildlife!

5. When you're admiring the creatures you've found, resist the urge to touch them – this will keep them happier and also keep you safe from the potential threat of being bitten!

6. When you've finished, make sure you return everything to the place where you found it.

WATER BOATMEN (AKA POOH STICKS)

What you will need: a bridge over moving water (not a road bridge) and a floating object per person per go, e.g. feathers, twigs or leaves

This extraordinarily simple game has captured children's imagination for years, or ever since A. A. Milne wrote the Winnie-the-Pooh book *The House at Pooh Corner*, where the cuddly little bear played the game. All you need to do is select your water boatmen (or Pooh sticks) and stand on a bridge – the wider, the better – over moving water, upstream of the current. Make sure your craft are identifiable and then, after the count of three, drop them into the water, before hotfooting it to the other side of the bridge to see which drifts past first. The activity can be repeated endlessly.

STONE SKIMMING

What you will need: a flat expanse of water, and a selection of palm-sized, smooth, flat and preferably lightweight stones

Stone skimming is such a simple-sounding activity, but it can be tricky to master, as there's a knack to getting a good bounce for your stone. This game can be played solo or as a competition with others, where the winner is the person who gains the most bounces per stone. The key to a good throw is to get a spin on the stone by throwing it with as much force as you can. Place the stone between your thumb and forefinger, and aim for it to hit the water at a shallow angle (around 20 degrees); with a bit of luck, you'll watch it bounce multiple times across the surface.

BUILD A DAM

What you will need: a shallow stream, some rocks, fallen tree branches, sticks, stones and fallen leaves

Dam building is great fun, but just remember you should always leave a place as you found it – so once you've proved that you can hold back some of the flow of water, make sure you remove all traces of your dam before you leave. The activity takes a bit of preparation, as it's best to gather your dam-building materials in advance. Start off by placing large rocks across the breadth of the stream to form a base, and then weave the branches among them. Keep building up the dam by plugging holes with smaller stones and leaves, until the water level upstream starts to build. Take a photo of your efforts or just mentally capture the memory, as you need to remove your creation to avoid long-term damage to the stream environment.

AT THE BEACH

Spending time at the beach is one of the most fun things
to do and is often the go-to choice for families on holiday.
However, once you get there, you are not always exempt from
the usual 'I'm bored' complaints. Here are some activities
that will fill up the hours, allowing you to sit back and relax
– unless you can't resist joining in the fun yourself.

SAND SCULPTURE

What you will need: a sandy beach, maybe a bucket and spade, and your creative skills

Get your imagination going and get sculpting. You need to find some wet sand or make some by adding seawater to dry sand. Now decide on what you would like to create – a sea-themed piece like a fish or a whale, or something completely different like a flower or a car? Map out the outline of your sculpture with a spade and then start to build up the sand to create a 3D sculpture. A top tip is to keep wetting the sand if it dries out, as this will help it to keep its shape.

DRIBBLE CASTLES

What you will need: a sandy beach, and a bucket and spade

Fill your bucket with sand and seawater, and then settle down near a flat space, ready to dribble your castle. Simply combine the sand and water in the bucket to a sloppy consistency, pull out a handful of the resulting mixture and start dribbling it into a pile. Repeat and watch your castle grow. You can keep going for as long as you like, building the most intricate towers with minarets made of a single grain, if you are skilled enough.

PEBBLE ART

What you will need: a sandy beach with pebbles or a pebbly beach

Use your skill to strategically balance pebbles on top of one another to build a tower as high as you can. If the pebbles will not allow for this, just use them to create pictures of real things – or try an abstract image, using colours and shapes.

SAND HOPSCOTCH

What you will need: a sandy beach, a stone and good balance

Using your foot or fingers, mark out a hopscotch grid of one square followed by two squares then one, then two, and so on, in a 'brickwork' layout. Then number the squares one to ten. Start the game by trying to land a stone on the number 1 square, and then jump with both feet on to squares 2 and 3, avoiding square 1. Lean behind you to collect the stone, still balancing on squares 2 and 3. Once you've picked up your stone, hop on to square 4, jump to 5 and 6, hop to 7, jump to 8 and 9, hop to 10 and return. Start the process again: throw your stone to square 2 and hop from square 1 to 3, where you balance to collect the stone. Carry on hopping and jumping to square 10 and back, and throw your stone to square 3. Continue until you have completed the whole grid.

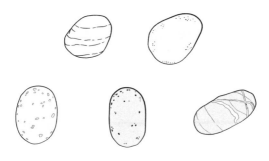

FIVES

What you will need: a beach that has some pebbles

Find five equal-sized stones or pebbles that don't have sharp edges and place four of them on the ground in front of you. From a sitting position, throw the remaining one in the air (about 30 cm max. above the ground) and pick the other stones up in your fist before the stone makes its return journey. Your aim is to catch the stone that you threw on the back of your hand. Once this has been successfully achieved, place three stones on the ground and throw two stones in the air. This time you need to pick up the three stones in your fist and catch two stones on the back of your hand. The game continues until you have no stones to pick up and all the stones to catch in one go on the back of your hand. Endless hours of entertainment can be had while trying to master this skill.

Top tips for rock pooling

- The best time for rock pooling is low tide on a calm day, where the surface of the pools won't be disturbed by wind and rain. This makes it much easier to see into the water.

- The most interesting rock-pooling spots – the ones with the most visible sea life – will be the pools closest to the sea's edge. Pools that are further up the beach will often be a mixture of freshwater and seawater, so aren't as habitable for marine life.

- Make sure to check the tide times before you set out to avoid being caught out by the rising water!

- If you want to take a closer look at the marine life, gently dip your container into the pool and leave it there until something swims in. Take the container from the water and admire your catch for a short time, but be sure to put everything back where you found it. (Make sure you don't use a net, as this can damage the sea life.)

- If you can't see anything in the pool at first glance, don't assume that nothing's there. Look to see if there are patterns in the sand at the bottom of the pool – this could show that there's something hiding just beneath the surface. Sea creatures also tend to gravitate towards the shadier, sheltered spots, so don't be afraid to turn over rocks and seaweed to check if anything is living underneath. As long as you're gentle and replace everything where you found it, you won't cause any harm.

ROCK POOLING

What you will need: non-slip, sturdy shoes and a clear bucket or plastic container

You don't have to dive beneath the waves to explore our world's underwater kingdom. Nor do you have to go to an aquarium. Rock pools are a great glimpse into this secret world – a microcosm of the sea floor that you can enjoy from dry land in the fresh sea air.

Also known as tide pools, these pockets of water are located on rocky seafronts around the world, appearing only at low tide – when the sea is out – before being subsumed back into the deep.

Look out for these kinds of shells on the beaches you visit:

1. Gastropoda – snails, slugs and limpets

2. Bivalvia – clams, oysters and mussels

3. Cephalopoda – nautilus

4. Monoplacophora – cap-like shells.

SEASHELL HUNT

What you will need: sharp eyes

Beachcombing for shells is a very satisfying and addictive activity, as there are always more to find. Across the ages, and in all parts of the world, human beings have always collected shells. They are one of nature's most fascinating and mysterious treasures — the jewels of the sea. Every shell that you see once belonged to something living. Its previous owner could have died and decomposed, such as a sea snail, or it could have discarded the shell when it outgrew it, like a hermit crab. The sea floor is littered with these beautiful remains, and when they wash up on the shore, we can enjoy them, too.

However, for the sake of the environment, you should not remove shells from the beach — an afternoon spent finding and identifying them is perfectly enjoyable without needing to take them home.

SEASIDE TREASURE HUNT

What you will need: a bag or bucket to collect your treasures

Give your child a list of things to find on the beach. They can either complete this activity on their own (provided you can keep your eye on them for safety purposes), and in their own time, or as a group – and you can make it competitive by awarding a prize to the first person back to you with their requisite treasures. The list of things to find can be as short or long as you like and should be tailored to the environment. Be sure to warn everyone not to touch unidentifiable or undesirable flotsam and jetsam (hopefully there will be no sharp objects on your beach, but there's always that possibility). Always make sure the treasures are replaced – although you can take any plastic home to recycle. Here are some suggestions:

- a stone with a hole in it
- a stone in the shape of a love heart
- an egg-shaped pebble
- a shell
- a feather

- a piece of seaweed
- a piece of plastic rubbish
- a piece of fishing net
- a piece of driftwood
- a piece of sea glass.